U0505076

国际法与涉外法治文库
上海高水平高校（学科）建设项目资助
上海高水平地方高校创新团队"中国特色社会主义涉外法治体系研究"项目

国际争端解决机制前沿问题研究

*Research on frontier issues of international
dispute resolution mechanism*

李伟芳 —— 主编

上海人民出版社

目录
CONTENTS

序

当前世界正经历百年未有之大变局，国际格局力量调整，全球治理体系面临重塑。与此同时，我国涉外法治建设面临诸多挑战。在此背景下，培养合格的涉外法治人才以维护国家利益，是中国法学教育的使命担当。

华东政法大学国际法学院自20世纪80年代开始，涉外法治课程始终是本学院人才培养的特色。经过多年的培育，学院涉外法治课程体系成熟，教学团队完整。学院以国家一流学科建设目标为指引，潜心筑建涉外法学教育的高端基地，以丰富的学科内涵、优秀的学科师资、优质的学科平台和优良的学科能效，为"法治中国"建设培植先进的法治文化、培养涉外法治创新人才，以服务国家法治建设的重大战略需求。

本系列学术性教研文集始于2020年夏季，已经出版四卷。第五卷《国际争端解决机制前沿问题研究》顺应当代国际法各学科相互交叉、相互渗透的学科发展趋势，在聚焦国际法前沿理论与实践问题的同时，推动涉外法治教学改革前沿问题的研究，展现涉外法治优秀培育成果。

本论文集作者主要从事或参与涉外法治人才的培养与教学改革，并在长期的教研与实践中，形成各自特色的教研风格。值得一提的是，本论文集还收录了部分校外知名学者和实务界专家的研究成果，这不但有助于加强校内外学者的学术交流，也有利于营造百家争鸣的学术氛围，提升本系列论文集在国内国际法学界与实务界的认可度。

本论文集获得"上海高水平高校（学科）建设项目资助""上海高水平地方高校创新团队'中国特色社会主义涉外法治体系研究'项目资助"。上海人民出版社对本书的出版鼎力相助，责任编辑罗俊华老师不辞辛劳仔细审阅文稿，在此一并表示衷心感谢。

本论文集主编李伟芳，主要参与人陈国军。

最后，再次感谢全体作者为我们共同的使命担当倾力相助。

是为序。

李伟芳

2024 年初夏

"一带一路"背景下我国海事纠纷调解的发展与创新

■ 曾　加　彭志海[*]

【摘要】"一带一路"是推动我国经济增长、促进和平与发展的新举措，给"一带一路"沿线各国带来了重大的发展机遇。随着合作领域的不断扩大，涉外因素的纠纷也呈逐年上升趋势。特别是海事类纠纷，由于其涉外因素多、专业性强等特点，经常会遇到法律适用、司法管辖等难题，导致诉讼耗时长、法律费用高，给当事人造成较大的经济、精神压力，难以及时保障纠纷当事人利益。由此，近年来提倡的纠纷解决方式——调解，受到许多海事纠纷当事人的欢迎，也引起许多国家的重视。这种追求灵活、高效、双赢的纠纷解决理念正是调解机制的精髓。与"一带一路"倡导的共商、共建、共享的发展理念也比较契合。在"一带一路"共建合作的大背景下，发展我国海事纠纷调解事业是维护我国航运利益、妥善化解沿线各国间海事纠纷、提升我国国际航运软实力的重要力量。

【关键词】"一带一路"　海事纠纷　调解　调解协议效力

---

* 曾加，法学博士，上海海事大学法学院教授，博士生导师，多元纠纷解决机制研究中心主任；彭志海，上海海事大学法学院国际法学硕士研究生。

一、"一带一路"倡议下我国海事纠纷调解研究的背景

在推进"一带一路"建设的过程中，涉及基础设施建设、能源、贸易等领域的国际合作，同时航运相关领域的合作也越加紧密。但"一带一路"沿线各国大部分为发展中国家，在面临众多跨国界、跨领域的合作问题时，需要消除或缓解各方在利益、认知和规范等方面的不确定性，尤其需要相应法律制度的保障。[①]在海事领域，现行海事纠纷解决机制日益暴露其局限性，也难以契合"一带一路"共商、共建、共享的发展理念。我国一直致力于"一带一路"海事纠纷调解机制，该机制可保障沿海各国共同利益，维护当事人良好商业关系，具有必要性和可行性。

(一)"一带一路"贸易中我国航运发展概况

自 2013 年提出共建"丝绸之路经济带"和"21 世纪海上丝绸之路"（简称"一带一路"）倡议以来。截至 2024 年 3 月，已同中国签署"一带一路"合作文件的国家达到 153 个。[②]据统计，2013—2023 年，我国与共建国家双向投资累计超过 3 800 亿美元，其中我国直接投资超过 2 400 亿美元。[③]例如，我国参与投资运营的港口，在亚洲主要有新加坡的中远——新港码头、马来西亚的关丹港和黄京港、斯里兰卡的科伦坡港、巴基斯坦的瓜达尔港等；在欧洲有希腊的比雷埃夫斯港、荷兰的鹿特丹港 Euromax 码头、法国的终端链路（Terminal Link）码头等。除此之外，在安全、文化、环境等方面合作也越来越多。尤其是航运方面，"一带一路"沿线各国海上货物运输，有较大一部分是由中国船东的船舶在运输，沿线各国港口的很多船员、货物也来自中国。中国沿海、内河也是世界上最繁忙的水

---

① 石佑启、韩永红、向明华、王燕、杨嵩楞：《"一带一路"法律保障机制研究》，人民出版社 2016 年版，第 10 页。

② "中国'一带一路'网"，https://www.yidaiyilu.gov.cn/，2024-04-10。

③ "一带一路"十年成果特别报道，《中国经济时报》2023 年 10 月 16 日。

域之一，每天有成千上万艘船舶进出港。贸易的繁荣和航运的发达也促进了我国航运金融、海上保险、船舶修造等与航运相关产业的发展。相应地，海事海商类纠纷也呈现逐年上升趋势，尤其是涉外海事案件。

（二）当前海事纠纷调解问题研究的背景

海事诉讼虽然能充分保障当事人的合法权益，但在审判过程中存在一定的缺点和局限，如程序特殊——为专门的海事诉讼程序、法律查明难、证据确定难、送达和执行难等问题，同时诉讼过程比一些涉外案件更长、法律费用更高。仲裁虽然在效率、灵活、中立性方面略胜一筹，但也存在费用高，仲裁协议有效性、一裁终局中当事人权益有时难以完全实现等问题。鉴于大部分海事纠纷具有国际性、极强的专业性、证据确定的复杂性等特点，诉讼和仲裁都难以完全满足纠纷当事人对低成本、高效率的纠纷解决需求。这也是"一带一路"共建合作过程中，海事领域面临的纠纷解决难题。2018年，习近平总书记提出："建立'一带一路'国际商事争端解决机制和机构，积极培育并完善诉讼、仲裁、调解的衔接机制，满足中外当事人多元化纠纷解决需求。"[①]2019年，我国作为首批签约国签订了《新加坡调解公约》，于2020年9月12日生效，在海事纠纷解决领域引起业界的广泛关注。我国各地海事法院积极联合海事局、仲裁协会、律师协会以及行业组织建立海事纠纷多元化解机制，并特别重视海事纠纷调解。例如，厦门海事法院与中国海事仲裁委员会、厦门市仲裁委等单位建立合作机制，挂牌成立"21世纪海上丝绸之路国际海事纠纷诉调对接中心"，旨在全面打造公正、高效、便捷、经济的一站式争议解决平台。而调解作为一种专业化纠纷解决机制，正在被海事纠纷当事人认识、接受和发展。

---

① 新华社2018年6月27日的报道：2018年1月23日，中共中央总书记、国家主席、中央军委主席习近平主持召开中央全面深化改革领导小组会议，审议通过了《关于建立"一带一路"国际商事争端解决机制和机构的意见》。

二、"一带一路"背景下我国海事纠纷调解发展的现实基础

"一带一路"建设涉及亚非欧地域的众多国家，各国间经济、文化、法治等发展程度不同，这些差异对妥善化解"一带一路"海事纠纷造成一定障碍。由于诉讼在确定准据法、外国法查明、跨境送达和执行上遇到严重障碍，加上仲裁司法化趋势等，诉讼和仲裁在解决"一带一路"国际海事纠纷上具有明显的局限性。而调解在处理海事纠纷上表现出诸多的优势，如调解过程相对和谐、解决过程灵活、处理速度高效等。海事纠纷调解机制也充分符合"一带一路"坚持的"共商、共建、共享"的发展理念。作为"一带一路"建设的引领者，应积极发展海事纠纷调解机制，提升我国国际海事争议解决的影响力。

（一）海事纠纷特殊性更适合调解的方式

首先，我国解决海事纠纷的主要依据是《海商法》，海商法与其他法律相比，具有一些特殊的法律制度，如海难救助、共同海损、海事赔偿责任限制、船舶优先权等。①其次，为了规避法律风险，有些公司会把船舶所有人注册在一个国家，船旗悬挂在另一个国家，实际经营人和船舶技术管理还可能安排在其他国家。一旦出现海事纠纷，往往会有纠纷主体复杂的困境，也会给管辖权选择、法律适用等带来诸多不便。第三，海事类纠纷大部分涉及跨地区、跨海域，一旦发生碰撞、搁浅、火灾等海上事故，难以及时抵达现场获取真实情况和事故原因，可能给后期诉讼或仲裁造成取证难或举证不能的压力。另外，在全世界航行的船舶，事故在哪个国家，哪片水域发生的确定在海运实践中是一大难题。一旦发生如环境、财产等海事侵权纠纷，法律查明的难度会明显增加。如果走诉讼途径，也会给司法审判带来巨大压力，不利于海事纠纷的快速解决。最后，海事纠纷由于

---

① 司玉琢主编：《海商法》，法律出版社 2023 年版，第 7 页。

其专业性强，涉外因素多和特殊的法律制度，处理一起稍微复杂些的纠纷，如果选择诉讼的解决途径，往往耗时费力。例如，达利（DALI）轮撞美国巴尔的摩大桥事件，货物保险提供商布里兹（Breeze）的首席保险官帕特里齐亚·科恩（Patrizia Kern）指出，本次共同海损分摊理算是一个极其复杂且耗时的过程，可能需要四到五年时间。如在印度进行一次海事诉讼，耗时三年以上是比较常见的事，并且涉及专业问题，还需要海损公估、海难救助、共损理算、海上保险等不同领域的专家共同参与。如果选择海事纠纷调解途径，将会大大简化纠纷解决程序，缩短纠纷解决时间，便利当事人。

（二）调解也是解决国内海事纠纷的内在需求

2022 年，我国交通部发布《2021 年交通运输行业发展统计公报》显示："至 2021 年末我国拥有船舶 12.59 万艘。码头泊位 20 867 个"，航运相关产业已经比较完善。相应地，近年来我国海事纠纷案件也呈逐年上升趋势。比如，2015—2017 年，全国 11 家海事法院审判收案共 64 224 件，审判结案共 64 158 件。[①]较之前有大幅提高。海事法院面临比较大的收案和结案压力。在结案率的考核下，海事法官对案件虽然力求作出高质量的审判，但实践中有时会出现同案不同判的情况。为了节约海事司法资源，简化审判流程，许多海事法院建立了"诉调对接机制"，如：宁波海事法院积极创新发展新时代"海上枫桥经验"，在浙江省成立多家海事纠纷调解中心；大连海事法院与大连市司法局合作，探索构建海事领域"府院联动、海上枫桥多元解纷新模式"。事实上，大部分事故原因清晰、责任明确、涉案金额不大的海事纠纷，如船员劳务、保险事故、货损货差等是适合以调解的方式快速处理的。实践表明，海事纠纷调解机制获得当事人积极反响，明显提升了海事纠纷当事人满意度。

---

① 宁波海事法院课题组：《全国涉自由贸易试验区海事海商案件审判（大数据专题分析 2015—2017 年）》，2018 年 11 月。

（三）调解是高效解决涉外海事纠纷的重要方式

用调解的方式解决"21世纪海上丝绸之路"沿线各国海事纠纷具有显著优势。首先，调解从始至终充分尊重双方当事人意思自治，在专业调解员的充分沟通下，协助当事人对判决结果进行中立评估与事前预测、争议不断缩小、氛围比较融洽，有利于减弱涉外双方内心的对抗性。其次，"一带一路"沿线共有65个港口国家，就国际货物运输规则而言，各国加入公约的情况也有很大差异，[①]且有的是大陆法系国家，有的是英美法系国家。如果选择调解，可以规避不同法系间的法律冲突、繁琐的司法程序和法律适用等难题，也无需一定要依赖完美无瑕的证据和追求孰是孰非的结果，能够灵活、高效、简单地加以处理。最后，调解费用的低廉也可以减轻纠纷当事人的经济压力。从域外经验来看，调解的收费通常仅为诉讼、仲裁的1/3或更低，减轻了"一带一路"众多民营小船东在面对海事纠纷时法律费用的压力。

（四）发展海事纠纷调解是提升我国海事司法软实力的重要途径

伦敦是全球海事争议解决中心，尤其海事类案件。2017—2021年，伦敦海事仲裁员协会（LMAA）共受理海事仲裁案件8 245件，新加坡海事仲裁院（SCMA）共受理海事仲裁案件215件，香港国际仲裁中心（HKAIC）共受理海事案件375件。中国海事仲裁委员会共受理424件，其中仲裁的涉外案件只有181件。而纠纷当事人都是外方，主动选择到我国来解决的不足10件。[②]这与我国多项航运要素位列世界第一的地位极不相称，也难以维护我国以及"一带一路"沿线国家海事纠纷当事人的利

---

① 徐峰：《"枫桥经验"在海事纠纷调解制度中的应用创新研究》2020年第3期，第86页。"加入1924年《海牙规则》的国家共计7个，参加1968年《海牙—维斯比规则》的国家共计9个；根据2020年联合国的统计，参加1978年《汉堡规则》的国家共计9个，未参加上述任意一项国际货物运输公约的国家共计40个"。
② 宁波海事法院与中国海仲浙江自贸区仲裁中心联合课题组：《"一带一路"背景下国际海事争议解决机制实证研究》，《人民司法》2022年第28期。

益。过去几十年，中国船东、造船厂等航运企业在伦敦仲裁胜诉的案例较少。就目前情况而言，伦敦在海事诉讼和仲裁领域的中心地位基本无法改变。而通过改变争议解决中一些纠纷解决选择方式，积极发展和完善我国海事纠纷调解机制，不失为一种有效途径，也是提升我国国际海事司法软实力最有效的一条途径。

三、 我国海事纠纷调解的发展现状以及面临的困境

我国以调解的方式解决海事纠纷的传统由来已久，但主要是基层的人民调解；地方主管单位的行政调解，如早期港务监督局主持的调解；行业协会调解；司法调解如法院内部组织的调解；还有法院委托第三方调解机构进行的调解。调解组织类型多，调解员来源比较广。但总体而言，调解成功率不高，双方当事人主动选择调解的不多。

（一）我国海事纠纷调解发展现状

1. 有关调解的法律规范现状

新中国成立初期，我国各行各业都处于百废待兴的阶段，遇到矛盾争议时，为了及时化解、维护社会稳定及发展，"枫桥经验"得到国家的认可和推广。随着社会进步和生活水平的不断提高，党的十六大提出了构建和谐社会的发展理念，调解再次受到进一步关注和重视。我国关于调解的立法是 2010 年《人民调解法》。近些年来国务院和最高人民法院颁发了一些关于调解的政策性文件和司法解释，如：2016 年《最高人民法院关于人民法院进一步深化多元化解纠纷解决机制改革的意见》《最高人民法院关于人民法院特邀调解的规定》等；2018 年中央全面深化改革领导小组《关于建立"一带一路"国际商事争端解决机制和机构的意见》；2024 年修订后的《民事诉讼法》第 122 条，为调解的发展起到了指引性的作用。[①]

---

① 《民事诉讼法》第 122 条："当事人起诉到人民法院的民事纠纷，适宜调解的，先行调解，但当事人拒绝调解的除外。"

2. 调解在海事纠纷实践中的运用

早在几十年前，我国就有运用调解的方式解决海事纠纷的做法。尤其是渔业领域，出海捕鱼者大多学历不高，又是邻里邻乡的熟人圈子，遇到争议基本都是通过村长或某位资历较深的渔民来化解。这种便捷高效的海事纠纷解决方式受到相关当事人的欢迎，很多沿海渔村都组织成立了渔业调解委员会。同样，调解也运用到涉外海事纠纷的解决上，如2006年烟台海事局成功调解一起涉外海事纠纷，事故一方是法国集装箱戴尔马·福尔班（DELMAS FORBIN）轮，与我国辽普渔25009号渔船在成山头水域发生碰撞，随后双方当事人分别向烟台海事局提交了书面调解申请书。海事局与外方、中方代表进行多次沟通，最终双方达成和解协议，一次性向渔船方赔偿38万元人民币，作为本次涉外海事纠纷最终的和解方案。①

近年来，各海事法院联合基层派出法庭、海事仲裁机构、商事调解中心等积极发展海事纠纷调解机制。2016年，上海海事法院就开通了线上调解平台（e调解），针对一些事实清楚、权利义务关系明确、争议不大的案件，经当事人申请或法官建议，可以通过"e调解"服务平台进行网上调解。《广州海事法院2014年度海事审判情况通报》记录：双方当事人以调解方式结案234件，占当年结案总数的16.33%。②经查以下各海事法院官网公布的2022全年收案和成功调解数据为：广州海事法院3 563件，调解成功413件；上海海事法院3 165件，调解成功271件；宁波海事法院3 589件，调解成功809件；厦门海事法院3 165件，调解成功369件。③相比过去，海事纠纷调解成功率呈逐年上升趋势。近10年来，上海海事法院委托中国海事仲裁委员会上海总部调解处理案件200余件，案件数量逐年稳步上升。这些案件涉及42个国家和地区，标的总额超过5亿元。④

---

① 郝光亮、张国栋：《烟台海事成功调解一涉外海事纠纷》，《中国水运报》2006年3月20日。
② 广州海事法院，https://www.gzhsfy.gov.cn，2024-05-06。
③ 广州、上海、宁波、厦门等各地海事法院官网公布的年度工作报告。
④ 李思润：《上海海事法院与中国海事仲裁委员会联合发布海事案件委托调解白皮书》，《航海》2021年第6期。

3. 我国海事纠纷调解及调解员现状

我国海事纠纷调解类型多，如海事法院调解、人民调解、行政调解。还有更加国际化、专业化、市场化的商事调解组织。同时，有专长海事海商纠纷调解的调解专家。例如，中国国际贸易促进委员会-中国国际商会调解中心，依托中国国际贸易促进委员会的 393 个国际合作组织、30 个海外代表处，建构了庞大且多元的海外合作网络，成功调解了许多涉外海事纠纷案件。自 2017—2022 年，我国贸促系统调解机构共受理涉外案件 3 934 件，标的额 79.54 亿元，涉及美国、印度、俄罗斯、澳大利亚、德国、英国、沙特阿拉伯、阿联酋等 60 余个国家和地区（含港澳台）。① 已纳入中国国际商事法庭一站式纠纷平台的上海经贸商事调解中心，自 2011 年成立至 2023 年 6 月 30 日，调解中心经双方当事人同意调解而正式受理的案件共计 2 562 件，涉案标的约 654 亿元，调解成功 1 560 件。② 另外，专门服务"一带一路"的"一带一路国际商事调解中心"，从成立时就以专业化和国际化为目标进行运作，与美国、英国等调解发达国家的知名调解组织建立了交流合作、培训学习的机制。但上述两家调解中心受理的案件中，属于海事类纠纷的案件不多。

我国海事纠纷调解人员主要为三类：一是来自带有行政色彩的一些组织，如渔业协会、船东协会、各地人民调解中心；二是来自司法系统的工作人员，如海事法院或其派出法庭；三是海事律师、海事仲裁员、高校老师，以及来自海事局、公估、保险、金融、修造船、船长轮机长等领域的专业人士。此外，如上海经贸商事调解中心，引进了一批外国籍调解员。总体来说，我国海事纠纷调解员市场还未形成完全的职业化和专业化，大部分为兼职人员，如贸促会调解中心主要负责海事海商的多位专家，还在高校、协会等机构任职。

---

① 中国国际贸易促进委员会调解中心编：《中国商事调解年度报告》（2022—2023）。
② 上海商事调解中心公众号，发布时间 2023 年 8 月 23 日。

（二）我国海事纠纷调解发展面临的困境

海事纠纷调解具有专业程度高、调解效率高、解决成本低的特点，其效力在发达国家和地区已普遍认同，是友好解决"一带一路"各国间海事纠纷的重要途径。鉴于此，我国各有关部门也在积极探索和发展海事纠纷调解模式。但自愿选择调解海事纠纷的案件不多，调解成功率、调解专业化和市场化程度也不高。因此，我国海事纠纷调解还处于需要进一步提升的阶段。同时，发展海事纠纷调解机制面临着诸多困难，主要表现为以下几个方面：

1. 缺乏一部包括能同时解决海事纠纷的商事调解法

缺乏一部针对商事纠纷，其中包括海事纠纷调解的商事调解法。这是当前我国大力发展海事纠纷调解所面临的一大障碍。现行《人民调解法》，其调解组织、范围、收费等调解方式与海事纠纷调解机制不太相符，一般情况下难以解决国际海事纠纷。与调解相关的一些指引性规范分散在《民事诉讼法》第八章"调解"和《仲裁法》第49—52条。近些年，最高法院等部门出台了一些原则性的规定和意见，但内容主要偏重于提倡和鼓励采用多元纠纷化解机制，涉及商事调解范围、程序、效力、执行等具体运作管理的规范不多。因此，仅依据《人民调解法》、行政规章及一些地方规范性文件无法满足解决海事纠纷调解的需要。比如，根据《人民调解法》第33条规定：关于调解达成的协议，如果要进行司法确认其效力，必须在30天内共同向人民法院申请司法确认。问题是，如果一方当事人拖延进行司法确认，或后期对调解协议反悔而不愿履行或拖延履行，拒绝进行司法确认，那么前期所有的调解工作便失去了意义。这也与《新加坡调解公约》的旨意不符。有学者提出，在一些情况下要求双方共同申请司法确认的规定显得多余且复杂。①

---

① 张虎：《"一带一路"商事争端解决共生机制研究》，北京大学出版社2022年版，第196页。

2. 有关调解组织和调解员法律规范的缺位

目前，我国海事纠纷调解组织类型多、数量多，并且多设立在民政、司法和社团之下，有些还具有事业单位性质，带有一定的行政身份，不利于组织的市场化运作，缺乏自发运行和管理能力；而具有海事纠纷调解职责、独立且专业的商事调解组织不多，目前主要有中国贸促会调解中心、上海经贸商事调剂中心、"一带一路"背景下的国际商事法庭。这些组织实务经验相对比较缺乏、专业沉淀不足、知名度和影响力有待进一步提升。加上有关调解组织法律规范的缺位，在一定程度上影响了调解的公信力，致使诸多海事纠纷当事人不愿主动选择调解。此外，人民调解是不收取任何费用的，但我国几家商事调解中心的收费相对偏高。根据中国贸促会调解中心的《调解费用表》，如果标的额为 1 000 万元的涉外案件，计算下来的调解费用约 19.1 万元；如果选择我国贸促会仲裁，仲裁费用大概是 21.4 万元，加上超过涉案标的 1 000 万元部分的 1%。[1]另根据上海经贸商事调解中心《收费办法（试行）》，同样是 1 000 万元的案件，调解费用约 9 万元；另一种计费方式是按小时，每小时 5 000 元，且当事人应在选定或指定调解员后 5 个工作日内支付调解费。调解费支付后，调解才正式启动。[2]根据域外商事调解收费标准，调解费一般是仲裁费用的 1/3 或更低，且大多数案件是根据时间而不是根据标的额进行收费的。由此可见，我国商事调解收费还是比较高的。

虽然我国调解员人数相对较多，但海事纠纷调解员面临以下几个困境：第一，案源严重不足。据上海经贸商事调解中心介绍，其成立伊始年平均受理案件数量仅为 5—6 件，之后案件数量逐年上升，自 2011—2023 年上半年，正式受理的案件共计 2 562 件。按调解中心共 94 名调解员计算，平均每人每年调解的案件数量不到 3 件。[3]这种局面不利于调解员专业

---

① 参见中国国际贸易促进委员会/中国国际商会调解中心，http://www2.ccpit.org/，2024-04-28。

② 上海经贸商事调解中心网站，http://www.scmc.org.cn/page145.html，2024-04-28。

③ 中国国际贸易促进委员会调解中心编：《中国商事调解年度报告》（2022—2023）。

化、职业化的发展。第二，专业海事纠纷调解员不足，全职调解员更少。调解员大部分是海事律师、仲裁员、高校或法院的退休人员。其中，比较容易造成并被学术界质疑较多的一个问题，即仲裁员和调解员身份合一。关于这点值得借鉴香港特别行政区和新加坡的做法。[1]第三，关于调解员的任职条件与《法官法》《仲裁法》及《公证法》相比，我国专职调解员任职条件规定得比较原则、简单。[2]总体来说，我国还缺乏关于海事纠纷调解员任职条件、准入、晋升、职业道德等具体的法律规范。

3. 选择海事纠纷调解的理念和意识比较淡薄

一旦遇到海事纠纷，当事人首先想到的是"打官司"，国际海事纠纷通常习惯选择仲裁，这主要是因为船舶租赁、修造船合同、保险合同等各类国际航运标准格式范本有规定，如波罗的海国际航运公会（BIMCO）发布的航次租船标准合同《GENCON 94》、近期推出的船舶管理标准合同《SHIPMAN 2024》等各类国际航运合同，其争议解决条款大多约定在伦敦仲裁，适用英国法。近百年来，诉讼和仲裁已经成为航运业解决海事纠纷的一种思维定势，短期内很难改变。另外，海事纠纷调解的优势未被大家充分认识，海事纠纷调解的理念还未广泛普及，很多人还停留在调解只是一种"和事佬""免费的""缺乏执行力"的简单解纠方式。这种淡薄的海事纠纷调解意识延缓了我国海事纠纷调解的发展。

四、 我国海事纠纷调解创新的路径选择

随着"一带一路"建设的持续推进，各国间贸易和海上运输的不断发展，相应海事纠纷越加凸显。我国应该把握《新加坡调解公约》生效的历

---

[1]　香港国际仲裁中心（HKIAC）调解规则明确规定：任何情况下，调仲程序中仲裁员都不得担任调解员；《新加坡调解公约》第5条第1款e项：如果调解规则或者适用的国内法明确规定仲裁员不得担任调解员，即使仲裁员最终调解成功，执行国法院也可以依据调解员违反适用的规则而拒绝执行此种调解达成的和解协议。

[2]　王国华、佟尧主编：《商事调解理论与实务》，法律出版社2021年版，第134—135页。

史性机遇，认真研究领会《公约》的精神，摸清我国海事纠纷调解发展现状，结合我国现有制度及海事纠纷的特点，进一步完善我国有关海事纠纷调解的法律规范，并为调解组织、调解员的发展提供制度保障和具体指导，使我国海事纠纷调解市场形成一种良性循环。

（一）制定一部包括可以规范海事纠纷调解的商事调解法

我国现有的调解形式如人民调解、法院调解、行政调解无法满足当今海事纠纷调解的需求。制定一部专门的《商事调解法》是一项紧迫而重要的任务。正如有学者提出的："由于商事调解的法律地位没有得到确认，当调解与仲裁，诉讼等纠纷解决方式协同作战时方显'底气不足'。"由于我国海商法属于民法的特别法，在制定《商事调解法》的过程中应该保持和现有海事海商的法律规范衔接顺畅，尤其要考虑《海事诉讼特别程序法》现有的规定。因此，立法核心就涉及海事调解程序和调解协议的执行力问题。应当在相关法律中强调：第一，调解前置原则。将调解作为海事诉讼、海事仲裁的前置程序。如果事先有约定争议解决方式为诉讼或仲裁，只要双方当事人自愿，可以在任何时候、任何阶段随时提出调解的请求。第二，调解协议法律效力的认定。应该在立法中体现：经第三方参与下自愿达成的海事纠纷调解协议，不管是法院、仲裁机构，还是其他调解组织作出，经过审查，都具有同等效力。第三，调解协议书是否需要共同、及时进行司法确认等问题，从谨慎和维护当事人利益角度出发，可借鉴我国仲裁实行的"双轨制"，实行国内海事纠纷和涉外海事纠纷不同的审查程序。当海事纠纷调解市场发展到公信力较强、配套机制成熟的时候，达成的调解协议可以不经司法确认即具有强制执行力。赵毅宇博士在《中国商事调解立法研究》一书中就建议："调解立法指导思想应以促进海事纠纷调解的发展、有助于市场化、贯彻非诉理念以及坚持与国际接轨为核心"。①并完善相应的配套机制，提升我国海事纠纷调解的国际影响力和

---

① 赵毅宇主编：《中国商事调解立法研究》，清华大学出版社 2023 年版，第 54—56 页。

公信力。

（二）以市场化为导向规范调解机构和调解员

以市场化为导向，可以充分发挥组织的自主性、引进优秀的人才、经受国内外海事纠纷调解市场的竞争，也可较快提升我国海事纠纷调解的知名度。首先，明晰统一海事纠纷调解组织主管单位并协调各类调解组织利益冲突。通过立法建立涉海事纠纷调解组织的准入、登记、管理和退出机制；同时，完善调解规则和商事调解服务规范，加强自身管理，树立诚信、专业、第三方中立的形象，遵循"妥当、公正、迅速、廉价"解决纠纷的原则，以维护当事人良好商业关系的价值功能。[①]其次，大部分海事纠纷案件还是向海事法院集中，当事人直接自愿选择具有海事调解功能的商事组织的现象较少。这也反映当事人对商事调解组织缺乏知晓和信任。应通过立法充分尊重当事人依法自愿选择海事纠纷调解方式；同时，保障海事纠纷调解组织依法独立开展工作，不受行政、社团和个人干涉。紧扣海事纠纷特点，构建海事纠纷调解与海事司法、海事仲裁合作对接机制，建立健全与国际接轨的海事调解规则。第三，允许海事纠纷调解组织依法开展调解相关的业务，如以中立的身份开展有偿咨询业务，包括对纠纷的分析、认识、评估，诉讼或仲裁途径的结果预测，还可以与国外海事纠纷调解组织进行培训、案源等方面的合作。

针对海事纠纷调解员面临的现状，应该通过立法规范海事纠纷调解员的社会身份、资格认证、晋升途径、职业道德、行为准则等。由于海事纠纷涉外因素较多、专业要求高等特点，从业资格可以放宽，如对经验丰富的船长、轮机长、海损公估师、水险资深人士、修造船、共同海损理算师、海难救助等领域专家的调解员资格认定可适当放宽。同时，相关高校应大力培养涉外海事纠纷调解专才，尤其是海事类本科性综合大学，本身具有航海、物流、外语、法学等专业优势。

---

① 齐树洁主编：《外国 ADR 制度新发展》，厦门大学出版社 2007 年版，第 84 页。

（三）政府和航运产业形成合力，共同推进我国海事纠纷调解的发展

近20年来，我国航运相关产业发展迅速，新造船手持订单量、船舶改造及修理数量、船舶融资租赁、港口吞吐量等各项指标均位于全球前列。因此，大力发展我国海事纠纷调解机制具备良好硬件和经济基础。同时应借鉴学习新加坡成为亚洲海事仲裁中心的经验，尝试从以下几方面进行努力和探索。

第一，国家应秉持开放和共享的理念，确立将我国建设成为国际海事纠纷调解中心的目标定位，协调交通、金融、司法、外交等部门在政策、制度、财力方面给予支持，如船舶登记，航运高端服务业的税收，外籍知名调解组织、调解员的跨国流动，航运保险等方面。新加坡就在航运要素集聚上获得了极大成功；伦敦成为全球海事仲裁中心也得益于国际海事组织（IMO）、波罗的海国际行业内公会（BIMCO）、国际保赔协会集团（IG CLUB）等国际知名航运组织在伦敦的设立。

第二，联合航运相关产业共同发力。建立海事纠纷调解委员会/协会，牵头组织航运相关行业起草标准格式合同，落实"争议解决条款"。可以先行选择一些我国最有优势和话语权的行业，如船舶金融、船舶制造和修理、第三方专业船管等。海事纠纷调解的发展和崛起离不开行业的宣传和推广。积极参与并举办国际海事、法律、航运等论坛，主动走访航运相关机构和企业。

第三，充分发挥"一带一路"提倡者和引领者的角色，提倡"诉前调解前置"的非诉理念。通过双边司法、外交等途径，将该理念引入签订双边或多边协定、条约。

五、结语

我国不仅是航运大国，也是"一带一路"的倡议者和主导者，但海事

司法的国际影响力和话语权有待进一步提高，尤其是海事纠纷解决领域。越来越多的主权国家签署和批准《新加坡调解公约》，调解已经显示出强大的生命力，有重塑全球海事纠纷解决的趋势，也为妥善化解"一带一路"海事纠纷提供了一种新的国际法路径。我们应抓住这次机遇，认清我国海事纠纷调解面临的立法、组织、人才等方面的困难，借鉴伦敦、新加坡及我国香港地区发展海事、海事调解的经验，配套完善相关政策、制度，坚持走国际化、专业化路线。通过政府和航运业的持续努力，取得我国海事纠纷解决应有的国际地位，为深度参与"一带一路"建设的各国提供良好的航运营商环境。

ADR 机制在海外流失文物返还中的应用
——以 Venus of Cyrene 案为例

■ 李伟芳　曾灵淞*

【摘要】虽然在海外文物追索领域已有三份公约成功订立，但这些公约均存在无溯及力或缔约国数量不足等适用上的限制，导致追索流失文物的工作仍然面临诸多挑战。为了充分发挥这三份公约的效用，克服在追索流失文物方面存在的法律难题，具有"软法"性质的替代性争端解决机制（简称 ADR 机制）发挥了至关重要的作用。以 Venus of Cyrene 案为例，意大利政府与利比亚政府借助 ADR 机制，积极展开磋商，成功克服了公约适用上的难题，并就 Venus of Cyrene 的返还事宜达成共识。本文基于这一具有代表性的案例，结合 ADR 机制的起源及其特点，深入剖析 ADR 机制对追索流失文物的积极影响。具体而言，ADR 机制有助于克服现有公约在适用上的障碍，促进当事国之间重新构建友好交往关系，并加强公约对文物流入国在道德和价值层面的引导。在实践中，采用 ADR 机制追索流失文物已有诸多成功案例。展望未来，ADR 机制在追索流失文物领域仍具有广阔的适用空间。

* 李伟芳，华东政法大学国际法学院教授、博士生导师；曾灵淞，华东政法大学国际法学院硕士研究生。

国际争端解决机制前沿问题研究

【关键词】 海外文物追索　替代性争端解决机制　Venus of Cyrene

历史文物是一个民族或国家文化遗产的重要组成部分。近代以来，许多国家深受殖民和战争的影响，大量珍贵文物因战争掠夺、殖民侵占、非法贩运等而流失他国，[①]造成不可估量的损失。近年来，为弥补这一民族之痛，国际社会高度关注"如何促成海外流失文物返还"的议题，致力于寻求有效的解决路径。有关文物追索的公约主要有 1954 年的《武装冲突情况下保护文化财产公约》及其议定书（简称 1954 年公约及其议定书）、1970年《关于禁止和防止非法进出口文化财产和非法转让其所有权的方法的公约》（简称 1970 年公约），以及 1995 年《国际统一私法协会关于被盗或者非法出口文物的公约》（简称 1995 年公约）。但这三份条约因无溯及力或缔约国不足等问题，面临适用上的障碍，故海外文物追索仍困难重重。

为弥补三份公约作为"硬法"在适用上面临的局限，国际社会以公约所体现的价值为导向，积极探索流失文物返还的"软法"途径。所谓"软法"，一般是指在法律文献中被用来描述管理国际关系的原则、规则和标准，而这些原则、规则和标准并不属于《国际法院规约》第 38 条第（1）款所列举的国际法渊源，故不具有约束力，[②]但可以作为对具有约束力的规则，即"硬法"的补充。

"软法"对于追索流失文物的意义体现在价值层面，以及推动替代性争端解决（Alternative Dispute Resolution，ADR）方式促成文物返还。在价值层面，联合国教科文组织《国际文化财产交易道德准则》是对 1954 年公约及其议定书、1970 年公约和 1995 年公约的前述核心价值的重要补充，即"被盗文物应该归还或返还，应避免从被占领土购买或征集文物"。[③]与

---

① 霍政欣：《流失文物追索返还的世界难题与实现路径》，《人民论坛》2023 年第 20 期。
② See：http://docenti.unimc.it/paolo.palchetti/teaching/2017/17311/files/soft-law-1，2024-05-24.
③ 李伟芳：《"软法"在流失文物返还中的适用——以唐朝"昭陵两骏"为例》，《国际法前沿问题与教研的思考》，北京大学出版社 2021 年版。

公约可能赋予的强制性返还义务不同，作为"软法"的 ADR 则是为国家提供了和解、调解、斡旋、调查等更为缓和的方式来促成流失文物的返还。本文立足于具体案例——"意大利—利比亚昔勒尼的维纳斯（Venus of Cyrene）"案，结合 ADR 机制本身的起源与特性，探讨了通过 ADR 机制追索流失文物不仅可以克服现有公约在适用上的障碍，还可以促成当事国之间重新构建友好交往关系，是"软法"对文物流入国进行道德与价值引导的成功体现。同时，本文还展望了 ADR 机制在解决流失文物返还问题上的发展前景，为解决海外文物追索提供了有益的参考和借鉴。

一、 ADR 机制概述

如需明确 ADR 机制在海外流失文物返还的过程中所扮演的角色，必不可少的一步便是需要先对 ADR 机制的概念加以释明，并将 ADR 机制同传统的诉讼、外交途径等国家争端解决机制相对比，以进一步明晰 ADR 机制在海外流失文物追索领域内所具有的独特优势。

（一）ADR 机制的源起

ADR，即英文专有名词 Alternative Dispute Resolution 的缩写，可译为替代性争端解决，又可称作诉讼外争端解决，最早起源于美国 20 世纪 30 年代，以解决劳工纠纷。[1]20 世纪 60 年代，ADR 机制在美国蓬勃发展。届时，美国国内民权运动高涨，产生大量主张个人权利保护的司法案件，导致法院处理司法纠纷的工作量剧增。在此情况之下，传统诉讼具有的耗费时间长、程序流转繁琐、案件费用高昂等弊端逐渐暴露。[2]现实主义法理学为 ADR 机制提供了理论上的支持，主张需针对社会的需求，更多重视审判机关具有的功能，抛弃只重视规则的固有思维方式，进而肯定了 ADR

---

① 孙育玮：《替代性争端解决机制（ADR）的借鉴与融合——以纽约和上海为例的相关法文化法社会学思考》，《学习与探索》2009 年第 1 期。

② 郭玉军、甘勇：《美国选择性争议解决（ADR）方式介评》，《中国法学》2000 年第 5 期。

作为非规则导向（deregulation-oriented）的争端解决机制所具有的价值。[①]于此背景之下，ADR 机制越发受到重视，并在美国产生了大量的司法实践和思想渊源。

理论界暂无对 ADR 有统一定义，但仍可依据美国 1998 年《ADR 法》初步认知 ADR 的概念。该法将 ADR 定义为："替代性争端解决程序包括除主审法官裁判之外的任何程序，其中中立的第三方参与协助解决争议问题，通过早期中立评估、调解、小型审判和仲裁等程序。"[②]美国 1998 年《ADR 法》将中立评估、调解等纳入了 ADR 范围。但通常而言，可以替代传统诉讼争端解决方式的所有潜在途径都可以被视为 ADR 机制，[③]包括但不限于：谈判与磋商、调查、和解、斡旋与调停以及仲裁等。这些方式共同构成 ADR 的广泛范畴，为争端双方提供了多样化的解决途径，有助于实现更加高效、公正和灵活的争端解决。

（二）ADR 机制的分类

1. 谈判与磋商

谈判与磋商是指争端双方或各方为了解决争端而进行的交涉，是和平解决争端的众多方法中，初级的、一般的和基本的方法。早在 19 世纪末，谈判就已经出现并被列为众多争端解决方法之首。相较之下，磋商是在 20 世纪 50 年代才兴起。随着国际法实践的不断发展，两种方法在具体的运用过程中经常紧密相连、交替使用，故两者之间的区别较小。谈判与磋商的过程完全由当事方主导，无第三方的介入，是一种当事方意思自治的直接体现。

值得一提的是，在国际争端领域，谈判与磋商既可以被用于国家与国

---

① 郭玉军、甘勇：《美国选择性争议解决（ADR）方式介评》，《中国法学》2000 年第 5 期。

② Alternative Dispute Resolution Act of 1998，Section 3，Section 651 of title 28，United States Code.

③ 王钰平：《国际文物纠纷的诉讼外争议解决机制》，中国政法大学 2020 年硕士学位论文，第 19 页。

家之间的争端解决，也可以运用于国家与私主体、私主体与私主体之间的纠纷处理。就海外文物追索这一议题而言，无需强调调解与磋商的当事方主体地位。这主要是因为海外文物追索既可以发生在国家之间，也可以发生在国家与私主体之间（例如博物馆、私人藏家等）。①

2. 调查与和解

调查，又称国际调查，指争端当事方通过协议成立调查委员会，并由该委员会对案件的事实进行调查，提供调查报告并作出判断，以为争端的顺利解决作准备。在调查中，当事方成立的委员会仅负责对争端事实进行调查并出具报告，无需对争端的解决提出建议。其所作报告无任何法律约束力，仅供当事方参考。②

和解，或称调解，主要指争端当事方通过制定协议，将争端交由一个由若干人组成的委员会。该委员会不仅需要查明案件事实并提供报告，还需为案件的解决提出建议。因此，和解与调查的最大区别在于负责的委员会是否需要提出争端解决的建议。

同样地，和解既可以用于国际争端，也可以用于商事主体之间的纠纷。而在文物返还领域，和解可以灵活地适用于国家与国家之间的返还问题，也适用于国家与私主体妥善解决文物归还纠纷。正因其具有较高的灵活性，联合国教科文组织"促进文化财产归还原属国或返还非法占有文化财产政府间委员会"（ICPRCP）所发布的《ICPRCP 调停和调解议事规则》③高度认可和解用于解决海外文物返还纠纷的宝贵价值。

3. 斡旋与调停

调停，作为一种公法领域的争端解决方式，其形式往往表现为一个中立第三方（可以是国家、国际组织或个人）出于实现和平解决争端为目

---

① See J. G. Merills, International Dispute Settlement, Cambridge University Press, 2011, pp.1—3.

② 高军：《文化财产返还国际争议的法律解决》，华东政法大学 2019 年博士学位论文，第 181 页。

③ UNESCO ICPRCP Rules of Procedure for Mediation and Conciliation RULES OF PROCEDURE FOR MEDIATION AND CONCILIATION.

的，直接参与到争端的解决中，为促成当事方和平解决争端创造条件，提出和平解决方案。①

相较之下，斡旋则仅表现为中立第三方为促成当事方和平解决争端而创造条件，不直接参与到争端的解决过程中，也不提出争端解决方案。②

调停对于海外文物的追索具有重要意义。正如前文所述，《ICPRCP 调停和调解议事规则》即是联合国教科文组织为鼓励各当事国以调停的方式解决文物追索问题所作的努力。③

4. 仲裁

无论是在私法领域，还是在公法领域，仲裁都是一种常见的国际争端解决方式。仲裁，指争端当事方以意思自治为基础，将争端交由一个常设的仲裁机构，或一个临时的仲裁庭审理，由该仲裁庭依据相关法律规范或原则就争端作出裁决，并由争端当事方约定自觉履行相关裁决的一种争端解决方式。④

需要注意的是，国际公法领域的仲裁应与国际商事仲裁相区分。国际商事仲裁的当事方均为非国家的平等主体；而国际公法领域的当事方可以都为国家，也可以是一方为国家，另一方为自然人、团体或组织。⑤如前所述，海外文物追索可能发生在国家与国家之间，也可能发生在国家与私法主体之间，故仲裁的当事方也具有相应的特征。

（三）ADR 机制的特征

尽管 ADR 机制的分类较多，但都具有一些共同的特征，最显著的便

---

① ② 王鈊平：《国际文物纠纷的诉讼外争议解决机制》，中国政法大学 2020 年硕士学位论文，第 21 页。

③ 高军：《文化财产返还国际争议的法律解决》，华东政法大学 2019 年博士学位论文，第 181 页。

④ 霍政欣：《追索海外流失文物的法律问题》，中国政法大学出版社 2013 年版，第 204—205 页。

⑤ 高军：《文化财产返还国际争议的法律解决》，华东政法大学 2019 年博士学位论文，第 179 页。

是 ADR 机制的灵活性与自主性。因为当事方的意思自治是 ADR 机制的基础，所以当事方在 ADR 机制的具体进程中具有较大的自主性，例如自主选择所要委托的调查机构、中立第三方，可以选择争端所适用的法律规范，还可以选择当事方青睐的 ADR 方式。①由于各个 ADR 方式互不排斥，故多个 ADR 方式之间可以灵活衔接，ADR 机制具有的弹性空间也得以体现。

与诉讼相比，ADR 机制耗费的时间成本与金钱成本更低，其保密性的特点还能保护当事方的机密信息不被外泄。这在涉及国家重要利益的国际争端解决中尤为重要。②此外，ADR 机制能够有效避免诉讼中当事方的对抗状态，以更柔和的方式化干戈为玉帛。

于海外文物追索而言，ADR 机制的最大优势在于为争端的解决提供了更多的选择路径，克服以传统争端解决方式追索文物所面临的法律障碍。以国际条约追索文物将面临条约溯及力带来的适用上障碍，③而以诉讼方式追索流失文物必将面临识别、适格主体、管辖权、法院地选择、平行诉讼等国际私法问题。④ADR 机制的"柔性"特点为克服前述障碍带来了可能性。

二、 海外流失文物返还适用 ADR 机制之缘由

20 世纪后半叶以来，我国以及诸多文物流失国已经通过外交渠道、司法手段以及民间自发组织的积极努力，成功追回了一定数量的、流失海外的重要文物。然而，与全球范围内浩如烟海的流失文物总量相比，这些成功案例所占比重甚小，呈现出较为悬殊的态势。因此，流失文物追索仍是文物流失国极为关切的议题。为何文物追索"有法难依"？诉诸传统诉讼为何困难重重？导致这一困境的原因主要可以归结于以下几个方面。

---

①② 　王鈅平：《国际文物纠纷的诉讼外争议解决机制》，中国政法大学 2020 年硕士学位论文，第 20 页。

③ 　李伟芳：《追索流失海外文物为何有法难依》，《检察风云》2017 年第 8 期。

④ 　霍政欣：《追索海外流失文物：现状、难题与中国方案》，《法律适用（司法案例）》2017 年第 20 期。

（一）海外流失文物返还之法律障碍

第一，现有国际公约面临无溯及力、约束力较弱的问题。尽管1954年公约及其议定书和1970年公约的条文中未体现溯及力的规定，但可以依据1969年《维也纳条约法公约》对其进行解释。《维也纳条约法公约》第28条规定，除非条约有明确表示不同意，或另有确定，条约一般不具有溯及力。换言之，1954年公约及其议定书和1970年公约都无法适用于条约生效前便已流失的文物。[①]在同一法律逻辑之下，1995年公约也面临着同样的溯及力问题。然而，大多数的珍贵文物都是在19世纪末20世纪初的殖民时期以及第二次世界大战（简称二战）时期，因掠夺、战乱、非法出口等原因流失海外的。[②]依据前述的三个公约将难以追回"殖民时期"及二战时期的众多珍贵文物，故而出现了条约适用上的溯及力障碍。

此外，三个公约还面临约束力较弱的问题。1954年公约规定的返还情形是，在战时为妥善保护文物而将文物从被占领国移出，由占领国或第三国暂时代为保管，待战争结束后再返还至被占领国。此种情形下，占领国或第三国则是以保管国的身份合法地占有文物。[③]实际上，许多文物都是因为战乱、掠夺、走私等非法方式流失至国外的，[④]不属于1954年公约所规定的情形，这就导致该公约可发挥的保护作用极为有限。此外，1954年公约还因为缺乏具体的实施与约束机制、惩罚条款过于模糊无力等原因而保护力有限，[⑤]甚至被外国学者称为"无牙之虎"。[⑥]

尽管1970年公约在国际文化财产立法体系中占有重要地位，并且我国

[①②] 霍政欣：《追索海外流失文物：现状、难题与中国方案》，《法律适用（司法案例）》2017年第20期。

[③] 李玉雪：《应对文物危机的路径选择——以国内法和国际法对文物的保护为分析框架》，《法律科学（西北政法大学学报）》2009年第3期。

[④⑤] 霍政欣：《追索海外博物馆非法收藏的中国文物：困难与对策》，《中国博物馆》2016年第1期。

[⑥] Thomas Desch, Problems in the Implementation of the Convention from the Perspective of International Law, Protection of Cultural Property in the Event of Armed Conflict—A Challenge in Peace Support Operations, Austrian Military Printing Press (2002), p.23.

已通过 1970 年公约追索回了诸多流失海外的文物，但是 1970 年公约因其自身规定的局限而同样面临约束力较弱的问题。较为突出的问题是，1970 年公约为了使得利益相冲突的各国达成一致，故而在条文的措辞上较为模糊，语义不清，导致公约的解释与执行存在较大的分歧。①比如，公约第 1 条在对文化财产进行定义时规定了"每个国家，根据宗教的或世俗的理由"这一内容，语义模糊，解释空间较大；公约第 5 条规定，各国可"根据本国情况"设立保护文化财产的国家机构。此种规定含义不清，赋予了当事国过大的自由裁量权；此外，公约仅禁止进口从缔约国内公共机构（例如博物馆、教堂等）窃取的文物，这就导致很多非公共机构保存的文物（例如，通过盗墓的方式窃取的文物）流失海外之后，难以通过该公约进行追索。②同时，根据公约第 7 条的规定，仅缔约国可以提出文物的返还，且必须经由外交部追索文物，进而导致私人主体在 1970 年公约下并不享有主张文物返还的权利。最后，1970 年公约还因缺乏较为强有力的监督履行机制而导致其约束力较弱。③

由国际统一私法协会制定的 1995 年公约不仅扩大了被盗文物的范围，还赋予了私人以诉讼权利；同时，公约内还规定了许多具有可操作性的程序性规则，④举证责任倒置等规定，⑤都对文物流出国较为有利。然而，1995 年公约最大的局限性在于缔约国太少。截至 2024 年 5 月，仅有 54 个国家加入该条约，⑥美国在内的大多数文物交易市场国都未成为该条约的当事国，⑦故 1995 年公约的约束力有限。

---

①②③　霍政欣：《追索海外博物馆非法收藏的中国文物：困难与对策》，《中国博物馆》2016 年第 1 期。

④　龚柏华、阮振宇：《我国追索非法流转境外文化财产的国际法律问题研究》，《法学评论》2003 年第 3 期。

⑤　《国际统一私法协会关于被盗或者非法出口文物的公约》（1995）第 4 条："被要求归还被盗文物的占有人只要不知道也理应不知道该物品是被盗的，并且能证明自己在获得该物品时是慎重的，则在返还该文物时有权得到公正合理的补偿。"

⑥　https://www.unidroit.org/instruments/cultural-property/1995-convention/status/，2024-05-24.

⑦　霍政欣：《追索海外流失文物：现状、难题与中国方案》，《法律适用（司法案例）》2017 年第 20 期。

第二，在诉讼这一传统救济途径下，文物流出国势必受限于文物流入国的国内法律制度，进而导致管辖权、平行诉讼、识别、原告适格、善意取得、时效、判决的承认与执行等一系列的国际私法障碍。以著名的福建"章公祖师肉身坐佛"案为例，2014年10月，匈牙利自然科学博物馆举办了"木乃伊世界"展览。其中一件十分重要的展品被单独进行展览，即一尊约公元1100年的中国佛僧肉身宝像。次年3月，我国文物部门确定该佛像即为被盗的福建章公祖师肉身坐佛。同年12月，福建省大田县阳春村和东埔村的村民委员会作为原告，对荷兰籍的藏品持有人奥斯卡·凡·奥沃雷姆（Oscar Van Overeem，简称奥斯卡）向福建省三明市中级人民法院（简称三明市中院）提起诉讼，要求奥斯卡归还肉身坐佛。三明市中院随即立案。2016年6月，该案原告又向荷兰阿姆斯特丹地区法院提起诉讼，同样要求奥斯卡归还坐佛，阿姆斯特丹地区法院受理并立案。①

在本案的审理过程中，一个亟待解决的问题是：大田县阳春村和东埔村的村委会是否为适格原告。通常而言，文物追索的诉讼都是由文物流出国以国家的名义提出。然而，鉴于我国坚持的国家绝对豁免原则，我国在本案中不便直接以国家的名义提起诉讼。但是，村委会作为一种我国特有的组织形式，无法在荷兰的法律体系之下找到一个与之相对应的概念。所以，荷兰法院最终以原告不适格为由驳回起诉。②

在国内诉讼方面，尽管三明市中院支持了原告的判决，并且由福建省高级人民法院二审终审维持原判，但是如何在荷兰执行这份判决是在文物追索过程中面临的又一难题。

通过肉身坐佛这一典型案例可知，以诉讼方式追索海外文物将会面临重重阻碍，适用文物流入国的法律也将对文物流出国产生不利的影响，故在实践中，诉讼不宜成为追索海外文物的最佳手段。

---

① 朱忻艺：《海外流失文物追索的国际私法问题浅析——以福建肉身坐佛为例》，《山西省政法管理干部学院学报》2019年第1期。

② 霍政欣：《追索海外流失文物：现状、难题与中国方案》，《法律适用司法案例》2017年第20期。

第三，海外文物追索还面临着"文化民族主义"与"文化国际主义"两种理念之间的分歧与争议。目前，对于文物返还问题，国际上主要呈现出两种截然不同的立场。其中，以中国、希腊等国家为代表，坚持的是"文化民族主义"的立场，强调文物是特定地域文化的产物，与所在国家的民族精神和文化认同紧密相连。若将该文物同该特定的区域与文化背景割裂开来，那么这些文物就如同失去了源头的流水，难以长久地保持其文化内涵与价值。因此，只有将文物归还于其特定区域与背景之下，文物代表的历史信息才能源远流长，持续传承与发扬。①而"文化国际主义"则认为，文物属于全人类共同的文化遗产，不属于任何一个单独的国家或个人。只有将文物保存在免遭破坏的地方，才能最大程度地展现文物对全体人类的价值。②"文化国际主义"几乎已经成了西方文物交易市场国的共同理念，也成了这些国家拒绝归还文物的依据。2002 年颁布的《环球博物馆价值宣言》更是表示，早期获得的他国文物，已经成为该博物馆的一部分，也是其所在国文化遗产的组成部分。③

鉴于上述法律难题的存在，对于海外文物的追索亟须探索一种更具灵活性和包容性的解决方案。在此背景下，具备高度灵活性的 ADR 机制成了最佳的替代选择。回顾文物追索的历程，我们可以发现，利用 ADR 机制进行流失文物的追索已经取得成功的案例实践。

（二）ADR 机制在海外流失文物返还中的实践——Venus of Cyrene 案

意大利与利比亚两国之间的昔勒尼的维纳斯（Venus of Cyrene）案是因历史原因导致文物流失，且法律追索途径存在障碍，最终以 ADR 方式顺利追回文物的典型案例。

---

① ② 张建：《国际法视野下海外流失文物追索的路径选择及实践突破》，《齐齐哈尔大学学报（哲学社会科学版）》2015 年第 10 期。

③ 霍政欣：《追索海外流失文物：现状、难题与中国方案》，《法律适用司法案例》2017 年第 20 期。

1911 年 9 月 29 日，意大利正式宣布对奥斯曼帝国发动战争。当时，利比亚地区正处于奥斯曼帝国的统治之下。在意大利对奥斯曼帝国发起攻势之后，奥斯曼帝国迅速宣告投降，并于 1912 年 10 月 18 日与意大利达成《乌契合约》（the Peace Treaty of Ouchy），从而正式结束了这场战争。然而，值得注意的是，尽管战争已告一段落，意大利对利比亚地区的控制权并未立即获得欧洲其他国家的广泛承认。直到 1923 年 7 月 24 日，经由《洛桑和约》（the Peace Treaty of Lausanne）的确认，意大利对利比亚地区的控制才得到欧洲其他国家的承认。至 1932 年，意大利才获得对利比亚地区的全面控制。[①]

1913 年 12 月 28 日，在意大利军队对原奥斯曼帝国地区进行殖民控制时，意大利士兵在利比亚的昔勒尼（Cyrene）发现了象征维纳斯女神（the goddess Venus）的无头大理石雕塑。值得一提的是，该雕塑是罗马人仿照希腊人的原版维纳斯女神雕塑而制作的。1915 年，由于缺乏合适的文物保护场所，为了防止 Venus of Cyrene 雕塑在意大利军队对当地反抗势力进行武力镇压时遭到破坏，Venus of Cyrene 被意大利运往本国保管。[②]至此，文物 Venus of Cyrene 从利比亚地区流失至意大利。

1947 年，意大利通过《1947 年和约》（the Peace Treaty of 1947）宣布放弃对利比亚的控制。随后，利比亚于 1951 年 12 月 24 日宣布独立。在利比亚成为独立主权国家之后，利比亚政府于 1989 年首次向意大利政府提出要求归还 Venus of Cyrene 雕塑。此后，意、利两国政府一直保持沟通，积极磋商，希望通过双边谈判的方式解决 Venus of Cyrene 的归还问题。然而，Venus of Cyrene 的流失涉及殖民等复杂的历史因素，在正式解决 Venus of Cyrene 归还问题之前，两国还需就意大利殖民行为带来的问题

[①]　See Alessandro Chechi, Anne Laure Bandle, Marc-André Renold, Case Venus of Cyrene—Italy and Libya, http://unige.ch/art-adr, Art-Law Centre, University of Geneva, Part I.

[②]　Nancy C. Wilkie, Colonization and Its Effect on the Cultural Property of Libya, in *Cultural Heritage Issues: The Legacy of Conquest, Colonization, and Commerce*, ed. James A.R. Nafziger and Ann M. Nicgorski (Leiden: Martinus Nijhoff Publishers, 2009), p.176.

及影响达成和解。于是，在 1998 年，意、利两国共同发布了《联合公报》（*Joint Communiqué*）。①

在公报中，意大利政府就其过去对利比亚进行的殖民行为及殖民对利比亚国家和人民造成的伤害表示歉意，并提出与利比亚政府重新构建意、利两国之间的友好关系，期望在贸易、工业、能源、打击非法移民等方面开展广泛合作。在《联合公报》的指引下，意大利政府表示愿意依据 1970 年公约，归还其在殖民时期从利比亚转移走的所有手稿、档案、文件、艺术品及考古物品。②虽然 1998 年《联合公报》并未直接提及 Venus of Cyrene 的归还问题，但是该公报为后续归还 Venus of Cyrene 奠定了良好的基础。

之所以仅凭公报无法促成 Venus of Cyrene 的归还，主要是因为 Venus of Cyrene 的归还涉及教会财产不可分割性（inalienability）问题。依据意大利 1914 年《第 1271 号皇家法令》（*Royal Decree No.1271/1914*），意大利在殖民过程中所获得的文物均属于国家教会财产，具有不可分割性。③为妥善解决此问题，意大利国会在 2000 年 12 月的第一次会议中，以协议的形式，正式确认了 Venus of Cyrene 的归还事宜。随后，2002 年 8 月 1 日，意大利文化遗产部发布一条行政命令，明确指出意大利政府不再对 Venus of Cyrene 拥有所有权，从而解除了其作为国家教会不可分割财产的属性，得以归还利比亚。④

然而，事情的进展并不如想象中那般顺利。2002 年 11 月 14 日，一个意大利非政府组织——Italia Nostra 向拉齐奥行政法庭提起诉讼，要求法院撤销意大利文化遗产部于 2002 年 8 月 1 日所作的行政法令。Italia Nostra 认为，当时发现 Venus of Cyrene 的时候，利比亚属于意大利的领土，在意大利的主权范围内，故意大利政府对该雕塑天然具有所有权。此

---

①②④　See Alessandro Chechi, Anne Laure Bandle, Marc-André Renold, Case Venus of Cyrene—Italy and Libya, http://unige.ch/art-adr, Art-Law Centre, University of Geneva, Part II.

③　See Alessandro Chechi, Anne Laure Bandle, Marc-André Renold, Case Venus of Cyrene—Italy and Libya, http://unige.ch/art-adr, Art-Law Centre, University of Geneva, Part V.

外，Italia Nostra 还认为，意大利文化遗产部所发布的行政命令不是法律，而只有特定的法律才可以宣布某一文物不属于意大利国家教会财产，故该行政法令无效。最后，Italia Nostra 表示，Venus of Cyrene 是意大利文化的产物，维纳斯女神对利比亚这一伊斯兰国家而言不具有任何的文化意义，故意大利政府不应返还 Venus of Cyrene。①

因为诉讼的原因，Venus of Cyrene 的归还暂且被搁置。拉齐奥行政法庭在受理案件并对案件进行详细审查之后，认为意大利政府有义务归还 Venus of Cyrene，该义务来源于习惯国际法及意大利所加入的国际条约。拉齐奥行政法庭认为，依据习惯国际法的基本原则，意大利政府先前对利比亚的殖民行为属于国际不法行为。因此，意大利政府应当承担恢复原状的国家责任。只有当恢复原状之义务不具有履行可能性时，意大利政府才可以诉诸于其他的责任承担形式，例如，赔偿、道歉等。本案中，因为 Venus of Cyrene 具有可归还性，所以意大利政府应当优先承担其恢复原状之国家责任，归还 Venus of Cyrene。②

此外，拉齐奥行政法庭还详细罗列了意大利政府在国际条约下所具有的返还义务，包括 1899 年 7 月 29 日《关于陆战法规和惯例的海牙公约（II）》所附《陆战法规和惯例条例》第 56 条，1910 年 1 月 26 日《关于陆战法规和惯例的海牙公约（IV）》所附《陆战法规和惯例条例》第 46 条以及《1954 年公约及其议定书》的第 1 条。至此，拉齐奥行政法庭确认 1998 年《联合公报》、2000 年国会会议决定及 2002 年的文化遗产部行政法令有效且具有法律约束力，意大利政府有归还义务。③2007 年 2 月 28 日，拉齐奥行政法庭作出判决，驳回 Italia Nostra 的诉讼请求，支持意大利文化遗产部 2002 年所发布的法令，确认无条件归还 Venus of Cyrene 雕塑。随后，Italia Nostra 上诉至意大利国务委员会。

---

① See Alessandro Chechi，Anne Laure Bandle，Marc-André Renold，Case Venus of Cyrene—Italy and Libya，http://unige.ch/art-adr，Art-Law Centre，University of Geneva，Part II.

②③ See Alessandro Chechi，Anne Laure Bandle，Marc-André Renold，Case Venus of Cyrene—Italy and Libya，http://unige.ch/art-adr，Art-Law Centre，University of Geneva，Part III.

意大利国务委员会则进一步加强了一审法院对于返还义务的论证，其表示，依据禁止使用武力原则及民族自决原则，再加之《联合国宪章》第1、第2条对这两项原则的规定，①意大利政府具有归还 Venus of Cyrene 的义务。此外，意大利国务委员会还确认了文化遗产部行政命令的效力，高于有关禁止分割国家教会财产的法律规范。②故 2008 年 6 月 23 日，意大利国务委员会作出维持原判的判决。同年 8 月 30 日，Venus of Cyrene 在经过将近一个世纪后，重新回到利比亚。③

Venus of Cyrene 的成功归还对意大利和利比亚具有极其深远的意义。此举在很大程度上促进了两国关系的和谐，并为今后双方建立更加友好且深入的合作关系奠定了坚实的基础。同时，此次归还也充分彰显了意大利作为 1970 年公约缔约国，坚决打击文物非法出入境的坚定决心。此外，在探讨如何利用 ADR 机制解决流失文物追索问题方面，Venus of Cyrene 一案无疑为国际社会提供了宝贵的经验借鉴，凸显了 ADR 机制在解决海外流失文物问题上的独特优势。

三、 海外流失文物返还适用 ADR 机制的前景

正如前文所述，流失文物追索面临法律上的重重障碍。而 Venus of Cyrene 案则向我们展示了 ADR 机制在解决此类法律障碍方面所具有的独特优势，启迪世界各国积极探索多样化的解决途径，以应对流失文物追索所遇到的复杂问题。

---

①② The Charter of the United Nations，Art.1，para. 2，"To develop friendly relations among nations based on respect for the principle of equal rights and self-determination of peoples，and to take other appropriate measures to strengthen universal peace"；Art. 2，para. 4，"All Members shall refrain in their international relations from the threat or use of force against the territorial integrity or political independence of any state，or in any other manner inconsistent with the Purposes of the United Nations."

③ See Alessandro Chechi，Anne Laure Bandle，Marc-André Renold，Case Venus of Cyrene—Italy and Libya，http://unige.ch/art-adr，Art-Law Centre，University of Geneva，Part I.

（一）ADR 机制在海外流失文物返还中的适用优势

Venus of Cyrene 案发生于 20 世纪初，彼时，1970 年公约尚未诞生。因此，Venus of Cyrene 的追索所面临的第一个法律障碍便是公约无溯及力。倘若利比亚政府选择诉讼的方式，向意大利法院提起诉讼要求归还 Venus of Cyrene，则会受限于意大利的国内法，面临国家教会财产不可分割这一障碍。面对上述两个难题，ADR 机制提供了一个更为柔和的解决路径。首先，就公约溯及力而言，两国在《联合公报》中表示自愿适用 1970 年公约，以意思自治的方式顺利解决了公约的溯及力问题。即使意大利政府认识到公约不具有溯及力，且 Venus of Cyrene 对于伊斯兰教国家而言无特殊文化意义，但意大利政府仍愿意归还雕塑，这便是公约体现的道德价值对促成文物归还产生的积极影响。"软法"在其中发挥了重要作用。其次，有关国家教会财产的不可分割性，则是以友好协商达成一致为基础，再由意大利政府颁布法令宣布 Venus of Cyrene 不再属于国家教会财产，消除了诉讼中面临的法律障碍。

值得一提的是，除了能够克服流失文物追索上的法律障碍，ADR 机制对于解决历史遗留问题、缓和当事国关系、促进国际交往具有重要贡献。在国际社会，大多数文物的流失是殖民与战争导致的，而殖民与战争对文物流失国造成的伤害是无法消除的。为了弥补国家与民族所受伤害，文物流失国对于追索流失文物展现出十分强硬的态度，而许多文物流入国企图美化殖民与战争行为，不愿配合文物的返还，导致当事国时常处于对抗的局面。ADR 机制则可以为当事国提供一个友好磋商的平台，为和平解决争端创造可能性，化干戈为玉帛。正如 Venus of Cyrene 案展现的那样，在意、利两国正式谈论 Venus of Cyrene 返还问题之前，两国不仅先就殖民带来的伤害达成和解，还重新构建了友好关系，期望在贸易、工业等领域开展更为深入的合作，实为 ADR 机制消除国家矛盾的典范。

作为 Venus of Cyrene 争端解决的最后阶段，意大利的国内诉讼的重要性不容忽视。在拉齐奥行政法庭和意大利国务委员会的法律说理中，不仅一次地强调了意大利在习惯国际法与条约下承担的返还义务。这为文物流失国追索流失文物提供了重要的法律依据，国家责任、禁止使用武力原则、民族自决原则等习惯国际法等可以成为文物流入国返还其因殖民与战争所获文物的义务来源。ADR 机制则为文物流入国履行其义务提供了一条理想且缓和的路径。

（二）ADR 机制在海外流失文物返还中的持续发展

实际上，除了 Venus of Cyrene 案之外，还有诸多通过 ADR 机制顺利追索海外文物的案件，例如：法国与尼日利亚的 Three Nok and Sokoto Sculptures 案、①法国与南非的 Sarah Baartman 案②、加拿大原住民族海斯拉族与瑞典民族志博物馆的 G'psgolox Totem Pole 案。③这些案件不仅发生在国家与国家之间，还发生在原住民部落与博物馆、市政府与博物馆，乃至博物馆与博物馆之间。同时，案件所牵涉的文物种类繁多，涵盖了雕塑、图腾柱、人体组织等多种形态。这些案例充分展现了 ADR 机制在适用上的广泛性与灵活性，能够有效地弥补 1970 年公约在适用范围上的局限。因此，在未来针对流失文物的追索问题上，ADR 机制具有广阔的应用前景。

包括中国在内的众多文物流失国可以积极利用 ADR 机制的特有优势，与有关国家、博物馆，乃至私人藏家开展灵活的谈判、协商与和解。针对流失文物所面临的具体情况，考虑到多方利益及历史背景因素，尽可能达

---

① See Ece Velioglu, Anne Laure Bandle, Alessandro Chechi, Marc-André Renold, "Case Three Nok and Sokoto Sculptures—Nigeria and France," Platform ArThemis (http://unige.ch/art-adr), Art-Law Centre, University of Geneva.

② See Caroline Renold, Alessandro Chechi, Marc-André Renold, "Case Sarah Baartman—France and South Africa," Platform ArThemis (http://unige.ch/art-adr), Art-Law Centre, University of Geneva.

③ See Elizabeth Fraccaro, Ece Velioglu Yildizci, Marc-André Renold, "Case G'psgolox Totem Pole" Platform ArThemis (http://unige.ch/art-adr), Art-Law Centre, University of Geneva.

成一个平等、双赢的解决方案。①这既有利于国际条约的具体落实，促成文物早日归国，也有助于增进当事国之间的友好交往，一举两得。

四、 结语

海外流失文物的追索面临重重法律障碍，而 ADR 机制的特有优势为解决海外流失文物追索问题提供了新的思路和方法。适用 ADR 机制追索海外流失文物，可以有效解决公约无溯及力的问题，避免文物流失国在诉讼中受限于文物流入国的国内法律规范。又因其灵活性，ADR 机制可以广泛适用于各类主体之间的文物返还问题，突破了公约适用范围的局限。通过 ADR 机制，各方可以充分表达自己的诉求和关切，寻求互利共赢的解决方案。这不仅可以推动文物返还的顺利进行，还有助于维护国际关系的和谐稳定。未来，在持续完善和发展 ADR 机制的基础上，我们可以推动海外流失文物的返还与保护工作取得更大进展，为解决历史遗留问题、缓解民族之痛贡献智慧和力量。同时，这也将为国际文化遗产保护事业注入新的活力和动力，促进全球文化多样性和文明交流互鉴。

---

① 霍政欣：《"追索非法流失文物政策及措施研究专项"预研究》，《中国文化遗产》2015 年第 1 期。

中国批准《新加坡调解公约》的困境与突破

■ 张 磊 罗皓月 *

【摘要】随着国际商事交往的日益频繁，调解作为一种高效的争端解决机制受到全球的关注，《新加坡调解公约》的制定标志着国际商事调解的一大进步。本文深入分析《新加坡调解公约》的核心制度，探讨国际商事和解协议的法律效力、审查监督机制及缔约方的保留权，旨在揭示该公约对全球商事调解法律实践的影响。文章进一步考察中国在批准该公约过程中遇到的主要难题，包括和解协议的法律效力差异、审查监督的差异以及商事调解员制度的不适应问题，并对中国在批准《新加坡调解公约》时如何突破这些困境提出了具体的对策建议。

【关键词】《新加坡调解公约》 国际商事调解 调解员

导言

随着国际商事不断发展，完善国际诉讼、调解和仲裁等争端解决手段

* 张磊，华东政法大学国际法学院，教授，博士生导师；罗皓月，华东政法大学国际法学院，国际法专业 2023 级法学硕士研究生。

的重要性日益凸显。对比国际诉讼和仲裁，调解成本更低、效益更高、速度更快，也更能促进法律主体之间维持积极的商事关系。因此，在推出了《选择法院协议公约》《承认和执行外国仲裁裁决公约》（简称《纽约公约》）之后，提升国际商事调解的法律地位成了国际社会的迫切需求。于是，《联合国关于调解所产生的国际和解协议公约》（简称《新加坡调解公约》）在 2018 年第 73 届联合国大会通过，2020 年 9 月 12 日生效。2019 年 8 月 7 日，我国签署该公约。

一、《新加坡调解公约》的核心制度概述

（一）国际商事和解协议的法律效力

《新加坡调解公约》对和解协议效力的规定反映在第 3 条"一般原则"中：各缔约国均须依照其国内程序及公约的要求执行和解协议，并准许该当事人援引和解协议来表明争端已解决。[①]首先需要明确的是，《新加坡调解公约》中的"和解协议"是指"由调解员参与的调解所产生的、当事人为解决商事争议而以书面形式订立的协议"。[②]在文本上，《新加坡调解公约》中的"和解"与我国立法和司法实践中的"和解"有所区别，反而因为有调解员的参与更接近我国"调解"的概念。

这一条款揭示了，在执行地的当事人可以向主管机关直接申请执行，并不以来源地对和解协议进行审查为前提。出于各缔约国对承认的含义、程序和效力都可能有所不同的考虑，[③]《新加坡调解公约》没有直接使用"承认"一词，但是采用了对于"承认"的折衷表达。实际上赋予了和解

---

① 《新加坡调解公约》第 3 条。
② 《新加坡调解公约》第 1 条第 1 款。
③ 联合国国际贸易法委员会：《第二工作组第六十三届会议（2015 年 9 月 7—11 日，维也纳）工作报告》（A/CN.9/861），https://undocs.org/zh/A/CN.9/861，2024-03-02。

协议"一事不再理"的约束力及在缔约方的可执行性。[①]

(二)关于国际商事和解协议的审查监督

在尊重当事方意思自治的前提下,《新加坡调解公约》构建了和解协议的跨国执行机制,但这不意味着在执行过程中不存在任何形式的监督。

一方面,《公约》第 4 条有关于"当事人向主管机关提出申请时所需的文件以及文件的形式要求"。[②]主管机关可以要求当事人出具显示和解协议产生于调解的证据;进一步地,在审查期间,主管机关也可以请当事人提交任何必需的材料,以核查与公约各项规定是否符合。[③]这一条款为执行地主管机关处理当事人的申请提供了更广泛的灵活性。[④]

另一方面,《公约》第 5 条"拒绝准予救济的理由"也为执行地主管机关审议国际商事调解所产生的和解协议留下了一定的裁量空间。"准予救济"一词包括请求执行和解协议和援用和解协议两方面。[⑤]第 5 条穷尽列举的情形可分为以下四类:"第一,与当事人有关;第二,与调解协议有关;第三,与调解过程有关;第四,与申请所在公约当事方公共政策或国内法有关。"[⑥]其中,第一、第二和第三类是由主管机关依申请审查,第四类则是由主管机关依申请或依职权进行审查。[⑦]

由此可见,审查的事项主要集中在较多的程序性事项和极少的实体性事项,而且以被动审查为主。[⑧]主动审查事项仅包括《公约》第 5 条第 2 款

---

① 孙南翔:《〈新加坡调解公约〉在中国的批准与实施》,《法学研究》2021 年第 2 期。

② 孙巍:《〈联合国关于调解所产生的国际和解协议公约〉立法背景及条文释义》,法律出版社 2018 年版,第 41 页。

③ 《新加坡调解公约》第 4 条第 1 款、第 4 款。

④ 联合国国际贸易法委员会:《第二工作组第六十七届会议(2017 年 10 月 2—6 日,维也纳)工作报告》(A/CN.9/929),https://undocs.org/zh/A/CN.9/929,2024-03-02。

⑤ 联合国国际贸易法委员会:《第二工作组第六十六届(2017 年 2 月 6—10 日,纽约)会议工作报告》(A/CN.9/901),https://undocs.org/zh/A/CN.9/901,2024-03-02。

⑥ 孙巍:《〈联合国关于调解所产生的国际和解协议公约〉立法背景及条文释义》,法律出版社 2018 年版,第 51 页。

⑦ 同上书,第 75 页。

⑧ 赵勇:《〈新加坡调解公约〉的适用范围及衔接对策》,《河北法学》2023 年第 41 卷第 5 期。

描述的第四类：是否违反执行地公共政策和依照本国法是否属于可调解事项。需要强调的是，由于《公约》并未明确第 5 条第 2 款中"公共政策"的具体概念和规定，而是给各缔约国留下了解释适用的空间以提高接受度，所以这一条款具有兜底性。在法律制度相互碰撞的前提下，执行地主管机关如何对定义"公共政策"并审查相关内容将是衔接过程中值得斟酌的一个焦点。

通过上述规则设计，我们不难理解：《新加坡调解公约》推动审查监督的被动化，提供给缔约国主管机关的自由裁量权范围较窄，有利于简化流程、减小阻力，激发国际商事活动的活力。与此同时，该公约的审查制度在充分支持当事人自由处分权利的基础上，还有利于在一定情况下维护执行法院所在地的国家利益和公共利益。只有法院在必要范围内对和解协议进行审查监督，才能更好地维持公权力与私权力之间的平衡与秩序。

（三）缔约方可在一定范围作出保留

对于来自不同地理区域、具有不同文化敏感性和法律传统的国家来说，允许保留是可以达成共识的关键因素。[1]

《新加坡调解公约》第 8 条第 1 款表明缔约国可以通过声明机制作出保留。其中：第 8 条第 1 款（a）项是政府实体的选择不适用（opt-out）条款，也即"商事保留"条款；第 1 款（b）项则是当事人选择适用（opt-in）条款，充分尊重当事人的意思自治。第 2 款进一步规定除本条明确授权的保留外，不允许作出任何保留，保障了公约适用的法律确定性。

根据《维也纳条约法公约》，保留可以在签署，批准、接受、赞同或加入条约时作出。[2]然而，《新加坡调解公约》第 8 条第 3 款允许公约当事方随时作出保留。对比得知，该公约项下的保留对比一般的保留，更为宽

---

[1] Itai Apter, Coral Henig Muchnik, Reservations in the Singapore Convention—Helping to Make the New York Dream Come True, 20 Cardozo Journal of Conflict Resolution 1267 (2019), p.1270.

[2] 《维也纳条约法公约》第 2 条第 1 款（丁）项。

松灵活，给予缔约国审时度势的空间，拥有了更多选择。缔约国应当重视和研究保留条款的含义，经过详尽的法律风险评估后，再作出保留立场的选择。①

二、 我国批准《新加坡调解公约》的困境

（一）关于和解协议法律效力的差异

1. 各国关于和解协议的执行规定

从比较法的角度来看，各个国家和地区执行调解所产生的和解协议的主要有以下两种模式：

第一，通过法院命令或判决执行模式，代表性国家有加拿大、美国、新加坡等。在加拿大，当事人可以申请法官根据和解协议条款作出判决，登记后的和解协议与判决具有同等效力。②在美国，法官可以根据当事人的动议，依照和解协议的条款作出判决，以供执行。③在新加坡，当事人可向法院申请，将和解协议登记为法院命令以便执行。④荷兰、意大利也有类似的规定。

第二，转化为公证结果执行模式，代表性国家有奥地利、德国等。这种执行途径在大陆法系国家很常见。⑤在奥地利，如果任何一方希望执行和解协议，则必须根据《奥地利公证法》第 3 条将其转换化为公证结果。⑥在德国，当事人可以将经调解达成的和解协议写入由德国公证人起草的公文

---

① 张渝：《试析〈新加坡公约〉商事保留条款与中国的对策》，《国际经济法学刊》2021 年第 4 期。

② Canada Commercial Mediation Act (S.O. 2010，Chapter 16，Schedule 3) (Ontario) s.13 (2).

③ 王学泽、赖咸森：《美国民事调解系统培训考察报告》，《中国司法》2016 年第 2 期。

④ Singapore's Mediation Act 2017 (2020 Revised Edition) s.12.

⑤ Nadja Alexander，International and Comparative Mediation：Legal Perspectives，Kluwer Law International，2009，p.305.

⑥ 联合国国际贸易法委员会：《第二工作组第六十三届（2015 年 9 月 7 日至 11 日，维也纳）会议工作报告》（A/CN.9/846），https://undocs.org/zh/A/CN.9/846，2024-03-02。

中以供执行。①西班牙也有类似规定。②

2. 我国法律制度与《新加坡调解公约》的要求存在差距

（1）我国将和解协议的性质界定为合同。从比较法上看，和解协议历来被认为是一项独立的有名合同。③我国学术界认为："当事人自由作出权利处分以达成国际和解协议，该协议具有合同性质，在效力方面只约束当事人。"④我国司法机关将和解协议视作"民事合同性质的协议"。⑤也即，若有当事方拒绝履行和解协议，另一方只能主张其违反合同义务，并通过相关的民事诉讼程序或其他方式解决纠纷。然而，将和解协议局限于合同效力将严重削弱调解在争议解决过程中的优势，其法律效力应当得到更广泛的认可和支持。⑥

（2）我国没有直接执行和解协议的制度基础。和解协议的跨境执行是《新加坡调解公约》的核心机制。而基于和解协议的合同性质，在我国现有法律框架之下，很难较为完全和直接地落实上述规定。

和解协议的执行有以下几种途径：第一，"经由国际商事专家委员会成员或者国际商事调解机构主持的调解，所达成的国际商事和解协议，可向最高院国际商事法庭申请，转化为调解书或判决书以供执行。"⑦第二，国际和解协议也可以借助少量的司法双边互助条约得以跨国执行。⑧第三，经组织或特邀调解员调解的和解协议，可以依法向法院申请司法确认其效

---

① Eunice Chua，Enforcement of International Mediated Settlements without the Singapore Convention on Mediation，31 Singapore Academy of Law Journal 572（2019），p.595.

② Spain's Act No 5/2012 of 6 July 2012 on mediation in civil and commercial matters and Act No 1/2000 of 7 January 2000 on civil procedure.

③ 王利明：《论和解协议》，《政治与法律》2014 年第 1 期。

④ 张志国：《〈新加坡调解公约〉背景下国际和解协议跨境执行审查制度探究》，《北京仲裁》2021 年第 1 期。

⑤⑨ 《最高人民法院关于人民法院进一步深化多元化纠纷解决机制改革的意见》（法发〔2016〕14 号）。

⑥ 王涵：《〈新加坡调解公约〉背景下我国可直接执行和解协议范围探析》，《国际商务研究》2023 年第 4 期。

⑦ 《最高人民法院关于设立国际商事法庭若干问题的规定》（法释〔2018〕11 号）。

⑧ 《中华人民共和国和俄罗斯联邦关于民事和刑事司法协助的条约》第 16 条第 2 款。

力。⑩第四，和解协议还可通过在公证机构办理债权文书公证以供执行。①

由于该公约语义下的"商事和解"有调解员的参与，与我国的"调解"概念更为接近，所以进一步地，我们也应当考察我国关于调解协议的规定。

经调解组织调解达成的协议，"需由双方当事人共同提出司法确认申请，法院审查后认定协议有效，如一方未履行，对方可向法院申请执行"。②经人民调解委员会达成的调解协议，需要当事人双方提交执行申请，由人民法院进行审查并给予确认，当事人间就调解协议发生争议的，可以向人民法院提起诉讼。③由此可见，我国调解协议的执行实际上需要经过司法确认以及申请执行两个程序。另外，两个环节都需要当事人双方提交申请，从而增加了执行调解协议的环节，可能带来不便。

更重要的是，根据该公约，和解协议应当具有"排除后诉"的终局性效力和直接的执行力，而国内现行的执行模式显然不符合公约的要求。总而言之，在我国，和解协议在其性质和执行制度上都与公约存在较大的差距。

（二）关于国际商事调解审查监督的差异

《〈民事诉讼法〉司法解释》第358条规定，驳回调解协议司法确认申请的情形包括："违反法律强制性规定；损害国家利益、社会公共利益、他人合法权益；违背公序良俗的；违反自愿原则的；内容不明确的和其他。"④对比上文所述的《新加坡调解公约》第5条所规定的拒绝准予救济的情形，《〈民事诉讼法〉司法解释》第358条包括了更多的实质性内容，意味着执行地主管机关在司法确认的过程中拥有更大的审查权力。在《新

---

① 《最高人民法院关于人民法院进一步深化多元化纠纷解决机制改革的意见》（法发〔2016〕14号）。

② 《中华人民共和国民事诉讼法》第205、206条。

③ 《中华人民共和国人民调解法》第32、33条。

④ 《最高人民法院关于适用〈中华人民共和国民事诉讼法〉的解释（2022修正）》，第358条。

加坡调解公约》下，主管机关审查并拒绝执行的权力是被严格限定的。

如前所述，《新加坡调解公约》并未明确所谓"公共政策"的内涵与外延。因此，缔约国在主动审查国际商事调解协议的过程中，对于拒绝准予的条件和程度拥有一定的斟酌的空间。我国最高人民法院指出："违反'公共政策'应当理解为：违反我国法律基本原则、侵犯我国国家主权、危害社会公共安全、违反善良风俗等足以危及我国根本社会公共利益的情形。"①并且，如果有其他理由足以拒绝承认和执行，那么就不会考虑认定为违反"公共政策"。②由此可知，在我国的涉外法律实践中，判断违背"公共政策"是审慎、克制的。

将上述《〈民事诉讼法〉司法解释》中驳回司法确认的情形与违反"公共政策"的情形予以对比，能够发现现行法律制度下驳回执行申请的情形比违反"公共政策"的情形要宽泛得多。值得思考的是，在后续建立、完善国际商事和解协议的审查制度的过程中，要采取哪种立场以确定相关标准？这种矛盾对于缔约国的法律制度及其司法主权来说无疑是重要的挑战。

由于国际条约和普遍做法无法提供有关"公共政策"的一般定义和普遍标准，所以缔约国需要警惕的是，在后续履行条约义务的时候有可能难以保持谦抑。假如公权力对和解协议的审查进行过多的干预，可能会使其背离《新加坡调解公约》有关快速和便利地执行和解协议的宗旨和目的，并且使得"调解在不同程度上处在法律阴影之下"③。

（三）关于商事调解员制度建设的不适应

根据我国在 2023 年 10 月公布的数据，全国设有 69.3 万个人民调解委

---

① 《最高人民法院关于申请人 Castel Electronics Pty Ltd.申请承认和执行外国仲裁裁决一案请示的复函》（民四他字〔2013〕第 46 号）。

② 何其生：《国际商事仲裁司法审查中的公共政策》，《中国社会科学》2014 年第 7 期。

③ Laurence Boulle & Miryana Nesic, Mediation: Principles, Process, Practice, Chatswood, N.S.W: Butterworths, 2001, p.466.

员会，已基本构建起覆盖城乡、重点领域和单位的组织网络。这说明人民调解制度在我国不但根深蒂固，而且发挥了非常重要的作用。值得一提的是，"在通过人民调解方式化解的矛盾中，相当大的比例是人民法院委派委托调解的纠纷"。①更重要的是，虽然人民调解似乎侧重于社区纠纷，但是我国没有任何法律禁止人民调解委员会从事商事调解。换言之，若当事人愿意选择人民调解委员会来处理与商事法律关系有关的争议、纠纷，那么该种争议可以由其来处理。②比如义乌市于2013年就成立了全国首家涉外纠纷人民调解委员会，10年来共成功调处各类涉外纠纷1 219件，涉及金额1.32亿元。③然而，人民调解制度尚在发展探索的过程中，自主性强，各个专门委员会的构架和调解的范围并没有统一的规定，如何实现互补和衔接还有待斟酌。并且，如果与商事活动相关的调解仍未发展成熟，就已经首先作为人民调解的组成部分而存在，那么《人民调解法》适用的泛化将导致商事调解的特殊性并不突出，无法充分支持《新加坡调解公约》的执行。

与此同时，依据我国现有的法律规定，只有通过具有调解职能的机构达成的和解协议才能够申请司法确认。④换言之，在我国，由个人调解员调解促成的和解协议暂不能进行司法确认。然而在《新加坡调解公约》的框架下，组织及个人调解作出的和解协议都属于可以申请执行的范畴。这意味着在我国并不具备个人调解制度的现状下，经个人调解达成的国际和解协议虽然能够在我国申请执行，但在我国经个人调解达成的国际和解协议则需要在其他缔约国申请执行。

① 中华人民共和国司法部：《最高人民法院司法部有关负责人就〈关于充分发挥人民调解基础性作用推进诉源治理的意见〉答记者问》，https://www.moj.gov.cn/pub/sfbgw/zcjd/202310/t20231012_487610.html，2024-04-05。

② Cai Wei, Diversity of Mediation and Its Impact on the Singapore Mediation Convention, 52 Hong Kong Law Journal 235 (2022), p.245.

③ 《金华市义乌市涉外纠纷人民调解委员会"以外调外"涉外解纷工作法：让外商在义乌安心创业、舒心生活》，《浙江法治报》，http://www.pazjw.gov.cn/shehuizhili/difangjingyan/202311/t20231108_26430771.shtml，2024-05-02。

④ 《最高人民法院关于人民法院进一步深化多元化纠纷解决机制改革的意见》（法发〔2016〕14号）；《中华人民共和国民事诉讼法》第205条。

毋庸赘言，商事调解需要相关机构的任职人员具有一定的专业知识；同时，相较机构调解，通过个人调解达成和解协议的路径有利有弊。换言之，只要能够在制度设计上保障趋利避害，那么个人调解可以成为可供当事人选择的路径之一。由此可见，我国有关机构调解和个人调解的现状与《新加坡条约公约》的要求存在一定的距离。

一方面，作为机构调解的主要路径，我国人民调解制度与商事调解制度之间应当有一定的区分度。正如有学者指出，"以商事思维为主导的商事调解与我国现行调解制度的性质有本质差异……应当将商事调解员的任职资格与人民调解员的任职资格区别开来"。[①]因此，为了更好地履行《新加坡条约公约》，我国应当从大力发展商事调解事业的角度对商事调解员的任职资格作出比较详细的规定。

另一方面，依据《新加坡条约公约》，由个人或机构调解所产生的国际调解协议在效力上并无差别。这说明该公约秉持多元并蓄的基本宗旨。然而，个人调解在我国不但缺乏相关法律作为基础，而且在实践中也没有需要长期实践才能形成的有关文化、环境和自律机制等方面的积淀。

三、 我国批准《新加坡调解公约》的对策分析

根据我国法律规定，《新加坡调解公约》须提请人大常委会批准后，方可在我国正式生效并具有法律约束力。[②]因此，我国正处于正式批准前，做好与该公约衔接的关键阶段。

（一）国际商事调解协议效力认定的逐步衔接

基于我国现今的和解协议的执行机制，国际商事调解协议是否可以独立于非国际和解协议，依据《新加坡调解公约》获得率先、单独地取得终

---

① 刘沁予：《〈新加坡调解公约〉签署后我国商事调解员的任职资格》，《商事仲裁与调解》2022 年第 3 期。

② 《中华人民共和国缔结条约程序法》第 7 条。

局效力和直接执行力是一个亟待解决的问题。

值得注意的是，我国从成为《纽约公约》的缔约国后，就实行双轨制："根据《纽约公约》承认国际机构仲裁、临时仲裁裁决；但在国内，则根据《仲裁法》只承认机构仲裁。"①

我们不禁要问：在执行《新加坡调解公约》时，是否可以借鉴《纽约公约》的上述做法呢？我认为这似乎是不妥的。首先，国际商事调解协议与国内商事调解协议在性质、内容、形式上均无非常大的差别。从这个角度看，适用两套不同的执行机制似乎是不必要的。其次，从远期来看，对于同一争端解决法律文件采用两套制度显然不仅有损于我国司法执行机制的体系协调性，不利于规范调解行业管理，而且对我国调解制度的持续发展并无裨益。第三，在多元纠纷解决机制构建的大背景下，如何充分发挥调解的优势，已成为我国当前格外关注的问题。②在实践中，通过沿海地区个别法院与中国贸促会调解中心的合作备忘录，涉外商事纠纷联动调解机制不断健全；广东省高院则充分发挥粤港澳大湾区特色，聘请三地法律专业人士担任"特邀调解员"，全方位开展涉外商事调解事业。③

有鉴于此，我国应该借助批准《新加坡调解公约》以及大力推动民营经济领域纠纷多元化解机制建设的这一历史机遇，统一赋予国际和国内商事和解协议直接执行的终局性效力，提升和解协议的法律地位，充分发挥调解的优势，鼓励调解行业繁荣发展。这种"一体统合"不但是为了吸取《纽约公约》采用双轨制而导致不便的教训，更是为了增强调解对国内当事人的吸引力，促使其选择调解，防止人为创造涉外因素规避法律程序，从而更有利于商事调解的整合、高效管理。④

---

① ② 王涵：《〈新加坡调解公约〉背景下我国可直接执行和解协议范围探析》，《国际商务研究》2023 年第 4 期。

③ 周强：《最高人民法院关于人民法院涉外审判工作情况的报告——2022 年 10 月 28 日在第十三届全国人民代表大会常务委员会第三十七次会议上》，《最高人民法院公报》2023 年第 2 期。

④ 包康赟：《〈新加坡调解公约〉的"后发优势"与中国立场》，《武大国际法评论》2020 年第 6 期；温世涛：《〈新加坡公约〉与中国商事调解——与〈纽约公约〉〈选择法院协议公约〉相比较》，《中国法律评论》2019 年第 1 期。

（二）以最高法院纪要等形式完善调解监督制度

虽然《新加坡调解公约》第5条已经规定相关的审查监督制度，但是没有进一步明确界定相关的定义、方式和程度。因此，我国在履约过程中有必要填补相关制度的法律空白。

1. 规制形式的选择

对于商事调解的相关法律规范，各国选择了不同的立法模式。新加坡于2020年将公约直接转化为国内法《新加坡调解公约法》，日本也于2024年4月配套制定了关于实施《新加坡调解公约》的国内法，美国通过《统一调解法》进行规制，加拿大单独制定《商事调解法》，印度则通过《仲裁与调解法》将商事调解的内容规定在本国仲裁法中。

我国可以考虑以最高法院纪要等形式完善调解监督制度。

首先，值得肯定的是，制定专门的《商事调解法》是理想的选择。商事调解的可规制性、商事调解立法的文本基础以及商事调解立法实施的推进机制共同决定了专门制定商事调解法律具有的可行性。[①]不过，一方面，由于我国在现阶段有关商事调解的理论和实践尚不够成熟，所以以单独的专门立法从起草至征询意见，再到实施需要较长的时间；另一方面，我国在批准《新加坡调解公约》之后，使相关法律制度与该公约及时衔接具有显而易见的迫切性。因此，我国在现阶段可以优先考虑通过其他形式完善调解监督制度，再渐进地完成专门的立法工作。

其次，商事调解监督制度既不应当融入《人民调解法》，也不应与《人民调解法》统一立法——人民调解法的立法目的旨在建构和完善人民调解制度，"从运行逻辑、组织形式、人员资质、收费规则上，人民调解与商事调解都有较大的差异"[②]，无法充分支持《新加坡调解公约》的执行。

---

① 赵毅宇：《中国商事调解立法模式选择及其展开》，《法学杂志》2023年第3期。
② 段明：《〈新加坡调解公约〉与中国商事调解的立法选择》，《商事仲裁与调解》2021年第2期。

第三，商事调解监督制度不应当融入《仲裁法》。有人提出，可以将调解和仲裁进一步结合，在《仲裁法》中完善《新加坡调解公约》相关的商事调解法律规范。实践中，国际商事争议解决也经常运用"仲调结合"这一方式。举例来讲，国际商会、国际争端解决中心、伦敦国际仲裁法院和斯德哥尔摩商会调解研究所等争端解决机构提供"仲裁中的调解"条款，或有明确规定"仲裁中的调解"的规则。①我认为在衔接《新加坡调解公约》的背景下，这一方式似乎是不可取的。

一方面，该公约的条文实际上已经将在仲裁期间达成的解决方案排除在外，②足以反映仲调结合的和解协议不属于该公约规定的可执行范围，并且《新加坡调解公约》第4条要求当事人证明和解协议是由调解程序产生的。

另一方面，商事仲裁和商事调解异大于同。若从争议解决方式的价值基础来看，商事仲裁基于权力，而商事调解则基于利益或权利。③其一，因为和解协议自主性较大，在双方达成合意的前提下，只需要满足形式要件即成结果。其二，因为仲裁裁决由仲裁员作出，使得当事双方都处于被裁决的地位，而调解员只是一种"催化剂"，无法决定结果。也有观点认为，仲调结合损害了调解和仲裁的关键原则，因为其无法满足调解人中立、当事人自决和保密的核心价值。④其三，因为两者在成本上存在差异。对比统计显示，调解的费用不到仲裁费用的5％，而调解解决所花费的时间是仲裁的10％—15％。⑤

由上可知，使用《仲裁法》规制商事调解与《新加坡调解公约》的执

① Eunice Chua, Enforcement of International Mediated Settlements without the Singapore Convention on Mediation, 31 Singapore Academy of Law Journal 572 (2019), p.586.

② 《新加坡调解公约》第1条第3款。

③ Laurence Boulle, International Enforceability of Mediated Settlement Agreements: Developing the Conceptual Framework, 7 Contemporary Asia Arbitration Journal 35 (2014), p.43.

④ Brian A. Pappas, Med-Arb and the Legalization of Alternative Dispute Resolution, 20 Harvard Negotiation Law Review 157 (2015), p.157.

⑤ Arthur W Rovine (ed.), Contemporary Issues in International Arbitration and Mediation: The Fordham Papers, Leiden, The Netherlands: Brill | Nijhoff, 2011, p.409.

行模式不协调，就我国的现状而言，调解也并不仅仅存在于仲裁中。诉调结合会无法达到"1＋1＞2"的效果。将商事调解监督制度融入《仲裁法》的路径只适合调解完全附属于仲裁的情景，并不具有全局意义。

根据我国《立法法》第8条，只能制定法律的事项当中并不包括调解或和解制度。因此，我国也可以考虑制定法律以外的规制方式：

第一，通过司法解释建立监督制度。《立法法》对于司法解释的要求是有具体的生效条文作为对象。①《新加坡调解公约》并未正式被批准。我国也没有现行的法律条文对国际商事调解进行规定。因此，通过司法解释不是建立监督制度理想的路径。

第二，通过行政法规建立监督制度。以行政法规对国际商事调解协议的执行和审查作出相关规定符合《立法法》第72条第2款的要求。行政法规在中国法的形式体系中具有承上启下的桥梁作用。②行政法规规范的社会关系范围广泛，效力等级也相对较高，在没有商事调解专门法的情况下可先行发挥"准法律"的作用。③

第三，通过最高法院会议纪要建立监督制度。在申请承认和执行外国法院判决方面，《全国法院涉外商事海事审判工作座谈会会议纪要》就作出了相应的规定。由此及彼，最高法院会议纪要可以就我国法院履行《新加坡调解公约》的要求作出规定。根据《全国法院民商事审判工作会议纪要》，人民法院可以在裁判文书中根据该纪要的相关规定进行说理。④有鉴于此，最高法院会议纪要可以于商事调解领域，为司法审查提供具体、详尽的实践指导，以便在司法体系内尽快形成统一的共识和行为规范。

2. 国际商事调解协议执行审查应当由中级人民法院进行

由于和解协议执行权与我国涉外民事执行权具有同一性，并且中级人

① 《中华人民共和国立法法》第104条。
② 徐元宪、吴东镐：《论国务院制定行政法规的宪法根据》，《法学家》2005年第3期。
③ 陈明之：《商事调解的制度逻辑及其构建——以〈新加坡调解公约〉为视角》，《人民调解》2023年第9期。
④ 《最高人民法院关于印发〈全国法院民商事审判工作会议纪要〉的通知》（法〔2019〕254号）。

民法院涉外庭已经具备丰富的涉外商事案件实践经验，所以可以考虑参考《最高人民法院关于人民法院办理仲裁裁决执行案件若干问题的规定》，由中级人民法院涉外庭进行执行审查。[①]

然而需要强调的是，我国并不应当一并引入仲裁裁决执行案件的司法审查报核制度。根据这一制度，经审查认为仲裁协议无效、不能执行或撤销的，应当呈报上级人民法院核准。[②]这一报核制度在仲裁领域就受到了学界的批判。[③]它也并不符合《新加坡调解公约》对于执行效率和便利性的高标准，不适合运用到国际商事调解的相关审执制度中。

3. 建立国际商事和解协议的案外人救济制度

《新加坡调解公约》第 5 条严格限制了拒绝准予救济的情形，但并没有建立对案外人的权益保护制度。由于涉外营商环境错综复杂，商事调解还具有高度自主性，虚假调解的问题有可能浮现。所谓虚假调解，系"双方当事人通过捏造的实体纠纷，共同利用调解程序来损害第三人的利益"。[④]虚假调解可分为两大类型："其一是双方参与型，'双方'既可能是当事人，也可能是调解员；其二是最隐蔽的多方参与型，即各方当事人与调解员恶意谋取非法利益"。[⑤]

最高法院《关于人民调解协议司法确认程序的若干规定》明确："案外人如果发现被确认的调解协议侵犯了自己的合法权益，可以请求人民法院撤销确认。"[⑥]在审执实践中，我国可以在这一规定的基础上进行完善，当案外人主张因虚假调解利益受到损害时，允许其在执行结束前提出异

---

① 陈咏隽、赵勇：《〈新加坡调解公约〉与"一带一路"商事调解机制建构》，《福建江夏学院学报》2023 年第 1 期；许志华：《我国批准〈新加坡调解公约〉的问题与对策》，《中国法律评论》2023 年第 2 期。

② 《最高人民法院关于修改〈最高人民法院关于仲裁司法审查案件报核问题的有关规定〉的决定》（法释〔2021〕21 号）。

③ 朱科：《国际商事仲裁司法审查案件内部请示报告制度的转型》，《法学杂志》2017 年第 6 期。

④ 张卫平：《中国第三人撤销之诉的制度构成与适用》，《中外法学》2013 年第 1 期。

⑤ 严红、陈庆特：《〈新加坡调解公约〉下虚假调解的界定、挑战及中国因应》，《上海政法学院学报（法治论丛）》2022 年第 3 期。

⑥ 《关于人民调解协议司法确认程序的若干规定》第 10 条。

议，向法院申请不予执行。在《新加坡调解公约》的背景下，此处的案外人不予执行请求权被视为主管机构对公共政策的审查权的一部分。①有鉴于此，这一制度不构成缔约方对条约义务的违反。

在提出异议的过程中，法院应当要求案外人向法院提供初步证据，并且提供足额担保。如果法院在审查过程中发现和解协议存在虚假调解的可能性，即可中止执行和解协议；如果随后的证据确凿无误地证明，和解协议是基于双方的虚假调解，那么法院可以裁定该和解协议不予执行。②在此基础上，还应当适当延长第三人对于国际商事和解协议的执行提出异议的期限，在情况特殊时，甚至可以对和解协议执行的部分情况予以公示，供第三方有充分时间和机会，足以知晓并评估调解协议对其权益可能产生的影响，并采取相应的行动。

与此同时，还应在审查程序中打破相对性原则的限制，允许第三方主体参与程序并听取意见。③可以参照上海市高级法院《关于进一步优化司法确认工作的操作指引》第 7 条规定，在对涉嫌虚假调解的案件实行实质性审查的过程中，若有需要，通知当事人到庭核实案件情况。

（三）加快健全与国际接轨的商事调解员制度

当和解协议能够被承认和执行时，国际商事调解才真正有了生命力。④与《纽约公约》对于推广国际仲裁的重要意义类似，《新加坡调解公约》的执行机制扩大了国际商事调解作为争议解决方式的影响力。近年来，我国一直致力于积极营造市场化、法治化、国际化的营商环境，服务更高水平对外开放，充分发挥多元调解机制独特优势。在这一重要关切下，该公

---

① 孙南翔：《〈新加坡调解公约〉在中国的批准与实施》，《法学研究》2021 年第 2 期。
② 严红、陈庆特：《〈新加坡调解公约〉下虚假调解的界定、挑战及中国因应》，《上海政法学院学报（法治论丛）》2022 年第 3 期。
③ 程勇跃：《推进涉外法治建设视域下我国国际商事调解协议执行制度的构建——以新加坡调解公约在我国的批准与实施为视角》，上海市法学会，"第十一届京津沪渝法治论坛"，2022 年 9 月。
④ 包康赟：《〈新加坡调解公约〉的"后发优势"与中国立场》，《武大国际法评论》2020 年第 6 期。

约相关制度的完善对我国而言居于关键和凸显的地位，不仅能够进一步深入探索我国对外开放，还能为世界范围的商事纠纷解决提出中国方案。

考虑到上述国内外重要的历史机遇，加快健全与国际接轨的商事调解员制度不但显得非常必要，而且时不我待。因此，我国至少可以从两个方面加快这方面的建设步伐：

一方面，就机构调解而言，我国可以积极推动建立一系列高水平的调解组织，并且由这些组织建立较为完备的商事调解员遴选、规范和监督机制。事实上，国内已经有较多的实践开始探索。不过，各自为政的机构建立和零敲碎打的机制探索较难适应我国尽快实现与《新加坡调解公约》的要求进行衔接。因此，司法部或有条件的地方司法行政部门可以研究制定相应的规范，进行顶层设计。

另一方面，《关于开展律师调解试点工作的意见》允许律师作为中立的第三方主持调解，并对律师调解员的资质和调解工作机制作出了规定。这可以被视为我国建立个人调解制度的重要信号。《浦东新区促进商事调解若干规定》规定：浦东新区在满足国内法律规定的前提下，积极探索与国际接轨的办法，支持个人调解员开展活动。①

不过，正如前文所述，个人调解在我国的基础比较薄弱。因此，有必要在《关于开展律师调解试点工作的意见》的基础上，既加强监管，又谨慎推进，边探索边总结，渐进形成适合我国国情和商事调解事业需要的个人调解制度。

结语

《新加坡调解公约》为全球多元争端解决机制提供了新的方案，提供了调解协议跨境执行的法律基础。为了批准《新加坡调解公约》，应当与

---

① 上海市浦东区人民政府：《浦东新区促进商事调解若干规定》，https://www.pudong.gov.cn/zwgk/glcs-elee/2022/361/304400.html，2024-05-03。

该公约的执行模式逐步衔接，统一赋予国际和国内商事和解协议直接执行的终局性效力，以最高法院纪要等形式完善调解监督制度，为中级人民法院进行国际和解协议的司法审查提供具体、详尽的实践指导，并且建立国际商事调解协议的第三人执行异议制度以防范虚假调解，加快健全与国际接轨的商事调解员制度。

党的二十大报告指出："加强重点领域、新兴领域、涉外领域立法，统筹推进国内法治和涉外法治。"2024 年 3 月，最高人民法院"一站式"国际商事纠纷多元化解决平台在国际商事法庭网站正式上线。作为首批签署《新加坡调解公约》的国家，我国完善调解机制，为国际商事调解的理论与实践贡献更多中国智慧和中国方案，推动构建更为公正、高效的国际商事纠纷解决新格局。这不仅有助于中国法律体系的完善，也为全球商事争端解决机制的进步提供了动力和样本。

美国法下"显然漠视法律"撤裁理由及对中国的启示

■ 李 晶 温 馨 *

【摘要】美国法上的"显然漠视法律"作为撤销仲裁裁决的理由存在争议，究竟是将其作为成文法撤裁事由，由《联邦仲裁法》第 10 条具体解释，还是将其作为独立于《联邦仲裁法》的普通法撤裁事由？在实践中，"显然漠视法律"已作为普通法撤裁事由得到诸多支持并通过判例形成了一套普遍的适用标准，这对我国《仲裁法》修订的背景下具体适用"枉法裁决"撤裁事由带来参考和借鉴，有助于推进我国涉外仲裁机制的发展。

【关键词】显然漠视法律 枉法裁决 仲裁裁决撤销

美国法院撤销仲裁裁决的依据主要体现为《联邦仲裁法》第 10 条，仲裁裁决撤销的事由包括：（1）裁决以贿赂、欺诈或者其他不正当方法取得；（2）仲裁员全员或者任何一人显然有偏袒或者贪污情形；（3）仲裁员有不当行为，如拒绝延迟开庭，听取与争端有关的证据或其他损害任何一方权利的不当行为；（4）仲裁员超越权限或者有瑕疵地行使权力，以致对

---

* 李晶，华东政法大学国际法学院副教授；温馨，华东政法大学国际法学院硕士研究生。

仲裁事项没有作出共同、终局且确定的裁决。[①]

　　除了《联邦仲裁法》第10条所列的四个法定事由之外，美国还有一项非成文法上的撤销仲裁裁决事由，即"显然漠视法律"。显然漠视法律规则是指当仲裁员明知须适用的法律却选择故意漠视时，仲裁裁决将会被撤销，但裁决不会仅因为细微的错误和法律理解错误而被撤销。[②]

　　自1953年的威尔科诉斯旺（Wilko v. Swan）案提及"显然漠视法律"规则之后，美国学术界和司法实务界对此争议较大，关注的问题包括：第一，如果能够用"显然漠视法律"来撤销仲裁裁决，那么其是作为成文法撤裁事由还是非成文法撤裁事由？有观点认为"显然漠视法律"归属于《联邦仲裁法》第10条，属于成文法事由的扩大解释；[③]也有观点认为"显然漠视法律"应当作为判例法事由，是成文法事由的例外。第二，如果能够用"显然漠视法律"来撤销仲裁裁决，那么其在司法实践中适用的标准是什么？如何防止法院滥用"显然漠视法律"来干涉仲裁？

　　2021年7月30日，我国司法部发布《中华人民共和国仲裁法（修订）（征求意见稿）》（简称《仲裁法征求意见稿》），其第77条抛弃了原有的双轨制模式，将纯国内仲裁裁决和涉外仲裁裁决的撤裁理由合二为一。对于涉外仲裁裁决，在理由中增加了"裁决因恶意串通、伪造证据等欺诈行为取得的"或者"仲裁员在仲裁该案时有索贿受贿，徇私舞弊，枉法裁决行为"而撤裁。过去，"枉法裁决"仅用于我国纯国内仲裁裁决的撤裁，在司法实践中的案件极为少见。从《仲裁法征求意见稿》可以看出，"枉法裁决"未来也可能用于涉外仲裁裁决的撤销。中国法上的"枉法裁决"与美国法上的"显然漠视法律"作为撤裁理由，均从法律适用视角出发，

[①]　9 U.S. Code §10.

[②]　Black's law dictionary (ninth edition)，West Publishing Co，p.1048.

[③]　这种观点参见 Stephen L. Hayford, Reinning in the "Manifest Disregard of the Law" Standard: the Key to Restoring Order to the Law of Vacatur, 1998 Journal Dispute Resolution, p.117，pp.135—136；Christopher R. Drahozal, Codifying Manifest Disregard, Nevada Law Journal, Vol.8，Issue 1 (Fall 2007)。

有类似之处。本文将分别从成文法和判例法视角讨论"显然漠视法律"规则的法律地位，并通过整理分析美国法院的实践，探寻这一规则的适用标准对我国"枉法裁决"撤裁事由的参考意义，为我国涉外仲裁制度的发展提出建议。

一、"显然漠视法律"是否构成美国成文法上的撤裁事由

从美国的成文立法来看，"显然漠视法律"并不构成美国成文法上的撤裁事由，理由如下：

第一，"显然漠视法律"并未明确规定在美国成文法中，无论是在《联邦仲裁法》还是在各州的《仲裁法》中，没有明确的法律条文采用"显然漠视法律"的表述，故将其作为成文法撤裁事由，于法无据。

第二，《联邦仲裁法》第 10 条的扩张解释无法涵盖"显然漠视法律"的内涵。《联邦仲裁法》第 10 条的法定事由涉及的是裁决以贿赂、欺诈或者其他不正当方法取得；仲裁员偏袒或贪污腐败影响了裁决的公平和公正性，或仲裁员存在影响程序正义的不当行为，或是仲裁员超越或滥用权力。而"显然漠视法律"是指仲裁员完全了解应当适用的法律，但却不适用该法律，其内涵是对法律的藐视，与《联邦仲裁法》第 10 条规定的四项法定事由不同。有观点认为[1]，"显然漠视法律"是仲裁员明知法律却故意漠视的行为，应当归为仲裁员的"不当行为"（misconduct misbehavior）。从字面来看，"显然漠视法律"确实可以归属仲裁员不当行为，但是第 10 条（a）（3）款涉及"不当行为"的条款主要关注的是影响仲裁程序正义的不当行为，而"显然漠视法律"并非仅仅影响程序正义。又有观点认为，"显然漠视法律"可以解释为"超越仲裁员的权限范围"的一种情形[2]，如

---

[1] Stephen L. Hayford, Reinning in the "Manifest Disregard of the Law" Standard：the Key to Restoring Order to the Law of Vacatur, 1998 Journal Dispute Resolution，p.117，pp.135—136.

[2] Christopher R. Drahozal，Codifying Manifest Disregard，Nevada Law Journal，Vol.8，Issue 1 (Fall 2007).

在 *Comedy Club，Inc. v. Improv West Assocs.*案①中，法院认为是《联邦仲裁法》第10条（a）（4）款的一种情形，并认为其中"仲裁员超越权限"的含义和"显然漠视法律"的含义相同，这明显是对两者的理解有误。"显然漠视法律"是仲裁员漠视法律的行为，是故意的行为；而"仲裁员超越权限"是仲裁员滥用权力、违背仲裁条款的行为，并不要求考量仲裁员是否明知法律而无视，而这正是"显然漠视法律"所要强调的核心要义。

第三，即便考虑"显然漠视法律"归入《联邦仲裁法》第10条的可能性，这一规则会存在极大的不确定性和不稳定性。如在 *Stolt-Nielsen S. A. v. AnimalFeeds Int'l Corp.*案②中，法院表示"显然漠视法律"可被重新表述为是对《联邦仲裁法》第10条所列的撤裁事由的解释，并用以撤销仲裁裁决。但如何重新表述以及作为哪一项事由，法院都未进行说明。因此，试图将"显然漠视法律"归入成文法，可能会造成混乱和不确定性，也无法对司法实践提供准确的指引。

二、"显然漠视法律"构成美国普通法上的撤裁事由

虽然"显然漠视法律"并非美国成文法上的撤裁事由，但从美国的司法实践来看，其已然构成美国普通法上的撤裁事由，理由如下：

（一）其诞生与发展具备判例法特征

"显然漠视法律"规则产生于判例，是法官在具体案件中通过解释和说明形成的法律规则。之后，该规则的适用标准通过判例引用不断发展，具备显著的判例法特征。

"显然漠视法律"规则来源于 1953 年的 *Wilko v. Swan* 案（简称

---

① Comedy Club, Inc. v. Improv W. Assocs.，553 F.3d 1277，1283（9th Cir. 2009）.

② Stolt-Nielsen SA v. AnimalFeeds Int'l Corp.，548 F.3d 85，92（2d Cir. 2008）.

Wilko 案)。在该案中,证券投资者 Wilko 向 Swan 证券公司购买了股票,之后 Wilko 认为 Swan 公司在证券投资过程中误导他以不合理的价格购买了大量股票,向纽约南区联邦地区法院提起诉讼,要求被告 Swan 公司赔偿其损失。而 Swan 公司主张保证金协议中含有仲裁条款,应该中止诉讼程序并移交仲裁。联邦地区法院认为该仲裁条款剥夺了《联邦证券法》赋予投资者向法院请求司法救济的权利,驳回了被告的请求。Swan 公司向联邦第二巡回法院上诉,上诉法院认为当事人有权订立仲裁协议,约定将未来发生的争议提交仲裁,因此撤销了地区法院的判决。Wilko 对上诉法院的裁决不服,向联邦最高法院申请调卷令,联邦最高法院由此对该案进行提审。里德(Reed)大法官在此案中谈及了"显然漠视法律",他认为仲裁员对法律的解释与"显然漠视法律"不同,联邦法院不应当因仲裁员错误解释法律而对其裁决进行司法审查。[1]虽然 Wilko 案并未以"显然漠视法律"为由撤销仲裁裁决,但其暗示了"显然漠视法律"可以作为联邦法院对仲裁裁决进行司法审查的理由。里德大法官的这一论述,在之后的司法实践中被无数次引用,构成了"显然漠视法律"的起源。有学者认为,"显然漠视法律"就是以这一阐述为基础,作为一个单独的撤裁事由而不断发展起来的。[2]

(二)诸多司法实践将"显然漠视法律"作为普通法撤裁事由

Wilko 案之后,"显然漠视法律"作为普通法上的撤裁事由,被各法院频繁适用。早在 1998 年的 Scott v. Prudential Sec., Inc.案中,第十一巡回法院就认为"显然漠视法律"具有非成文法审查事由的特征;[3]在 2008年 Coffee Beanery, Ltd. v. WW, L.L.C.案中,第六巡回法院明确表示,

---

① Wilko v. Swan,346 U.S. 427,74 S. Ct. 182,98 L. Ed. 168 (1953).

② James E. Berger & Charlene Sun, The Evolution of Judicial Review Under the Federal, New York University Journal of Law & Business,Vol.5,Issue 2 (Summer 2009),p763.

③ Scott v. Prudential Sec., Inc., 141 F.3d 1007, 1017 (11th Cir. 1998).

"显然漠视法律"是单独的非成文法事由。① 2012 年，第四巡回法院在 *Wachovia Sec.，LLC v. Brand* 一案中也明确了"显然漠视法律"源起 *Wilko* 案，认为其是与《联邦仲裁法》第 10 条规定的法定事由区分开的、单独的普通法规则。②

2008 年著名的 *Hall Street Associates，L.L.C. v. Mattel，Inc.* 案（简称 *Hall Street* 案）③虽然明确当事人无权通过约定来扩大法定的撤裁事由，但该案也为"显然漠视法律"作为非成文法撤裁事由留下余地。联邦最高法院在判决中表示："《联邦仲裁法》规定的撤销或变更事由是排他性的，但并不代表排除成文法以外的撤销或变更事由，《联邦仲裁法》并不是当事人请求法院审查仲裁裁决的唯一依据。"对于"显然漠视法律"，联邦最高法院没有明确回应其有效性问题，但借以"或许"一词为"显然漠视法律"提供了几种解读思路：（1）"显然漠视法律"规则是除第 10 条外，全新的撤销仲裁裁决的事由；（2）"显然漠视法律"并未新增撤裁事由，而是包含在第 10 条所列的事由之内；（3）"显然漠视法律"是对第 10 条中关于仲裁员行为不端或超越权限的简略表达。因为在文字表述和规则内涵上，"显然漠视法律"与《联邦仲裁法》第 10 条列明的撤销事由并不一致，也无法简单粗暴地被归入第 10 条中任一项事由，如果将其作为成文法撤裁事由，确实于法无据且极易导致适用混乱，故联邦最高法院提供的三种解读中只有"作为《联邦仲裁法》第 10 条以外的独立的撤裁事由"存在可行性和更多的探讨空间。*Hall Street* 案并未终止"显然漠视法律"的存续，其应该并且能够作为非成文法事由存在和适用。

由于"显然漠视法律"是仲裁败诉方最常提出的主张之一，美国法院时至今日都在频繁地处理以该理由提出的撤裁申请。以"显然漠视法律"撤销仲裁裁决的可能性虽低，但近几年也有成功撤裁的案例，且均作为单

① Coffee Beanery，Ltd. v. WW，L.L.C.（6th Cir. 2008）.
② Wachovia Sec.，L.L.C. v. Brand（4th Cir. 2012）.
③ Hall St. Assocs.，L.L.C. v. Mattel，Inc.，552 U.S. 576，128 S. Ct. 1396，170 L. Ed. 2d 254（2008）.

独的普通法事由。

在 2017 年的 *Daesang Corp v. The NutraSweet Co*. 案①中，*Daesang* 公司和 *NutraSweet* 公司因资产收购协议等产生纠纷，并将争议提交至国际刑事法院（ICC）仲裁庭进行裁决。*Daesang* 公司之后向美国纽约州法院申请确认该裁决，而 *NutraSweet* 公司则申请撤销该仲裁裁决。审理该案的拉莫斯（*Ramos*）法官首先明确了美国《联邦仲裁法》第 10 条是撤销仲裁裁决的法律依据；此外，拉莫斯法官根据先例认为仲裁裁决还可因"显然漠视法律"而被撤销，并适用经典的两步标准，最后认定仲裁庭显然漠视了 *NutraSweet* 公司主张的纽约州法律，撤销了仲裁裁决。后来，纽约州最高法院上诉庭认为，本案仲裁庭已在裁决中分析了相关的判例法，并考虑了 *NutraSweet* 以欺诈为由提起的反诉请求，不足以认定构成要求极高的"显然漠视法律"，故一审法院以"显然漠视法律"撤销裁决错误，并推翻了原判决。虽然该案由于未达"显然漠视法律"的高适用标准，一审撤销裁决的判决被推翻，但也足以体现"显然漠视法律"仍在被法庭援引适用，仍作为普通法撤裁事由存续。

在 2019 年的 *Credit Agricole Corporate v Black Diamond* 案②中，法国东方汇理银行与 *Black Diamond* 公司因借款协议产生纠纷并进行了仲裁，仲裁庭针对借款利息计算问题作出了补正裁决。东方汇理公司不接受该补正裁决，向纽约州南区法院申请撤销补正裁决。法院经审理后认为，由于本案仲裁协议的当事方部分为非美国当事方，且仲裁程序在美国进行，故《纽约公约》和《联邦仲裁法》的相关规定同时适用于本案。另外，若仲裁裁决"显然漠视法律"，法院可以撤销该仲裁裁决。法院认为，仲裁庭承认存在定义明确、清楚并且明显适用的法律，该法律禁止仲裁庭对最终裁决作出后才提出的法律问题行使管辖权，在法律禁止的情况下，

---

① Daesang Corp. v. Nutrasweet Co., 55 Misc. 3d 1218 （A）, 58 N.Y.S.3d 873 （N.Y. Sup. 2017）, rev'd, 167 A.D.3d 1, 85 N.Y.S.3d 6 （2018）.

② Credit Agricole Corp. & Inv. Bank v. Black Diamond Cap. Mgmt., LLC, No.18-CV-7620 （KNF）, 2019 WL 1316012, at ＊1 （S.D.N.Y. Mar. 22, 2019）.

仲裁庭依然在补正裁决中变更了利息和扣除预付款的计算方法。仲裁庭忽视该法律并背道而驰，构成"显然漠视法律"，应当撤销补正的仲裁裁决。

在 *Copragi S.A. v. Agribusiness United DMCC* 案①中，摩洛哥公民科普拉格里（*Copragri*）与阿联酋公民阿格里巴西尼斯（*Agribusiness*）签订了谷物贸易合同，后因货运问题产生纠纷，阿格里巴西尼斯基于货物提单中的仲裁条款向美国海事仲裁员协会（*SMA*）提起了仲裁，但科普拉格里并非提单当事人，科普拉格里向阿格里巴西尼斯和仲裁员发送多封邮件反对 *SMA* 仲裁，并对仲裁庭的管辖权和仲裁员之间可能存在的利益冲突等提出异议。但最终仲裁庭继续受理案件并作出对阿格里巴西尼斯有利的裁决，其中未处理科普拉格里所提出的各项异议，未谈及可仲裁性和管辖权问题，也未引用任何法律。科普拉格里则向美国法院申请撤销仲裁裁决。纽约南区法院在审理后认定，仲裁员在裁决中对管辖权和可仲裁性问题只字不提且对这些争议点不予理会，构成"显然漠视法律"，可单独作为撤销裁决的理由。最后，法院支持了科普拉格里的撤销裁决申请。

三、"显然漠视法律"规则的适用标准

"显然漠视法律"在被不断应用，但在初始阶段，不同法院对于这一规则的具体性质和认定各有不同。如联邦第七巡回法院创设了其独有的框架来定义"显然漠视法律"，其中，"仲裁裁决实际上命令当事人违反法律规定"。②这一标准过于严苛，几乎排除了规则的适用。联邦第四巡回法院的适用标准是法院不关注仲裁员论证说理的过程，只关注裁决的结果。仲裁员无视协议中的条款不代表裁决结果是不恰当的，不构成撤销裁决的理由。③联邦第五巡回法院还存在一项标准，即需要法院认定该仲裁裁决导致

---

① Copragri S.A. v. Agribusiness United DMCC，No.20 CIV. 5486（LGS），2021 WL 961751，at ＊1（S.D.N.Y. Mar. 15，2021）.
② George Watts & Son, Inc. v. Tiffany & CO.，248 F.3d 577，581（7th Cir. 2001）.
③ Apex Plumbing Supply，Inc. v. U.S. Supply Co.，142 F.3d 188（4th Cir. 1998）.

了重大不公，才能够导致仲裁裁决撤销。①

随着美国司法实践数十年的发展，这一规则的适用标准通过判例逐渐形成。目前"显然漠视法律"的主流标准由联邦第二巡回法院提出，在司法实践中被普遍接受并广泛应用。该标准采取"两步法"，即法院撤销仲裁裁决时，应当从两项标准进行认定：（1）仲裁员知道应当适用的法律规则但拒绝适用或忽略该法律；（2）仲裁员忽视的法律定义清晰，且明确适用于案件。②

第一项标准"知道应当适用的法律规则但拒绝适用或忽略该法律"强调主观因素。主观因素是指仲裁员的主观状态为"故意"，即仲裁员在作出裁决时知道或应当知道被漠视的法律。在考量主观方面时，要注意与"适用法律错误"区分开，仲裁员适用法律错误是由于仲裁员行为的过失或理解法律有误造成的，而显然漠视法律是仲裁员的故意行为。在 *Saxis S.S.Co. v. Multifacs Int'l Traders*，*Inc.*及 *Stolt-Nielsen SA v. Animal-Feeds Int'l Corp.*等案中③，第二巡回法院就表明"显然漠视法律"并不是法律错误或仲裁员误解法律，这一说法也被许多法院采用。

第二项标准"忽视的法律是定义清晰且明显适用于案件"是客观因素。首先考量该法律是否定义清晰，足够明确。如在 *Hoeft v. MVL Group*，*Inc.*案中，法院对这项标准作出限缩解释，认为只要存在超过一个有关法律的合理解释，该法律就不是定义清晰且明显适用的，此时仲裁员不会因拒绝采信任何一方当事人主张的法律解释而被认为是"显然漠视法律"。④其次考量法律规则是否明显适用于案件，即该法律规则的适用范围

---

① Kergosien v. Ocean Energy，Inc.，390 F.3d 346 (5th Cir. 2004).

② Saxis S. S. Co. v. Multifacs Int'l Traders, Inc.，375 F.2d 577，579 (2d Cir. 1967)，Hoeft v. MVL Grp.，Inc.，343 F.3d 57 (2d Cir. 2003)，Wallace v. Buttar，378 F.3d 182 (2d Cir. 2004)，Stolt-Nielsen SA v. AnimalFeeds Int'l Corp.，548 F.3d 85，92 (2d Cir. 2008).

③ Saxis S. S. Co. v. Multifacs Int'l Traders, Inc.，375 F.2d 577，579 (2d Cir. 1967)，Stolt-Nielsen SA v. AnimalFeeds Int'l Corp.，548 F.3d 85，92 (2d Cir. 2008)，Hoeft v. MVL Grp.，Inc.，343 F.3d 57 (2d Cir. 2003)，Wallace v. Buttar，378 F.3d 182 (2d Cir. 2004).

④ Hoeft v. MVL Grp.，Inc.，343 F.3d 57 (2d Cir. 2003).

和限制。具体而言，考量该法律规则是否涵盖案件中涉及的问题，并确定其适用范围是否与案件相符，若法律规则存在限制或排除条款，可能导致与案件不匹配。

综上，"显然漠视法律"作为普通法上的撤裁理由，其适用的标准较高，美国法院严格限制该理由的适用。尽管"显然漠视法律"为美国法院在成文法理由之外撤销仲裁裁决提供了依据，但在明确了这一规则的含义并严格其适用标准后，法院便不能轻易以"显然漠视法律"干预仲裁。

四、 对我国的启示

美国联邦仲裁法并不区分纯国内和涉外仲裁裁决，而是统一将视为国内仲裁的裁决规定在第 10 条中。而我国对仲裁裁决的撤销采用双轨制，纯国内仲裁裁决和涉外仲裁裁决两者撤裁的理由并不相同。对于涉外仲裁裁决，我国现行《民事诉讼法》第 291 条列出了 5 个撤裁理由[1]，除公共利益外，基本都是程序事由。对于纯国内裁决，我国《仲裁法》第 58 条细分了 7 款撤裁事由，其中第 6 款规定"仲裁员在仲裁该案时有索贿受贿，徇私舞弊，枉法裁决行为的"可以撤裁。2021 年 7 月，司法部《仲裁法征求意见稿》第 77 条统一了我国撤销纯国内仲裁裁决和涉外仲裁裁决的规定,[2]明确规定"枉法裁决"也用于涉外仲裁裁决的撤销。

"枉法裁决"，指仲裁庭故意违背事实和法律作出裁决。由于"枉法裁

---

[1]　分别是：当事人在合同中没有订有仲裁条款或者事后没有达成书面仲裁协议的；被申请人没有得到指定仲裁员或者进行仲裁程序的通知，或者由于其他不属于被申请人负责的原因未能陈述意见的；仲裁庭的组成或者仲裁的程序与仲裁规则不符的；裁决的事项不属于仲裁协议的范围或者仲裁机构无权仲裁的和执行该裁决违背社会公共利益。

[2]　当事人提出证据证明裁决有下列情形之一的，可以向仲裁地的中级人民法院申请撤销裁决：（1）没有仲裁协议或者仲裁协议无效的；（2）裁决的事项不属于仲裁协议的范围或者超出本法规定的仲裁范围的；（3）被申请人没有得到指定仲裁员或者进行仲裁程序的通知，或者其他不属于被申请人负责的原因未能陈述意见的；（4）仲裁庭的组成或者仲裁的程序违反法定程序或者当事人约定，以致严重损害当事人权利的；（5）裁决因恶意串通、伪造证据等欺诈行为取得的；（6）仲裁员在仲裁该案时有索贿受贿、徇私舞弊，枉法裁决行为的。

决"与实体问题存在高度交叠,基于当事人通常以实体为先的思维,成为申请人热衷的理由之一。[1]我在威科先行判决数据库中,以"枉法裁决""撤销"关键词检索近 5 年裁判文书,以"枉法裁决"作为理由提出撤裁申请有 2 152 份。

但由于我国司法实践对"枉法裁决"的审查严格限缩,上述案件没有一个最终以"枉法裁决"为由被撤裁,我国司法实践中真正以"枉法裁决"成功撤裁的案例非常罕见。依据《最高人民法院关于审理仲裁司法审查案件若干问题的规定》,仲裁员的枉法裁决行为指的是已经由生效刑事法律文书或者纪律处分决定所确认的行为。[2]鉴于该理由背后所映射事件的严重后果,要以"枉法裁决"为由撤销仲裁裁决,当事人需提供相应的证据说明仲裁员的行为已被刑事或行政处分认定,才可能成功撤裁;没能提供生效的法律文书的,法院一律认定为当事人没有证明而裁定驳回申请。在实践中,仲裁机构大多制定了对违纪违法仲裁员进行处理的相关规定,但真正要对仲裁员作出处分决定是十分谨慎的,需要经过较长的调查程序以及充分的证据,更不用说法院对违纪违法仲裁员作出有罪判决了。可见,我国对"枉法裁决"的认定极为严格。

如果"枉法裁决"未来也能用于撤销涉外仲裁裁决的话,可能会带来不利影响。一方面,该理由可能成为仲裁败诉方发表实体问题异议乃至于发泄不满情绪的路径,也容易与刑法中的"枉法裁决罪"混淆,导致撤裁理由的滥用;另一方面,当事人可能很难提供外国仲裁员的刑事犯罪或者纪律处分记录,现有的"枉法裁决"认定标准无法适用。对此,可以修改"枉法裁决"的措辞,具体认定标准上,也可以借鉴美国法院的"显然漠视法律"规则,从主客观方面进行分析:(1)仲裁员知道应当适用的法律规则但拒绝适用或忽略该法律。具体而言,主观方面可以从仲裁员的言行表现、法学素养、专业经验、裁决的内容以及案件的复杂程度等方面进行

---

① 谭晰文:《论仲裁裁决中的撤销事由》,《仲裁研究》2021 年第 1 期。
② 《最高人民法院关于审理仲裁司法审查案件若干问题的规定》(法释〔2017〕22 号)。

考量。仲裁员在仲裁过程中的言论、态度和行为可以反映其主观状态，如是否表现出公正、客观和专业的态度，是否有偏袒某一方的迹象，等等。同时，仲裁员的专业经验、个人背景以及可能的利益冲突也会影响其主观状态。而裁决内容可以揭示仲裁员对案件的理解、对证据的评估以及对法律适用的方式。如果裁决中存在明显的偏颇或不公正之处，可能也会暴露仲裁员的主观状态。（2）仲裁员忽视的法律定义清晰，且明确适用于案件。这需要对法律规则进行明晰性评估，仔细审查涉及的法律规则，包括法律、法规、司法解释等，评估这些规则是否明确、具体。如果法律规则存在模糊不清、较为宽泛或存在多种解释的情况，就无法认定该法律规则是明确的。

不少国家正在限制司法审查的范围，竞相把本国打造成有利国际商事仲裁的地点。我国要建设国际仲裁中心，应当继续坚持支持仲裁的导向。正值我国《仲裁法》修订之际，《仲裁法征求意见稿》中将"枉法裁决"适用于涉外仲裁裁决，可以结合"显然漠视法律"的考量因素，明确并严格限制其适用标准，准确指引当事人合法合理地寻求救济，实现涉外仲裁效率与实质正义的平衡。

涉外标准必要专利诉讼管辖权冲突与应对研究[*]

■ 马　乐　高嫣然[**]

【摘要】专利地域性与标准国际性之间的矛盾造成标准必要专利平行诉讼在全球频发。当事人利益驱动下的挑选法院以及各国法院积极行使司法管辖权的态度使得涉外标准必要专利诉讼中的管辖权冲突问题越发凸显。主要司法管辖区法院近年来在涉外标准必要专利诉讼中的禁诉令与反禁诉令裁判进一步加剧了涉外标准必要专利纠纷的管辖权之争。民事诉讼法涉外编修订后，我国通过确认并厘清适当联系、专属管辖、先受理法院、更方便法院以及不方便法院等规则要素之间的关系确立了兼具积极性和灵活性的管辖权依据，为法院在全球标准必要专利诉讼中发挥更重要作用提供了更大可能与空间。

【关键词】标准必要专利　国际平行诉讼　管辖权冲突　诉讼优选地

在信息技术和数字技术不停变革、无线通信产业迅猛发展的当下，作

---

　　* 本文是作者主持的教育部人文社科青年基金项目"标准必要专利国际平行诉讼中的禁诉令问题与中国对策研究"（23YJC820023）阶段性成果。
　　** 马乐，法学博士，华东政法大学涉外法治学院副院长，教授；高嫣然，华东政法大学国际法学院 2024 届硕士研究生。

为企业竞争利器的标准必要专利日益成为产业焦点并成为纠纷集聚领域。标准必要专利权人与标准实施者在不同法域提起有关许可费率、侵权禁令、反垄断等诉讼。各国法院也纷纷主张其对于标准必要专利诉讼的管辖权。例如，英国自无线星球诉华为案①确立了对标准必要专利全球许可费率的管辖，而后的诺基亚诉 OPPO 案②中也延续了法院积极管辖的态势。中国法院于 2021 年在 OPPO 诉夏普案③中依据"更密切联系"原则同样明确了对标准必要专利全球许可费率诉讼的管辖。各国法院争相确认各自司法管辖权从而引发管辖权竞争甚至冲突。禁诉令的适用使得这一管辖权之争愈演愈烈。小米与交互数字公司互诉案中④，中国法院、印度法院以及德国法院便先后发布禁诉令、反禁诉令，隔空交锋。我国《民事诉讼法》（2024 年修正，简称《民诉法》）中对涉外民事案件的管辖权规则和管辖权冲突的应对机制进行了进一步的确认与完善。面对激烈的标准必要专利诉讼管辖权争夺，中国法院如何灵活运用《民诉法》规则，在维护司法管辖权的同时妥善应对平行诉讼与管辖权冲突是亟需探讨的问题。

一、 涉外标准必要专利诉讼管辖权冲突的形成

（一）涉外标准必要专利国际平行诉讼频发

标准必要专利许可模式的全球性除了让全球许可费率具有合理性，也使得纠纷呈现出与多法域的关联性，由此造成平行诉讼频发。⑤2024 年

---

① Unwired Planet v. Huawei，[2018] UKSC 0214.

② Nokia v. OPPO，HP-2021-000023.

③ 〔2020〕最高法知民辖终 517 号民事裁定书。

④ 湖北省武汉市中级人民法院〔2020〕鄂 01 知民初 169 号之一民事裁定书。See also Inter-Digital v Xiaomi，District Court（Landgericht）Munich I，judgment dated 25 February 2021，Case No. 7 O 14276/20. InterDigital v. Xiaomi，8772/2020 in CS（COMM）295/2020，High Court of Dehli India.

⑤ 马乐：《涉外标准必要专利全球许可费率裁决的管辖权争议与中国因应》，《知产财经》2024 年 1 月 7 日"原创分析"版。

《民诉法》第280条规定："当事人之间的同一纠纷，一方当事人向外国法院起诉，另一方当事人向人民法院起诉，或者一方当事人既向外国法院起诉，又向人民法院起诉，人民法院依照本法有管辖权的，可以受理。……"尽管修改后的涉外编有所涉及，却并未对"同一纠纷"，即国际平行诉讼进行释义。如若参照《最高人民法院关于适用〈中华人民共和国民事诉讼法〉的解释》（简称《民诉法解释》）理解原文中的"同一纠纷"，则其判断的标准应为：相同的当事人、相同的诉讼标的、相同的诉讼请求或诉讼请求之间实质上相互否定。但国际平行诉讼不是一个确定的概念，它只是模糊地指称两个案件完全相同或具有密切关联。[1]直接照搬《民诉法解释》的标准并不能合理地去解释当前针对标准必要专利纠纷所引发的各国之间管辖权冲突。根据海牙国际私法会议常设局的问卷调查，平行诉讼通常被界定为在不同国家法院进行的相同当事人和相同诉因的诉讼活动。此处，将国际平行诉讼的界定标准设定为"两同一异"，即"相同当事人""相同诉因""不同法院"。"相同诉因"而后也逐步演变成"相同诉讼标的"。[2]

1. 相同当事人

平行诉讼根据原被告主体可分为同一原告向不同国家法院，对同一被告就同一争议事实提起的重复性诉讼，以及在先诉讼的被告向其他国家法院对在先诉讼的原告就同一争议事实提起的对抗性诉讼。从当事人的角度出发，在国际平行诉讼的认定上，相同当事人原被告地位交换与否并不对此产生影响。但在标准必要专利诉讼中，原被告并不完全一致。以华为与康文森案为例，康文森在德国法院以华为公司及其德国关联公司作为共同被告提起诉讼，而在南京中院审理的案件中，则是华为技术终端有限公司、华为软件技术有限公司向康文森提起诉讼。[3]两案中华为一方的企业显

---

① 宋晓：《涉外标准必要专利纠纷禁诉令的司法方法》，《法学》2021年第11期。

② 何其生：《海牙管辖权项目下平行诉讼的解决方案与启示》，《武大国际法评论》2022年第5期。

③ 参见江苏省南京市中级人民法院〔2018〕苏01民初232、233、234号民事判决书。See also Conversant Wireless v. Huawei Technologies，District Court of Düsseldorf，judgment dated 27 August 2020，Case-No. 4b O 30/18.

然并不完全相同，乍一看并不符合相同当事人的标准。但两案中除母公司不变外其余被告仅仅是随诉讼的变化而随之调整的相应子公司。标准必要专利纠纷中涉及的诉讼当事人通常为在全球范围具有影响力，于世界各地从事生产、经营行为的商业巨头，相应地会在各地设立子公司便于活动。尽管从法律上看各子公司是不同于母公司的独立法人，但国际平行诉讼中的"相同当事人"不应局限于字面意义上的同一企业或个人。从商业本质上看，在所涉标准必要专利纠纷中，子公司与母公司立场不会有大的差异。各地成立的子公司与其母公司在重大事项的策略上保持一致，两者实为一体。

2. 相同诉讼标的

"相同诉讼标的"在标准必要专利纠纷上需根据所涉专利、标准必要专利侵权之诉与标准必要专利许可费率之诉等具体情况进行分析。标准必要专利诉讼中涉及的往往是同族专利，即内容相同或基本相同的得到不同国家或地区批准的一组专利文献。此外，最高人民法院在 OPPO 诉夏普案、[①]OPPO 诉诺基亚案、[②]OPPO 诉 IDC 案[③]中均明确指出标准必要专利许可费率诉讼为特殊类型纠纷，具有合同纠纷特点的同时也具有专利侵权纠纷的某些特点。华为与康文森案[④]中，最高法院也认定其所审理的确认许可费率之诉与德国法院所受理的侵权纠纷存在审理对象上的重合。广义的国际平行诉讼将关联诉讼涵盖于体系之内，如欧盟《布鲁塞尔公约》就对关联诉讼作出规定。[⑤]在西方法学文献中，也经常使用"lis pendens"来表示平行诉讼。[⑥]《布鲁塞尔公约》指出，关联诉讼是指几个案件联系十分紧密，分别审理则有可能致使各国法院所作判决相互抵触，更适宜合并审

---

① 〔2020〕最高法知民辖终 517 号民事裁定书。
② 〔2022〕最高法知民辖终 167 号民事裁定书。
③ 〔2023〕最高法知民辖终 282 号民事裁定书。
④ 〔2019〕最高法知民终 732、733、734 号之二民事裁定书。
⑤ 梁开斌：《欧盟民事诉讼系属规则研究》，《广西社会科学》2013 年第 3 期。
⑥ 杜涛：《先受理法院规则与国际平行诉讼问题的解决》，《武大国际法评论》2015 年第 2 期。

理的纠纷。①这与中国法院在小米与交互数字案以及华为诉康文森案中的观点一致，即外国法院的侵权诉讼或禁令存在与中国法院审理许可费率纠纷所作裁判相冲突的可能，影响中国法院判决的执行。由此可见，多国法院审理同一标准必要专利许可费率纠纷可构成国际平行诉讼，受理同一当事人之间的专利侵权之诉与确认许可费率之诉也可能构成国际平行诉讼。

（二）涉外标准必要专利诉讼的管辖权竞争

标准必要专利诉讼中，专利的地域性与标准的全球性使得标准必要专利纠纷在通常情况下与诸多国家、地区之间存在连接点，各国法院依其规则对纠纷享有管辖权而出现国际平行诉讼。但存在国际平行诉讼并不必然导致各国法院之间的管辖权冲突。平行诉讼的存在仅意味着就同一纠纷，不同国家或地区的法院均有司法管辖权。此种情形下，各国法院依旧可以通过适用其他规则避免冲突，如依据"不方便法院"规则，认定本国法院不宜行使管辖权，应由别国法院继续审理。但若各国法院都主张对纠纷的司法管辖权，则将导致标准必要专利纠纷管辖权的冲突。

各国法院均决定继续审理同一标准必要专利纠纷会对他国法院的审理产生干扰，甚至很可能产生减损其裁判效力，影响判决生效与执行的后果。标准必要专利诉讼不同于其他纠纷，公平、合理、无歧视原则作为标准必要专利制度中的特有规定，对标准必要专利权人的专利许可行为进行约束，②使其负有以公平、合理、无歧视原则方式授予专利实施人标准必要专利的重要义务。然而就此项原则而言，知识产权许可政策中对其内容并未进行具体说明。较大的弹性解释空间使得其在不同国家或地区法院的理

---

① See 1968 Brussels Convention art. 22 (3) and 2012 Brussels I Recast art. 30 (3): For the purposes of this Article, actions are deemed to be related where they are so closely connected that it is expedient to hear and determine them together to avoid the risk of irreconcilable judgments resulting from separate proceedings.

② 蒋华胜：《标准必要专利 FRAND 原则的规范解释与司法裁判研究》，《法律适用》2023 年第 7 期。

解应用中存在较大差距。针对华为与康文森之间标准必要专利包的许可协议费率，德国法院与中国法院各自所认定的符合公平、合理、无歧视原则金额便存在 17.3 倍的费率差距。不仅各国法院主张行使司法管辖权，不少法院为保证本国的审理不受妨碍，还会以签发禁诉令的方式禁止一方诉讼当事人向其他法院提起诉讼、申请执行或要求其撤回已受理的别国法院案件。禁诉令被视为会产生"关闭外国法院大门"的效果，[①]具有较强攻击性。禁诉令的适用激化了各国对标准必要专利纠纷的管辖权争夺，强势介入标准必要专利权人、标准实施者与外国法院之间的关系。一些法院选择主动出击，在日趋激烈的标准必要专利国际平行诉讼中通过签发禁诉令达到免除外国法院管辖干扰的效果。以德国为例，在先前的诸多案件中，德国法院呈现出满足条件就一律同意颁发反禁诉令的态势。[②]尽管中国立法中并无专门的禁诉令规则，但在华为诉康文森、小米诉交互数字公司案等诉讼中，中国法院通过临时行为保全规则，作出具有禁诉令性质与效果的民事裁定，据此在国际平行诉讼中积极确立标准必要专利诉讼司法管辖权。

二、 涉外标准必要专利诉讼管辖权冲突的产生缘由

（一）域外管辖与专利地域性之间的冲突

知识产权作为一国法律承认与保护的权利，其效力只限于本国境内，具有严格的地域性或称领土性。[③]一国行使公权力通过法定程序而被赋予排他性权能的专利，其有效的空间效力范围也局限于所授权国家的领土范

---

① Laural Eddleman Hein，Protecting Their Own?：Pro-American Bias and the Issuance of Anti-Suit Injunctions，69 Ohio State Law Journal 701（2008），p.737.

② 张怀印：《德国标准必要专利诉讼中的反禁诉令制度及其启示》，《知识产权》2023 年第 6 期。

③ 吴汉东：《知识产权法》，法律出版社 2021 年版，第 25 页。

围。在知识产权制度产生初期，知识产权纠纷受到严格地域管辖约束。一国法官仅受理涉及本国授权的知识产权纠纷，而对于外国知识产权一般不行使管辖权。由于各国均对发生在本国境内的知识产品的占有、利用和处分关系独立行使管辖权，因此在全球形成了调整同一知识产品占有、利用和处分关系的"拼图式"管辖权的格局。[①]标准必要专利是由企业主动将认为可能成为标准的专利向相应的标准化组织提交申请，经历专利披露、许可方式选择等一系列程序后成为标准必要专利。在被认定为是为符合标准或技术规范所不可或缺的专利之前，该项技术必然先经由持有人向各国提交专利申请。这也就意味着标准必要专利只有在授予其专利权的国家法域内方能享有相应的权利，在该国地域内发生侵权行为，专利权人可依据该国法律寻求法律保护。

标准必要专利许可则通常体现为全球化的模式。标准必要专利的许可谈判涉及的专利数量通常不在少数。为提高谈判效率、节约谈判成本，多数情况下标准必要专利权人与标准实施者会就区域范围甚至全球范围的专利包进行谈判。TCL 诉爱立信案[②]中，双方同意就全球专利组合的许可条件进行确定；无线星球诉华为案中，无线星球一方同样也提出了全球专利组合包的许可方案，最终英国法院也是就涉案标准必要专利包的全球许可费率作出裁判。根据标准必要专利许可谈判的行业惯例，全球通信产品的生产、销售商在与标准必要专利权人进行许可谈判时，通常许可谈判的地域范围为实施人产品覆盖的地域范围。[③]标准必要专利的实施人一般是大型跨国公司，面向全球开展销售，其生产也同样遍布各国。在进行标准必要专利许可谈判时，两者的协商意愿范围通常以全球范围的许可费率作为基础。如此一来，标准必要专利的许可协议所涉范围较广，但是，涉案专利有效性等问题仍旧要以专利授予国的法律来进行认定。

---

① 徐祥：《论知识产权的法律冲突》，《法学评论》2005 年第 6 期。

② TCL v. Ericsson, Case NO. 8：14-cv-00341-JVS-DFM.

③ 祝建军：《标准必要专利全球许可费率司法裁判问题研究》，《知识产权》2020 年第 10 期。

（二）当事人利益冲突

标准必要专利诉讼中，诸多司法管辖区对于纠纷均享有管辖，但各国立法规定及价值保护偏好的差异，导致裁判结果有所区别。

表 1　部分标准必要专利诉讼裁判结果情况

序号	国家	案　　号	标准必要专利权人	标准实施者	结果
1	德国	Sisvel v. Haier, 4a O 93/14	Sisvel	Haier	法院作出要求标准实施者停止侵权、销毁和召回被控侵权产品的判决
2		VoiceAge EVS v. HMD, 7 O 15350/19	VoiceAge EVS	HMD	
3		Nokia v. Daimler, 2 O 34/19	Nokia	Daimler	
4		Conversan v. Daimler, 21 O 11384/19	Conversant	Daimler	
5		Sharp v. Daimler, 7 O 8818/19	Sharp	Daimler	
6		InterDigital v. Oppo, AZ 7 O 17302/21	InterDigital	Oppo	
7		Nokia v. Oppo, 2 O 75/21	Nokia	Oppo	
8		Nokia v. Vivo, 2 O 36/22	Nokia	Vivo	
9	英国	Unwired Planet v. Huawei, ［2018］UKSC 0214	Unwired Planet	Huawei	英国法院作出裁决，要么标准实施者无条件承诺接受英国法院确定的全球 FRAND 费率，要么接受禁令并退出市场
10		Optis v. Apple, ［2022］EWCA Civ. 1411	Optis	Apple	
11		InterDigital v. Lenovo, ［2023］EWHC 539（Pat）	InterDigital	Lenovo	
12		Nokia v. Oppo, HP-2021-000023	Nokia	Oppo	
13	巴西	Nokia v. Oppo, 0813303-40. 2023.8.19.0001	Nokia	Oppo	法院对标准实施者发出禁令
14	印度	Nokia v. Oppo, FAC 321/2022	Nokia	Oppo	标准实施者涉嫌侵权，法院要求其支付临时保证金①

---

①　支付的保证金金额相当于诺基亚 2018 年与 OPPO 签订专利许可协议金额的 23%，对应于 OPPO 印度销售额占全球销售额的百分比。

（续表）

序号	国家	案　　号	标准必要专利权人	标准实施者	结果
15	日本	Apple v. Samsung，Tokyo District Court 2011（Wa）38969	Samsung	Apple	法院认为标准必要专利权人对愿意获得许可的专利实施人寻求禁令救济构成滥用权利
16	印度尼西亚	Nokia v. Oppo，46/Pdt. Sus-Paten/2021/PN.Niaga.Jkt.Pst.	Nokia	Oppo	标准必要专利权人提出的侵权诉讼被裁定不予受理。
17		Nokia v. Vivo，31/Pdt. Sus-HKI/Paten/2022/PN Niaga Jkt. Pst.	Nokia	Vivo	

　　如表 1 所示，不少司法辖区倾向于维护标准必要专利权人利益，其中以德国为典型。在专利侵权案件中，不受限制且自动获得禁令的权利一直是德国专利制度的独特特征，[1]这也使得诸多专利权人对德国法院较为偏爱。尽管 2022 年修改的德国专利法强调了在行使请求权时应注重对比例原则的理解，但德国的禁令发出仍旧延续传统，并未发生实质上的改变。相较而言，日本法院对授予禁令更为谨慎，从而更倾向于标准实施者的利益保护。

　　标准必要专利权人为使自己的专利被纳入标准或技术规范所必需的专利对标准化组织许以承诺，以符合公平、合理、无歧视原则的条件授权许可，但是这并不能杜绝专利劫持的可能，如通过拒绝向标准实施者授权、索取过高的费用或施加不合理的条件，甚至出现故意通过法律诉讼以获取高额许可费率的"专利流氓"。[2]不少专利持有人通过申请禁令的方式，请求法院判令标准实施者停止侵权或请求损害赔偿，使实施者面临要么停止

---

　　①　克里斯托弗·麦尔赫夫等：《探析新版德国专利法及其对德国国际专利侵权诉讼的影响》，《科技·知产财经》2021 年第 7 期。

　　②　孙远钊：《专利诉讼"蟑螂"为患？——美国应对"专利蟑螂"的研究分析与动向》，《法治研究》2014 年第 1 期。

涉及相关标准必要专利产品的生产销售，要么接受专利持有人在前期谈判中提出的高额许可费率的选择。这些行为使得禁令请求或者停止侵权请求成为扭曲许可谈判的手段。[①]当然，标准实施者也有可能对专利持有人实施反向劫持。标准必要专利代表着专利持有人在该标准必要专利领域占有100％的市场份额。对于标准实施者，拖延、拒绝谈判等唯一后果最终不过是支付本应当支付的公平、合理、无歧视原则费率，还能使专利持有人陷入既收不到使用费又威信扫地的尴尬境地。[②]不同的利益驱使下，专利持有人与标准实施者会选择更有利于自己的法院提起诉讼。

（三）国家利益考量

当国际知识产权争端越来越成为企业乃至国家之间的科技竞争时，涉外知识产权民事诉讼领域对标准必要专利纠纷的管辖权争夺也越加激烈。[③]据韩国专利厅估算，每个标准必要专利能够为企业带来36亿—40亿韩元（约合2 240万元人民币）左右的收入，[④]标准必要专利纠纷下蕴含着巨大的产业利益博弈。[⑤]一国法院管辖标准必要专利纠纷与否涉及庞大的利益乃至产品的存废、市场的份额和企业的兴衰。[⑥]英国法院对OPPO与诺基亚案的裁判使得OPPO面临接受英国裁定的全球许可费率与放弃英国市场的二选一局面。[⑦]各国从维护本国企业的合法权益以及本国产业利益的角度出发，也需积极争取对标准必要专利许可费率纠纷的管辖。标准必要专利纠纷中涉及的跨国企业通常是行业内的龙头支柱，其自身发展影响着税收、就业、产业发展等国家利益。一国法院积极行使对标准必要专利纠纷的管

---

① 王晓晔：《标准必要专利反垄断诉讼问题研究》，《中国法学》2015年第6期。

② 李扬：《FRAND劫持及其法律对策》，《武汉大学学报》（哲学社会科学版）2018年第1期。

③ 仲春：《标准必要专利全球费率裁判思辨》，《知识产权》2020年第10期。

④ 《标准必要专利的国际比较及其许可收入分析》，https://www.cnipa.gov.cn/art/2016/10/22/art_1415_133065.html，2023-12-19。

⑤ 贾明顺：《欧盟竞争法视域下标准必要专利规制问题研究》，《北京航空航天大学学报》（社会科学版）2021年第2期。

⑥ 丁文严：《跨国知识产权诉讼中的长臂管辖及应对》，《知识产权》2018年第11期。

⑦ Nokia v. Oppo, judgment dated 26 July 2023，[2023] EWHC 1912 (Pat).

辖权，也是为企业合法权益保驾护航。

标准必要专利全球许可费率的管辖权冲突背后也是各国在国际上法律话语权的斗争。各国从本国利益出发，均极力扩大这自身管辖权，争夺域外管辖权问题一直是国际法斗争的重点。[①]标准必要专利纠纷涉及面广、牵扯利益巨大，各国法院不断突破地域限制、积极行使全球范围管辖权，其争夺的更是诉讼优选地与规则话语权。例如，确定标准必要专利许可费率的方法，截至目前就尚未有统一的计算方式。从假想交涉协商法的初试到可比协议法的创新，从自上而下计算方法的尝试、累积费率峰值的设定到自上而下和自下而上两种方法的结合，各司法辖区仍积极进行着大量探索和实践。[②]

三、 涉外标准必要专利诉讼管辖权冲突的解决困境

（一）协议管辖受限

协议管辖是指双方当事人在纠纷发生之前或发生后，就争议解决方式达成一致，共同选择由某一国家法院或仲裁机构进行受理。协议管辖充分尊重当事人意思自治，具有较强的可预见性。协议管辖以不违反专属管辖为原则，当双方就某一事项产生争议后便可适用达成的管辖协议确定管辖，能最大程度上减少平行诉讼的发生，从源头上避免管辖权冲突的出现。标准必要专利纠纷在理论上也可通过协议管辖确定法院，但实践中难以实现。

协议管辖受专属管辖限制。知识产权有效性的判断应当由授予权利一方国家的法院进行审查，当事人不得对此协议选择。《选择法院协议公约》规定，因违反涉及知识产权合同而引发的权利侵害案件仍旧适用协议管

---

① 马新民：《当前国际法形势与我国外交条法工作》，https://rmh.pdnews.cn/Pc/ArtInfoApi/article?id=35991382，2023-12-17。

② 刘影：《标准必要专利许可费率的计算：理念、原则与方法》，《清华法学》2022年第4期。

辖。我国司法实践中也有部分法院采取相同的观点。因专利权合同纠纷而导致专利侵权纠纷出现时由协议选择的法院进行管辖，但侵权是否成立则需以合同是否继续存在作为前提。[①]

在标准必要专利纠纷中，双方之间并无已成立的专利许可协议，更无协商一致的争议解决条款。标准必要专利纠纷出现的原因便在于双方未能就专利许可的关键条件达成一致意见，因而无书面或口头的专利许可协议存在。专利许可协议内容复杂，仅对于许可费率的计算方式双方之间便可能存在争议。不同费率对应的市场范围、是否交叉许可等均需一一协商。而在双方长期的谈判过程中，市场、技术甚至谈判双方的经营情况都可能发生变化，从而对正在推进中的专利许可授权产生影响。有过许可合作的双方在进行新一轮的授权协议谈判时，续约的进度并不必然加快。在谈判未能取得效果时，一方当事人便可能选择通过向一国法院提起侵权诉讼，而另一方当事人则可能请求另一国法院对双方之间的专利许可协议条款进行确定。

在标准必要专利许可费率的关键条款尚未商定之前，大多数情况下谈判双方并不会就争议解决方式达成新的合意。另外，双方各自偏好的法院不同，也难以在谈判阶段确定，自然在双方分别起诉之时并无关于管辖法院的约定。不同法院对许可费率的确定不同，这也使得双方鲜少达成管辖合意。标准化组织也难以在知识产权政策中确定管辖的法院或仲裁机构。因此，标准必要专利的公平、合理、无歧视原则许可纠纷无法通过协议管辖得到解决。[②]

（二）先受理法院规则的弊端

1. 当事人过早奔向法院

先受理法院规则是国际上较为普遍采用的处理国际平行诉讼问题的方

---

① 张鹏：《跨境知识产权侵权纠纷的民事诉讼管辖规则研究》，《知识产权》2022 年第 1 期。
② 阮开欣：《涉外知识产权诉讼管辖权的地域限制——以标准必要专利纠纷管辖权冲突为切入点》，《清华法学》2023 年第 2 期。

法。依据这一规则,当双方当事人就同一争议事项向有管辖权的多国法院提起诉讼时,后受理的法院应停止管辖,由先行受理的法院继续审理。标准必要专利许可主要依靠双方当事人就协议条款进行磋商谈判。双方通常不会一开始就直接寻求法院确认标准必要专利许可费率。但标准必要专利的许可谈判本身也具有不确定性,存在长达 2—3 年甚至 6—7 年双方却仍未达成一致的可能。如何认定谈判陷入僵局实际上也没有明确的判断标准。先受理法院规则的适用意味着在双方未能就标准必要专利许可协议达成合意时,需要判定谁先向一国法院提起诉讼并被法院受理,则别国法院即便对该纠纷具有管辖权也不应继续行使。这将引发当事人竞相奔向法院,导致双方当事人过早启动司法程序。例如,OPPO 与夏普案中,双方仅进行 1 年左右的磋商,尚处谈判初期,夏普便毫无征兆地向日本法院起诉侵权并申请禁令。[①]在双方未能充分协商的情况下,过早地寻求法院救济并不利于标准必要专利许可协议达成。在许可协议的商业条款方面,相较于法院的司法人员,经由双方谈判达成的协议更加符合该标准必要专利包的应有价值,竞相奔向法院可能对促进创新和产业发展起到负面影响。

2. 法院逐底竞争

标准必要专利带来的经济利益、社会利益与国家利益,使得各国法院在这一领域的纠纷处理上也更为活跃。一国可能通过调整其法域内的规则,吸引一方当事人前来诉讼,引发各司法辖区之间在裁判是对标准必要专利权人更有益还是对标准实施者更有益的竞争,即所谓"逐底竞争"[②]。特别是当涉外标准必要专利诉讼一方是法院地国企业时,法院在审理此类案件时不可避免会更加考虑到维护本国企业合法权益。标准必要专利权人一般在最初的专利申请时就谋划布局,通过分析比较各法域法院对标准必

---

① 参见广东省深圳市中级人民法院〔2020〕粤 03 民初 689 号民事裁定书。

② See Jorge L. Contreras, The New Extraterritoriality: FRAND Royalties, Anti-Suit Injunctions and the Global Race to the Bottom in Disputes over Standards-Essential Ptents, 25 B. U. J. SC1. & TECH. L. 251 (2019), pp.280—283, cited from Jorge L. Contreras, Anti-Suit Injunctions and Jurisdictional Competition in Global FRAND Litigation: The Case for Judicial Restraint, 11 NYU Journal of Intellectual Property & Entertainment Law 171 (2022), p.174.

要专利诉讼的裁判态度并作出诉讼地的选择，便于在后续的司法诉讼程序中维护自身利益。例如，在无线星球诉华为案中，英国法院首次明确其有权确定标准必要专利全球许可费率，并由此使英国成为希望由法院确定全球许可费率的许可一方提起标准必要专利诉讼的优选地。[1]再如，德国法院一直以来在标准必要专利许可诉讼中都更倾向于颁发禁令，从而成为标准必要专利权人的诉讼优选地。如果履行一国司法裁判的成本高于该国潜在的市场利益，则跨国企业很有可能放弃该国市场并拒绝服从该国司法裁判。[2]

（三）禁诉令的正当性质疑

1. 禁诉令与国际礼让原则的张力

国际礼让原则是处理国际平行诉讼的重要理论依据，是一国本着对国际义务的应有重视，对其公民及其法律保护下的其他人的权利的应有尊重，而在其领土内允许对另一国的立法、行政和司法行为的认可。[3]国际礼让是缘于对作为国家主权必要组成部分的司法主权的尊重，也是各国法院在处理涉外案件时进行管辖权层面司法节制的应有体现。另外，尊重外国法院的管辖权意味着当事人将纠纷提交法院获得终局裁判之前，当事人之间、当事人与受理法院之间以及受理法院与其他法院之间形成了一种约束关系，而这种约束关系应当得到当事人及法院的尊重。[4]禁诉令在影响域外法院司法程序的效果层面与国际礼让原则存在内在张力甚至冲突关系。有学者甚至认为，禁诉令与国际礼让之间存在的天然冲突是不可能从根源上消除的。[5]即便是使用禁诉令的普通法系国家的法院，也认为禁诉令是对本

---

[1] See Unwired Planet v. Huawei，[2018] EWCA Civ 2344.

[2] 阮开欣：《涉外知识产权诉讼管辖权的地域限制——以标准必要专利纠纷管辖权冲突为切入点》，《清华法学》2023年第2期。

[3] Hilton v. Guyo，159 U.S. 113（1895），转引自张先著、殷越：《知识产权国际竞争背景下禁诉令制度探索与构建》，《法律适用》2021年第4期。

[4] 张先著、殷越：《知识产权国际竞争背景下禁诉令制度探索与构建》，《法律适用》2021年第4期。

[5] 宁立志、龚涛：《禁诉令大战的理论意蕴与实践应对》，《政法论丛》2021年第6期。

国司法程序的干涉,①因此案件中禁诉令的颁布很可能会被认为是对外国司法程序的不信任。②近年来,禁诉令在标准必要专利国际平行诉讼中被频繁适用。在小米诉交互数字公司案③中,在小米公司向武汉市中级人民法院(简称武汉中院)提起裁定其与交互数字公司涉案标准必要专利全球许可费率诉请同时,又提出行为保全请求。法院据此签发禁诉令,裁定交互数字公司在其审理期间不得向其他国家和地区法院提起与小米公司之间的标准必要专利许可费率诉讼或执行相关的诉请。这一禁诉令裁定引发德国和印度法院作出反禁诉令裁定予以回应。与之相关的一系列禁诉令裁定也引发欧盟在世界贸易组织争端解决机构对中国做法是否符合《与贸易有关的知识产权协定》及加入世贸组织承诺的质疑。④

2. 禁诉令与反禁诉令之间的冲突

禁诉令制度旨在解决平行诉讼问题。⑤但是,禁诉令引发了更复杂棘手的问题,包括法院互发禁诉令造成的冲突。面对禁诉令对相关法域法院司法管辖权的影响,受影响法院往往会应另一方当事人请求作出反禁诉令,要求在对方法域申请禁诉令的当事人不去申请执行该禁诉令。例如,在小米与交互数字公司互诉案中,武汉中院应小米公司请求于 2020 年 9 月签发针对交互数字公司的禁诉令。对此,印度德里法院针对小米公司作出反禁诉令裁定,要求小米公司不执行武汉中院在此之前签发的禁诉令。更有甚者,为了应对受影响法域的法院未来作出反禁诉令,作出禁诉令裁定的法院甚至会提前针对可能作出的反禁诉令作出禁诉令,即反反禁诉令。这种禁诉令与反禁诉令之间的循环乃至冲突不仅在理论层面存在,⑥在实践中也

---

① 杜焕芳、段鑫睿:《跨国禁诉令中国际礼让的角色和适用》,《中国高校社会科学》2023 年第 4 期。

② Laker Airways Ltd. v. Sabena, Belgian World Airlines, 731 F.2d 909 (D.C. Cir. 1984).

③ 武汉市中级人民法院〔2020〕粤 01 知民初 169 号之一民事裁定书。

④ See WT/DS611/5, China-Enforcement of Intellectual Property Rights, 9 December 2022.

⑤ See David W. Raack, A History of Injunctions in England Before 1700, 61 Indiana Law Journal 539 (1986), p.545.

⑥ See Jorge L. Contreras, It's Anti-suit Injunctions All the Way Down-the Strange New Realities of International Litigation over Standard Essential Patens, IP Litigator, 26 (4): 1—7 (July/Aug. 2020).

已经有所映现。在三星与爱立信互诉案中，武汉中院在应三星公司作出禁诉令裁定[①]的同时做出了禁止爱立信在域外针对该禁诉令提出反禁诉令申请的禁诉令，即反反禁诉令。尽管从目前的司法实践看来，当事人最后不会选择"无限循环"下去，法院也不会持续互发禁诉令，但是，这种禁诉令冲突的确在标准必要专利诉讼中更为突出。争夺经济利益与决策权的行为使得各方当事人、各国法院陷入两败俱伤的"囚徒困境"。[②]

四、 民诉法涉外编修订背景下管辖权冲突的应对思路

面对当前的国际局势，各国仍应尊重国家主权，但过度的礼让可能对本国企业与国家利益造成损害。在遵守国际法的前提下，利用内国司法资源维护巨大的海外利益并无不当之处。[③]对此，新修订的《民事诉讼法》涉外编在涉外案件的管辖权和程序规则设定上做出了积极因应。妥善处理标准必要专利纠纷，形成具有正当性、稳定性、可预见性的裁判规则，并以此维护企业的合法权益，打造全球诉讼优选地，这是统筹推进国内法治和涉外法治要求在涉外知识产权领域的应有之义。要实现这一目标，其基本前提是积极行使管辖权。由此，《民事诉讼法》为我国法院应对涉外标准必要专利纠纷管辖权冲突提供了立法依据。

（一）处理平行诉讼规则的立法确认

中国涉外民事诉讼制度长期坚持涉外民事管辖权不受外国法院管辖影响，但缺乏相关具体规则，因难以满足现实需求而久为诟病。[④]新修改的《民事诉讼法》第 280 条规定："当事人之间的同一纠纷，一方当事人向外

---

① 参见湖北省武汉市中级人民法院〔2020〕鄂 01 知民初 743 号民事裁定书。See also Ericsson Inc. v. Samsung Electronics. Co.，2：2020-CV-00380-JRG (E.D. Tex. Jan. 11, 2021).
② 张惠彬、刘诗蕾：《标准必要专利许可纠纷的管辖争端及策略选择》，《国际经济法学刊》2023 年第 4 期。
③ 刘敬东：《大国司法：中国国际民事诉讼制度之重构》，《法学》2016 年第 7 期。
④ 张茂：《国际民事诉讼中的诉讼竞合问题探讨》，《法学研究》1996 年第 5 期。

国法院起诉，另一方当事人向人民法院起诉，或者一方当事人既向外国法院起诉，又向人民法院起诉，人民法院依照本法有管辖权的，可以受理。当事人订立排他性管辖协议选择外国法院管辖且不违反本法对专属管辖的规定，不涉及中华人民共和国主权、安全或者社会公共利益的，人民法院可以裁定不予受理；已经受理的，裁定驳回起诉。"换言之，对于当事人之间的同一纠纷，无论是重复诉讼还是对抗诉讼，依照民事诉讼法规定，人民法院有管辖权的，即可予以受理，并不受当事人是否已向外国法院提起诉讼的影响。由于涉外标准必要专利纠纷极易引发平行诉讼，这一规定为我国法院就当事人请求裁定全球许可费率的案件行使管辖权提供了更加明确的依据。与此同时，为体现司法礼让原则，民事诉讼法又规定了平行诉讼中的中止诉讼制度，即法院行使管辖权后，可以考虑外国法院受理在先之平行诉讼等因素，裁定中止诉讼。当然，对于是否中止，法院享有自由裁量权。①

（二）先受理法院规则的适用

我国对于国际平行诉讼的开放包容态度，并不一定会使得国际司法管辖权冲突更为激烈。对此，《民事诉讼法》涉外编同样有所规定，其第281条规定，人民法院依据前条规定（即第280条）受理案件后，当事人以外国法院已经先于人民法院受理为由，书面申请人民法院中止诉讼的，人民法院可以裁定中止诉讼，但是存在下列情形之一的除外：（1）当事人协议选择人民法院管辖，或者纠纷属于人民法院专属管辖；（2）由人民法院审理明显更为方便。由此，在国际平行诉讼中，为体现司法礼让原则，《民事诉讼法》通过确认先受理法院规则规定了平行诉讼中的中止诉讼制度，即法院行使管辖权后，可以考虑外国法院受理在先之平行诉讼等因素，裁定中止诉讼。依据该规定，先受理法院指的是"外国法院"，这似乎有悖

---

① 马乐：《涉外标准必要专利全球许可费率裁决的管辖权争议与中国因应》，《知产财经》2024年1月7日"原创分析"版。

于中国法院积极行使管辖权的立法初衷。然而，实际上，立法并未将先受理法院规则绝对化，而是通过规定例外情形为中国法院行使管辖权保留了可能和空间。换言之，对于是否中止，法院享有自由裁量权。在标准必要专利国际平行诉讼中，标准实施者可能在提起确认不侵权之诉的过程中提出涉案专利有效性质疑。如此，案件会触发《民事诉讼法》第279 条第 2 款的专属管辖规定，即"因与在中华人民共和国领域内审查授予的知识产权的有效性有关的纠纷提起的诉讼"由中国法院管辖。这符合第 281 条第 1 款的规定。另外，中国法院也可以依据《民事诉讼法》第276 条关于"适当联系"的规定确认由其管辖更方便，从而满足第 281 条第 1 款规定的条件。因此，先受理规则的适用并不一定排除中国法院的管辖权。

（三）不方便法院原则的适用

在标准必要专利国际平行诉讼中，中国法院先行受理的自然可行使管辖权，外国法院先行受理时，中国法院也仍有继续行使管辖权的可能。上述第 281 条例外情形中引入的"更适合法院"方法是在海牙直接管辖权项目的专家组会议上美国提出的新的确认国际平行诉讼中的管辖权方法。追根溯源，其为不方便法院原则发展的产物，因此两者在判断何为"方便"的标准中存在一致性。[①]不方便法院原则是一国法院在综合分析相关因素后放弃行使对纠纷的管辖权以解决管辖权冲突的方式。相较之下，更适合法院方法则是一国法院在慎重衡量后，确认其行使管辖权的行为是合理恰当的。不方便法院原则与更适合法院方法两者如一体两面。前者是通过比较确认本国行使管辖权的不方便，而后者则立足于本国法院行使管辖权的合适因素。更适合法院方法的应用更切实符合当下于国际平行诉讼中中国行使自身管辖权的需求，为审理案件提供正当性与合理性。"更适合"的认

---

① 郭镇源：《论国际平行诉讼的海牙公约方法与中国因应——以新〈民事诉讼法〉第 281 条为中心》，《国际经济法学刊》2023 年第 4 期。

定通常基于以下几个因素：当事人的方便，证据的获取与保存，法院的效率、承认与执行等。①以通信领域为例，中国企业一直是通信标准必要专利许可市场的主要参与方，也由此成为全球范围标准必要专利诉讼的当事方。鉴于诉讼主体与中国的密切联系，案件往往存在与中国的诸多连接点，如诉讼标的物所在地、可供扣押财产所在地、侵权行为地、代表机构住所地等《民事诉讼法》第276条规定的因素。由此，尽管《民事诉讼法》第282条规定了中国法院"不方便"管辖的因素，包括：（1）案件争议的基本事实不是发生在中华人民共和国领域内，人民法院审理案件和当事人参加诉讼均明显不方便；（2）当事人之间不存在选择人民法院管辖的协议；（3）案件不属于人民法院专属管辖；（4）案件不涉及中华人民共和国主权、安全或者社会公共利益；（5）外国法院审理案件更为方便。但是，在涉外标准必要专利诉讼中，中国法院还是更容易证成其为更方便管辖的法院。因此，不方便法院原则的立法规定并不会对中国法院在涉外标准必要专利诉讼中积极行使管辖权造成大的影响。

（四）专属管辖范围的扩大

处理国际平行诉讼，在先受理法院规则的适用基础上，除法院更为方便的例外情况，对于案件纠纷从属于专属管辖范围的，同样由中国法院继续行使管辖权。2024年《民事诉讼法》将"因与中华人民共和国领域内审查授予的知识产权的有效性有关的纠纷提起的诉讼"新增为专属管辖。通常而言，知识产权有效性作为主要诉讼请求或主要问题而提起的诉讼自然适用该条文。例如，就中国专利行政部门审查授予的专利权相关侵权纠纷而言，中国法院对此具有管辖权并无异议。但对于专属事项作为先决条件或是附属问题的纠纷，是否同样适用专属管辖，理论上尚有争议。部分观点认为，对于此类问题，如若专属管辖事项并非作为主要诉请提起则不适

---

① See HCCH, Working Group on Jurisdiction: Report of 2024 (Prel. Doc. No.2 of February 2024), p.7.

用专属管辖；也有部分观点认为，即便知识产权有效性只是作为抗辩事由提起，仍应当归属于专属管辖的范畴；还有观点认为，在授予该知识产权的国家对该有效性作出裁判前，侵权诉讼程序应当予以中止。[①] 将知识产权有效性相关纠纷作为专属管辖的原因在于专利、商标等授权性知识产权是一国行政主管机关经法定程序授予的权利。此类知识产权有效性问题涉及相关行政程序。别国法院并无审查另一国国内法律或相关机构执行法律的权力。即便此类知识产权的有效性问题在诉讼中只是作为抗辩事由提起，法院的调查和认定仍不免涉及相关行政程序。因此，不论此类知识产权的有效性问题是作为纠纷的主要问题、先决问题还是附带问题，如若法院有确切的审查必要，需确认其授权的合法性与合理性的，仍应属于授予国法院的专属管辖。由此，在涉外标准必要专利诉讼中，涉案专利的有效性质疑不仅是标准实施者会提出的抗辩，也会因此成为法院行使专属管辖权的重要依据。

结论

妥善应对涉外标准必要专利诉讼管辖权冲突是我国完善涉外标准必要专利纠纷裁判规则的必然要求，也是在标准必要专利领域坚持统筹推进国内法治和涉外法治的应有之义。一方面，对管辖权冲突进行司法应对并进而确立法院的管辖权既是在个案意义上维护企业合法权益的基本前提，也是我国维护主权和发展利益的根本要求。另一方面，对管辖权争议的处理是我国涉外标准必要专利纠纷裁判规则的组成部分。在确立管辖权的前提下，我国法院才能在公平、合理、无歧视原则费率确定、禁令授予、滥用市场支配地位认定等实体法问题上形成日臻完善的裁判规则，并由此确立标准必要专利纠纷的全球诉讼优选地。涉外标准必要专利诉讼既涉及我国

---

① 金彦叔：『国際知的財産権保護と法の抵触』（信山社，2010年）第285页，转引自张鹏：《跨境知识产权侵权纠纷的民事诉讼管辖规则研究》，《知识产权》2022年第1期。

利益的维护，也关涉国际礼让等对于域外司法程序影响的考量与评估。我国《民事诉讼法》涉外编的修订对法院管辖权规则进行了更具现实合理性的完善，通过厘清适当联系标准、专属管辖范围、先受理规则、更适合法院方法以及不方便法院原则等要素之间的关系确立了兼具积极性和灵活性的管辖权依据，为我国法院在全球标准必要专利诉讼中发挥更重要作用提供了更大可能与空间。

论知识产权争端调解中的强制调解

■ 彭　溆*

【摘要】作为一种友好型的替代性争端解决方式，知识产权争端调解在近年来日益引起关注。虽然总体上调解案件数量日益增多，但是各地通过调解解决知识产权争议的效果大相径庭，如何将知识产权争端付诸调解是重要的影响因素之一。最近出现的重大发展是在一些国家立法中出现强制调解的规定，部分法院的司法实践也积极肯定了这一做法。本文采用实证研究和案例分析方法，考察各个法域不同的知识产权争端调解提交模式及其演进变化，论证了强制调解与传统调解理论中的自愿原则和有效保护司法原则的关系，并结合知识产权调解与其他国际商事调解相比具有的独特性，深入分析在特定类型知识产权案件中适用强制调解可能给调解效率及争端解决有效性带来的挑战及应对。

【关键词】知识产权争端调解　强制调解　自愿原则　有效司法保护原则

在知识产权争端解决领域，作为一种友好型的替代性争端解决方式，

* 彭溆，法学博士，华东政法大学国际法学院副教授，世界知识产权组织仲裁与调解中心调解员。

调解在近年来日益引起关注。在各国以及一些区域性、国际性的知识产权争端解决机构中，知识产权调解案件数量日益增多，涉及知识产权争端类型也亦随着科技的发展不断更新；相应地，各国/地区以及包括联合国国际贸易法委员会、世界知识产权组织等在内的相关国际组织也纷纷出台新的知识产权调解的规范，但是各地通过调解解决知识产权争端的效果大相径庭，如何将知识产权争端付诸调解是重要的影响因素之一。

一、 知识产权争端调解的提交模式

（一）基于当事人同意

在一般情况下，在知识产权争端中，提交调解须基于当事各方的共同合意。管辖权的来源主要可以通过当事人事前在合同中确定，典型的知识产权协定中的调解条款通常明确了双方在发生争议时首选调解作为解决方式，并规定了具体的调解程序、调解员的选择和费用承担、调解的终局性等细节，以确保调解的顺利进行和最终的法律效力。以下是几种常见的合同类型：1.调解协议；2.知识产权许可协议；3.合作协议；4.技术转让协议；5.保密协议。

此外，很多当事人越来越倾向于选择混合条款去解决争端。就条款种类来看，谈判加仲裁，调解加仲裁，还有谈判、调解再仲裁。多层次的争端解决需要考虑到不同因素。有时候是先通过调解，再决定是否进入下一个争议解决的程序。争议发生的时候会按照这些争端解决条款逐一解决，逐步升级。英国伦敦玛丽女王大学和美国威凯律师事务所一起联合发布了一份仲裁调查，结果显示，受访者中有59％选择混合条款，51％选择非正式仲裁条款。①

---

① The School of International Arbitration（SIA），Queen Mary University of London and White & Case，2021 International Arbitration Survey：Adapting Arbitration to A Changing World，available at https://arbitration. qmul. ac. uk/media/arbitration/docs/LON0320037-QMUL-International-Arbitration-Survey-2021 _ 19 _ WEB.pdf.

如果当事各方之间不存在上述合同，他们也可以在谈判破裂后甚至在法院诉讼开始后，通过提交一份调解协议将该争端或争端的某些具体问题提交调解。根据管辖区的不同，法院可能会支持、建议或委托使用调解程序。

针对当事人一方希望将争端提交调解但又未达成调解协议的情况，当事人一方也可以提出调解请求。例如，当事人一方可以依据《世界知识产权组织调解规则》第 4 条[①]的规定，向世界知识产权组织仲裁和调解中心（简称"WIPO 中心"）提交单方面调解请求。然后，WIPO 中心可协助所有当事人考虑该调解请求，或者依请求指定一位外部中立人提供此类协助。如果对方当事人同意将争端提交 WIPO 调解，则 WIPO 中心将着手指定调解员；否则，调解将终止。在 WIPO 案件中，这一程序经常被使用。

（二）基于行政机构或其他标准组织的推介

各国知识产权主管当局通常允许将在知识产权局进行的行政程序中产生的争议送交调解。各国知识产权局的规定不尽相同，有些是依据自愿原则的，例如哥伦比亚国家版权局，美国专利商标局（USPTO），允许当事人在行政程序进行期间选择进行调解。也有规定调解为强制性的，争端只要符合特定标准，知识产权局就会送交调解，例如菲律宾知识产权局（IPOPHL）规定关于侵犯知识产权和/或不正当竞争的行政投诉等类型的知识产权争端必须进行调解。[②]上述在知识产权局进行的调解服务可以由知识产权局提供，也可以由外部机构提供，例如 WIPO 中心。哥伦比亚国家版权局（DNDA）《内部调解和仲裁规则》规定，当事人可以从哥伦比亚国家版权局提供的调解人名单中选择指定他们的调解员进行调解，否则，哥

---

① 《世界知识产权组织调解规则》第 4 条："（a）如果当事人之间没有调解协议，一方当事人希望开始调解的，应当向中心提交调解申请书，同时将调解申请书的副本发送给对方当事人。（b）经一方当事人请求，中心可以指定一名外部中立人，协助当事人考虑调解申请书的内容。如所有当事人同意，外部中立人可以充当调解员。"

② 世界知识产权组织：《世界知识产权组织面向知识产权局和法院的替代性争议解决机制（ADR）指南》（2018 年），附录 A.3.2 菲律宾知识产权局（IPOPHL）。

伦比亚国际版权局可以指定一名内部官员担任调解员，或者选择一名满足其要求并且之前已在上述名单中登记的外部调解员，后来哥伦比亚国际版权局与 WIPO 中心签订合作协议，由 WIPO 中心负责管理其有关版权及相关权利的调解程序。①

与此类似，一些标准制定组织在自己的知识产权政策中也纳入了调解程序。例如，《欧洲电信标准协会（ETSI）知识产权政策指南》鼓励争端当事人通过调解解决因实施知识产权政策而引起的争议，而充当调解员的既可以是其他 ETSI 的成员，也可以是秘书长。②

（三）来自法院的鼓励性与强制性调解

尽管在许多国家和地区的民事诉讼法或者仲裁法中都有鼓励在诉讼或者商事仲裁中进行调解的规定，但并非为强制程序。不过最近的一些立法改革值得注意，新加坡 2021 年《法庭规则》规定提起诉讼前必须先尝试和解，一方在提起诉讼前必须先发给对方一份和解提议，或者邀请对方参加非诉讼纠纷解决机制（例如调解等）。提出和解提议的一方需要给对方至少 14 天的时间来考虑他的和解提议。如果原告在提起诉讼前在没有正当理由的情况下未先尝试和解，在法庭决定诉讼费数额及分配的阶段将对其不利。同样，如果被告没有正当理由拒绝尝试和解，同样在法庭在决定诉讼费的阶段将面临不利。在 2021 年《法庭规则》下，调解纠纷成为诉讼前必经的程序。③我国香港地区也有类似的规定，根据《实务指示》第 31 条，法院可酌情决定以不合理地不进行调解为由，对一方发出不

---

① 世界知识产权组织：《世界知识产权组织面向知识产权局和法院的替代性争议解决机制（ADR）指南》（2018 年），附录 A.3.4 哥伦比亚国际版权局（DNDA）。

② See Art.4.3 of the ETSI Guide on Intellectual Property Rights, "ETSI members should attempt to resolve any dispute related to the application of the bilaterally in a friendly manner. Should this fail, the members concerned are invited to inform the ETSI GA in case a friendly mediation can be offered by other ETSI members and/or the Secretariat."

③ Singapore International Commercial Court, Rules of Court 2021, Order 5 Amicable Resolution of Cases, O. 5, r. 1, r. 2. and r. 3, available at https://sso.agc.gov.sg/SL-Supp/S914-2021/Published/20211201?DocDate=20211201.

利诉讼费令。①虽然《实务指示》没有对当事人强制调解，实际效果是当事人（根据他们的律师和法院的鼓励）更有可能尝试调解以避免这种可能性的不利诉讼费令。菲律宾 2020 年《民事案件的法院附属调解（"CAM"）和司法争议解决（"JDR"）指南》规定知识产权案件必须首先提交法院附属调解。②

综上，从双方当事人存在事前协议为调解前提到允许当事人事后协议提交调解，从以双方当事人的合意为基础到允许一方当事人单独提出调解请求，从当事人之间的约定向特定组织对其成员方推荐采用调解方式解决争议，甚至发展到新近在某些国家/地区新的立法和司法案件推动下，调解已被纳入争端解决中的强制程序，调解被转化为当事人的义务，当事人如果不遵守会产生不利后果。可见，当事人将知识产权争议提交调解，正由内部动因向外部动因延伸，调解正从最初的双方合意约定管辖权开始转向强制管辖权。

二、 强制调解与自愿原则

当然，这种强制调解的想法并不新鲜，当它以前作为一种选择被提出时，调解界和司法界都一直有抵制，原因各不相同。调解界认为，强制使用调解将违反调解的一个核心原则，即调解是一个自愿的过程，一方当事人的自决权应该得到尊重，强制调解消除了调解的自愿性质。为了充分探讨这一点，我们首先需要理解自愿作为调解核心原则的历史背景。调解程

---

① 中华人民共和国香港特别行政区司法机构：《实务指示》31 调解，A 部第 4 条规定："法庭行使酌情裁定诉讼费时，会考虑所有相关的情况，包括根据法庭可以接纳的资料而证实诉讼人没有合理解释但不曾参与调解一事。法律代表须向其当事人提出忠告，使他们明白法庭可能对不曾参与调解但没有合理解释的一方，发出不利的诉讼费令。"https://legalref.judiciary.hk/lrs/common/pd/pdcontent.jsp?pdn＝PD31.htm&lang＝CH.

② Supreme Court of the Philippines，Guidelines for the Conduct of Court-Annexed Mediation（"CAM"）and Judicial Dispute Resolution（"JDR"）in Civil Cases（Philippines），available at https://sc.judiciary.gov.ph/.

序在历史上是作为诉讼程序的替代方案发展起来的，当事方从律师和法院手中夺回对争议的控制权，并保留对以下方面的最大自决权的概念：（a）他们是否愿意进行调解；（b）他们是否想在调解中一次性达成和解解决纠纷；以及（c）和解的具体条款可能是什么，这些是调解自愿性质原则的核心。然而，时代变了，调解的原则应当适应社会的发展。调解实践经验清楚地表明，一旦当事人进行调解，就会有很大比例的案件真正和解。此外，一些国家新的立法允许对无理拒绝调解的行为进行费用制裁，虽然没有强制要求进行调解，但已经开始放松参与的自愿性。此外，正如杰弗里·沃斯等人最近的评论所概述的那样，在将术语从 ADR（替代性争端解决）改为 NDR（协商性争端解决）时，调解不再被单独推广为诉讼的替代方案，而是作为应提供给争端各方的工具包的一部分，以协助他们解决争端。

欧盟法院在 Menini et al v. Banco Popolare Società Cooperativa（2017）案①中裁决指出，根据欧盟各项立法，调解的自愿性不在于当事人有选择是否使用该程序的自由，而在于"当事人本身负责该程序，并可以按照自己的意愿组织该程序，并随时终止该程序"。同样提出支持强制调解意见的还有英国民事司法委员会（CJC）于 2021 年发表的文件，它认为强制调解符合《欧洲人权公约》第 6 条，因此既合法又可取②。这一报告也得到大法官杰弗里·沃斯（Geoffrey Vos）的支持，他在评论 CJC 的报告时说："正如我之前所说，替代性争端解决机制不应再被视为'替代性'，而应被视为争端解决程序的一个组成部分；这一进程应侧重于'解决'而不是'争端'"③。英国政府随后于 2022 年 7 月 26 日宣布，他们打算在英格兰和

---

① Livio Menini，Maria Antonia Rampanelli v. Banco Popolare Società Cooperativa，［2017］EUECJ C-75/16.

② Civil Justice Council（UK），Compulsory ADR，available at https://www.judiciary.uk/wp-content/uploads/2021/07/Civil-Justice-Council-Compulsory-ADR-report.pdf.

③ See https://www.localgovernmentlawyer.co.uk/litigation-and-enforcement/400-litigation-news/47617-compulsory-adr-is-lawful-and-should-be-encouraged-civil-justice-council-report-finds#：~：text＝Mandatory％20alternative％20dispute％20resolution％20％28ADR％29％20is％20lawful％20and，European％20Human％20Rights％20Convention％20and％20is％2C％20therefore％2C％20lawful.

威尔士的县法院对所有 10 000 英镑以下的有争议的索赔实施强制调解，并采取进一步措施制定法规，以便最终将调解要求扩展到所有国家法院。①

鉴于上述情况，现在是时候调整我们对自决和自愿的思考了，并接受为了有效解决社会中的争端的更大利益，要求争端者参加调解是合法的。然而，需要明确的是，这仍将牢牢地保留自愿和自决原则的（b）和（c）部分。任何强制性调解都不会剥夺当事人在调解过程中决定是否要和解以及以何种条件进行和解的权利。从这个意义上说，调解过程的自决和自愿性应当得到保留。

三、 强制调解与有效司法保护原则

司法界反对强制调解的论点被表述为"保护"诉诸司法的机会以寻求正义，他们的意思是，公民有权将案件提交审判并由法官作出决定，以实现最终的正义，有效司法保护原则是欧洲的法律原则。在 Halsey v. Milton Keynes General NHS Trust（2004）一案中，英国上诉法院戴森（Dyson）法官在他的判决中谈到了强制调解是否合法的问题，他的回答显然是"不"："鼓励各方同意调解是一回事，甚至以最强烈的措辞鼓励他们。命令他们这样做是另一回事。在我们看来，强迫真正不愿意的当事方将其争端提交调解，就是对他们诉诸法院的权利施加了不可接受的阻碍……"②从这段引文的最后一句话可以看出，根据《欧洲人权公约》（ECHR）第 6 条的规定，强制调解被认定为非法的理由是不合理地阻碍了争议者诉诸法院的权利。其他法院也支持这一观点只是依据有所不同，据称要么是侵犯了宪法赋予法院诉诸法院的权利的一部分，要么是其他法律文书赋予的这种权利。

然而，Halsey 案确立的观点被之后的欧盟法院、英国上诉法院推翻。

---

① See https://www.gov.uk/government/news/government-reveals-plans-to-divert-thousands-of-civil-legal-disputes-away-from-court.

② Halsey v. Milton Keynes General NHS Trust. [2004] WLR 3002.

2010 年欧盟法院法官在 Alassini and Others v. Telecom Italia SpA 案①中，认为在强制尝试解决争端之前不能提起法院诉讼的意大利国内条款不违反有效司法保护、等效性和有效性的欧洲法律原则。2017 年在 Menini et al v. Banco Popolare Società Cooperativa 案②中，欧盟法院法官认为："重要的不是调解制度是强制性的还是可选的，而是各方诉诸司法制度的权利得到维护的事实。……要求调解程序作为法院诉讼可受理的条件，可以证明符合有效司法保护原则，前提是该程序不会导致对各方具有约束力的决定，不会为提起诉讼的目的造成重大延误，暂停索赔的时限期，并且不会给各方带来成本或引起非常低的成本，可以在紧急情况下采取临时措施。" 2023 年，英国上诉法院民事庭就 Churchill v. Merthyr Tydfil County Borough Council③ 案作出判决，法院结合国内案件、欧洲人权法院案件和欧盟法院案件认为，在特定案件中，法院是否应下令或促进任何基于法院的非法院争端解决的特定方法是法院的自由裁量权，法院可以命令各方参与替代性争端解决程序，前提是该命令不损害索赔人获得公平审判的权利，是为了追求合法目标并且与实现这一合法目标相称。上述案件中的裁决标志着替代性争端解决领域的重要里程碑，使得法院强制当事人使用替代性争端解决程序是否违反有效司法保护原则这一争议的结论走向较为明确，即法院有权强制当事人参加替代性争端解决程序。

有学者认为将"诉诸司法"一词解释为仅指"诉诸法院"过于狭隘，相反，对这一术语的更广泛看法是将强制性调解视为诉诸司法的关键部分。理查德·穆尔黑德（Richard Moorhead）指出：诉诸司法意味着"依法得到公平对待，以及在你没有得到公平对待的情况下，能够得到适当的

---

① Rosalba Alassini v. Telecom Italia SpA（C-317/08），Filomena Califano v. Wind SpA（C-318/08），Lucia Anna Giorgia Iacono v. Telecom Italia SpA（C-319/08）and Multiservice Srl v. Telecom Italia SpA（C-320/08）.

② Livio Menini, Maria Antonia Rampanelli v. Banco Popolare Società Cooperativa，［2017］EUECJ C-75/16.

③ Churchill v. Methyr Tydfil County Borough Council，［2023］EWCA Civ 1416.［2010］3 CMLR 17.

补救。这不仅意味着可以求助于律师和法院。这意味着可以接触到监察员、咨询机构……"①换言之，诉诸司法不应被理解为完全是指诉诸法庭和审判的权利。当事人虽然希望他们有权利在必要时要求法院作出决定，但实际上他们认为更全面地获得正义。对他们来说，重要的是以具有成本效益和公平的方式解决他们的争端，确保他们有机会发表意见，并确保解决方案满足他们的商业和个人需求。而强制调解这一程序步骤是确保当事人能够获得满足其商业、个人和法律需求的解决程序的一种方式，而不会不合理地阻碍当事人根据需要进行法庭诉讼的权利。②所以现在的关键区别在于，如果进行得当，强制调解绝非对诉诸法院的不合理限制，而是可以促进当事方解决争端，而这最终是当事方想要的。

由此可见，如果对"自愿性"和"有效司法保护"这两个概念/反对意见进行更详细的探讨，它们就不再成为强制性调解的障碍，而是成为支持强制性调解的考虑因素。然而，法院也必须谨慎地行使这一自由裁量权，法官必须考虑该替代性争端解决程序是否实现公平、快速和具有成本效益的争端解决方案，尤其是应当注意甄别那些不宜进行调解的知识产权争议案件。

四、 不宜进行调解的知识产权争议案件类型

由于知识产权调解的保密性原则，各国知识产权争端调解案件的数量、争议类型、成功率和和解协议执行率等这类具体的统计数据很难获得，通常需要来自相关政府部门、法律机构或专业研究机构的最新报告和数据公布。我主要参考了 WIPO 仲裁与调解中心的官方出版物③、欧盟知

① Richard Moorhead，available at https://ncaj.org/what-access-justice.
② James South，Mandatory Mediation—Everything You Need to Know，available at https://www.cedr.com/mandatory-mediation-everything-you-need-to-know/.
③ 世界知识产权组织：《通过 WIPO 替代性争端解决（ADR）办法解决知识产权与技术争议——面向企业》，WIPO 第 799C/2016 号出版物，ISBN 978-92-805-2758-2；世界知识产权组织：《世界知识产权组织面向知识产权局和法院的替代性争端解决机制（ADR）指南》，2018 年。

识产权局调解中心的知识产权调解会议资料①、全球仲裁评论（Global Arbitration Review，GAR)②及新加坡国际争端解决学会的调查报告③，以及北京仲裁委员会的《中国知识产权争议解决年度观察》④ 等资料，对知识产权调解的案件类型做粗略的梳理。

根据 WIPO 2014—2023 年的统计，在提交 WIPO 中心的案件中，最初是专利争议占多数，达 47％。发展至今，版权及数字内容争议约占 50％，商标占 21％，专利占 15％，商事纠纷占 10％，信息通信技术占 4％。⑤涉及的知识产权争议类型也非常广泛，主要包括合同性质的争议、确权争议、侵权争议以及因解决先前法院诉讼而达成的协议引起的案件。其中合同性质的争议涉及诸多类型的合同，例如许可协议、研究与开发协议、技术转让协议、分销协议、特许经营协议等。

虽然调解在解决知识产权争端中具有很多优势，但并不是所有类型的知识产权争端都适合通过调解来解决，甚至有些知识产权争议案件应当被禁止采用调解方式，例如涉及刑事责任的案件，如涉及盗版、假冒伪劣产品等知识产权犯罪的案件，刑事案件需要通过司法程序处理，调解无法取代刑事司法程序。另一类是一方当事人不愿意调解的案件，如这类案件，调解机构不具有管辖权。

以下则是一些不适宜利用调解方式解决的知识产权争议：一是涉及重大公共利益的案件，如果争议涉及公共健康、安全或重大公共利益（如涉

---

① European Union Intellectual Property Office，IP Mediation Conference，Alicante，30—31 May 2019，available at https://euipo. europa. eu/ohimportal/en/web/guest/ip-mediation-conference2019.

② Global Arbitration Review，The Guide to IP Arbitration—Second Edition Recent Trends in WIPO Arbitration and Mediation，available at https://www. wipo. int/export/sites/www/amc/en/docs/2023/recent _ trends _ in _ wipo _ arbitration _ and _ mediation.pdf.

③ Singapore International Dispute Resolution Academy，SIDRA International Dispute Resolution Survey：2022 Final Report，available at https://sidra.smu.edu.sg/sites/sidra.smu.edu.sg/files/survey-2022/22 _ 0068％20SMU％20SIDRA％20Survey％20Report％202022 _ FA4（C).pdf.

④ 谢冠斌、李凤凰、李纯：《中国知识产权争议解决年度观察》，载于由北京仲裁委员会/北京国际仲裁中心编著：《中国商事争议解决年度观察（2023）》，中国法制出版社 2023 年版。

⑤ WIPO Caseload Summary，available at https://www.wipo.int/amc/en/center/caseload.html.

及药品、医疗器械、环保技术等），法院通常会更为适宜处理，以确保公众利益得到充分保护。二是需要明确法律解释或原则的案件，如果争议涉及对法律条文的解释或确立新的法律原则，法院判决具有指导性和先例作用，调解无法提供这种法律确定性。三是当事人之间对事实或法律问题存在严重分歧，如果双方对基本事实或法律问题存在根本性分歧，调解可能难以促成双方达成一致，法院判决可能更为适宜。四是当事人有紧急救济需要的案件，如果一方当事人需要紧急救济（如临时禁令、临时保护措施等），调解通常无法提供这种紧急和强制性救济，法院或仲裁机构更为适宜。总之，在上述情况下，当事人关注的重点不是纠纷解决的成本和效率，而是诉讼程序提供的强制性措施以及判决权威性和既判力所带来的长远意义，而这恰恰是调解所不能提供的，因而，诉讼或仲裁可能是更为适宜的争端解决方式，因为它们能够提供法律确定性、公共利益保护以及强制性和紧急性救济。

下面以苹果公司和高通公司之间的专利争议为例具体说明知识产权争议调解的局限性。苹果公司和高通公司曾是亲密的合作伙伴，从 iPhone 4s 手机开始，苹果公司的 iPhone 手机基带芯片长期依赖高通公司。高通的收费模式为基带芯片本身一个价，使用基带还得另外支付每台 iPhone 售价 5％ 的专利授权费，也就是俗称的"高通税"。随着苹果售价越来越高，苹果支付的"高通税"远超想象，仅 2022 年苹果向高通缴纳的"高通税"就高达 90 亿美元，约占高通营收的五分之一。[1]2017 年 1 月，苹果公司以涉嫌"反垄断"为由将高通公司诉至美国加利福尼亚州南区联邦地方法院，要求其退还 10 亿美元专利许可费。随后，高通公司展开反击，于 2017 年 5 月将苹果公司的 4 家代工制造商诉至加州南区地方法院，请求法院判令苹果公司履行专利许可合同和赔偿其损失。[2]两家科技巨头的专利诉讼大战就此展开。

---

① 《从倒贴到收割　苹果和高通的爱恨情仇》，腾讯网，https://new.qq.com/rain/a/20240201
A08IF600，2024-02-01。

② 国家知识产权局：《苹果与高通恩怨史》，https://www.cnipa.gov.cn/art/2018/4/17/art_
2649_166780.html，2018-04-17。

2015 年欧盟委员会也曾处理一起涉及知识产权和反垄断法的案件，涉及高通公司与包括苹果公司在内的其他手机制造商之间的专利许可协议。高通被指控滥用其市场主导地位，通过不公平的专利许可协议限制了其他手机芯片制造商的竞争。具体来说，高通被指控强制手机制造商必须支付高昂的专利授权费用，否则将不允许使用其先进的通信技术。欧盟委员会介入后，高通和苹果达成了和解协议。按照和解协议，苹果公司将向高通公司支付一笔款项。双方还达成了一项为期 6 年的技术许可协议和一项多年的芯片供应协议，其中技术许可协议已于 2019 年 4 月 1 日开始生效，并包括一项两年的延期选择。双方撤销全球范围正在进行的所有针对对方的法律诉讼。[1]

该和解协议达成后，引起了广泛的热议。一方面，高通公司与苹果公司的和解体现了利用调解来解决知识产权争议的优势，即有助于双方保持良好的商业关系，甚至开启了新的合作。据统计，在 2017 年到 2018 年的两年间，两家公司在全球多个国家，包括中国、美国、德国等提起了 50 余起专利侵权诉讼，[2]涉及索赔金额数百亿美元。与此同时，相关诉讼给双方业务发展均带来巨大影响。与高通的争端将令苹果在 5G 时代处于落后位置；而对高通来说，与苹果交恶也将影响其众多专利业务。和解之后，高通将会为苹果提供 5G 芯片，帮助苹果公司尽快推出 5G 手机，也避免了苹果仅依靠英特尔的被动局面。对于高通，不仅此前的盈利模式安然无恙，苹果更是将向其支付相关费用，以及在未来多年里继续使用高通的相关芯片。

但是此次和解协议的达成也招致广泛批评，引发了对知识产权争议调解的担忧。第一，市场竞争受到限制。虽然和解协议有助于解决当前的专利争议，但协议对其他芯片制造商造成不利影响。他们无法获得与高通达成的相同优惠条件，导致市场上的不公平竞争。就在苹果和高通发布联合声明后的 12 个小时以内，英特尔随后发表声明称，公司将退出手机基带业

---

① 《Qualcomm 与 Apple 同意撤销双方之间的所有诉讼》，苹果公司官网，https://www.apple.com.cn/newsroom/2019/04/qualcomm-and-apple-agree-to-drop-all-litigation/，2019-04-16。

② 《高通 VS 苹果：专利大战尘埃落定》，人民网，http://ip.people.com.cn/n1/2019/0509/c179663-31075723.html，2019-05-09。

务，未来专注于5G网络基础设施建设以及数据中心业务。公司同时表示，英特尔的 CEO 鲍伯·斯旺（Bob Swan）认为，该业务可能已经没有明确的盈利和获取回报的途径。①不仅如此，从宏观全球竞争形势来看，这两家公司代表了美国5G市场的两把利剑，两者合作，双方和解后的合作必增加美国本土在5G市场的话语权以及全球市场竞争力，从而与中国形成竞争之势。第二，造成不利的价格影响。如果和解协议中涉及的专利授权费用不公平地降低，这可能导致市场价格的不稳定和消费者利益的受损。②第三，阻碍知识产权创新。苹果曾在此前的诉讼中表示，多年来高通一直以不公平的方式来收取与他们没有关系的技术专利费用。苹果在 Touch ID、显示屏幕、相机等方面的创新越多，高通收取的专利费用就越高，而且是毫无理由的。对于苹果来说，创新之路也就变得越来越昂贵。③第四，该协议应当引起主管当局进一步的反垄断监管。欧盟委员会可能需要监督和审查和解协议，以确保它不会进一步加剧市场上的垄断现象或其他反竞争行为。事实上就在2017年1月美国联邦贸易委员会起诉高通，指控该公司滥用自身作为特定手机芯片供应商的市场主导地位向苹果之类的手机制造商施加"苛刻的"供应和专利授权条款，并打压竞争对手。④而此前2015年12月，欧盟也指控高通滥用市场领先地位阻碍对手竞争。2018年，欧盟委员会曾宣布对高通处以9.97亿欧元（约合10.5亿美元）的反垄断罚款。原因是高通向苹果公司支付了巨额费用，要求苹果只使用其芯片，从而将英特尔等竞争对手拒之门外。欧盟委员会，高通的这种反竞争行为发生在2011年至2016年。其间，高通向苹果支付了数十亿美元费用，让苹果在

---

① Intel Press Releases, Intel to Exit 5G Smartphone Modem Business, Focus 5G Efforts on Network Infrastructure and Other Data-Centric Opportunities, available at https://www.intc.com/news-events/press-releases/detail/75/intel-to-exit-5g-smartphone-modem-business-focus-5g.

② Shara Tibken, Apple and Qualcomm Settle: Here is What It Means for Your Next iPhone, available at https://www.cnet.com/tech/mobile/apple-and-qualcomm-settle-heres-what-it-means-for-your-next-iphone/.

③④ Federal Trade Commission, FTC Charges Qualcomm with Monopolizing Key Semiconductor Device Used in Cell Phones, available at https://www.ftc.gov/news-events/news/press-releases/2017/01/ftc-charges-qualcomm-monopolizing-key-semiconductor-device-used-cell-phones.

所有 iPhone 和 iPad 上使用其芯片。①高通随后对罚款提起上诉。2022 年 6 月 15 日，欧洲第二高等法院"欧盟普通法院"宣布，法庭裁定缺乏足够的证据表明苹果或整个市场因为高通与苹果的协议受到损害，欧盟之前的裁决无效，并停止了此前的处罚。②2022 年 9 月 9 日欧盟反垄断监管机构"欧盟委员会"证实，将不会对高通 9.97 亿欧元的反垄断案提起上诉。③

上述案例凸显了在知识产权调解案件中，和解协议有可能损害第三方利益，特别是对竞争者和市场中其他参与者的消极影响。这表明了在调解过程中达成和解协议时，必须审慎考虑所有相关方的利益，并确保协议不会导致市场上的不公平竞争或其他不良后果。和解协议在知识产权案件中的达成，需要考虑到市场竞争的公平性和监管透明度。必须确保协议不会对市场造成不可逆转的伤害，并且公平对待所有受影响的市场参与者。监管机构也必须积极参与和解协议的审查和监控，以保护市场的公平竞争环境和消费者的利益。

知识产权争议的强制调解机制具有其优点，尤其是在减轻司法负担、节省时间和成本以及保护商业关系方面。然而，它也存在一些问题，如损害第三人权益、妨害市场竞争等社会问题。综合来看，强制调解在知识产权争议中的应用需要结合具体法律环境加以考量，并确保在实施过程中有适当的保障措施来维护当事人的合法权益和公正性。新加坡、德国、意大利等国的知识产权强制调解制度的成功经验表明，强制调解在知识产权争端中的应用具有很大的潜力，值得其他国家借鉴和推广。

---

① European Commission Press Releases, Antitrust: Commission fines Qualcomm €907 million for abuse of dominant market position, Brussels, 24 January 2018, available at https://ec.europa.eu/commission/presscorner/api/files/document/print/en/ip_18_421/IP_18_421_EN.pdf.

② Court of Justice of the European Union Press Releases, the General Court annuls the Commission decision imposing on Qualcomm a fine of approximately €1 billion, Luxembourg, 15 June 2022, available at https://curia.europa.eu/jcms/upload/docs/application/pdf/2022-06/cp220099en.pdf.

③ Reuters, Exclusively win for Qualcomm as no EU appeal court ruling against $991 million fine, available at https://www.reuters.com/technology/exclusive-eu-will-not-appeal-court-ruling-against-991-mln-qualcomm-fine-sources-2022-08-29/.

ISDS 仲裁管辖权扩张问题探究
——兼论"一带一路"投资争端解决机构管辖权的构建

■ 甘　瑛　赵佳宁*

【摘要】ISDS 管辖权扩张长期以来为国际社会所诟病，尤以 ICSID 为甚。实践中仲裁庭倾向于通过不断扩张解释属人、属事、属时管辖范围以扩张其管辖权。其原因主要是：投资条约规则的模糊性容易导致条约目的与宗旨解释方法被滥用；仲裁的保密性和一裁终局等特点使得管辖权裁决标准不清，矫正乏力；许多仲裁员受到投资者偏向立场的影响而以有助于保护投资者利益的管辖权确认倾向性为主导。中国作为世界投资的重要参与者，应当针对性提出相应改革方案，使得 ISDS 仲裁中的属人、属事、属时管辖权边界清晰化。同时，中国作为"一带一路"倡议者，在构建"一带一路"投资争端解决机制时，应当坚持投资者与东道国利益平衡的基本立场，吸取现有制度中的管辖权经验教训，推进统一公约与联合解释机制，同时通过增强仲裁透明度、构建常设上诉机构模式以建立连贯法律体系等方式限缩仲裁庭的自由裁量权，由此构建"一带一路"投资争端解决机构管辖权，以预防管辖权的滥扩。

【关键词】投资仲裁　管辖权　"一带一路"

---

* 甘瑛，华东政法大学国际法学院副教授；赵佳宁，华东政法大学国际法硕士研究生。

一、 问题的提出

国际投资者与国家间争端解决（Investor-State Dispute Settlement，ISDS）机制中的仲裁机制包含多个仲裁机构及其规则，其中基于《关于解决国家和他国国民之间投资争端公约》（简称《华盛顿公约》）构建的国际投资争端解决中心（International Center for Settlement of Investment Disputes，ICSID）仍是当前 ISDS 仲裁的主流机制，[①]也代表了当前 ISDS 仲裁的基本框架。本文将主要围绕该机制探讨当前 ISDS 仲裁管辖权扩张问题。

在国际投资仲裁领域中，管辖权主要分为三类：属事管辖权、属人管辖权、属时管辖权。属事管辖权是指仲裁庭对既定种类"投资纠纷"进行裁判的权能；属人管辖权是指仲裁庭对于主体适格进行管辖的权能，仲裁庭应确保争议各方是能够根据相关条款或协议有资格发起仲裁的主体；属时管辖权是指仲裁庭拥有对于在特定时间点发生的纠纷进行管辖的权能。《华盛顿公约》第 25 条规定 ICSID 管辖权的要件通常被概括为上述三类管辖权，由此设置了仲裁庭管辖权的基本框架。当然，但这并非管辖权的唯一规则，意图在投资协定之进行仲裁的投资者，还需达到该投资协定争端解决章节中所定明的仲裁资格条件；如果该投资协定允许依据《华盛顿公约》启动仲裁程序，则还需要符合该公约内对管辖权的要求。[②]换言之，只有当仲裁庭同时满足双边与多边条约中的管辖权限制时，仲裁庭才拥有管辖权。

通常情况下，双边投资协定（Bilateral Investment Treaties，BIT）会明确适用国际投资仲裁过程中必须遵循的一些特定司法管辖条件，这些条

---

① UNCTAD, "Investment Dispute Settlement Navigator", https://investmentpolicy.unctad.org/investment-dispute-settlement，2024-05-21.

② 加里·博恩：《国际仲裁：法律与实践》，白麟、陈富勇、李汀洁等译，商务印书馆 2015 年版，第 562 页。

件与《华盛顿公约》第 25 条既有交叉之处也包含独特的规定；不同的双边投资协定要求需满足的管辖权要件也会有细微或显著的不同。协定的繁杂和文本的模糊及其相应要素的千差万别，给仲裁庭管辖权的扩张提供了土壤。例如，属事管辖权中涉及"投资"和"财产"的概念解释是否相互等同；属人管辖权中对"法人国籍""外来控制"等概念的认定标准导致的投资者的身份认定问题，对于自然人投资者而言，其可能存在国籍的积极冲突，或具有不同的多个缔约国国籍、或具有非缔约国国籍，仲裁庭则需对多重国籍进行具体判断，确定投资者的主体资格。对于法人投资者的国籍判断则更为复杂，一方面在国际投资协定中，存在不同标准的法人国籍界定，"存在经济联系""进行实质性商业活动"等标准为仲裁庭提供了自由裁量的范畴。另一方面法人人格否认制度的发展也催生了大量的法人国籍认定难问题。仲裁庭往往在采纳法人投资者自身国籍标准与采纳法人背后的控制人标准间摇摆不定，导致仲裁庭由此扩张管辖权；属时管辖权中，由于"争端"定义不明，即便一项投资争端产生于协定生效前，仲裁庭仍可能通过多种等方式确立对该投资争端的管辖权。

对 ISDS 机制面临的管辖权力过度扩张，以及由此导致的对东道国法律自主权的干涉、裁决不一致以及有效矫正错误机制缺乏等，国际社会普遍认为应当改革 ISDS 机制，但各国在此利益差异甚大，在具体改革方案上的争议颇多。自 2005 年以来，国际投资仲裁机制面临正当性危机，不少国家（包括厄瓜多尔、委内瑞拉和洪都拉斯等）相继声明退出国际投资争端解决中心。在中国推动"一带一路"倡议的背景下，如何构建新型投资争端解决机构的管辖权，以避免将来相似问题的出现，成为重要问题。本文即针对现有的 ISDS 机制国际投资仲裁管辖权及其扩张现象进行梳理，分析其成因，并提出在"一带一路"背景下国际投资争端解决机构管辖权的建议。

二、 国际投资仲裁管辖权及其扩张实践分类解析

(一) 属事管辖权及其扩张实践解析

ISDS 机制仲裁的属事管辖权扩张主要体现在合同请求被纳入仲裁范围与投资定义扩张两个方面。

1. ISDS 机制仲裁中往往想方设法将合同请求纳入仲裁范围

尽管国际投资仲裁是基于协定的仲裁机制[1]，但在实践中，投资者往往通过寻求挂靠投资协定中的相关条款的方式，将合同纠纷包装成协定纠纷，从而申请国际投资仲裁。这种情况的客观存在促使属事管辖权的扩张，最为典型的就是仲裁庭对"保护伞条款"适用争议的扩张性解释。

保护伞条款，也称有约必守条款，源于 20 世纪 50 年代，后被广泛纳入国际投资协定中，成为一种专门条款，其在不同协定中措辞不同，内容稍有差异，但基本是要求缔约一方应当承担条约义务，以遵守其与另一缔约方在国际投资协定中作出的任何承诺；其实质是将国际投资合约的内容作为一种约定的国际义务而加诸国际投资协定的缔约国之间。仲裁庭往往通过该条文的扩大解释来获得对合同事项的管辖权。

关于保护伞条款的争议甚多。就保护伞条款自身是否能使合同义务上升为协定义务而言，有学者持否定观点，认为双边投资协定的主体明确，不含投资者，应当严格限制解释。[2]有学者则肯定地认为，保护伞条款在协定中，东道国和投资者的合同义务或承诺具有国际法上的效力。[3]后一种观点似乎更符合缔约方引入该条款的目的。然而，东道国政府若背弃与外籍投资者签订的契约条款，是否必然构成国际法（涵盖国际投资协定）之下

---

[1]　张建:《国际投资仲裁管辖权研究》，中国政法大学 2018 年博士学位论文，第 19 页。

[2]　Katia Yannaca-Small, International Investment Law: Understanding Concepts and Tracking Innovations，OECD Publishing，2008，p.104.

[3]　Ibid.，p.111.

的违法或违约行为？对此，ICSID 仲裁庭曾作出两个完全相反的判定。在 SGS v. Pakistan 案中，仲裁庭认为东道国违反与外国投资者的契约，并不构成违反国际法。[①]与此案相反，在 SGS v. Philippines 案中，仲裁庭认为，当东道国政府违反与外国投资者订立的合同，其本身就将违反相应双边投资协定中的"保护伞条款"。[②]此后的多个案件如 Noble Ventures v. Romania[③]，相关 ICSID 仲裁庭都基本赞成该案的裁决。以这样的解释趋向看，保护伞条款内涵的解释无疑被泛化和夸大。在这种解释下，仲裁庭的属事管辖权挣脱了"协定请求"的桎梏，由此赋予仲裁庭对所有合同请求的管辖权，扩张了其管辖范围。

2. 仲裁庭往往扩大对"投资"定义的解释，由此扩张其管辖范围

在《华盛顿公约》谈判过程中，发达国家就反对界定何为"投资"，因为预留"投资"定义的空白空间，更有利于保护投资者的利益。最终的结果是，《条约》并不尝试对"投资"一词下定义，缔约国认为如果必要，可以事先告知 ICSID 其认为是"投资"的争议种类。因此，关于"投资"的详细定义基本源于各缔约方在投资协定中的约定。然而，在实践中，很多国际投资协定也对"投资"作出具体定义；即便有定义，文字表述各不相同，界定并不统一。这使得仲裁庭在解释投资定义时，拥有很大程度的自由裁量权。

如 Petrobart v. Kyrghyzstan 案[④]中，经双方协商签订的合同为标准的货物买卖合同，其性质明显区别于通常意义上的投资活动，但该案仲裁庭却别出心裁地提出，投资的定义不仅限于传统的资本投入形式，还涵盖"金钱请求权"这一要素。鉴于"货物销售合同"包含基于金钱给付的请求权，仲裁庭据此裁决，该争议内容实质上构成"投资"的一部分，从而

---

① SGS v. Pakistan，ICSID Case No. ARB/01/13，Decision of the Tribunal on Objections to Jurisdiction，6 August 2003.

② SGS v. Philippines，ICSID Case No. ARB/02/6，Decision on Jurisdiction，29 January 2004.

③ Noble Ventures, Inc. v. Romania，ICSID Case No. ARB/01/11，Award，12 October 2005.

④ Petrobart Limited v. Kyrgyzstan，SCC Case No. 126/2003，Award，29th March 2005.

确立了其对该案的管辖权。实际上，"投资"与"财产"这两个概念尽管在模糊情境下可能有所重叠，但它们存在本质上的显著区别。投资通常是指为获取未来收益或资本增值而进行的资本投入，而财产则更广泛地涵盖了所有具有经济价值的资产。该仲裁庭模糊两者区别，而主要基于"金钱请求权"这一共通要素，认为这种请求权在投资与货物销售合同中均扮演了关键角色。

这样的仲裁实践，将"投资"与"财产"在某些特定情境下相互等同，拓宽了投资定义的范畴，使得更多类型的争端得以纳入投资仲裁的管辖范围，为投资者提供了更为广泛的保护。这导致现实中的极大争议，特别是在涉及不同法律体系和文化背景的案件中，如何准确界定"投资"和"财产"的边界，避免仲裁管辖权的泛化扩张，成为确保仲裁裁决的一致性和公正性的关键。

（二）属人管辖权及其扩张实践解析

就属人管辖权的扩张而言，在法人投资者的国籍解释问题上尤为复杂。在《华盛顿公约》起草过程中，各国对是否规定法人国籍客观判断标准争议颇大，法人注册登记地、住所地和控制性利益等标准均被反对，最终无果。因此关于法人国籍的规定主要取决于有关国际投资协定及内国法，这往往导致管辖权判定的模糊性和复杂性，也造成国际投资仲裁管辖权的扩张机会。

1. 在国际投资协定中，存在不同的法人国籍界定标准

一是以法人的法定注册地或设立地作为国籍国，这是较为广泛接受的标准，因为注册地和设立地通常与法人的法律地位密切相关。二是以法人的主营业地作为某些情况下的国籍判断依据。主营业地反映了法人实际经营活动的中心，与法人的业务运营和经济活动紧密相连。三是以法人实际从事经济活动的地点作为其国籍认定标准，该标准更侧重于法人经济活动的实际发生地，能够更直接地反映法人与特定国家之间的经济联系。四是

以法人的主要利益中心所在地作为其国籍认定依据。主要利益中心通常是指法人管理决策、经济利益和风险控制等方面的核心所在，能够较为全面地反映法人与特定国家之间的经济联系和利益关联。实践中，上述认定标准会出现重叠适用现象。例如，1997 年的瑞士与印度的双边投资协定就采用了设立地与实质商业活动地标准；1999 年的瑞士与智利的双边投资协定，对法人投资者的判定，不仅要求投资者在注册地和营业地满足条件，还需与缔约国存在经济联系，这样的"三重标准"确保了只有满足所有条件的投资者才能享受 BIT 的保护，并据此申请国际仲裁。在"双重"乃至"三重"的认定标准下，仲裁庭可以通过对于其"存在经济联系""进行实质性商业活动"等要素的认定来作出有利于其管辖权的裁决。

2. 许多国家存在法人人格否定制度

这使得法人国籍判断可能追及其投资人与股东的身份，即采纳"控制标准"确定投资者的国籍，根据投资者国籍的不同，可能会存在两个以上的双边投资协定选择，将直接影响管辖权的有无。所谓"控制标准"，主要是考察如下可能性：其一，某些投资者往往采取在他国设立公司而后再向东道国进行投资的多层投资模式，其选择可能基于降低税负或隐匿出资等多重需要。在此特定情况下，投资条约的保障范畴已超越传统界限，不仅涵盖了正式的缔约国投资者，还扩展至那些利用空壳公司策略而以缔约国投资者身份出现的第三国或东道国国民。如果不对此加以限制，投资协定的双边互惠性结构将被打破。其二，对于拥有缔约东道国国籍但实质上受外国法人控制的投资者，《华盛顿公约》设立了明确的例外规定。当双方缔约国共同认可，为公约目的，此类法人亦可视为外国投资者时，该类投资者将享有公约赋予的仲裁机制进行争议解决的权利。这种例外规定，不仅考量了主观性标准，即双方缔约国的共同意愿，也兼顾了客观性标准，[①]即法人是否确实受到外国法人的控制。只有在控制要素与当事人协议均得到满足的条件下，才能作出此类认定。

---

① 李万强：《ICSID 仲裁机制研究》，陕西人民出版社 2002 年版，第 47 页。

此种"控制标准"似乎较为合理地解决了管辖权难题，但随着全球化和资本运作的深入，现代公司的股权结构不再单一，而是呈现多层化、复杂化的特点。公司可能拥有多个股东，这些股东又可能是其他公司或机构，形成一种错综复杂的股权网络。在这种多层化的股权结构中，很难准确地确定哪一层级的股东是公司的实际控制者，也就难以通过股东的国籍来界定法人的国籍。此外，公司资本来源日益复杂化，包括直接投资、股权投资、债券融资、基金投资等多种形式。这些资本可能来自不同的国家和地区，也可能由不同国籍的投资者提供。在这种情况下，通过资本的来源来判断法人的国籍也变得十分困难。因为资本的流动性和多样性使得很难确定哪一部分资本是主导性的，或者哪一部分资本应该被用来界定法人的国籍。在多层化和复杂化的股权结构和资本来源下，通过股东的国籍来界定法人的国籍变得非常模糊和不准确。这可能导致在涉及跨国投资争端时，对于法人国籍的认定存在争议和分歧。当国籍界定不清晰时，仲裁庭可能会倾向于扩大自己的管辖权范围，以涵盖更多的争议和案件。

在 Amoc 诉印度尼西亚案①、SOABI 诉塞内加尔案②、Tokios 诉乌克兰仲裁案③中，被申请人的管辖权抗辩均被驳回，ICSID 仲裁庭均自裁拥有管辖权。Tokios 诉乌克兰仲裁案严格基于双边投资协定规定采取设立地认定国籍；Amoc 诉印度尼西亚案也以法人自身的国籍作为判断标准；只有 SOABI 案对于法人国籍的认定采取了"控制标准"。继 SOABI 案后，又有多起案件如 Aucoven 公司诉委内瑞拉案④、TSA Spectrum de Argentina 公司诉阿根廷案⑤等，相关仲裁庭都探究法人投资者背后的实际控制主体。此

---

① Amco Asia Corporation and others v. Republic of Indonesia, ICSID Case No. ARB/81/1, Decision on Jurisdiction, 25 September 1983.

② Société Ouest Africaine des Bétons Industriels v. Senegal, ICSID Case No. ARB/82/1, Decision on Jurisdiction, 1 August 1984.

③ Tokios Tokelés v. Ukraine, ICSID Case No. ARB/02/18, Decision on Jurisdiction, 29 April 2004.

④ Autopista Concesionada de Venezuela, C.A v. Bolivarian Republic of Venezuela, ICSID Case No. ARB/00/5, Decision on Jurisdiction, Award 27 September, 2001.

⑤ TSA Spectrum de Argentina S. A v. Argentine Republic, ICSID Case No. ARB/05/5, Award, 19 December, 2008.

外，部分仲裁庭的管辖权解释还突破了条约文本限制，如 Milicom 诉塞内加尔案①，卢森堡与塞内加尔之间的双边投资协定第 10 条争议解决条款明确规定合格投资者为另一方的"国民"，且其第 1 条对"国民"定义为仅限于具有缔约一方国籍的自然人，较明确地将公司法人投资者排除在协定保护范围之外。然而，该案仲裁庭采取了不同的解释路径，认为该双边投资协定的核心目标是确保协定的有效性和对投资者的承诺保护，因此将"国民"一词仅局限于自然人的解释将极大地限制协定的保护范围，从而可能违背协定的初衷。基于此，仲裁庭扩大化地判定"国民"应被理解为包括自然人和法人投资者，由此取得该案管辖权。

这些案件显示的是，国际投资争端解决中心仲裁庭在属人管辖权判定中，或是在采纳法人投资者自身国籍标准与采纳控制标准间摇摆不定，或是对协定措辞进行扩大解释，由此"见机行事"地扩张管辖权。

（三）属时管辖权及其扩张实践解析

仲裁庭在受理仲裁时，对某个时刻产生的争端具有管辖权，即属时管辖。依据国际法基本要求，当事方提起仲裁时相关协定应当已经生效，且争端发生时条约应当已经生效。这是两个不同要求，Tradex 诉阿尔巴尼亚案②的仲裁庭明确指出，投资协定可以突破法不溯及既往原则，规定对于协定生效前的争议具有溯及力，但是在投资者提起仲裁时，投资协定应当是一个生效的协定。在实践中，争端解决的相关时间点（当事人提起仲裁而仲裁庭受理案件）往往易于确定；存在争议的往往是争端所涉事实发生时协定是否生效的问题。由于"争端"等概念缺乏明确定义，仲裁庭往往通过灵活解释此类条款，规避其管辖权限制。

---

① Milicom v. Senegal，ICSID Case No. ARB/08/20，Decision on Jurisdiction，16 July 2010，paras. 67—73.

② Tradex Hellas S. A. v. Republic of Albania，ICSID Case No. ARB/94/02，Decision on Jurisdiction，24 December，1996.

比如，Jan de Nul 诉埃及案①的仲裁庭面临的争议焦点，即投资者是否可将原先在投资协定生效前通过国内法院处理的争端，在协定生效后重新提交给国际投资争端解决中心仲裁庭。仲裁庭认为，原先由埃及法院处理的争端属于国内法争端，而后来提交给国际投资争端解决中心仲裁的争端则被视为协定争端；尤其是当埃及法院否定了投资者的诉讼请求后，原先的国内法争端"转化"为协定下的争端。这种解释不仅违背缔约国的原始意图，也破坏国际投资法体系的稳定性和一致性。如果允许投资者将协定生效前的任何争端都视为协定争端并提交给国际投资争端解决中心仲裁，那么投资协定中的属时范围条款（即规定条约适用的时间范围）将失去应有的意义。

又如，Helnan 诉埃及案②中，丹麦与埃及的双边投资协定第 12 条明确"本协定不应适用于在其生效前产生的任何分歧或争端"。从文本意义上看，一种自然的解释是，任何在协定生效之前已经存在的"分歧"或"争端"都应被排除在协定的适用范围之外；这里的"或"字通常表示两者之间的并列关系，即无论是分歧还是争端，只要它们发生在协定生效之前，就不受该协定的管辖。然而，仲裁庭却认为，"分歧"与"争端"在性质上有所不同，其中"分歧"的对抗性相对较低，而"争端"则可能由"分歧"发展演变而来；因此该条款并未明确排除协定生效前产生的所有"分歧"，而仅仅排除了那些已经成为"争端"的争议。这一解释结论明显超出了文义范围，却未能提供令人信服的论据。再如，Toto 诉黎巴嫩案③与此类似，尽管意大利与黎巴嫩的双边投资协定已对生效前的争端管辖予以排除，但仲裁庭仍认为，协定生效前发生的事实归于"争端诱因"并非

---

① Jan de Nul v. Egypt，ICSID Case No. ARB/04/13，Decision on Jurisdiction，16 June 2006，paras. 100—129.

② Helnan v. Egypt，ICSID Case No. ARB/05/19，Decision on Jurisdiction，17 October 2006，paras. 48—57.

③ Toto Costruzioni Generali S. p. A. v. The Republic of Lebanon，ICSID Case No. ARB/07/12，Award，7 June 2012.

属于争议，而跳出双边投资协定划明的授权管辖的范围，从而实质上扩大了仲裁庭的管辖权。

可见，即便一项投资争端产生于协定生效前，且投资协定明确规定法不溯及既往，仲裁庭仍可能突破其限制。如此的管辖权扩张无疑加重了东道国的负担，面临高额的诉讼成本与赔偿裁决，东道国不得不一再限缩其对外资的规制权。

三、 国际投资仲裁管辖权扩张实践之根源分析

一般而言，国际投资裁判机构不得对管辖权的存在与否及范围大小作有利或不利推定。[①]对裁决协定、条款、声明的解释应以文本为基础，充分考虑文本的目的、宗旨及当事国的意图，最终达成合乎常识、逻辑自洽、公平合理的解释结论。然而，通过对上文相关实践的分析，可以看出国际投资仲裁庭的管辖权扩张并非偶然现象，当前投资仲裁庭制度环境存在一些共通性原因，使得投资仲裁庭在解释投资仲裁条款时似乎不受制约，倾向于作出有利于扩大管辖权的解释。

首先，许多国际投资协定的文本与措辞存在缺陷，主要表现为协定庞杂且文字技术差异大。国际投资协定数量庞杂、关系错综，且旧有国际投资协定仍是国际投资领域的主流。这使得国际投资法体系日益复杂，产生包括争端解决的条款标准不一致、概念缺乏统一而明确的定义等困难，仲裁庭在解释协定时，就容易进行扩大化解释。

2023年《世界投资报告》指出，现行有效的国际投资协定总数为2 584个，现行有效的国际投资协定在经济体之间建立了4 400多项双边国际投资协定关系。[②]其中，超过88%的国际投资协定关系基于2012年之前签署的条约，老一代国际投资协定继续在国际投资协定中占据主导地位。

---

① Hugh Thirlway, The Law and Procedure of the International Court of Justice: Fifty Years of Jurisprudence, Oxford University Press, 2013, p.1632.

② 《联合国贸易和发展会议发布的世界投资报告》，2023年，第19页。

大多数新的投资者与国家间争端解决案是在老一代国际投资协定下提起的。①老一代协定出于时代与背景局限性，条文存在模糊地带。比如，对于可提交争端解决机制管辖的争端，有的不加限制地采用"投资产生的任何争议"②"有关投资的任何争议"③，以及"有关投资和投资有关活动的争议"④，等等。这样的措辞往往导致学术界及判例的理解意见不一。基于文本的欠缺，仲裁庭解释协定时，导向了目的与宗旨解释，而这样的解释容易被滥用。例如，Tokios 诉乌克兰案⑤的仲裁庭就强调双边投资协定对投资者及其投资所给予的广泛保护，并认定这种保护是协定核心目标，任何对"投资者"或"投资"定义的限制都被视为不符合该核心目标。

仲裁庭的考量并未全面涵盖投资协定的多重目的，尽管保护投资者及其投资无疑是双边投资协定的关键目标，但这并非唯一目标，促进东道国经济的发展和繁荣同样也是投资协定的核心目标。然而在仲裁庭的裁决中，双边投资协定对东道国根本利益的保护往往未能得到充分考量和体现，这就是仲裁庭在协定解释阶段享有巨大的自由裁量空间是导致国际投资仲裁偏离轨道的重要原因。

其次，在 ISDS 机制领域，通过仲裁方式解决争端，仲裁的保密性、仲裁庭临时组建且相互之间不具有层级关系⑥、裁决一裁终局等特点都深刻影响着管辖权的扩张。具体而言，表现为三方面：一是国际投资仲裁在很大程度上采用了商事仲裁模式，仲裁过程与裁决结果一般不予公开，这种传统的保密性质容易引发投资仲裁裁决的任意性。二是在国际投资仲裁领域，并不存在类似于普通法系国内法中的遵循先例原则，根据需要选择性援引有关案例成为仲裁庭为扩张管辖权寻找正当化支撑的常用技巧。从

---

① 《联合国贸易和发展会议发布的世界投资报告》，2023 年，第 20 页。

② 《1996 年中国与柬埔寨关于促进和保护投资协定》第 9 条。

③ 《2010 年中国与法国关于相互促进和保护投资的协定》第 7 条。

④ 《1998 年中国与澳大利亚相互鼓励和保护投资协定》第 12 条。

⑤ Tokios Tokeles v. Ukraine, ICSID Case No. ARB/02/18, Decision on Jurisdiction, 29 April 2004, para. 31.

⑥ 刘笋：《论国际投资仲裁中的先例援引造法》，《政法论坛》2020 年第 38 卷第 5 期。

国际投资争端解决领域个案裁决对他案的效力来看，《国际法院规约》第38 条表明，司法裁决只是确定国际法渊源的辅助工具，并非正式的国际法渊源；随着投资仲裁案件数量的增加，仲裁庭和律师习惯性地引用先前仲裁裁决来支持其论点①，但由于裁决本身并不统一，这种"或采纳"的可能性也使得仲裁员拥有了更大的裁量权，仲裁员为支持其观点"挑选裁决"，仲裁庭管辖权扩张路径得以延续。三是仲裁裁决一裁终局，矫正机制乏力。《华盛顿公约》裁决撤销程序仅在仲裁程序基本要求被违反时发挥作用，当东道国以仲裁庭越权为由申请撤销裁决，难以得到撤销委员会的认可。②可见，仲裁透明度不高、选择性的援引先例、裁决撤销机制对于错误裁决矫正乏力等原因，无论从理论上还是实践中都影响着投资仲裁庭的裁决，是管辖权扩张的潜在原因。

第三，国际投资仲裁机构与仲裁员的立场偏好，也是当前管辖权向着有利于投资者利益的方向扩张的因素。

ICSID 机制是由发达国家牵头构建的，基于发达国家的立场，保护并扩大外国投资者既是保护及扩大发达国家的利益，促进投资自由化和便利化，保护其投资者的利益，又是限制东道国公权力对投资者利益的规制，此种倾向性十分明显。由此，ICSID 机制仲裁庭在裁决过程中往往通过不同的解释方法来保护投资者的利益。如 Tradex 诉阿尔巴尼亚案和SGS 诉菲律宾案③，仲裁庭都认为当投资仲裁条款存疑时，应作出"有利于投资保护"和"有利于仲裁管辖"的解释。④从仲裁员角度看，ICSID

---

① Jeffery P. Commission. Precedent in Investment Treaty Arbitration—A Citation Analysis of a Developing Jurisprudence，24 Journal of International Arbitration 129（2007），p.194，转引自沈奕灵：《论国际投资仲裁中先例制度的构建》，《南昌大学学报》（人文社会科学版）2020 年第 51 卷第1 期。

② ICSID Secretariat，Updated Background Paper on Annulment for the Administrative Council of ICSID，5 May 2016，pp.56—57.

③ Tradex v. Albania，ARB/94/2 194（Decision on Jurisdiction 1996）.
SGS v. Philippines，ARB/02/6 44，（Decision on Jurisdiction 2004）.

④ Tradex Hellas S.A. v. Republic of Albania，ICSID Case No.ARB/94/2，Decision on Jurisdiction，24 December 1996；SGS v. Philippines，ICSID Case No.ARB/02/6，Decision on Jurisdiction，29 January 2004，para.116.

机制仲裁员大多受英美教育，有国际商事领域的职业背景，可能受投资者委任的职业机会、"外国投资者弱者论"、"国际仲裁机构中立论"、"东道国单方获益论"[1]思维习惯和同行文化等因素的影响，扮演外国投资者代言人的角色，在国际投资争端仲裁的圈子内形成一个具有共同观念的群体，对投资自由化以及投资者保护的价值有着深厚的"信仰"，而这种"信仰"导致他们不经意地忽视东道国的合理权益并试图延伸自己的权力范围。

四、 国际投资仲裁管辖权扩张之限制对策

管辖权作为仲裁庭受理案件的第一道门槛，不仅是一个法律问题，更关切着投资者与东道国的利益。国际投资争议缘于对外投资大国与投资接受国之间的利益冲突，而这种冲突是不可避免并长期持续的。[2]当今，随着全球贸易保护主义的抬头、新冠疫情影响、地区冲突等多重因素的叠加，全球经济面临百年一遇的大变局，不仅投资争端日益增多，而且原有投资仲裁机制更是面临挑战。中国作为资本输入和输出大国，[3]尤其应当关注国际投资仲裁管辖权的扩张，构建可行的应对方案。

（一）属事管辖权边界的清晰化

属事管辖权的扩张主要体现在仲裁庭虽然是依据条约成立的，它却通过不同方式将单纯的合同争议（其中最具争议的即保护伞条款）也纳入仲裁审理范围，或者混同"财产"与"投资"的界限，扩大管辖范围。只有通过限缩保护伞条款的适用，明确化"投资"界定，推动属事管辖

---

① 徐树：《国际投资仲裁庭管辖权扩张的路径、成因及应对》，《清华法学》2017 年第 3 期。

② Jarrod Wong, Umbrella Clause in Bilateral Investment Treaties: Of Breaches of Contract, Treaty Violations, and the Divide Between Developing Countries in Foreign Investment Disputes, 14 George Mason Law Review 137 (2006), p.140.

③ 联合国贸易和发展会议发布的世界投资报告，2023 年，第 5、7 页。

权边界的清晰化，才能在这类管辖权问题上有效地限制仲裁庭的不断扩张。

1. 限缩或排除适用保护伞条款

在实践中，双边投资协定中保护伞条款的表述、在文本中的位置均对仲裁庭的管辖权判断产生显著影响。比如，关于条文表述，术语"obligation"有时会被"commitment"替代。在有关案例中①，仲裁庭强调，使用"obligation"通常意味着保护伞条款的适用仅限于与特定投资直接相关的正式约定义务，而不涉及东道国的一般法律要求；当采用"commitment"时，其范围可能涵盖更为宽泛的非正式承诺（如口头保证）。又如，保护伞条款在协定中的位置，若置于涉及实体待遇的条款中，如最惠国条款、投资待遇及保护条款等，仲裁庭更可能将其视为具有实体性质的条款，从而将原本属于合同范畴的义务提升为协定义务。为了应对不同条文表达与位置带来的挑战，应积极推动条款判定标准的明确化，促进缔约国在签订协定时选择更符合其利益和目的的条文表达与设置，同时有助于仲裁庭在判断时更为准确和一致。

对于保护伞条款适用范围之争，国际仲裁庭尝试采取折衷路径来解释。例如，2006 年 4 月国际投资争端解决中心仲裁庭裁决的 EL Paso v. Argentina 案中，将东道国违反与外国投资者间的合同分为两种情形区分判断。第一种情形是，若东道国政府以类似"商业实体"的身份违反"商事合同"，此举并不等同于违反双边投资协定中的"保护伞条款"。在此情境下，政府是以平等市场主体身份签订合同，其违约争议更多应被视为商业性质的争端，而非对国际投资法律体系的冲击，国际投资争端解决中心并不具备对此类商事合同争端的管辖权。第二种情形是，当东道国政府以"主权者"的身份对具备"国家合同"性质的协定进行不当干预时，政府的违约举动不仅侵犯了投资者的利益，更是直接违背了双边投资协定中的"保护伞条款"，国际投资争端解决中心对此应有管辖权，以保护外国投资

---

① Noble Ventures，Inc. v. Romania，ICSID Case No.ARB/01/11，Award，May 19，2006.

者的合法权益，维护国际投资法律体系的稳定与公正。[1]此种分析方法是恰当的，至少能防止仲裁庭无限制地扩大解释此类条款；而且，国家也可在缔结双边投资协定的实践中，以此分析方法为鉴，将纯商事行为排除保护伞条款范围外，以进一步明确并限缩其范围。

2."投资"定义的清晰化

在双边投资协定中，"投资"定义的界定方式及范围，将对一国经济产生重大影响。以间接投资为例，这种方式下的资本运用较为灵活，可随时调用或转卖，或更换为其他资产，由此可能造成大规模的波动，例如金融风暴，从而对国民经济产生极大冲击。[2]"投资"范围的界定，应当从国家利益的角度出发，符合国内经济发展的政策目标。为达到此目的，可在协定中通过列举加排除的方式明晰其内涵，对于列举与排除范围外的空白领域，可明确相关投资定义"应属于东道国接受或允许的投资"。这样的规定实质上是将"投资"定义的范围限制在东道国国内法的制约之下，即只有东道国国内法律允许的且通过东道国审批接受的"投资"，才能获得投资协定的保护。[3]还可规定，只有具有投资特征的资产方能获得双边投资协定的保护；而"投资特征"的界定，可借鉴美国 2004 年双边投资协定范本中的规定，即"获得资金或其他自然资源的保证、收益或利润的预期，或风险的承担"。[4]总体而言，无论采取以上哪种方式，实际上都是从国家利益的角度出发，选择符合国内经济发展的政策目标投资定义。

（二）属人管辖权边界的清晰化

针对合格投资者身份的限制，应当排除那些利用"空壳公司"进行投

---

① K. Yannaca-Small, Interpretation of the Umbrella Clause in Investment Agreements OECD, Working Papers on International Investment Number 2006 (3), p.7；转引自徐崇利：《"保护伞条款"的适用范围之争与我国的对策》，《法学论坛》2008 年第 4 期。

② 李沣桦：《中国双边投资条约中 ICSID 管辖权的改革：基于国家主权与投资者保护的平衡》，中国政法大学 2012 年博士学位论文。

③ 杜新丽：《中外双边投资保护协定法律问题研究》，《政法论坛》1998 年第 3 期。

④ Art.1 of 2004 U.S. Model BIT.

资而变相享受双边投资协定利益的投资者。此即"利益拒绝条款"。①这类条款针对的是《华盛顿公约》第 25 条第 2 款第 2 项，明确拒绝法人拟制国籍同意要素。

在双边投资协定文本中，利益拒绝条款有两种表达方式，即"保留拒绝提供利益的权利"或"有权选择不给予利益"。针对这点，仲裁庭也出现差异性解释。在 Plama 公司诉保加利亚案②中，仲裁庭认为"保留拒绝的权利"与"有权选择"不同，它明确区分了利益拒绝权的存在和该权利的实施。如果东道国想要实施利益拒绝条款，就必须采取实际行动来行使这项权利，且实施这一权利的过程中，通知是必不可少的。该案所涉协定条款仅仅起到部分通知的作用。③但有关国家并未在官方公报或法律法规中规定，也未通过与特定投资者或投资者群体之间的信函交流来行使利益拒绝的权利，这就导致不能适用该利益拒绝条款，由此仲裁庭仍对争议事项享有管辖权。

实际上，仲裁庭的分析仍有几个问题需要明确：第一，当基础多边协定没有规定，对缔约方强加事先通知义务是否合理？如果通知义务被附加，那磋商义务也能理所当然地被附加吗？第二，"保留的拒绝给予利益的权利"，"有权拒绝"或者"可以拒绝给予利益"的不同表述，是否会带来拒绝权利实施的双重标准？如果是，标准如何？第三，仲裁庭的分析似乎表明通知应理解为告知投资者相关法域条款的存在，但是这种存在被知晓是否默认的？第四，如果通知仅被理解为告知法条存在即可，那么是否需告知特定投资者的情况符合该条款，如果需要告知，什么时候告知？当作出利益拒绝决定前通知即可，争议前还是争议后，甚至是投资时？

对此本文认为，缔约方义务应以条约内容为限，除非在国际法领域已

---

① 自 2008 年之后我国签订的 BIT 中均加入了利益拒绝条款。范雪红：《国际投资协定中利益拒绝条款的适用研究》，南京师范大学 2020 年硕士学位论文，第 4 页。

② Plama Consortium Limited. v. Republic of Bulgaria，ICSID Case No. ARB/03/24，Decision on Jurisdiction，8 Feb. 2005，para.157.

③ 马迅：《国际投资条约中的"利益拒绝"条款研究》，《中国海洋大学学报》（社会科学版）2013 年第 1 期。

经形成相关原则与惯例。尽管要求缔约国事先通知具有一定的法理基础，但当基础多边协定没有规定，仲裁庭对缔约方强加事先通知义务一定程度上干涉了双方的缔约自由与意思自治。与"保留拒绝的权利"相比，"有权拒绝"或者"可以拒绝给予利益"更进一步明确拒绝权的先存状态。上述案件仲裁庭的态度似乎较为明确，当表述为"保留拒绝的权利"时，缔约国想要行使该权利就需要作出更多的行动。当相关双边条款已经签订，作为密切关注投资风向的合格投资者此时应为已知悉或理应知悉，当国际协定完成在国内领域的"转化"或"纳入"，投资者就应当被默认知晓。因此，当条文未明确指明对于潜在投资者的通知情况下，无需对于投资者进行通知。事实上，跨国投资者资金来源和股权结构往往相当复杂，未经投资者披露，缔约国政府不可能了解投资者股权结构的全貌并在投资进行时就具体告知个别投资者。对于投资者司法救济权利的保护可以通过在本国相关条文或公报中通过公示方式列明有关情况来实现对于投资者的通知。比如，列明当前与本国不存在正常的外交和政治关系的国家，提示投资者注意，若其控制主体国籍国属于此类国家，则投资时应考虑相关风险。

综上，一般情况下，当协定没有规定，缔约方在作出拒绝给予利益的决定之前，既无须通知受影响的另一缔约方，也无须通知受影响的投资者。特殊情况下，当协定规定为"保留拒绝的权利"，此时缔约方在作出拒绝给予利益的决定之前，尽管条文未明确通知要求，东道国仍需要通知受影响的另一缔约方。同时，通知的对象往往为缔约方，投资者个人可通过查阅相关协定与条款进行了解与知悉。

表 1　利益拒绝条款表述与通知的关系

条文表述	条文是否明确需要通知缔约方	此时是否需要通知缔约方	此时是否需要通知潜在个别投资者
保留拒绝的权利	是	是	否
保留拒绝的权利	否	是	否
可以拒绝给予利益/有权拒绝	是	是	否
可以拒绝给予利益/有权拒绝	否	否	否

值得注意的是，利益拒绝条款的利益是有特定范围的，并非存在利益拒绝条款，就不适用整个协定，有的利益拒绝条款仅限于协定中的部分利益，因此被利益拒绝条款排除外的当事人仍然可以选用特定的争议解决方式。今后我国在缔结双边投资协定，应当根据情况，特别明确利益拒绝条款的措辞，以使投资者主体资格更加清晰化，预防投资仲裁中对此条款解释的不确定，防止其扩大化解释。

（三）属时管辖权边界的清晰化

对于"争端"的理解影响着仲裁庭的属时管辖权，仲裁庭往往通过争端转化的解释方式来扩大其管辖权，比如，把国内法争端可转化协定争端①，把分歧转化为争端②，把争端视为不可分割的整体③，等等。因此，需将争端概念与争端发生时间清晰化，才能使属时管辖权的边界清晰化。

以 Jan de Nul 诉埃及案为例，该案被申请人认为，投资者在东道国起诉的行为证明了当时争端已经发生，因此争端发生在协定生效前，并不在协定所可以救济的时间范围内，仲裁庭没有管辖权。这实际上是对争端的界定以及争端的产生时间的确定问题。就国内的起诉行为（国内争端）是否可以认定为协定争端的发生，国内争端至少可以证明投资者与东道国的协定在事实上已经出现冲突。当然，由于国内争端与协定争端依据的权力来源不同，在法理上两者似乎不可等同。但进一步看，这实际上是协定下的"争端"定义问题。如果协定下的争议仅指事实上的争端，那么国内起诉行为无疑可以作为证据，从事实上证明了争议发生在协定生效前，仲裁庭不具有管辖权。如果按仲裁庭所想，协定下的争议不仅指事实争议，还应当指法律争议，那么此种争议究竟应认定为协定争议还是国内法争议呢？显然，这不是协定下的争议，因为如果这样定性争议，那么事实上所有在协定中规定的溯及力条款均不能生效，因为即使协定规定可以溯及先

---

① Jan de Nul 诉埃及案。
② Etelnan 诉埃及案。
③ SCS 诉菲律宾案。

前发生的争议，但是由于争议以协定为前提，实际上在协定生效前，争议不可能发生。因此，如果争议是指法律上的争议，则指的是国内法的争议。那么，此时国内法的起诉行为就表明争议发生在条约生效前，仲裁庭无管辖权。可见，无论如何定性，国内起诉行为都可以证明协定下争议的发生（见图1）。

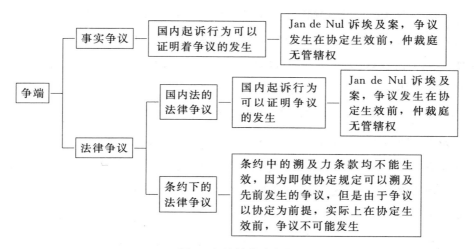

图 1　争端概念清晰化

如何界定"争端"，国际投资仲裁庭并无统一解释。在 Tradex 诉阿尔巴尼亚一案①仲裁庭认为，无论是法律上还是事实上的争议，均可被视为与投资相关的争端。然而，在马非兹尼案②中，仲裁庭却认为，在"法律观点和利益的冲突被明确界定"之前，争议并未真正产生，争议的范围应仅限于法律层面的争议。笔者认为，争端概念的清晰化是限制仲裁庭自由裁量的关键，对此，可借鉴国际法院 ICJ 对于争议的定义，即争议是"双方在履行或不履行法律义务的问题上持有明显相反的观点，③或者一方的主

---

① Tradex Hellas S.A. v. Republic of Albania, ICSID Case No.ARB/94/2, Decision on Jurisdiction, 24 December 24, 1996, pp.188—189.

② Emilio Agustin Maffezini v. Kingdom of Spain, ICSID Case No.ARB/97/7, Decision on Jurisdiction (English), 25 January 2000, paras.96—98.

③ 孙颖：《论国际投资仲裁中的属时管辖争议及处理原则——以国际投资协定时效条款适用为视角》，《国际商务研究》2021年第3期。

张遭到另一方反对"。换言之，争议是以产生法律义务为前提。国家在缔结双边投资协定过程中，就应予以明确。

如何确定争议产生时间，国际投资仲裁庭也存在分歧——以下哪些事实可以意味着争端的发生，是争端双方谈判，最后通知、投诉、起诉，还是申请仲裁？例如，Tradex 与阿尔巴尼亚案中仲裁庭认为，当投资者开始与东道国展开友好协商或执行冷却期内的通知责任时，争议便已存在，因为人们显然不会试图去解决一个尚未出现的争议。[①]但在马菲兹尼与西班牙案[②]中，仲裁庭认为，谈判的目的往往是为了寻求双方都能接受的新条件，谈判或者协商的出现，并不等于争议已经出现。

对此，我认为，最好是设置"通知条款"来确定争端发生的时间。通知条款由投资者发出，即投资者认定当前争端无法解决，可发出最后的通知条款。通知条款发出后，当前相关缔约国之间的协定将自动适用。当然，投资者并不能无限期地延伸其通知条款发出的时间，以此期望获得未来条款的保护。比如，可以在双边投资协定中规定，通知条款应当在相关实际权益受损（如国家征收行为）之日 3 年内发出。通过此种设定，一定程度上可实现相关争端发生时间的确定化，从而确定属时管辖权，防止仲裁庭进行扩大化解释。

五、 对"一带一路"下投资争端解决机构管辖权问题思考

我国于 2013 年提出建设"丝绸之路经济带"和"海上丝绸之路"的倡议（简称"一带一路"），旨在建立起一条连接欧亚大陆的新商贸路线来促进沿线国家经济合作，推动全球化进程。在此背景下，面对投资者、项目建设者与东道国政府之间可能发生的争议，能否便利、高效、公正地解

---

① Tradex Hellas S.A. v. Republic of Albania, ICSID Case No.ARB/94/2, Decision on Jurisdiction, 24 December 24, 1996, pp.188—189.

② Emilio Agustin Maffezini v. Kingdom of Spain, ICSID Case No.ARB/97/7, Decision on Jurisdiction (English), 25 January 2000, para.96—98.

决投资争端，是保障各方利益、促进合作共赢的关键。学者大多认为，"一带一路"范围内现有的争端解决机制无法满足需要，构建"一带一路"新型争端解决机制具有必要性与可行性。①笔者同样认为，应当建立新型的"一带一路"投资争端解决机构，特别应考虑在这样的争端解决机制构建中确立管辖权的合理边界，结合现有经验教训，预防出现像现在 ISDS 机制中的管辖权不当扩张的情况，为投资者和东道国提供更加可靠的保障，促进国际投资环境的健康发展，以实现合作共赢的人类命运共同体。

（一）确定投资者与东道国利益平衡的基本立场

如前文所论，管辖权扩张的重要原因之一在于仲裁庭"保护投资者"与"保护仲裁管辖权"的价值立场偏好。这种偏好造成仲裁庭在行使其自由裁量过程中出现不当偏向，导致裁决缺乏公正性、一致性和可预测性，进而引发 ICSID 机制的正当性危机。因此，"一带一路"争端解决机构的管辖权构建，需结合"一带一路"沿线国家发展实际需求，明确逻辑基础，以"投资者"与"东道国"的互利关系、资本输出国与输入国的利益平衡为着眼点，采取正确立场。

至 2024 年 5 月，中国已同 154 个国家签署共建"一带一路"合作文件，②所涉沿线国家地域广阔，主要集中于东南亚、南亚、中亚、西亚、中东欧及北非等地区，以发展中国家为主。世界排名前 20 的资本输出经济体中，有 6 个是"一带一路"沿线国家与地区。③可以说，"一带一路"沿线国家经济发展水平差异较大，大部分国家整体经济水平偏低，部分国家资本输出水平较高。在当今全球投资格局中，发展中国家与发达国家的角色

---

① 王祥修：《论"一带一路"倡议下投资争端解决机制的构建》，《东北亚论坛》2020 年第 4 期；张晓君、陈喆：《"一带一路"区域投资争端解决机制的构建》，《学术论坛》2017 年第 3 期；马亚伟、漆彤：《论"一带一路"投资争议解决机制的构建》，《国际商务研究》2018 年第 5 期。

② 中国"一带一路"网，https://www.yidaiyilu.gov.cn/country，2024-05-26。

③ 联合国贸易和发展会议发布的世界投资报告，2023 年，第 7 页。分别是中国、中国香港、韩国、新加坡、沙特阿拉伯。此外，中国台湾地区在 2022 年也进入全球资本输出体量排名前 20 之列，中国支持台胞台企参与"一带一路"建设。

已发生显著转变，发展中国家不再仅为资本输入国，发达国家亦非单纯资本输出国，这种角色混合现象已成为不可忽视的事实，也使各国在国际投资法律体系中面临双重挑战。一方面，担忧国际投资协定及仲裁机构偏向投资者利益的倾向性而损害东道国经济体利益；另一方面，又担忧外国法院对国际投资争端行使管辖权时忽视投资者权益而导致本国的海外投资者利益受损。这一复杂局面促使各国寻求更为平衡和公正的国际投资法律环境，以维护自身利益。

中国也从传统的东道国身份转变为兼具东道国和母国双重身份。在"一带一路"背景下，一方面，中国的投资母国身份颇为突出，沿线国家政局不稳定和法治环境不完善等问题可能给投资者带来较高的投资风险。因此，为确保投资活动的顺利进行，构建较完善的投资保护机制显得尤为重要；另一方面，中国作为投资东道国与"一带一路"倡议的发起者，更应平衡和保护东道国利益，改变当前投资者与国家间争端解决机制偏向投资者的局势。从"一带一路"倡议的本质看，两种利益之间并非呈现此消彼长的对立关系，[1]过分强调任何一方利益都难以实现长期稳定的合作。

基于"投资者"与"东道国"互利、资本输出国与输入国的利益平衡的立场，从构建"一带一路"争端解决机制的管辖权确立角度看，中国应当推进构建《"一带一路"投资争端解决公约》与联合解释机制，在此基础上对争端解决机构自由裁量权的适当限制。

（二）构建《"一带一路"投资争端解决公约》与联合解释机制

在"一带一路"背景下，当所签署的双边及区域投资协定中的投资保护标准存在显著差异时，整个"一带一路"沿线国家的投资法体系将不可避免地如"意大利面条碗"[2]似的错综复杂的局面，这一现象无疑会增加投

---

① 彭德雷：《论国际投资秩序中投资者保护与国家规制的二元结构——基于中国的实证考察与理论解释》，《当代法学》2017 年第 4 期。

② 张晓君、陈喆：《"一带一路"区域投资争端解决机制的构建》，《学术论坛》2017 年第 3 期。

资者在沿线国家进行投资决策时的复杂性和不确定性。现有的投资者与国家间争端解决机制，尤其是在《华盛顿公约》下的国际投资争端解决中心出现正当性危机的情况下，已经无法满足"一带一路"众多沿线发展中国家解决有关国际投资争端的需要。因此，通过构建《"一带一路"投资争端解决公约》，改善"一带一路"国际投资法律碎片化的现状，明确缔约立场，将原则性法律规范做细致表述，使之更具可操作性，将进一步节省相关国家缔约成本和争端解决成本。与此同时，应当顺应经济发展与法律实践的需要，推进缔约方条文解释机制的构建，根据条约解释的基本原理进行有权解释，预防出现国际投资争端解决中心仲裁庭的滥用自由裁量权质疑缔约国的有权解释而不断扩张管辖权的情况。从国际法法理而言，作为协定的缔约者，缔约国享有天然的解释权，条约的全体缔约方对具体条文的解释是最重要的有权解释。①从实践而言，当前存在两种路径对仲裁案件所涉及的投资协定条款进行解释：一是非争端第三方（一般是指投资者母国）参与机制；二是缔约国联合解释机制。后一路径又可分为两种模式：一是缔约国之间通过临时磋商对协定解释问题达成协议；二是缔约国通过协定下建立的常设机构发布协定解释。②在《"一带一路"投资争端解决公约》下建立常设机构进行协定解释的机制，无论从条约解释的稳定性还是从投资者与东道国之间对争端解决的接受度来看，都是较为可行的。

非争端第三方参与机制（投资者母国参与机制）实质仍为国际投资中的单方国家本位机制，当这种解释机制由投资者母国根据属人管辖权以国家名义出面解决争端时，其政治色彩将会浓于法律色彩，而且投资者母国的单方解释效力并不明确。③投资者母国或利益倾向明显，解释偏向性强，尤其当所涉投资者具有国家所有权背景或涉及国家重要支柱性产业时，投

---

① 李浩培：《条约法概论》，法律出版社 1987 年版，第 421—423 页。

② 靳也：《国际投资仲裁程序规则中的缔约国条约解释机制研究》，武大国际法评论 2017 年第 5 期。

③ Adel A Hamadi Al Tamimi v. Sultanate of Oman，ICSID Case No.ARB/11/33，Award，3 November 2015，para.381.

资者母国偏好性解释的可能性大增，此时如接受投资者母国相关意见，将导致东道国利益的损失。基于上述理由，采用非争端第三方参与机制进行条约解释并不恰当。缔约国临时磋商机制无法应对协定解释的实践需要。临时磋商的临时性会导致磋商与争端相关性过强，个案针对性的强化与普适性的弱化，无法实现协定的系统性解释。相比之下，缔约国联合解释常设机构机制，是相关国家经协商后对于协定作出的有权解释效力明确、效率较强。在此种解释机制下，国际投资条约通常会赋予其严格的拘束力，仲裁庭所作的任何裁决必须与该联合解释保持一致。如美国 2012 年投资协定范本①、中国与古巴双边投资协定（2010 年修订）②，均有此类规则，即协定双方对解释问题的合意对于投资仲裁庭具有强制性。

由此，应当在《"一带一路"投资争端解决公约》的构建中，考虑设置条约/协定联合解释常设机构条款，并明确规定其解释程序与解释效力。具体而言，可进行如下设置：常设机构组成专家来源于协定缔约国。无论国别大小、实力强弱，专家数量相同（可设置每个国家 1—3 位）。条约/协定解释常设机构内可设置轮值团，轮值团任期为一年，在任期期间可针对当前争端解决机构频发的争端问题进行提荐。针对轮值团荐举的问题，如果是条约解释问题，可由缔约国每国指派一名专家进行磋商；如果是协定解释问题，所涉协定的相关缔约国专家进行磋商解决。磋商成功应发布联合解释声明，磋商不成则应公示该问题并提醒投资者与相关国家注意相关风险的规避。专家可磋商问题除轮值团举荐外，还可包含仲裁庭提问，如专家组未在特定时间内形成联合意见并回复，仲裁庭即可自行裁决。针对仲裁庭提问后自行裁决的相关法律争议，同样应在脱密后进行公示处理。此种常设机构在解释条约上具有效率优势：一是该组织形式反映了相关国家利益（各国专家数量相同，协定由所涉当事国协商），尊重仲裁专业性要求，相关国家将乐于践行；二是限定磋商时间可以使相关国家在特定时

---

① 《2012 年投资协定范本》第 31 条。
② 《中国与古巴双边投资协定》第 9 条。

间内明确立场，避免仲裁的冗长，从而避免加重争端当事方的负担；三是针对未经答复仲裁庭的裁决进行脱密公示处理，将有效加强监督，防止仲裁庭任意仲裁。

（三）对争端解决机构自由裁量权的适当限制

投资者与国家间争端解决机制仲裁管辖权的扩张本质上是仲裁庭自由裁量权过大的问题。提升仲裁透明度、加强监督，提升仲裁的统一性，是限缩仲裁庭的自由裁量权的基本途径，这可从以下方面推进。

首先，确立非涉密事项仲裁透明原则。仲裁透明度可促使仲裁员审慎裁决，是促进裁决统一、构建监督机制的基础。确立投资仲裁领域的非涉密事项仲裁透明原则有理可据。尽管国际投资仲裁制度主要从国际商事仲裁继受而来，但在投资仲裁中，保密性和隐私问题的处理方式不同于国际商事仲裁，由于投资者与国家间的国际投资仲裁中东道国公共利益的存在，在根据协定启动的投资仲裁具有显著的透明化趋势。[1]投资者与国家间争端解决机制仲裁透明度的提升涉及裁判受理公开、裁判文书的公开、第三方参与，甚至是庭审过程的公开等方面。确立非涉密事项仲裁透明原则并非对所有事项的公开，而主要是为推进仲裁裁决的统一性和公正性所需。比如，中国与加拿大双边投资协定规定，裁决普遍公开、仲裁裁决之外的其他文件有条件公开；在争端缔约方通知后，庭审可公开。[2]2022 年国际投资争端解决中心《仲裁规则》也规定，对于非涉密事项仲裁裁决过程公开、结果公开。在借鉴此类规则的基础上，《"一带一路"投资争端解决公约》的投资仲裁可以通过设置一定的分级制度，在仲裁裁决普遍公开的基础上，推进其他事项的非涉密公开，形成对仲裁庭自由裁量权的约束。

其次，应在《"一带一路"投资争端解决公约》的基础上，构建"仲裁庭＋常设上诉机构"模式，形成对仲裁的监督机制。投资者与国家间争

---

[1]　Biwater Gauff（Tanzania）Ltd. v. United Republic of Tanzania，Procedural Order No.3，IC-SID Case No.ARB/05/22，29 September 2006.

[2]　第 28 条第 2 款。

端解决机制仲裁案件以"国家"为一当事方，往往涉及国家公共利益和政策考量，因此仲裁裁决理应深入考量国家所代表的社会公共利益及政策导向，以实现实质性的正义。当前投资者与国家间争端解决机制的仲裁基于一裁终局而缺乏上诉机制，仲裁庭出现的谬误难以得到纠正。现有的国际投资争端解决中心裁决虽然存在撤销机制，但存在诸多弊病，比如，放大裁判法理的不一致、审查范围的不确定，不同专门委员会对相似案情及其裁决作出的撤销决定存在差异，等等。①鉴于此，为了防止仲裁庭管辖权的不当扩张，在"一带一路"背景下，采用"仲裁庭＋常设上诉机构"的混合模式来促进仲裁的统一，是比较适当的。因为，从理论上看，上诉审理范围涵盖整个裁决，权限范围更加明确；相较于撤销机制专门委员会成员由当事方选任，常设上诉机构成员由争端解决机构根据相应程序选任，更能保证其独立性与中立性，从而保障裁决的一致性和公正性。从实践上看，当前已有上诉机制实践可供参考。如 2016 年欧盟与越南 FTA、欧盟与加拿大 FTA 就引入上诉机制，创设了初审仲裁庭和上诉仲裁庭，与传统的一裁终局不同，上诉仲裁庭可维持、修改或推翻初审仲裁庭裁决，从而加强裁决的一致性与合法性审查。此外，WTO 争端解决机制也采用了"专家小组加上诉机构"模式，当前实践为一带一路背景下上诉机制的构建提供了相应经验教训。当然，"一带一路"投资争端解决机构的上诉机制对于协定解释应当遵循联合解释机制做出的解释，对仲裁裁决进行再审查时确保协定规则解释的一致性，从而限制仲裁庭的自由裁量权，也增强投资仲裁裁决结果的可预见性。

第三，通过上诉机制形成经典案例的影响力，以建立连贯的法律体系。可预见性和连贯一致性是法律不可或缺的要素。通过上诉机制形成具有一系列连续特性且已成型的案例，遵循一致的解读路径，可以调和投资条约中相对模糊、高度不确定的规则与解决具体争端所需的具体、清晰规则之间的矛盾，使仲裁庭在面对大量内容相似的投资协定时，通过参考前

---

① 凌晔：《ICSID 仲裁撤销程序的改革》，《苏州大学学报》2021 年第 1 期。

例，可以有较为广泛接受并且引发同行关注的选择和概括处理，从而形成对同样或者相近内容的相似理解的共识。当前 WTO 的上诉机构实际上已经在一定程度上建立了稳定的案例制度，这是可供借鉴的。投资者与国家间争端解决机制仲裁领域也存在事实上的系列案例影响力，例如在 Salini v. Morocco 案件之后，许多仲裁庭对于该案中明确"投资"定义进行援引并效仿判断。①随着时间的推移，国际投资仲裁正逐渐产生一系列规则，这些规则主要是以持续参考一系列在特定法律问题上一致的仲裁判决的形式产生的。②加强经典案例的影响力，建立连贯的法律体系将有效限缩管辖权的任意扩张，进一步提高裁决的统一性。

---

① Bayındır İnşaat Turizm Ticaret ve Sanayi A.Ş. v. Islamic Republic of Pakistan，ICSID Case No. ARB/03/29，Award，August 27，2009；Jan de Nul N.V. and Dredging International N.V. v. Arab Republic of Egypt，ICSID Case No. ARB/04/13，Award，November 6，2008；Saipem S. p. A. v. People's Republic of Bangladesh，ICSID Case No. ARB/05/7，Award，June 30，2009；Ioannis Kardassopoulos v. Georgia，ICSID Case No. ARB/05/18，Award，December 21，2011.

② Gabrielle Kaufmann-Kohler，Arbitral Precedent：Dream，Necessity or Excuse? Arbitration International，Vol. 23，No. 3，2007，p.373.

投资协定充分保护与安全待遇下的东道国勤勉义务：仲裁庭的解释路径与考量因素

■ 张　皎　张亚旻*

【摘要】充分保护与安全待遇是习惯国际法最低保护待遇在国际投资法中的具体体现，其起源与发展反映了国际社会对投资环境稳定性的追求，以及在东道国境内发生紧急情况时仍试图兼顾投资保护与政府规制权的意愿。然而，条约文本规定的简洁以及各国实际情况的复杂导致在仲裁案件中难以界定东道国勤勉义务的标准。本文通过对现有 ICSID 仲裁中涉及充分保护与安全待遇条款的案件进行整体性的回顾与考察，发现仲裁庭对该条款的解释路径与考量因素有一定的规律性：除非文本中出现有别于一般 FPS 条款的特殊用语和限定词，一般仲裁庭倾向于将 FPS 条款的解释与习惯国际法最低保护待遇相联系；即便出现条文表述的不同，仲裁庭对于认定东道国在 FPS 条款下的条约义务超出习惯国际法最低保护标准仍然持非常谨慎的态度；仲裁庭普遍认为东道国在 FPS 条款下承担的是行为义务而非结果义务，这就涉及如何判断东道国真诚努力地采取了相应措施，为此，通常需要充分考量东道国的主观意图和客观能力。

【关键词】充分保护与安全　勤勉义务　条约文本　仲裁实践

---

* 张皎，华东政法大学国际法学院副教授；张亚旻，华东政法大学国际法学院硕士研究生。

一、 充分保护与安全待遇条款文本的发展

投资协定①中的充分保护与安全（Full Protection and Security，FPS）条款起源于习惯国际法对于外国人的保护，早期的通商航海条约中也有FPS条款，比如"缔约此方之国民，在缔约彼方领土全境内，关于其身体及财产，应享受最经常之保护及安全；关于此点，并应享受国际法所规定之充分保护及安全"。②不过没有像现代国家之间投资协定的FPS条款一样明确完善。德国学者克里斯蒂安·沃尔夫（Christian Wolff）认为东道国对外国人的义务是保护他们不受伤害，必须在国家的管辖范围内提供安全的保障。③习惯国际法要求国家"为外国人及其财产提供保护和保障"，④后来这一习惯在实践中逐渐被各国完善并签订在与其他国家的双边投资协定（Bilateral Investment Treatment，BIT）中或者自由贸易协定（Free Trade Agreement，FTA）中有关投资章节的部分。

FPS条款大体经历了三个阶段的发展，第一代投资协定（1959—1980年前后）⑤中主要是概括性条款促进缔约方的投资，基本没有FPS条款，只是会在文本中写道"促进和保护投资"⑥、"适当的待遇和保护"⑦这样的表述。第二代投资协定（1980年前后—2010年前后）中出现了FPS条款，其内容主要表述为"提供充分的保护与安全"⑧、"最持续的保护与安

---

① 本文所指的投资协定包含双边投资协定以及自贸协定中的投资章节。

② See Sino-American Treaty of Friendship, Commerce and Navigation (1946), Article 6 (1).

③ 转引自 Dhruvee Patel, Full Protection and Security Standard: The Interpretation Challenge in Investment Treaty Arbitration, 4 *International Journal of Law Management & Humanities* 2171 (2021), p.2173.

④ Jack Rankin v. The Islamic Republic of Iran, IUSCT Case No.10913 Award (Nov.3, 1987), para. 30.

⑤ 此处的年份为大致年份，区分标准是条约中FPS条款措辞产生变化的时间，因国家发展水平及订立条约的目的有差异，并没有一个确定的分界年份区分三代投资协定中FPS条款产生的时间。

⑥ See for example, Switzerland—Tunisia BIT (1961), Article 5.

⑦ See for example, Guinea—Italy BIT (1964), Preface.

⑧ See for example, Sri Lanka—United Kingdom BIT (1980), Article 2 (2).

全"①等，有部分投资协定还会添加更多的限定词，比如"物理的保护"②、
"法律的保护"③等，并且充分保护与安全待遇基本都与公平公正待遇同时
放在最低保护待遇条款中，并未成为一个单独存在的待遇标准。第二代投
资协定的 FPS 条款的表述方式是目前投资协定中 FPS 条款表述方式最主
要的，在 20 世纪 90 年代第一个有关 FPS 条款的案件在国际投资争端解决
中心（ICSID）出现以后，关于 FPS 条款的案件逐渐增多，但是由于 FPS
条款的措辞较为模糊，给东道国施加的保护义务并不明确，就会出现不同
仲裁庭在类似条文和事实下认定国家义务的范围不同。第三代投资协定
（2010 年前后至今）中的 FPS 条款更加细化，限定充分保护与安全的范
围，比如"要求缔约各方在履行确保投资保护和安全的义务时采取合理和
必要的警务措施"④，还会明确说明这种充分保护与安全并不要求东道国提
供超过习惯国际法上的要求⑤。

尽管国际社会已鲜少出现如第一次世界大战、第二次世界大战那般大
规模的武装冲突，但受政治局势、意识形态及经济环境的复杂影响，局部
地区的武装冲突仍时有发生。在此情境下，投资者在东道国所面临的实体
安全与稳定问题，往往只能依赖东道国政府的保护。FPS 条款的核心目的
在于保障投资者及其投资在东道国境内免受国家行为或可归咎于国家的行
为，以及那些东道国能施加控制的第三方行为带来的实质性损害。FPS 条
款侧重于在国内政治局势不稳定比如在内乱或者武装冲突发生时为投资者
提供保护。在跨国投资领域，投资合同是确保投资者权益、明确双方权责
的重要法律文书。然而，投资者在与东道国政府进行投资合同的磋商与签
订过程中，考虑到的风险多是商业方面的风险。当投资者在东道国面临潜
在的政治、经济或其他类型的风险时，往往需要依赖投资者母国与东道国

---

① See for example，Japan—Sri Lanka BIT（1982），Article 5（1）.
② See for example，Netherlands—Venezuela，Bolivarian Republic of BIT（1991），Article 3（2）.
③ See for example，Argentina—Mexico BIT（1996），Article 3（2）.
④ See for example，China—Turkey BIT（2015），Article 2（4）.
⑤ See for example，RCEP Article 10.5（2）（c）.

之间签订的双边投资协定来寻求保护。

二、 东道国勤勉义务在仲裁实践中的提出及主要争议

投资仲裁申请人通常在以下几种情况下援引 FPS 条款：东道国法律、行政监管环境发生变化；东道国境内发生武装冲突、内乱或者暴力事件，东道国有关机构未尽保护义务；东道国本身的行为造成投资者或其投资受到损害。有关 FPS 条款的第一个仲裁案例①已将东道国在该条款下的义务称为勤勉义务 (due diligence)。勤勉义务并非条约文本中的表述，而是仲裁庭根据《维也纳条约法公约》作出的解释。对此，后续案例的争议焦点主要集中于 FPS 条款下东道国的义务究竟是一种勤勉义务还是严格义务，东道国义务是否限定于"物理保护"以及 FPS 条款待遇与习惯国际法最低保护待遇的关系。

（一）勤勉义务与严格义务

严格义务来自申请方的主张，认为 FPS 条款要求东道国采取一切措施来保护投资。但考虑到 FPS 条款基本都在最低保护待遇条款之下，其解释应受制于上下文的文本表述，因而，通常仲裁庭都认为对东道国勤勉义务的解释应当根据习惯国际法上的最低待遇标准，而非严格义务。

最早提出 FPS 条款下严格义务和勤勉义务的是 1990 年亚洲农产品有限公司 (Aslan Agricultural Products Ltd. AAPL) 诉斯里兰卡的案件，该案争议起因于 1983 年 AAPL 在斯里兰卡正式批准的投资，该投资参与一家开展虾类养殖而设立的斯里兰卡上市公司。1987 年 1 月 28 日，该公司的主要生产中心在斯里兰卡安全部队对当地叛乱分子进行的军事行动中被摧毁。申请人 AAPL 认为投资协定第 2 条第 2 款"一缔约方的投资应在另

---

① Asian Agricultural Products Ltd. v. Republic of Sri Lanka，ICSID Case No. ARB/87/3，Final Award (Jun. 27，1990)，para. 49.

一缔约方境内享有全面保护与安全"规定的是东道国无条件承担的义务，超出习惯国际法的最低标准。他们认为，"充分保护与安全"应当是东道国应该接受严格或绝对规则，①习惯国际法最低标准传统的"勤勉义务"已经过时，已经被新型的"严格或绝对义务不能通过勤勉义务的概念减轻"所取代。但是被申请人斯里兰卡政府则认为"充分保护与安全"这种措辞在双边投资协定中非常常见，并且它属于习惯国际法而非凌驾于习惯国际法保护标准之上。这种标准要求东道国只需要尽到勤勉义务即可，实质上并没有规定严格义务。②

仲裁庭认为，双方对此问题产生争议的根本原因是条约解释上的不同，除了"整体背景"、"目的和意图"、"精神"、"目标"、"整个条约的构成"之外，还要考虑国际法的相关条款和原则。仲裁庭通过查阅大量双边投资协定，发现大多使用了"充分保护与安全"这种表达，还有更为强烈的"最持续的保护"这种措辞，使用这类措辞的主要目的是鼓励各国之间经济往来，为两国之间经济提供便利。仲裁庭并未发现有任何一个案例表明东道国承担严格义务，也就是并没有案例表明"保护和安全"被解释为绝对义务，让东道国保证投资或者投资者不遭受任何损害。③在国际法院1989年判决的美国诉意大利西西里电子股份有限公司（Elettronica Sicula S.p.A. ELSI）案件中，美国方面认为国际待遇标准的一个公认的方面是，各国必须采取"适当的努力"，防止在其领土内对外国人的人身或财产造成不正当的伤害。如果一个国家没有尽应有的努力来防止这种损害，那么它就应对这种疏忽负责，并对随后的损害负责。④在1989年7月20日的判决中，国际法院明确说明："持续保护和安全"不能被解释为财产在任何

---

① Asian Agricultural Products Ltd. (AAPL) v. Republic of Sri Lanka，CASE No.ARB/87/3，Award (Jun. 27, 1990), para. 27 (A).

② Ibid., para. 32 (A).

③ Ibid., para. 48.

④ Elettronica Sicula S.p.A. (ELSI) (United States of America v. Italy), ICJ, Section 2 Chapter V of the U.S.A. Memorial dated May 15, 1987, para. 100.

情况下都不会被占用。①因而，仲裁庭认为投资协定下的 FPS 条款并未给东道国施加更严格的义务来创设新的国际法规则。

（二）物理保护与全面保护

投资仲裁有关 FPS 勤勉义务的实践中，双方还会就该义务要求东道国提供物理保护还是更全面的保护产生争议。对此，仲裁庭一般认为如果条约明确存在关于物理保护的表述，义务范围应当仅限于物理上的保护。例如，在 OI 欧洲集团诉委内瑞拉案中，仲裁庭认为从荷兰和委内瑞拉的投资协定可以看出在第 3 条第 1 款后面紧接着有一款更为具体的适用标准，也就是说第 3 条第 1 款是一个一般的分类，第 2 款是更具体的分类，在更具体的规定下，东道国的勤勉义务就被条约语言明确限定为"物理"上的保护。②而对于条约没有明确限定的情况下，仲裁庭则倾向于认定该义务为全面保护。例如，在全球电信控股有限公司诉加拿大案中，仲裁庭认为在签署投资协定的时候，加拿大本可以通过对条约进行限制性规定来限制自身在 FPS 条款下勤勉义务的范围，但是并没有这么做，因此投资者可以享有更广泛的保护，东道国因此享有更多的保护义务。③

（三）FPS 条款与最低保护待遇

国际最低保护待遇在实践中第一次运用是在人身安全领域。1926 年的尼尔案中委员会认为政府行为的适当性应该接受国际标准的检验，对于外

---

① Elettronica Sicula S.p.A. (ELSI) (United States of America v. Italy), ICJ, Judgment (1989), para. 65.

② OI European Group B.V. v. Bolivarian Republic of Venezuela, ICSID Case No.ARB/11/25, Award (Mar. 10, 2015), para, 576.

③ Global Telecom Holding S.A.E. v. Canada, ICSID Case No.ARB/16/16, Award of the Tribunal (Mar. 27, 2020), para. 666. 托马斯·斯奈德和艾西瓦娅·奈特的文章也分析了 FPS 条款物理保护和法律保护的模糊问题，并且提出了在条约用语模糊的情况下将 FPS 条款扩大解释为涵盖法律保护的可能性，参见 Thomas Snider & Aishwarya Nair, A Trap for the Unwary: Delineating Physical and Legal Protection under Full Protection and Security Clauses, 9 *Indian Journal of Arbitration Law* 24 (2020), p.38.

国人的保护待遇，如果构成国际违法行为，应有暴行、恶意、故意玩忽职守或者政府对外国人的保护远远低于国际保护标准，以至于每个理性公正的人都会轻易认识到政府行为的不足之处。①

在一些投资协定的条文表述中，FPS 条款规定在最低保护待遇条款（Minimum Standard of Treatment）之下，并且基于东道国对仲裁庭对 FPS 条款保护待遇的宽泛解释颇为不满，越来越多的协定在文本中加入"不要求超过习惯国际法所要求的最低保护待遇标准的保护"的表述②。但是也存在一些 FPS 条款规定在"促进和保护投资条款"（Promotion and Protection of Investments）下或者公平、公正待遇（Fair and Equitable Treatment，FET）条款下，此时的 FPS 条款是否能够解释为要求超出习惯国际法最低待遇标准，仲裁庭可能根据条约文本的不同作出不同的解释：如果在相关条文中没有出现"最低保护"等限制，仲裁庭倾向于根据案件实际情况和仲裁庭综合对案件的考量判断；③如果条文中出现了"最低保护"或者具有相似意义的限制，那么仲裁庭一般认为东道国的条约义务不应该超出习惯国际法最低保护待遇的要求；④如果条文中有"持续或充分"之类的措辞，仲裁庭则认为此类措辞表明缔约双方希望在其协定中所要求的"勤勉义务"是高于一般国际法的最低待遇标准的⑤，但也有仲裁庭认为充分的保护和安全待遇只不过是国际习惯法规定的保护外国人的传统义务。⑥

---

① L. F. H. Neer and Pauline Neer (U.S.A.) v. United Mexican States, Reports of International, Arbitral Awards (Oct.15, 1926), Volume IV, pp.61—62.

② See China—Colombia BIT (2008), Article 2 (4) (a). China—Peru FTA (2009), Article 132 (2) (a).

③ Oko Pankki Oyj, VTB Bank (Deutschland) AG and Sampo Bank Plc v. The Republic of Estonia, ICSID Case No.ARB/04/6, Award (Nov. 19, 2007), para. 236.

④ Abengoa, S.A. y COFIDES, S.A. v. United Mexican States (ICSID Case No.ARB (AF)/09/2), Award (Apr. 18, 2013), paras.642, 643.

⑤ Asian agricultural products ltd. (AAPL) v. Republic of sri lanka CASE No.ARB/87/3, Award (Jun. 27, 1990), para. 50.

⑥ El Paso Energy International Company v. The Argentine Republic, ICSID Case No.ARB/03/15, Award (Oct. 31, 2011), para. 522.郑旸在《国际投资条约中的保护和安全标准初探》也提到：FPS 义务本质上是一种"注意义务"和"警觉义务"，条约文本的"充分"、"持久"不能本质上改变义务标准，不能施加严格义务，并且勤勉义务是一种行为义务，不要求东道国保证投资和投资者不受到任何伤害。郑旸：《国际投资条约中的保护和安全标准初探》，《武大国际法评论》2015 年第 1 期。

考虑到绝大多数的 FPS 条款待遇和 FET 条款待遇一起被规定在最低保护待遇标准下，且最低保护待遇在具体解释 FPS 条款和 FET 条款前用的词是"包括"（including），也就是说，条约赋予投资者的最低保护待遇包括但不限于 FPS 条款和 FET 条款，FPS 条款和 FET 条款的待遇标准也不应当超越最低保护待遇的标准。而条约之所以提及这两项具体标准，则是因为习惯国际法上给予外国人的最低保护待遇本身很宽泛，也很抽象，为进一步具象化其在投资法上的适用，提出了这两项与对外国投资者保护最为密切相关的待遇标准。

最低保护待遇与 FET 条款和 FPS 条款的结合基本上是在从第三代 FPS 条款开始的。由于仲裁实践的发展，原先较为宽泛的对于 FET 条款和 FPS 条款的解释对东道国提出了更高的保护要求，甚至会影响到东道国行使正当的规制权。为了限制仲裁庭的自由裁量权，[①]防止给东道国课以过分严格的保护义务，条约中多用"不要求超出根据习惯国际法赋予外国人的最低待遇标准以外的待遇"。[②]

三、 判断东道国是否履行勤勉义务的核心要素

从涉及勤勉义务的国际投资争端解决中心的案件来看，仲裁庭虽然基本都承认 FPS 条款标准要求东道国履行勤勉义务，但是对于勤勉义务的判断仍然存在差异，这种差异会导致在同样情况下东道国承担的勤勉义务不相同。现有研究通过一些典型案例总结了仲裁庭适用于判断东道国是否履行勤勉义务的要素。戴维·柯林斯认为 FPS 条款要求国家履行勤勉义务，东道国必须尽最大努力保护外国投资者免受内乱或者其他骚乱可能造成的人身伤害。[③]

[①] 参见陈正健：《国际最低待遇标准的新发展：表现、效果及应对》，《法学论坛》2015 年第 6 期。

[②] NAFTA Notes of Interpretation of Certain Chapter 11 Provisions（2001），B.

[③] David Collins，Applying the Full Protection and Security Standard of Protection to Digital Investments，12 *Journal of World Investment & Trade* 225（2011），p.234.

奥萨特·米尔杰尼克和德鲁维·佩特承认 FPS 条款要求东道国履行勤勉义务，同时也认为在判断勤勉义务的时候需要考虑东道国发展水平和稳定情况。[1]陈正健总结了仲裁实践中仲裁庭观点：勤勉义务的判断需要考虑国家的资源和该国可能付出的代价。[2]袁海勇认为在判断勤勉义务是否履行的要素包括风险预测、保护方式、可保护方式的有效利用等。[3]尼蒂什·蒙尼布赫伦提出勤勉义务不仅与国家的能力有关，还与各案涉及的紧急情况或者风险等因素成正比。[4]

(一)现有实践对勤勉义务的判断情况

从现有仲裁实践来看，除了在 1990 年的亚洲农产品有限公司诉斯里兰卡案中的申请人认为习惯国际法最低保护待遇标准下适用的传统"勤勉"义务标准已经被一种"东道国需要承担严格义务"所取代以外，投资仲裁的各方及仲裁庭基本都认为 FPS 条款下的保护标准是东道国履行勤勉义务即可，并不给东道国施加严格义务。[5]认为勤勉义务只需要东道国在保护外国投资和投资者的时候尽到最大的努力即可。在仲裁实践中，有仲裁庭对于勤勉义务的性质进行认定，认为这是一种行为义务或手段义务，而不是一种结果义务。[6]在仲裁实践中很多仲裁庭同意 FPS 条款要求的勤勉义务

① Orsat Miljenic, Full Protection and Security Standard in International Investment Law, *Pravni Vjesnik God* 35 (2019), 47. Dhruvee Patel, Full Protection and Security Standard: The Interpretation Challenge in Investment Treaty Arbitration, 4 *International Journal of Law Management & Humanities* 2171 (2021), p.2182.

② 陈正健：《投资条约保护和安全标准的适用及其启示》，《法商研究》2013 年第 5 期。

③ 袁海勇：《浅析中非 BIT 全面保护和安全条款之适用》，《特区经济》2012 年第 4 期。

④ Nitish Monebhurrun, Diligentia Quam in Suis as a Technique for a Contextual Application of the Full Protection and Security Standard: Considering the Level of Development of Host States in International Investment Law, 28 *African Journal of International and Comparative Law* 596 (2020), p.602.

⑤ Asian Agricultural Products Ltd. v. Republic of Sri Lanka, ICSID Case No. ARB/87/3, Final Award (Jun. 27, 1990), para. 9.

⑥ Orazul International España Holdings S.L. v. Argentine Republic, ICSID Case No.ARB/19/25, Award (Dec. 14, 2023), para. 869. Eskosol S.p.A. in liquidazione v. Italian Republic, ICSID Case No.ARB/15/50, Award of the Tribunal (Sep.4, 2020), para. 481.

是一项行为义务，因此在考虑东道国作为或者不作为是否违反 FPS 条款所要求的勤勉义务时需要通过很多要素综合考虑。联合国贸发会也在其对勤勉义务的研究中指出"勤勉义务虽然不是结果义务，但已经确立真诚努力保护外国财产的义务"。[1]

（二）客观统一的勤勉义务

客观统一的勤勉义务[2]是指在特殊情况下比如发生可能侵害到投资利益的事件或者紧急情况时，东道国对投资者及其投资的保护适用一个统一的标准，要求东道国在确定的时间内做出行为履行勤勉义务，对所有东道国的义务要求一视同仁。客观统一勤勉义务标准的局限性主要体现在其抽象性和普遍适用性上。这种标准在形式上追求一种普适性的公正，但首先忽略了不同国家间在保护能力、水平以及经济发展水平等多方面的显著差异。这种"一刀切"的做法，不仅无法适应各国不同的投资环境和保护需求，而且在实际操作中可能导致不公平的结果。这种标准首先没有充分考虑到发展中国家的实际情况。发展中国家由于历史、地理、政治等多种原因，在国内发生内乱或者武装冲突的时候在投资保护能力和水平上往往无法与发达国家相提并论。然而，在客观统一的勤勉义务的要求下，这些国家却需要达到与发达国家相同的保护标准，这显然是不现实的。其次忽略了投资活动的复杂性和多样性。投资活动涉及政治、经济、法律等多个领域，不同的投资项目在不同的国家和地区可能面临不同的风险和挑战。因此，对于勤勉义务的判断也应该根据不同的情况进行具体分析，而不是简单地采用一个统一的标准。最后可能导致不公平的结果。由于发展中国家在保护能力和水平上的不足，他们往往无法提供与发达国家相当的投资保

---

[1] UNCTAD Series on International Investment Policies for Development，Investor-State Disputes Arising from Investment Treaties：A Review（2005），pp.40—41.

[2] Nartnirun Junngam，"The full protection and security standard in international investment law：what and who is investment fully? protected and secured from?" 7 *American University Business Law Review* 1（2018），p.37.

护。然而，在相同的勤勉义务标准下，这些国家却需要承担与发达国家相同的责任和义务。这就会导致一种不公平的现象：即发展中国家在保护投资者方面付出了更多的努力，但却可能因为无法达到客观勤勉义务的标准而面临更高的索赔风险。因此在考虑东道国勤勉义务的标准时不能按照一个完全确定和统一的标准，还需要考虑很多因素才能确定东道国的勤勉义务具体的内容和程度。

（三）勤勉义务需要考虑的主观要素

在亚拉巴马州和英国的友好仲裁案件中，英国认为各州的勤勉义务必然是主观的，并且与特定案件中涉及的紧急情况或风险等因素成正比。[1]国际法院也确定了勤勉义务判断需要有很多因素，在判决中指出："勤勉义务"的概念要求具体评估至关重要。在评估一国是否适当履行有关义务时，可采用多种要素。[2]根据现有实践，可以总结出以下核心判断要素：东道国是否采取了预防或补救措施、国家采取某种措施是为了维护公共利益还是单纯对投资者不友好、东道国是否意识到情况或行为对投资产生风险、投资者对东道国保护的合理期待以及国家的发展水平。

1. 预防和补救

勤勉义务从仲裁庭的裁判实践来看具体可以分为预防义务和补救义务，国际法委员会在其《国家对国际不法行为的责任条款草案》中提到："预防义务常被解释为尽最大努力的义务，要求各国采取一切合理或必要的措施，防止特定事件的发生，但不保证事件不会发生。"[3]根据仲裁庭意见总结的补救义务则要求东道国在投资活动出现问题时，能够迅速、有效

---

[1] Alabama claims of the United States of America against Great Britain，Award（Sep. 14，1872），p.2.

[2] Application of the Convention on the Prevention and Punishment of the Crime of Genocide（Bosnia and Herzegovina v. Serbia and Montenegro），Decision（26 February 2007），ICJ Rec.（2007），para. 430.

[3] ILC，Draft Articles on Responsibility of States for Internationally Wrongful Acts（with commentaries）（2001），p.62.

地采取措施，以减少投资者的损失。这包括但不限于对投资项目的监管、对投资纠纷的调解、对违法行为的打击等方面。在艾迪科银行诉黑山共和国案中，仲裁庭引用了常设仲裁法院尤利西斯诉厄瓜多尔案中的仲裁庭意见，认为"FPS 标准要求的勤勉义务包括防止第三方在其领土上对外国人的人身或财产造成不当伤害的尽职义务，如果不成功，则制止和惩罚这种伤害"。①在 OI 欧洲集团诉委内瑞拉案中仲裁庭认为勤勉义务有要求东道国部署其警察部队或者采取其他强制措施防止他人破坏投资，②也就是一种预防义务。在本哈德诉津巴布韦一案中，双方及仲裁庭都同意 FPS 条款要求东道国履行谨慎义务，并且仲裁庭认为东道国并没有履行补救义务也就是违反了勤勉义务，由此可见仲裁庭认为补救义务的违反是可以导致违反 FPS 条款下的勤勉义务的。③总结仲裁庭意见来看，预防义务和补救义务是东道国都需要履行的义务，但是两者有履行的顺位，通常情况下要求东道国先履行预防义务防止在内乱或者武装冲突时对投资及投资者的伤害，如果没有成功预防这种损害，那么至少要履行补救义务，也就是要及时补偿和恢复投资所受的损失，以及惩罚造成这种伤害的行为。

2. 国家措施的目的

对东道国在特殊情况下所采取的措施进行评判时，仲裁庭往往会从两个主要视角进行审视。一方面，考察这些措施是否为专门针对外国投资者的策略，其背后动机旨在保护本国企业免受外来竞争的影响。另一方面，考察这些措施在紧急情况下为保护本国的公共利益是否不得不为之的权宜之计。在阿本古诉墨西哥案中，申请人认为 FPS 条款要求的勤勉义务要达到习惯国际法的最低保护待遇标准水平，引用了嘉吉尔公司诉墨西哥案中

① Ulysseas, Inc. v. The Republic of Ecuador, PCA No.2009-19, Final Award (Jun. 12, 2012), paras.271—272.

② OI European Group B.V. v. Bolivarian Republic of Venezuela, ICSID Case No.ARB/11/25, Award (Mar. 10, 2015), para. 580.

③ Bernhard von Pezold and others v. Republic of Zimbabwe, ICSID Case No.ARB/10/15, Award (Jul. 28, 2015), para. 597. Toto Costruzioni Generali S.p.A. v. Lebanese Republic, ICSID Case No.ARB/07/12, Award (Jun. 7, 2012), paras.226—230. Parkerings-Compagniet AS v. Republic of Lithuania, ICSID Case No.ARB/05/8, Award (Sep.11, 2007), paras.354—355.

的意见，①认为只要行为构成对政策本身目的和目标的不可预见和令人震惊的否定，或出于不可告人的动机严重颠覆国家法律或政策，就是违反了习惯国际法最低保护待遇标准，因为习惯国际法要求国家善意履行保护外国人的义务，如果国家为了保护本国企业没有履行对外国投资者的勤勉保护义务就是恶意的，所以会违反习惯国际法的最低保护待遇标准。②仲裁庭也同意申请人的这一观点，认为违反勤勉义务要求的最低保护待遇标准是指国家将法律赋予它的权力用于其他目的。③在 AES 诉匈牙利案中，仲裁庭也认可勤勉义务要求东道国的行为需要考量其主观上是否具有合理的目的。④

3. 东道国是否意识到对投资可能产生风险

在国家行为或者第三方行为发生时，投资者和东道国对于危险的警惕意识是不同的，通常来说，投资者更可能意识到这类风险。对于东道国来说，很多情况下可能是正常的行为或者为解决某种情势而作出的政府行为在他们看来并不足以对投资产生风险。但是仅因东道国以没有意识到投资可能受到损害为由减损自己的责任是不合理的。而在第三方行为中，判断东道国是否意识到投资可能受损的一个重要标准是投资者是否向东道国政府求助，通常情况下投资者会选择当地救济的方式来应对自己可能面临的风险，比如要求东道国提供相应保护，如果东道国已经收到这样的求助却仍然不作为，那么就是构成了对 FPS 条款的违反；如果东道国没有收到求助，则需要结合具体的情况来看是否有保护义务。在东道国应该认识到或者没有理由不认识到当时的情况可能会给投资者带来伤害的情况下，东道国就应当主动履行勤勉义务保护投资者及其投资，在通常情况下都没有可

---

① Cargill, Incorporated v. United Mexican States, ICSID Case No.ARB (AF) /05/2, Award (Sep.18, 2009), para. 187.

② Abengoa, S.A. y COFIDES, S.A. v. United Mexican States, ICSID Case No.ARB (AF)/09/2, Award (Apr. 18, 2013), para. 640.

③ Ibid., para. 642.

④ AES Summit Generation Limited and AES-Tisza Erömü Kft. v. Hungary, ICSID Case No.ARB/07/22, Award (Sep.23, 2010), para. 13.3.

能认识到当时情形会带来损害，那么也不能苛求东道国给投资者提供"无微不至"的保护。在大空能源公司诉哈萨克斯坦案中，申请人认为判断东道国是否违反 FPS 条款就是看东道国在面对第三方正在进行的非法计划时是否采取适当的行动。①但是最终仲裁庭并没有认可申请人的主张，因为申请人并没有证明被申请人知道其所声称的第三方非法计划。②在 CCI 基础设施建设公司诉秘鲁案中，仲裁庭认为只有在确定出现可能影响投资的事件发生时国家仍然不作为，才能确定国家没有履行勤勉义务，③也就是说当东道国意识到可能出现影响投资的风险，且其有能力履行但仍然不作为时，东道国的不作为才会违反 FPS 要求的勤勉义务。④

4. 投资者对东道国保护的合理期待

投资者通过对于东道国法律、实体安全的尽职调查会对自身的投资所处的东道国可能提供的法律和安全方面的保障产生相应的合理期待。在格拉美西基金管理有限责任公司和格拉美西秘鲁控股有限责任公司诉秘鲁案中，仲裁庭认为东道国有权要求投资者在投资前履行勤勉义务对于东道国进行尽职调查，以期受益于国际投资保护。⑤奥拉苏尔西班牙国际控股公司诉阿根廷案中，被申请人阿根廷认为如果申请人因为没有尽到勤勉义务对自己的投资进行尽职调查，则不能将投资损害归咎于东道国并被用作证明违反双边投资协定。⑥因为勤勉义务并不意味着一国有义务防止一切给投资者造成损失或损害的情况。⑦

---

① Big Sky Energy Corporation v. Republic of Kazakhstan, ICSID Case No. ARB/17/22, Award (Nov.24, 2021), para.549.

② Ibid., para.554.

③ Convial Callao S.A. and CCI—Compañía de Concesiones de Infraestructura S.A. v. Republic of Peru, ICSID Case No.ARB/10/2, Final Award (May 21, 2013), para.652.

④ Rumeli Telekom A.S. and Telsim Mobil Telekomunikasyon Hizmetleri A.S. v. Republic of Kazakhstan, ICSID Case No.ARB/05/16, Award (Jul. 29, 2008), paras.663—664, 668.

⑤ Gramercy Funds Management LLC and Gramercy Peru Holdings LLC v. Republic of Peru, ICSID Case No.UNCT/18/2, Award (Dec. 6, 2022), para.1347.

⑥ Orazul International España Holdings S.L. v. Argentine Republic, ICSID Case No. ARB/19/25, Award (Dec. 14, 2023), para.604.

⑦ Ibid., para.863.

5. 国家发展水平、能力、稳定性和资源

各国的发展水平在判断勤勉义务时扮演着至关重要的角色，它直接决定了各国所能采取的保护投资的手段及其效果。普遍而言，发展程度较高的国家往往能够凭借其较为成熟的经济体系、法律框架和行政能力，为投资者和投资活动提供更为全面和高效的保护。这种保护不仅体现在对投资者财产、人身安全的保障上，还涵盖了投资环境的稳定等方面。然而，我们不能简单地要求一个国家提供远超其自身能力的投资保护。发展中国家往往面临着种种现实挑战，如资源有限、基础设施薄弱、法律框架不完善等，这些因素都制约了它们为投资者提供高水平保护的能力。发展中国家的勤勉程度也与其发展水平紧密相关。这种勤勉不仅体现在制定和执行相关法律法规上，还体现在为投资者提供必要的物质支持和服务上。因此，在评价发展中国家在保护投资方面是否履行勤勉义务时，应当全面考虑其发展水平、资源状况以及政策环境等多个因素。在 S.A.科技公司诉阿尔巴尼亚案中，仲裁庭认为，投资者不能期望阿尔巴尼亚（当时）得到高标准的警察保护，并指出阿尔巴尼亚当局在面对社会动荡时实际上无能为力。它的资源完全不足以为投资者提供充分和完整的保护而不造成不公正的负担。①在斯特拉巴格公司诉利比亚案中，仲裁庭指出不能抽象、孤立地看待勤勉义务，要考虑利比亚的实际情况，在评估被申请人的义务时，不能忽略当时处在国家权力薄弱和不确定、武装冲突反复发生以及该国大片地区普遍存在法律崩溃的情况下。②在潘科技公司诉阿尔巴尼亚案③中，仲裁员提到应当根据混乱的规模及资源的程度判断国家反应的充分性：保护和安全的失败很可能出现在不可预测的内乱中，这种内乱本可以轻易地被一个强大的国家控制，但贫穷和脆弱的国家却不能。对于不可预见的公共秩序

---

① Pantechniki S. A. Contractors & Engineers (Greece) v. The Republic of Albania, ICSID Case No.ARB/07/21, Award (Jul. 30, 2009), para.76.

② Strabag SE v. Libya, ICSID Case No.ARB (AF) /15/1, Award (Jun. 29, 2020), paras.234—236.

③ Pantechniki S. A. Contractors & Engineers (Greece) v. The Republic of Albania, ICSID Case No.ARB/7/21, Award (Jul. 30, 2009), paras.77, 81.

崩溃的情况，很难坚持认为，一个政府因未能计划在前所未有的地方应对前所未有的大规模困境而承担还需要履行勤勉义务，仲裁庭认为勤勉义务在实践中判断需要把国家的发展和稳定水平作为考虑因素。投资者在内乱频发、治理不善的地区投资不会得到在法治良好国家相同的保护。① 在很多案件中仲裁庭都会考虑东道国的实际情况。②

我们必须审慎地平衡国家对投资者保护的责任与其实际能力之间的界限。如果过分强调国家需要给投资者提供超出能力的保护则会模糊双边投资协定的宗旨，双边投资协定的目的不仅仅是投资保护，更重要的是促进国家之间经济往来互动。当对投资者保护的要求过于严苛时，这可能导致一些国家因担忧无法履行这些高标准而望而却步，进而不愿与其他国家签订双边投资协定。这种现象无疑会阻碍国际资本的流动，限制经济全球化的进程，从而对世界经济的整体发展造成不利影响。在萨卢卡案中，仲裁庭承认保护外国投资不是双边投资协定的唯一目标，而是与鼓励外国投资和扩大和加强缔约国经济关系的总目标一起的必要因素。这反过来又要求对双边投资协定关于保护投资的实质性规定的解释采取平衡的办法，因为夸大对外国投资的保护的解释可能会使东道国不接受外国投资，从而破坏扩大和加强缔约国相互经济关系的总目标。③

四、 仲裁庭对 FPS 条款适用的规律及对我国的启示

FPS 条款是习惯国际法上东道国对外国人最低保护待遇在国际投资法

---

① Pantechniki S. A. Contractors & Engineers (Greece) v. The Republic of Albania，ICSID Case No.ARB/07/21，Award (Jul. 30, 2009)，paras.77, 81.

② MNSS B. V. and Recupero Credito Acciaio N. V. v. Montenegro，ICSID Case No. ARB (AF) /12/8，Award (May 4, 2016)，para. 351. Mamidoil Jetoil Greek Petroleum Products Societe Anonyme S. A. v. Republic of Albania，ICSID Case No. ARB/11/24，Award (May 4, 2016)，para. 624. LESI，S.p.A. and Astaldi，S.p.A. v. People's Democratic Republic of Algeria，ICSID Case No.ARB/05/3，Award (Nov. 12, 2008)，paras.174, 177, 182.

③ Saluka Investments v. Czech Republic，UNCITRAL，Partial Award (Mar. 17, 2006)，para.300.

上的具体体现。由于条款规定的简洁，本意是缔约方在投资协定中确认为外国投资者及其投资提供国际最低保护待遇的 FPS 条款在仲裁实践中引发了一些争议。对于外国投资的法律保护主要依据投资合同、东道国投资法律以及投资协定。投资合同多是针对具体项目的合作条款，一般较少考虑东道国在行使政府规制权而非纯合同相对方时产生的投资风险。而东道国投资法律在争端解决机制上多偏好东道国当地救济。因而，当东道国境内出现内乱、武装冲突、暴乱等情况时，投资者由此产生的损失需要依赖双边投资协定中的 FPS 条款。投资者从投资保护的角度试图尽可能将条款解释成提供较为全面的保护，因此，在投资仲裁案件中，出现 FPS 的保护仅包含物理保护还是不限物理保护，是否同时包含预防义务和补救义务，是依据国际习惯法最低保护待遇标准还是超越最低保护标准等争议。另一方面，东道国则从其政府规制权及国家所面临的客观情况角度试图排除赔偿责任。究其根本，FPS 条款充分体现了国际投资法所始终寻求的投资保护与政府规制权之间的平衡，即在投资者由于东道国的作为或者不作为遭受损失的时候，东道国在什么情况下应当承担赔偿责任。

回顾国际投资争端解决中心涉及 FPS 条款的案件，可以发现，即便投资协定 FPS 条款文本语言存在些许差异且不同案件中东道国的情况迥异，仲裁庭对于 FPS 条款的解释路径和考量因素仍然有一定的规律可循。首先，除非文本中出现有别于一般 FPS 条款的特殊用语和限定词，一般仲裁庭倾向于将 FPS 条款的解释与习惯国际法最低保护待遇相联系，而非作为一项完全独立的国际投资法中的待遇标准。其次，即便出现条文表述的不同，或者 FPS 条款内容出现在双边投资协定的其他位置，仲裁庭对于认定东道国在 FPS 条款下的条约义务超出习惯国际法最低保护标准仍然持非常谨慎的态度。第三，仲裁庭普遍认为东道国在 FPS 条款下承担的是行为义务而非结果义务，也就是说 FPS 条款要求东道国真诚努力地采取预防和补救措施保护外国投资者及其投资，而非确保投资不受损失。最后，这就涉及如何判断东道国真诚努力地采取了相应措施，为此，仲裁庭通常需要充分考量东道国的主观意图和客观能力。

我国签订的新一代自由贸易协定（FTA）和双边投资协定中的 FPS 条款均是第三代投资协定中的内容，即不仅规定了享有"充分的保护与安全"，还用单独的款项进行限制解释，约定按照习惯国际法的标准认定。然而我国签订的目前生效中的 107 个双边投资协定中，只有 7 个双边投资协定中的 FPS 条款是新一代投资协定的内容①，在 27 个自由贸易协定中，有 11 个自由贸易协定中的 FPS 内容是新一代投资协定的内容②，而大多数生效的双边投资协定，由于签订时间较早，仍然保持第二代投资协定简单规定的内容。我国正处于新一代投资协定的缔结期和上一代投资协定修订的关键时期，需要结合国际投资协定的缔结趋势以及根据仲裁实践中总结的裁判规律来考虑 FPS 条款具体的文本设计。

考虑到 FPS 条款旨在保障外国投资者在东道国境内出现政局动乱时仍能享有东道国在安全方面给予的最低保护待遇，当与国内政局相对稳定的国家缔结条约时，FPS 条款实际可能被援引的情况并不多，文本规定简单或细致影响不会太大，如前所述，其功能是习惯国际法最低保护待遇在国际投资法上的具体体现。但是，当与国内政局相对不太稳定、发生动乱和暴力事件可能性高的国家缔结条约时，FPS 条款的文本表述就显得尤为重要，因为此种情况下，FPS 条款成为我国投资者在东道国出现动乱时最为有效的法律保障。从以上对仲裁实践的分析来看，一方面，如果希望要求东道国提供超出习惯国际法最低保护待遇的标准，那么需要在条约文本中

---

① 分别是 2009 年 6 月 6 日生效的中国—墨西哥 BIT、2013 年 7 月 2 日生效的中国—哥伦比亚 BIT、2011 年 12 月 30 日生效的中国—乌兹别克斯坦 BIT、2016 年 11 月 17 日生效的中国—刚果（民）BIT、2014 年 10 月 1 日生效的中国—加拿大 BIT、2014 年 4 月 17 日生效的中国—坦桑尼亚 BIT 和 2020 年 11 月 11 日生效的中国—土耳其 BIT。

② 分别是 2024 年 1 月 1 日生效的中国—尼加拉瓜 FTA、2022 年 1 月 1 日生效的 RCEP、2021 年 1 月 1 日生效的中国—毛里求斯 FTA、2018 年 1 月 1 日生效的《内地与澳门关于建立更紧密经贸关系的安排》投资协议、2017 年 6 月 28 日生效的《内地与香港关于建立更紧密经贸关系的安排》投资协议、2015 年 12 月 20 日生效的中国—韩国 FTA、2014 年 4 月 2 日生效的中国—智利 FTA、2014 年 5 月 17 日生效的中国—日本—韩国投资协定、2010 年 1 月 1 日生效的中国—东盟投资协定、2010 年 3 月 1 日生效的中国—秘鲁 FTA 和 2008 年 10 月 1 日生效的中国—新西兰 FTA。

用明确的语言表述。另一方面，为避免东道国以紧急状态为由主张免除FPS条款下对投资者保护的勤勉义务，可以明确约定"充分保护与安全要求缔约国履行勤勉义务，给投资者提供合理和必要的实体安全和法律安全保护，国家处于紧急情况本身并不能豁免本条款下的义务"。FPS条款本身就为了在东道国政局不稳定时仍然确保给投资者提供必要的保护，仅仅因为东道国处于特殊情形本身并不应直接排除东道国在FPS条款下的勤勉义务。

埃及国际商事仲裁制度：历史演变、立法解读与发展趋势

■ 陈文婧　　王圣跃*

【摘要】在成为"一带一路"沿线国家之后，埃及又成为金砖国家合作机制的新成员，这为中国和埃及之间的贸易投资往来与经济发展注入了新的活力，同时也为埃及争端解决方式的完善与革新带来了新的挑战。埃及法律兼具大陆法系和伊斯兰法系的特点，仲裁作为当事人解决纠纷的主要方式之一，其实践与法律制度在历史演变的过程中体现出伊斯兰教的宗教特征。1994 年《埃及仲裁法》为在埃及进行的国内和国际仲裁提供了较为详细的法律依据。在机构仲裁方面，开罗区域国际商事仲裁中心作为埃及主要仲裁机构之一，其仲裁规则有了新的变化发展，首次引入多项制度，反映了国际商事仲裁的最新发展和仲裁当事方近年来不断变化的需求。鉴于埃及的现实情况，多元化纠纷解决机制在埃及仍有较大的发展空间。

【关键词】埃及　仲裁程序　伊斯兰教法　仲裁规则　ADR

---

* 陈文婧，华东政法大学国际法学院副教授、硕士生导师，华东政法大学金砖国家法律研究院副研究员；王圣跃，华东政法大学国际法学院 2023 级国际法学硕士研究生。

一、 导言

2024 年 1 月 1 日，埃及正式成为金砖国家扩容后的新成员。埃及地处亚欧非三大洲交界处，扼守"大洲世纪海上丝绸之路"的战略要冲，对接"一带一路"倡议有着天然的地理优势。[①] 2013 年以来，中国成为埃及第一大贸易伙伴。[②]在国际经贸往来之中，仲裁是商事争端解决、推动合作双方互利共赢的重要手段，但金砖国家和"一带一路"沿线各国之间在商事争端解决方面的传统、理念以及法律制度框架都不尽相同，这就为中国与相关国家的贸易投资活动带来较大风险和不确定性。

埃及法律制度的历史演变与发展带有浓厚的伊斯兰教特点，在法律的制定与变革中亦体现着宗教传统的因素。埃及加入金砖国家以后，贸易投资往来将更为频繁，更有必要梳理探究埃及商事争议解决制度，以应对国际交往中可能产生的纠纷争议，妥善处理各国关系。因此，本文通过梳理埃及仲裁的历史演变，总结归纳受宗教影响下的仲裁特点，进而解读埃及国际商事仲裁现有立法主要条款，以及埃及仲裁机构为对接现代化国际仲裁实践在仲裁规则方面的最新发展，并就多元化纠纷解决机制在埃及的发展进行分析与展望。

二、 埃及国际商事仲裁制度的历史演变

（一）古代埃及仲裁实践："无序"到"有序"

埃及仲裁制度可追溯至伊斯兰教出现之前的时期。不同于建立在有组

---

① 中华人民共和国商务部：《对外投资国别指南—埃及（2022 年版）》，http://www.mofcom.gov.cn/dl/gbdqzn/upload/aiji.pdf，2024-04-05。
② 中华人民共和国商务部：《埃及贸易指南》（2023 年版），https://www.tdb.org.cn/u/cms/www/202311/13105935jaty.pdf，2024-04-05。

织国家概念基础上的罗马帝国和波斯帝国，阿拉伯半岛的政治体制建立于部落领导的组织，每个部落有一个酋长，由其领导自己部落的成员。在没有中央权力机构的情况下，报复规则是这一时期用来伸张正义的主要手段。

为了避免过度使用武力，阿拉伯人会选择自己的首领或部落中的成员来解决争端。仲裁在此过程中成为解决争端的一种理念：双方通过协商选定一名具有一定个人素质的哈卡姆（hakam）[①]，对其进行测试以确保其可信度，然后双方将商定他们希望提交给哈卡姆来解决的争议事项，哈卡姆可以自行决定是否接受这项任务。为避免出现尴尬的局面，同时出于对效率的考虑，哈卡姆在接受裁决任务之前需要提供一份担保，这种通过提交担保以确保仲裁员公正独立性的做法，在埃及现代仲裁立法中仍能看到其影子。提交担保之后，哈卡姆会以对抗纠问的方式听取各方的意见，根据其自身的公平公正观念作出裁决以解决争端。败诉方必须遵守哈卡姆作出的裁决，否则将被处以支付保证金的处罚，甚至会受到占卜者的诅咒。[②]

（二）近代埃及仲裁制度的发展：探索与成型

1. 探索仲裁立法的早期阶段（19 世纪 80 年代末—1949 年）

在《埃及仲裁法》颁布以前，争端往往会通过穆斯林学者所推崇的调解来解决。此后，埃及立法者开始试图制定一套系统的仲裁制度，以实现埃及法律的现代化。1883 年 11 月 13 日，埃及颁布了第一个《民事与商事诉讼法典》，其第 10 部分第 6 章第 702—727 条专门以"关于仲裁员的仲裁"为标题规定了各项条款。从中可以看出，埃及立法机关建立了一套较为发达和全面的制度，规定仲裁具有合同性质，仲裁协议必须以书面形式订立且必须明确选定仲裁员的方法，此外还规定了仲裁员的回避制度。后来该法被 1949 年第 77 号法律《民事与商事诉讼法典》（第二版）所替代并

---

① 伊斯兰初期对解决内部纠纷的仲裁者的称谓。

② Ibrahim Shehata, Arbitration in Egypt: A Practitioner's Guide, Kluwer Law International, 2021, p.19.

对仲裁在法条中的位置进行了调整。尽管埃及在此过程中已形成仲裁立法的雏形，但其在仲裁地并没有得到广泛实践。诉讼是当时争端解决的首选手段，而仲裁却被认为是一种例外手段。①

2. 引入强制仲裁制度（20 世纪 50 年代—1994 年）

基于埃及当时的政治条件，埃及政府于 1961 年颁布了多部国有化法律并建立了一个涵盖所有公共经济活动的公共部门，这对埃及的仲裁格局产生深远影响。此外，仲裁作为一种基于当事人意思自治的法律制度，其需求逐渐消失，取而代之的是一种新的、完全不同的需求，即通过强制仲裁来高效解决公共部门机关和机构之间的纠纷。这背后的基本理念是：既然所有公共单位都是同一公共部门的一部分，那只有通过强制仲裁解决其内部争议才是有意义的，而不是通过协商一致的仲裁制度。因此，强制仲裁制度开始登上埃及的历史舞台，其程序通过颁布连续的法律予以规范。②

3. 埃及仲裁与国际条约

尽管仲裁在埃及的地位有所削弱，但在国际层面情况却完全不同。埃及于 1959 年 3 月加入 1958 年《承认与执行外国仲裁裁决公约》（简称《纽约公约》），又于 1972 年 2 月加入 1965 年《解决国家与他国国民间投资争端公约》（简称《ICSID 公约》），并在 1980 年成为 1974 年《关于解决阿拉伯投资东道国与其他阿拉伯国家国民之间投资争端公约》的缔约方。埃及于 1979 年与亚非咨询法律委员会签署国际协定，建立一个总部设在开罗的国际商事仲裁中心，即开罗区域国际商事仲裁中心（CRCICA），在其主持下，国际商事仲裁将按照 1976 年 12 月 15 日由联合国大会通过的《联合国国际贸易法委员会仲裁规则》进行。

可以看出，近代埃及积极加入尤其是仲裁及相关领域的各项国际条约，这体现出埃及政府非常清楚且了解世界格局情势的变化发展以及仲裁

---

① Natahalie Najjar, Arbitration and International Trade in the Arab Countries, Brill Nijoff, 2016, pp.42, 43 and 44.

② Ibrahim Shehata, Arbitration in Egypt: A Practitioner's Guide, Kluwer Law International, 2021, p.21.

是如何被视为国际贸易的促进手段的，也是为了鼓励外资进入埃及经济领域。

（三）现代埃及国际商事仲裁法律框架：完善与建构

诉讼一直以来是解决埃及法律纠纷的主要途径，但在过去的数十年中，埃及的司法案件数量激增，司法系统处于超负荷的状态，无法跟上现代商业交易的快速步伐。此外，许多现代投资纠纷涉及的技术细节阻碍了州法院在此类案件中作出准确且及时的裁判。传统司法制度的这些缺陷，加上投资者希望对其争端保密并希望在法庭的组成中拥有发言权，促使埃及立法机构采取根本性步骤，鼓励仲裁作为解决争端的并行途径。[1]

1994 年第 27 号法律《埃及仲裁法》建立了一个总体框架，授权和规范仲裁作为埃及主要的替代性争端解决机制。直至今日，该法历经多次修订，仍是埃及国内通过仲裁解决纠纷的主要行为准则，其适用于生效之前未作出裁决的仲裁和此后开始的所有仲裁，包括仲裁协议签订于 1994 年 5 月 22 日之前的仲裁。在 1994 年《埃及仲裁法》生效之后，许多阿拉伯司法管辖区纷纷效仿，将其作为自身立法的范本，体现了埃及乃至整个阿拉伯世界仲裁格局的重大飞跃。

尽管如此，在 1994 年《埃及仲裁法》颁布之前，埃及曾试图颁布两部与仲裁相关的立法文本，即一个用于国内仲裁，另一个专门用于国际仲裁，拟让国内仲裁受《民事与商事诉讼法典》中有关仲裁条款的约束，再制定一项新的单独立法来处理国际仲裁，但最终还是通过了一个适用于国际和国内仲裁的统一文本。虽然 1994 年《埃及仲裁法》确认了埃及对现代仲裁趋势的支持，特别是对《联合国国际贸易法委员会国际商事仲裁示范法》（简称《UNCITRAL 示范法》）所反映的趋势，但埃及大多数国际商事仲裁的现代基础仍来源于埃及最高法院的确认。

---

[1]　Mohamed Oweis Taha，Egypt：Legal Framework for Arbitration，Law Library of Congress，p.1.

在国际条约的适用方面,《埃及宪法》第 93 条对国际条约的法律地位作出了规定:"国家致力于遵守由本国批准的协定、契约和国际人权公约。按照规定情况公布后具有法律效力。"由此可见,埃及批准、公布的每一项国际条约均构成其法律体系的组成部分。在仲裁领域,《埃及仲裁法》第 1 条规定如果国际公约中有与仲裁相关的具体规定,则这些规定优先于《埃及仲裁法》予以适用。

埃及于 1959 年批准加入《纽约公约》,没有作出任何保留和声明。《纽约公约》内容涉及外国仲裁裁决的承认与执行,它主要规定了各缔约国应当承认与执行仲裁协议和依据有效的仲裁协议作出的仲裁裁决,以及拒绝承认与执行外国仲裁裁决的条件,其对于统一各缔约国承认与执行外国仲裁裁决的条件发挥了积极作用。[1]埃及于 1972 年 2 月 11 日签署了《ICSID 公约》,并于 1972 年 6 月 2 日生效,该公约主要目的是通过提供一种执行合同权利的有效手段来鼓励对发展中国家的跨境投资。除此之外,在阿拉伯地区,埃及于 1980 年签署了《阿拉伯国家投资阿拉伯资本统一公约》,于 1983 年加入有关阿拉伯各国之间司法合作的《利雅得公约》等。

三、 埃及国际商事仲裁立法主要条款阐释

(一)可仲裁事项

一般认为,可仲裁性是指依准据法,某一争端是否可以通过仲裁解决,也可以将其理解为仲裁的范围。在学理上,可仲裁性可以分为主观可仲裁性和客观可仲裁性。前者主要涉及仲裁协议的主体参与仲裁的行为能力,特别是仲裁协议的当事人是国家或国有公司时,该当事人能否提出,其作为公法上的法人在其本国法上没有缔结仲裁协议,进而拒绝执行已经签署的仲裁协议;后者则是指仲裁协议下的事项能否通过仲裁的方式解

---

① 刘晓红、袁发强:《国际商事仲裁》,北京大学出版社 2010 年版,第 66 页。

决，这关系到仲裁协议的效力和仲裁裁决能否得到有关国家法院的承认和执行。[①]

《埃及仲裁法》第 2 条采用定义加列举的方式规定了可仲裁的事项，无论提起仲裁的内容是合同性质还是非合同性质，其必须是一种经济性质的法律关系，具体列举了十余种事项。[②]同时，《埃及仲裁法》从反面作出规定，任何根据相关法律规定不允许通过协商解决的事项均不可仲裁。[③]具体而言，在埃及不能通过协商解决的事项主要涉及个人事务或家庭关系、公共政策、刑事犯罪以及与不动产物权的有关事项，如不动产抵押登记等。[④]

《埃及仲裁法》对行政合同的可仲裁性作出了特别规定，有关行政合同的纠纷，应当经主管部长或者对公共法人行使权力的官员批准，方可达成仲裁协议，且在这方面不得委托授权。[⑤]但 2014 年《埃及宪法》颁布后，行政合同纠纷的可仲裁性变得复杂起来。《埃及宪法》规定，任何行政争议均应提交国务委员会专属管辖。[⑥]埃及国务委员会行政法院也在许多判决中指出，行政合同不能通过仲裁方式解决，因为《埃及国务委员会法》第 10 条规定，国务委员会对包括有关公共服务特许合同、公共事业合同、供应合同及其他行政合同争议的事项有专属管辖权。而作为埃及政府最高法律顾问的人民大会咨询与立法部却对该问题有相反的观点，其认为行政合同可以加入仲裁条款，上述规定只是对行政法院和普通法院的管

---

① 赵秀文：《国际商事仲裁及其适用法律研究》，北京大学出版社 2002 年版，第 60—64 页。
② 根据《埃及仲裁法》第 2 条，列举的可仲裁事项包括：供应货物或服务、商业机构、建筑和工程或技术知识合同，颁发工业、旅游和其他许可证，转让技术、投资和发展合同，银行、保险和运输业务以及与勘探和开采自然财富、能源供应、铺设天然气或石油管道、修建道路和隧道、开垦农田有关的业务。环境保护和核反应堆建设。
③ 《埃及仲裁法》第 11 条。
④ 《埃及民法典》第 551 条："就人的身份或公共秩序的有关事项达成的和解，不发生效力。但可就产生于人的身份或不法行为的财产利益达成和解"。参见［美］尼古拉·卡拉姆：《埃及民法典》，黄文煌译，厦门大学出版社 2008 年版，第 83 页。
⑤ 《埃及仲裁法》第 1 条。
⑥ 《埃及宪法》第 190 条："国务委员会是一个自治的司法机构，它拥有专属管辖权来解决行政争议和与执行其所有裁决有关的争议，并对纪律案件、上诉和纪律委员会的决定进行裁决。该委员会负责就法律规定的机构的法律问题发表意见，修订法律草案、具有立法性质的决定、法律规定的合同草案及其价值，国家或公共部门是合同的一方。"

辖权进行划分，不应将其解释为在司法体系外不能通过仲裁方式解决行政合同争议。[①]

《埃及仲裁法》第 3 条对仲裁的"国际性"进行了界定，其内容与《UNCITRAL 示范法》中的规定基本一致，即只要满足下列任一情况，仲裁即为"国际仲裁"：（1）签订仲裁协议时仲裁双方的主要营业地位于两个不同的国家。一方当事人有多个营业地点的，应适当考虑与仲裁协议关系最密切的营业地点。没有营业地的，以其惯常居住地为准；（2）如果仲裁各方同意向常设仲裁组织或总部设在埃及或埃及以外的仲裁中心寻求救济；（3）仲裁协议范围内的争议标的与多个国家有关的；（4）仲裁协议订立时当事人的主要营业地位于同一国家，但下列因素之一位于该国以外的：①仲裁协议中确定的或按照仲裁协议中约定的方式确定的仲裁地；②双方基于商事关系而产生的义务的主要履行地；③争议标的的最密切联系地。

（二）仲裁协议

仲裁协议是国际商事仲裁的基石，是国际商事仲裁当事人提请国际商事仲裁的依据，也是仲裁庭（仲裁员）或仲裁机构对当事人之间案件取得管辖权的前提。[②]《埃及仲裁法》中将"仲裁协议"定义为"双方同意提交仲裁的协议，用以解决双方之间已经产生或可能产生的所有或某些争议，这些争议与已确定的法律关系有关，无论其是否具有合同性质"。[③]仲裁协议可以在争议发生前以单独协议的形式达成，也可以在合同中就双方可能发生的全部或某些争议达成仲裁条款，其范围可以扩展到双方之间可能产生的所有或某些争议，但争议的主要标的必须在仲裁请求中予以明确。

仲裁协议也可以在争议发生后达成，甚至可以在向法院提起诉讼后达

---

① 朱伟东：《非洲涉外民商事纠纷的多元化解决机制研究》，湘潭大学出版社 2013 年版，第 53 页。

② 徐伟功：《国际商事仲裁理论与实务》，华中科技大学出版社 2017 年版，第 35 页。

③ 《埃及仲裁法》第 10 条第 1 款。

成，但在这种情况下，协议必须说明仲裁标的，否则无效。在提交协议中确定仲裁标的这种强制性要求已在埃及法院判决中得到确认。①同样，埃及国务委员会亦要求对于行政合同中已经达成的仲裁协议，当事人必须确定仲裁程序的争议标的，否则协议无效。②

《埃及仲裁法》对仲裁协议的形式要件和实质要件均加以规定。就形式要件而言，必须采用书面形式。如果协议包含在双方签署的文件中，或者包含在信件、电报或其他书面通信方式中，则该协议视为书面协议。③对于仲裁协议的实质要件，《埃及仲裁法》规定仲裁协议必须是有完全民事行为能力的自然人或者法人订立的，并且提交的事项是可以通过协商方式解决的。如果当事人是埃及国民，其行为能力由《埃及民法典》第44条确定。④对于外国自然人的行为能力，则需要根据埃及的国际私法规则，依照自然人的本国法确定，但在商事交易在埃及缔结和生效的情形下，若该交易对埃及产生影响，他就不能以根据其本国法无行为能力为由进行抗辩。⑤埃及法人的行为能力由《埃及民法典》第52条规定，外国法人的行为能力要根据法人的实际总部所在地的法律确定，若该法人在埃及设有实际总部的，则适用埃及的法律。⑥

《埃及仲裁法》第13条规定，如果一方当事人将仲裁协议中的争议提交埃及法院解决，另一方当事人在规定的提交答辩或请求的期间内提出异议的，则法院应宣布不予受理案件。即使当事人已经向法院提起诉讼，仲裁程序仍然应该开始或者继续进行，并作出仲裁裁决。除此之外，《埃及仲裁法》第23条明确了仲裁条款独立原则，即仲裁协议独立于合同中的其他条款，合同的无效、撤销或终止不影响仲裁条款的效力。

---

① Cairo Court of Appeal，Case No.28 of JY 124，Hearing session dated 20 November 2007.
② State Council，Challenge No.8256 of JY 56，Hearing session dated 5 March 2016.
③ 《埃及仲裁法》第12条。
④ 《埃及民法典》第44条："任何达到成年年龄且未被宣告为禁治产人的心智健全者，均有行使民事权利的完全行为能力。成年年龄为21岁。"
⑤ 《埃及民法典》第11条第1款。朱伟东：《非洲涉外民商事纠纷的多元化解决机制研究》，湘潭大学出版社2013年版。
⑥ 《埃及民法典》第11条第2款。

（三）仲裁庭的组成

1. 仲裁员的资格

《埃及仲裁法》不要求仲裁员必须具有法学学位或其他学术资格，但其第16条规定，未成年人、被监护人、因犯重罪、失信轻罪或被宣告破产而被剥夺民事权利的人，不得担任仲裁员，但其民事地位恢复的除外。除非当事人另有约定或者法律另有规定，仲裁员不需要具有特定的性别或者国籍。另外，该条第3款规定仲裁员对该仲裁事务的接受应当采用书面形式；在接受时，他必须披露任何可能使他的独立性或公正性受到怀疑的情况。该款规定可以追溯至古代埃及实践，可以看出埃及历来重视对于仲裁员选任的公正公平性。

根据《埃及仲裁法》规定，仲裁员不仅应当披露影响其公正性、独立性或者任何可能导致其丧失仲裁员资格的情况，而且应当披露可能使一般理性人对其公正性或独立性产生怀疑的情况。因此，仲裁员应当披露与争议的任何一方，其代理人、雇员、亲属或朋友等方方面面的关系，但这并不意味着仲裁员有义务披露与这一关系有关的一切，仅有义务披露可能引起怀疑的事实或情况。[1]开罗上诉法院通过裁判表明，仲裁员的这种披露义务存在于整个仲裁过程之中。[2]

埃及最高上诉法院于2022年首次明确引用《国际律师协会国际仲裁利益冲突指南》（2014），引用其中橙色清单第3.3.5条，认为该指南可作为确定披露义务及其对仲裁员独立性和公正性影响的指南。仲裁员的披露义务是一项具有约束力的法律义务，是保证仲裁过程中诚信和公正所必需的，但不披露本身并不会直接导致裁决的撤销，是否撤销需要法院逐案评估未披露的情况本身是否是正当的，通过埃及司法机构对仲裁员的独立性

---

[1]　Mohamed S. Abdel Wahab & Noha Khaled Abdel Rahim, National Report for Egypt (2018 through 2023), ICCA International Handbook on Commercial Arbitration, pp.25—26.

[2]　Cairo Court of Appeal, 8th Commercial Circuit, Appeal No.75 of JY 125, Hearing session dated 18 May 2009.

和公正性进行监督，以增强国际仲裁各方选择埃及作为仲裁地的信心。①

2. 仲裁员的选任

《埃及仲裁法》规定仲裁庭必须由奇数名仲裁员组成。②关于仲裁员的选任，当事人可以按照其约定的方式和期限进行选定。根据《埃及仲裁法》第 17 条，如果仲裁庭是由独任仲裁员组成，则根据任何一方当事人请求，由主管法院③指定仲裁员；如果仲裁庭由三名仲裁员组成，则先由双方各选定一名仲裁员，选定的两名仲裁员再指定第三名仲裁员。一方当事人在另一方要求其选定仲裁员后 30 日内未选定的，或者两名选定的仲裁员在双方最后一次选定之日起 30 日内未就第三名仲裁员达成协议的，由主管法院根据一方当事人的请求进行指定。由两名仲裁员选定或者主管法院指定的仲裁员担任首席仲裁员。这些规定也适用于三名以上的仲裁员组成的仲裁庭。

如果任何一方当事人违反约定的选定仲裁员的程序，或者两个被选定的仲裁员在对于仲裁员选任的同意程序上无法达成一致，亦或者第三方未能根据其受委托的内容在仲裁员选任上发挥作用，那么法院应当开展相关选任程序或者根据任何一方当事人的请求选任仲裁员，除非协议通过其他方式选任仲裁员。

3. 对仲裁员的异议

仲裁员在选定之后可以被提出异议。《埃及仲裁法》规定仲裁员只有在其公正性或者独立性受到严重怀疑时，才可以被提出异议。④但是其并没有对公正性和独立性这两种情况受到严重怀疑的定义或情形进行界定。

---

① Court of Cassation, Commercial and Economic Circuit, Challenge No. 13892 of JY 81, Hearing session dated 22 February 2022.

② 《埃及仲裁法》第 15 条。

③ 《埃及仲裁法》第 9 条规定："审查本法向埃及司法机构提及的仲裁事项的管辖权在于对该争议具有最初管辖权的法院。但对于国际商事仲裁，无论是在埃及还是在埃及国外进行，管辖权在于开罗上诉法院，除非双方同意埃及另一个上诉法院的管辖权。"本文提及的"主管法院"即指第 9 条所称的法院。

④ 《埃及仲裁法》第 18 条第 1 款。

埃及法院针对仲裁员和仲裁裁决因有关披露、公正和独立的义务而被提出的异议作出了大量的判决。其中，独立原则与情感无关，而与实际的法律立场有关，这个立场应能够被客观地进行评估。开罗上诉法院对独立①和公正②进行了定义，并进一步被其他法院所支持和应用。③

除此之外，当事人不得对自己选定的仲裁员提出异议，除非该当事人是在选定之后才知道存在可以提出异议的情形。④对仲裁员的异议请求应在提出异议的一方知道仲裁庭的组成或知道提出异议的理由之日起 15 日内以书面形式提交仲裁庭，其请求应包括提出异议的理由。除非被提出异议的仲裁员自提出请求之日起 15 日内回避，否则该请求不另行收费，而送交主管法院作出裁判并不得上诉。当事人曾在同一仲裁中对同一仲裁员提出异议的，仲裁庭不予受理。当事人提出异议不会导致仲裁程序的中止。如果对仲裁员的异议成立，已经进行的仲裁程序包括仲裁裁决，都将视作无效。⑤

4. 仲裁庭的权限

关于仲裁庭的权限，《埃及仲裁法》明确认可了管辖权规则，即仲裁庭有权对与其缺乏管辖权有关的异议作出裁决，包括决定仲裁协议不存在、已废止、该协议无效或该协议不包括争议标的的异议。⑥

当事人对上述请求必须在不迟于答辩状期间提出。若当事人已经选定仲裁员或者参与到仲裁员的选定程序中的事实，不能阻止该当事人提出上

---

① Cairo Court of Appeal，91 Commercial Circuit，Appeal No.1 of JY 120，Hearing session dated 29 April 2003.

② Cairo Court of Appeal，91 Commercial Circuit，Appeal No.78 of JY 120，Hearing session dated 30 March 2004.

③ Cairo Court of Appeal，7th Commercial Circuit，Appeal No.1 of JY 130，Hearing session dated 3 June 2013；Cairo Court of Appeal，18th Commercial Circuit，Appeal No.92 of JY 135，Hearing session dated 12 January 2019；Cairo Court of Appeal，3rd Commercial Circuit，Appeal No.42 of JY 136，Hearing session dated 8 March 2021；Court of Cassation，Commercial and Economic Circuit，Challenge No.13892 of JY 81，Hearing session dated 22 February 2022.

④ 《埃及仲裁法》第 18 条第 2 款。

⑤ 《埃及仲裁法》第 19 条。

⑥ 《埃及仲裁法》第 22 条第 1 款。

述请求。如果当事人提出所涉争议不在仲裁协议范围之内，此类请求须立即提出，否则仲裁庭将不予接受。[①]仲裁庭可以将这些问题作为先决问题，在作出最终裁决之前作出决定，也可以将这类问题在最终裁决中一并处理。如果仲裁庭将上述问题作为先决问题处理，驳回了当事人的请求，当事人只能在请求撤销仲裁裁决的诉讼中对仲裁庭的上述决定提出异议。[②]

此外，《埃及仲裁法》第24条规定双方当事人可以事先达成协议向仲裁庭授权，仲裁庭可以根据任何一方的请求，决定下令对争议标的采取必要的临时或保护措施，并要求任何一方提供足够的担保，以支付采取措施所需的费用。被裁定人不执行相关命令的，仲裁庭根据另一方当事人的请求，可以授权另一方当事人办理执行命令所必需的程序。除此之外，关于采取临时或保全措施的权力，《埃及仲裁法》第14条规定埃及对案件有管辖权的法院也可以在仲裁程序开始前或者仲裁程序期间，应任何一方当事人的请求，采取临时或保全措施。

（四）仲裁程序

1. 仲裁程序的一般规定

《埃及仲裁法》规定的程序规则大多不是强制性的，当事人可以通过协议来选择适用的程序规则、仲裁开始的时间、仲裁地点、仲裁语言等，给予了当事人充分的意思自治。仲裁双方可以自由商定仲裁庭应当遵循的程序，可以采用埃及国内或者国外任何仲裁机构或者仲裁中心的仲裁规则。没有协议选择的，仲裁庭可以按照《埃及仲裁法》的规定，采取其认为适当的仲裁程序。[③]《埃及仲裁法》第26条还特别规定，仲裁双方应受到平等对待，并应给予双方平等和充分的机会陈述自己的观点。

2. 仲裁文书的提交

仲裁申请人应当在双方约定或者仲裁庭确定的期限内，向被申请人和

---

① 《埃及仲裁法》第22条第2款。
② 《埃及仲裁法》第22条第3款。
③ 《埃及仲裁法》第25条。

仲裁员送交仲裁申请书，内容应当包括申请人的姓名、地址、被申请人的姓名、地址、对案件事实的说明、对争议标的的认定、所寻求的救济以及双方当事人在协议中约定在仲裁申请书中应当提出的其他事项。申请人无充分理由不依照前述规定提交请求书的，仲裁庭应当终止仲裁程序，但当事人另有约定的除外。①

被申请人应当在双方当事人约定或者仲裁庭确定的期限内，向申请人和仲裁员分别送达答辩书，其在该答辩书中载明与争议主要标的有关的任何附带请求等。②被申请人未依照前述规定提交答辩书的，除当事人另有约定外，应当继续进行仲裁程序，且仲裁庭不得将被申请人的行为视为被申请人承认申请人的请求。

一方当事人向仲裁庭提交的所有备忘录、陈述、文件或其他资料均应送交另一方当事人。同样，任何可能提交仲裁庭的材料，如专家报告、证据文件或其他证据要素，均应送交各当事人。③在仲裁程序进行过程中，任何一方均可修改或补充其提交的材料或支持性论据，除非仲裁庭为避免延误裁决而认为不适当。④

3. 仲裁庭审程序

就案件的实体问题进行庭审程序并不是强制性的，但在实践中，如果一方当事人要求开庭，仲裁庭在有理由或者认为正当的情况下应当采用口头辩论的程序。根据《埃及仲裁法》第33条，只要各方当事人没有特别约定，仲裁庭可以仅根据当事人提交的书面材料等进行仲裁程序。若无另外约定，仲裁庭必须对庭审进行笔录，并将笔录送达双方当事人。

此外，《埃及仲裁法》并没有禁止在线庭审，并根据当事人的协议或者适用的仲裁规则将其留给仲裁庭自由裁量。实际上，在新冠疫情之前，在线庭审就已经开始进行，但疫情之后由于相关的限制措施，在线庭审的

---

① 《埃及仲裁法》第30条第1款、第34条第1款。
② 《埃及仲裁法》第30条第2款。
③ 《埃及仲裁法》第31条。
④ 《埃及仲裁法》第32条。

数量有所增加。①在机构仲裁方面，开罗区域国际商事仲裁中心授权仲裁庭决定适用其认为适当的程序进行仲裁。②2020 年埃及最高上诉法院和 2022 年开罗上诉法院也明确承认，由于新冠疫情，全球仲裁中在线庭审的使用越来越多，并在最近的裁决中明确提到了"虚拟庭审"一词，从这个角度可以看出在线庭审与《埃及仲裁法》是相契合的。③

4. 证据规则

《埃及仲裁法》并未规定仲裁员在举证方面的权力，只是赋予仲裁员要求提供支持当事人请求的文件原件的权力。④证据通常由每一方举证以支持其主张或辩护，《埃及仲裁法》只载有一些关于证人、当事人选定的和法庭指定的专家以及书面证据的一般规定。

与大多数阿拉伯国家的仲裁法一样，《埃及仲裁法》对仲裁庭调查取证作了两个限制：一是仲裁庭不能强迫证人出庭作证，也不能下令让未出庭作证的证人缴纳罚金；二是仲裁庭不能下令组建调查委员会。仲裁庭只能向埃及有管辖权的法院提出请求，由该法院院长作出相应命令。⑤

根据《埃及仲裁法》的规定，仲裁庭可以指定一名或数名专家，就仲裁庭确定的具体问题提出书面报告或口头报告，列入会议的口头记录，并应向各方当事人发送一份关于委托给专家任务的职权范围。各方当事人均应向专家提供与争议有关的一切资料，出示或提供有关文件、物品或其他财产供专家检查，仲裁庭应就专家与当事人之间在这方面产生的争端作出

---

① Mohamed S. Abdel Wahab & Noha Khaled Abdel Rahim, National Report for Egypt (2018 through 2023), ICCA International Handbook on Commercial Arbitration, p.36.

② 《开罗区域国际商事仲裁中心仲裁规则》第 17（1）、28（4）条也明确提供通过视频会议询问证人和专家的可能性。

③ Court of Cassation, Economic and Commercial Circuit, Challenge No.18309 of JY 89, Hearing session dated 27 October 2020; Cairo Court of Appeal, 4th Commercial Circuit, Challenge No.43 of JY 138, Hearing session dated 26 April 2022; Cairo Court of Appeal, 4th Commercial Circuit, Challenge No.53 of JY 138, Hearing session dated 30 May 2022.

④ 《埃及仲裁法》第 30 条第 3 款。

⑤ 朱伟东：《非洲涉外民商事纠纷的多元化解决机制研究》，湘潭大学出版社 2013 年版，第 62 页。

裁决。此外，仲裁庭应在专家报告提交后立即向每一方发送一份报告副本，使每一方都有机会对此发表意见，当事双方均有权审查和审查专家在其报告中所依据的文件。仲裁庭在专家提交报告之后，可以决定主动或者应一方当事人的请求召开会议，听取专家意见，并确保双方当事人有机会听取专家的意见，就专家报告的内容向其提出问题。除非仲裁各方另有约定，各方当事人均可提出一名或者数名专家证人，就仲裁庭制定的专家报告中提出的问题作证。①

（五）仲裁裁决

《埃及仲裁法》对仲裁裁决的法律适用、分类、形式和内容、解释和补正、撤销和执行等均作出了较为细致的规定。仲裁裁决分为三类：临时裁决、部分裁决和最终裁决。②临时裁决处理的是附带事项，例如是否存在有效的仲裁协议，或争议是否具有可仲裁性；部分裁决解决部分争议问题，但并没有终止争议。《埃及仲裁法》对于可以作出部分裁决的情形没有明确规定，但一般可以包括：（1）案件的管辖权或可受理性问题；（2）请求或反请求；（3）确定适用的实体法；（4）确定责任、数量、利息、成本等。通常情况下，有关赔偿责任的确定是在部分或最终裁决中作出的，但在临时裁决中也有可能处理某些责任问题，如提取保证金等，而临时裁决本身并不具有既判力。③最终裁决必须在仲裁程序结束时作出以终止争议。④如果未在当事人约定的期限内作出最终裁决的或者在双方当事人未达成协议的情况下没有在《埃及仲裁法》规定的 18 个月内作出仲裁裁决，主管法院院长可以应一方当事人的请求发布命令以延长期限或者终止仲裁程序。⑤此外，仲裁庭可以根据《埃及仲裁法》的规定对具体案件作出终止仲

---

① 《埃及仲裁法》第 36 条。
② 《埃及仲裁法》第 42 条。
③ Mohamed S. Abdel Wahab & Noha Khaled Abdel Rahim，National Report for Egypt（2018 through 2023），ICCA International Handbook on Commercial Arbitration，pp.48—49.
④ 《埃及仲裁法》第 45 条第 1 款。
⑤ 《埃及仲裁法》第 45 条第 2 款。

裁程序的决定。①

对于仲裁的法律适用，仲裁庭就争议的实体问题应适用双方协议选择的规则。如果双方就某一国家的法律的适用达成协议，则应仅适用该国的实体法规则，而不适用该国的冲突规则，除非当事方另有协议。若未达成协议，则仲裁庭应适用其认为与该争议有最密切联系的法律。除此之外，仲裁庭在作出裁决时还应考虑到争议合同的条款以及适用于该交易的行业惯例。②

根据《埃及仲裁法》的规定，对于当事人之间的争议问题，仲裁庭既可以依法解决，也可以"友好调解人"（amiable compositeur）的身份来解决。仲裁庭只有在当事人明确授权的情况下才能作为"友好调解人"，依据衡平法和公平原则解决争端，而不受法律规定的限制。③

对于仲裁裁决的作出方式，《埃及仲裁法》规定，由一名以上仲裁员组成的仲裁庭，应当按照仲裁庭确定的方式对争议标的进行审理，由多数仲裁员作出裁决，除非当事人另有约定。④如果在仲裁程序中，双方达成解决方案以终止争议，他们可以要求仲裁庭以裁决书的形式记录该解决方案，该裁决书应载明终止仲裁程序的协议条款，其在执行方面与其他仲裁裁决具有同等效力。⑤裁决书应当采用书面形式，由仲裁员签名。仲裁庭由一名以上仲裁员组成的，有过半数仲裁员签字即可，但裁决书应载明少数仲裁员不签字的理由。除非仲裁双方另有约定或者适用于仲裁程序的法律不要求说明理由，仲裁裁决应当写明所依据的理由。裁决书还应当载明当事人的姓名、地址，仲裁员的姓名、地址、国籍、职称，仲裁协议副本，当事人的请求、意见、文件的摘要，裁决书的执行部分，作出裁决书的日

---

① 《埃及仲裁法》第48条第1款。
② 《埃及仲裁法》第39条第1—3款。
③ 《埃及仲裁法》第39条第4款。
④ 《埃及仲裁法》第40条。
⑤ 《埃及仲裁法》第41条。

期、地点，必要时应当载明理由。①

《埃及仲裁法》对仲裁裁决的作出期限也充分给予了当事人意思自治，仲裁庭应当在双方当事人约定的期限内作出终止争议的裁决。如无约定，裁决必须在仲裁程序开始之日起 12 个月内作出。仲裁庭可在任何情况下决定延长期限，但延长的期限不得超过 6 个月，除非当事双方协议延长期限。在规定期限内未作出裁决的，任何一方当事人可以请求主管法院院长裁定延长仲裁期限或者终止仲裁程序。若请求终止仲裁程序，任何一方均可将争议提交给最初有管辖权的法院审理。②

对于仲裁裁决书的送达，《埃及仲裁法》规定仲裁庭应当在裁决书作出之日起 30 天内，将经批准的仲裁员签署的裁决书副本分别送交当事双方。未经仲裁双方同意，不得公布裁决书或裁决书的部分内容。③

同时，《埃及仲裁法》规定了 7 种仲裁裁决无效的事由，基本上与仲裁协议本身无效或者裁决不符合仲裁协议的约定有关，具体包括：（1）没有仲裁协议的，无效或者期限已过的；（2）仲裁协议的任何一方在订立仲裁协议时，根据有关其法律行为能力的法律规定，完全或部分丧失行为能力的；（3）如果仲裁的任何一方因未得到选定仲裁员或仲裁程序的适当通知，或因超出其控制范围的任何其他原因而无法提交其案件；（4）仲裁裁决未适用当事人约定的法律来管辖争议标的的；（5）仲裁庭的组成或者仲裁员的指定与本法或者当事人的协议相冲突的；（6）仲裁裁决涉及不属于仲裁协议范围或者超出本协议范围的。但是，属于仲裁范围的标的可以与裁决书中不属于仲裁范围的部分分开的，无效只涉及不属于仲裁范围的部分；（7）仲裁裁决本身或者影响裁决的仲裁程序有违法行为，造成无效的。除此之外，如果仲裁裁决与埃及的公共政策相冲突，则法院应在法律上撤销该仲裁裁决。④

---

① 《埃及仲裁法》第 43 条。
② 《埃及仲裁法》第 45 条。
③ 《埃及仲裁法》第 44 条。
④ 《埃及仲裁法》第 53 条。

在提出撤销的时效方面，《埃及仲裁法》规定撤销仲裁裁决的诉讼必须在通知被提出仲裁裁决的当事人之日起 90 天内提起。申请人在作出仲裁裁决之前，放弃其请求撤销裁决的权利，不会影响宣告无效诉讼的可受理性。对于撤销仲裁裁决的管辖法院而言，《埃及仲裁法》区分了国际仲裁和国内仲裁，对于国际商事仲裁裁决撤销的管辖权属于《埃及仲裁法》第 9 条所指定的法院，即开罗上诉法院，除非双方同意埃及另一个上诉法院的管辖权。其他仲裁裁决撤销的管辖权在于对案件最初有管辖权的法院的上诉法院。①

（六）仲裁裁决的承认与执行

根据《埃及仲裁法》的规定作出的仲裁裁决具有既判力，可以依法申请强制执行，发布仲裁裁决执行令的管辖权属于主管法院院长或由该院长为此目的授权的该法院成员。②

《埃及仲裁法》还特别强调，提起无效诉讼并不中止仲裁裁决的执行。但如果申请人在其申请中提出请求，且该请求是基于严重理由的，法院可下令中止执行。法院应在就此确定的第一次开庭之日起 60 天内，对中止执行的请求作出裁定。如果下令中止执行，法院可以要求提供特定的担保或货币担保。当法院下令中止执行时，它必须在发出中止令之日起 6 个月内对撤销执行的诉讼作出裁定。③

除此之外，《埃及仲裁法》规定了申请强制执行的时间和条件。强制执行仲裁裁决的申请，在应向法院登记处提起撤销诉讼的期限届满之前，不予受理。对于强制执行的条件，《埃及仲裁法》明确：（1）它与埃及法院以前就争议标的作出的判决不矛盾；（2）没有违反埃及的公共政策；（3）它已被适当通知了被申请方。准许执行的命令不得上诉。但拒绝执行

① 《埃及仲裁法》第 54 条。
② 《埃及仲裁法》第 55、56 条。
③ 《埃及仲裁法》第 57 条。

的命令，可以自下令之日起 30 日内，向主管法院提出申请。①

四、 埃及主要仲裁机构及其仲裁规则的最新发展

仲裁是埃及解决投资和商事纠纷的主要机制，随着越来越多的投资者和商业交易各方最终都会诉诸仲裁以解决产生的纠纷，埃及每年都会采取相关措施和改革，以使埃及与国际仲裁的最佳实践保持一致。在机构仲裁方面，埃及国内主要的仲裁机构是开罗区域国际商事仲裁中心。

除了开罗区域国际商事仲裁中心之外，埃及还新成立有更为专业的机构，如埃及奥林匹克委员会根据 2017 年第 71 号《埃及体育法》的规定于 2017 年成立的埃及体育解决和仲裁中心。埃及奥林匹克委员会在其 2017 年第 88 号决定中发布了关于埃及体育解决和仲裁中心章程的规定，其中规定了在上述中心主持下解决体育争端时应遵循的程序规则。在这方面值得一提的是，几乎所有与体育有关的纠纷都希望通过调解或仲裁来解决，而非提交法院。

另外，埃及国内根据 2019 年第 335 号总统令成立了埃及非银行金融纠纷仲裁和解决中心。作为非营利仲裁中心，其主要作用是通过仲裁、调解和和解促进非银行金融纠纷的解决，以保护受益人的权利并维护非银行金融市场的稳定繁荣。该中心专门仲裁和解决因适用与非银行金融业务有关的法律条款而产生的争议，特别是在非银行金融市场领域工作的公司和实体的合伙人、股东或成员之间产生的争议。根据 2020 年第 2597 号总理法令，该中心发布了章程及其仲裁和调解规则。

（一）作为促进经贸投资争议解决平台的开罗区域国际商事仲裁中心

开罗区域国际商事仲裁中心于 1979 年在亚非法律协商组织的主持下成

---

① 《埃及仲裁法》第 58 条。

立，以执行亚非法律协商组织 1978 年在多哈会议上作出的关于在非洲和亚洲设立区域国际商事仲裁中心的决定，以促进亚非地区的国际商事仲裁活动。该中心为从事贸易、商业和投资的各方提供了一个争端解决体系，根据中心的仲裁、调解和争议委员会规则来提供国际、区域和国内仲裁及其他替代性争端解决机制，包括调解、和解、技术鉴定程序、小型法庭以及申诉审查程序等。

（二）开罗区域国际商事仲裁中心仲裁规则的最新发展

开罗区域国际商事仲裁中心先后在 1995 年、1998 年、2000 年、2002 年、2007 年、2011 年修订了其仲裁规则，以满足当事方的需求，反映国际机构仲裁领域的最佳实践，并试图为全球范围内的仲裁程序提供一个可靠和有效的框架。2024 年中心发布了最新修订版本的《仲裁规则》，于 2024 年 1 月 15 日起正式生效，其修订仍以该中心的《仲裁规则》为基础，仍然为当事人意思自治给予了相当大的空间，并保持了该中心的《仲裁规则》的灵活性。总体来看，《仲裁规则》在内容上更加充实，体现和反映了国际仲裁的最新发展和仲裁当事方在近年来不断变化的需求。

《仲裁规则》中有诸多首次引入的规则，如仲裁的合并、提前驳回申请、紧急仲裁员规则、加速仲裁规则、多项合同以及第三方资助的相关问题。目前，许多国家的国内法以及仲裁机构的仲裁规则已经对其中的合并仲裁、紧急仲裁员规则、第三方资助进行了规定。从这个角度看，开罗区域国际商事仲裁中心对其仲裁规则的修改顺应了国际商事仲裁规则制定与完善的潮流，回应了现实中当事人对纠纷解决机制的需要。

《仲裁规则》完善了技术手段在仲裁中的应用，这不仅体现在当事人可以向仲裁庭提交电子通信手段的传输记录，[①]也体现在仲裁程序的效率和灵活性得到提高，包括仲裁文件的提交（在线仲裁立案程序）、仲裁程序的进行、庭审规则、紧急仲裁员规则和加速仲裁规则。具体而言，《仲裁

---

① 《仲裁规则》第 2（6）条。

规则》规定当事人可以在开罗区域国际商事仲裁中心网站上在线提交仲裁申请和对仲裁申请进行答辩;①仲裁庭在考虑到各方当事人的意见和案件的实际情况之后,可以利用其认为适当的任何技术手段进行仲裁程序;②仲裁庭经与各方当事人协商后,可决定亲自开庭、通过远程视频会议或其他适当方式开庭或以混合形式开庭;③《紧急仲裁员规则》规定,考虑到紧急仲裁程序固有的紧迫性,紧急仲裁员可以以其认为适当的方式进行仲裁程序,要确保每一方当事人都有合理的机会就紧急申请进行陈述;④《加速仲裁规则》也有相同规定。⑤国际仲裁当事人在地理距离上可能相隔甚远,使用线上等手段进行仲裁程序,既不会影响到原有传统的仲裁流程,也使案件能够依流程完成仲裁程序,也为当事人参加仲裁程序提供了便利。

在仲裁员方面,《仲裁规则》作出了一些新颖和细致的规定。根据《仲裁规则》第 9 (3) 条,在选定独任仲裁员时,新增了一个反映包括"多样性"(diversity)在内的因素,从该规定可以看出开罗区域国际商事仲裁中心对仲裁裁决作出的公正性提出了更为严格的要求和保障,提升其作为国际商事仲裁中心的竞争力。除此之外,仲裁员的选任只有在仲裁员接受其任务后才算完成。预期仲裁员 (the prospective arbitrator) 应在收到其提名通知后一周内提交一份书面声明,确认其接受提名、随时待命,并保证公正和独立。仲裁员接受其任务即应该遵守《仲裁规则》,中心应向各方当事人和其他仲裁员发送一份接受性、可用性、公正性和独立性声明的副本。⑥大多数国际商事仲裁机构只要求在有可能影响公正独立等需要回避的情形时才需要提交声明,而《仲裁规则》不仅提高了仲裁员在公正、独立方面的形式要求,而且也体现了埃及传统的纠纷解决和仲裁实践特点。

---

① 《仲裁规则》第 3 (6)、4 (4) 条。
② 《仲裁规则》第 17 (3) 条。
③ 《仲裁规则》第 28 (2) 条。
④ 《紧急仲裁员规则》第 7 条。
⑤ 《加速仲裁规则》第 3 (2) 条。
⑥ 《仲裁规则》第 12 (1) 条。

《仲裁规则》对仲裁裁决的规定也值得关注，尤其是对裁决形式的审查。新增加的第34（5）条要求仲裁庭应将裁决书草案送交中心审查其形式，以维护仲裁裁决的神圣性，避免因程序问题被法院撤销，尽可能保证仲裁庭的裁决能够被承认和执行。

五、 多元化纠纷解决机制在埃及的发展趋势

埃及在中东地区地理位置独特、人口众多，这使其成为实施调解等替代性争端解决机制（ADR）的理想国家。在埃及建立和支持友好的调解文化有利于埃及在当地和国际上获得利益，也有利于解决阿拉伯国家之间因商事投资活动而引起的冲突。

根据世界银行《2020年营商环境报告》，在执行商业合同的效率、通过法院解决商业争议的效果方面，埃及在全球190个国家中排名第166位。在埃及通过法院执行一个合同平均需要1 010天，[①]执行一个合同的成本（占索赔的百分比）为26.2%。[②]因此，开罗区域国际商事仲裁中心、埃及司法部和投资部以及埃及律师协会长期以来关注并促进埃及在中东和北非的地位并使该地区的替代性争端解决机制制度化，从而使法律体系现代化以改善投资环境。在世界银行的指导下，埃及努力提高其经济地位，并采取各种措施吸引外国投资者，许多正在进行的重大国家项目就能够说明这一点。例如，埃及新首都和新苏伊士运河的建设，此类项目都需要有争端预防和解决程序。

然而，现阶段在埃及运用替代性争端解决机制还存在一些问题。埃及法院的问题在于其效率低下，由此导致国际商事合同的执行缓慢而繁琐，其面临的主要挑战包括法官短缺、案件量大、了解替代性争端解决机制或受过这方面培训的法官很少、法院缺乏透明度、记录系统陈旧（开罗以外

---

① 在中国需要496天，在法国需要447天，在英国需要437天。
② 中国为16.2%，法国为17.4%，英国为45.7%。

的法院很少有计算机记录系统）以及缺乏使替代性争端解决机制可行的法律基础设施。

与此同时，在埃及实施替代性争端解决机制也要考虑到宗教的作用。埃及是一个非常宗教化的社会，90％左右的人口是逊尼派穆斯林（其余约10％的人口大多是科普特基督徒）。由于伊斯兰教在埃及的社会、文化中占主导地位，因此引入替代性争端解决机制的方式必须强调其与伊斯兰教的和谐。类似的情况比如美国的基督教调解服务机构利用《圣经》中的诗句来合法使用调解解决基督徒之间的冲突，埃及的穆斯林可能也需要通过《古兰经》中的诗句来证明替代性争端解决机制的使用是合理的，以帮助民众在文化上接受调解等方式解决争议。如果普通埃及公众将替代性争端解决机制视为"西方发明"，那么说服他们相信其合法性将困难得多。实际上，如前文所述，《古兰经》和伊斯兰教法中都可以找到替代性争端解决机制原则，通过这种方式人们更有可能信服并采用调解等替代性争端解决机制方式解决纠纷。

六、 结论与展望

埃及从古代仲裁实践中就对仲裁员的雏形哈卡姆有着公正独立的要求，并要求其提供一份接受仲裁事务的担保，这在其他国家的仲裁法中并不常见，埃及直到1994年颁布《埃及仲裁法》时也规定了这项要求，这不论是与仲裁制度本身对仲裁员的要求，还是与当代国际商事仲裁的理念，都是相一致的。埃及仲裁同样坚持仲裁中当事人意思自治的原则，但需要注意的是，同埃及公共部门订立或者受公法调整、涉及公共服务的行政合同具有特殊性，其仲裁条款应当经过批准，否则无效。另外，从《埃及仲裁法》和埃及仲裁实践中不难发现，即便是当事方约定通过仲裁的方式解决争议，但在很多情况下也需要由法院对与仲裁有关的事项进行管辖。并且，即使埃及法律下没有严格的先例原则，仲裁仍要在很大程度上参考埃及法院的判例。最后，埃及随着逐渐认识到国际商事仲裁在引进外资等方面的重要作用，设立了诸多仲裁机构，并修改制定了更顺应现代当事人需求、更符合国际商事仲裁最佳实践的仲裁规则，对于日益增加的商事争端解决方式的需求，替代性争端解决机制在埃及仍有较大的发展空间，但面临着效率、宗教等方面的影响和挑战。

国际民航组织理事会争端解决实践中的问题与思考
——写于《芝加哥公约》诞生 80 周年之际

■ 郑　派　党思琛*

【摘要】1944 年《国际民用航空公约》为全球和平、安全和有序开展国际航空运输活动奠定了坚实的法律基础。在争端解决方面，《公约》规定了国际民航组织理事会裁决缔约国间特定争端的"准司法"职能，但该职能的实践效果不甚理想。本文在介绍理事会争端裁决程序与裁决上诉程序的基础上，结合理事会争端解决实例，依次分析理事会的争端受理范围问题、理事会的准司法职能争议和理事会的表决规则缺陷，指出理事会存在准司法职能与行政职能的事项范围重叠问题和争端受理范围"延伸"争议，理事会履行准司法职能存在"常态化谦抑"和"正当性质疑"，以及理事会表决规则中的"过半数"要求存在解释歧见与实践困境等问题，同时研讨理事会争端解决难题的成因与症结。

【关键词】芝加哥公约　国际民航组织理事会　争端解决　准司法职能
表决规则

* 郑派，华东政法大学国际法学院讲师，法学博士，硕士生导师；党思琛，华东政法大学国际法学院 2023 级硕士研究生。

一、 引言

1944 年由 52 国签署并于美国芝加哥通过的《国际民用航空公约》(简称《芝加哥公约》)①将于 2024 年 12 月 7 日迎来它的 80 周年华诞。这一从 20 世纪中叶穿行至今、影响深远的多边国际公约，为第二次世界大战后全球和平、安全和有序开展国际空中航行活动和经营国际航空运输业务奠定了法律基础。如今，《公约》已有包括我国在内的 193 个当事国，影响力几乎遍及全球。《芝加哥公约》不仅是国际航空法的"宪章"文件，②也是人类历史上最为成功的国际条约之一。根据《公约》设立的联合国专门机构——国际民用航空组织（ICAO，简称"国际民航组织"）③——为各国促进和发展国际航空运输活动构建了合作和协调的有效平台，通过促进各国就国际民用航空领域的标准、建议措施和政策达成一致来支持一个安全、高效、经济可持续和对环境负责的全球民用航空业，使全球航空网络中每天数万余架次的航班在世界各地安全可靠地运行和运营。④

国际民航组织下设大会、理事会和秘书处等机构。其中，国际民航组织理事会（ICAO Council，简称理事会）发挥着至关重要的作用。作为向国际民航组织大会（ICAO Assembly，简称大会）负责的常设机构，理事会由 36 个理事国组成，其由大会 193 个国际民航组织成员国选举产生，每 3 年为一任期。理事会是执行国际民航组织政策的常设机构，不仅负责召开大会、任命国际民航组织秘书长，也负责就国际民用航空的现行优先事

---

① Convention on International Civil Aviation（entered into force 4 Apr. 1947）15 UNTS 295.

② 邹瑜、顾明主编：《法学大辞典》，中国政法大学出版社 1991 年版，第 960 页。

③ 国际民航组织的前身为临时国际民用航空组织（PICAO）。See Michael Milde，New Headquarters Agreement between ICAO and Canada，17 Annals of Air and Space Law 305 (1992)，p.305.

④ See ICAO, Strategic Objectives, https://www.icao.int/about-icao/Council/Pages/Strategic-Objectives.aspx（accessed 28 May 2024）；See also, ICAO, How ICAO Develops Standards, https://www.icao.int/about-icao/AirNavigationCommission/Pages/how-icao-develops-standards.aspx（accessed 28 May 2024）.

项、政策和目标寻求外交和技术共识，决定了国际民航组织的工作方向、使命和愿景。①

尤为特殊的是，理事会具有的一大职能是根据需要适时通过和修订《芝加哥公约》的 19 个附件，即超过 1.2 万项动态调整的标准和建议措施（SARPs）。②其中，理事会通过的标准对各缔约国具有法律约束力，除非一国向理事会递交通知说明其国内法规与实践背离标准的具体情况。③理事会承担的这一政府间国际组织制定"次级法律"的职能，通常被称作"准立法"职能。④鉴于大会在国际民航组织的准立法职能方面几乎不具备任何实质性权力，⑤被称为国际民航组织"俱乐部"⑥的理事会被部分学者认为是国际民航组织中最具权力的机构。⑦通过长期的探索、调整和完善，理事会的准立法职能已在实践中取得公认且成效显著。

更为特殊的是，理事会同时还具有部分"准司法"职能，⑧即有权对缔约国之间涉及《芝加哥公约》及其 19 个附件、1944 年《国际航班过境协定》（简称《过境协定》）和 1944 年《国际航空运输协定》（简称《运输协定》）的解释或适用分歧进行审议，并作出具有约束力的裁决。⑨不过，与

---

① See ICAO, The ICAO Council, https://www.icao.int/about-icao/Council/Pages/Council.aspx（accessed 28 May 2024）.

② 《芝加哥公约》第 37 条（国际标准及程序的采用）、第 54 条（理事会必须履行的职能）第（l）款和第 90 条（附件的通过和修正）。

③ 《芝加哥公约》第 38 条（背离国际标准和程序）。

④ See Ruwantissa Abeyratne, Convention on International Civil Aviation: A Commentary, Switzerland: Springer, 2014, pp.424—425; See also, Michael Milde, International Air Law and ICAO, 3rd ed., The Netherlands: Eleven International Publishing, 2016, pp.97, 151.

⑤ See ICAO, Powers and Duties of the ICAO Assembly, https://www.icao.int/about-icao/assembly/Pages/powers-and-duties.aspx（accessed 28 May 2024）; See also, Peter Ateh-Afac Fossungu, The ICAO Assembly: The Most Unsupreme of Supreme Organs in the United Nations System—A Critical Analysis of Assembly Sessions, 26 Transportation Law Journal 1 (1998), p.2.

⑥ Luping Zhang, The Resolution of Inter-State Disputes in Civil Aviation, Oxford: Oxford University Press, 2022, p.42.

⑦ See Christopher T. Tourtellot, Membership Criteria for the ICAO Council: A Proposal for Reform, 11 Denver Journal of International Law and Policy 51 (1981), p.52.

⑧ See Michael Milde, supra note 8, p.151.

⑨ 《芝加哥公约》第 84 条（争端的解决）、《过境协定》第 2 条第 2 节和《运输协定》第 4 条第 3 节。

其在准立法职能方面取得的成就相比，理事会在准司法职能的行使方面确实不甚理想。在公约缔结后的近 80 年中，理事会的争端解决职能并未得到各缔约国的广泛运用和认可，反而随着实践发展陷入波折不断、异议频发的窘境。部分缔约国或明确表达对理事会解决争端的不满，或有意规避理事会的争端解决程序，且这一现象在晚近实践中亦属典型。

在此背景下，本文旨在介绍《芝加哥公约》下争端解决机制的基础上，研讨理事会争端解决实践中面临的主要问题，具体表现为以下三个方面：一是理事会的争端受理范围问题；二是理事会的准司法职能争议；三是理事会履行争端解决职能时的表决规则缺陷。为了更好地履行理事会在《公约》第 18 章下的准司法职能，国际民航组织于 2019 年 5 月成立了理事会《解决分歧规则》审查工作组（简称工作组）。我国作为理事会的一类理事国和工作组成员国之一，在协助修订《解决分歧规则》之际[1]适时研究和明确理事会争端解决实践中面临的问题与困境，有助于"深度参与民航国际公约的制定修订"，以期"与民航国际公约和国际惯例有效对接，推动我国民航标准国际化，增强在国际民航事务中的话语权和影响力"。[2]

二、《芝加哥公约》下的争端解决机制

（一）理事会的争端裁决程序

《芝加哥公约》第 18 章（争端和违约）第 84—88 条规定了涉及公约履行的争端解决机制，包括理事会的争端裁决程序和针对理事会裁决的上诉程序。《公约》第 84 条（争端的解决）首句规定："如两个或两个以上缔约

---

[1]　See ICAO Working Paper，Legal Committee—38th Session（Virtual Meeting，22 to 25 March 2022），LC/38-WP/2-1，Agenda Item 2：Consideration of the General Work Programme of the Legal Committee，p.1.

[2]　中国民用航空局：《加强民航法治建设若干意见》，https://www.ccaonline.cn/wp-content/uploads/2018/01/7e3070a000d1b6f85505.pdf，2024-05-28。

国对本公约及其附件的解释或适用发生争议，而不能协商解决时，经任何与争议有关的一国申请，应由理事会裁决。"此外，根据《过境协定》第 2 条第 2 节和《运输协定》第 4 条第 3 节，若两个或两个以上缔约国对《过境协定》和《运输协定》的解释和适用发生争议而不能通过协商解决时，《芝加哥公约》第 18 章下的争端解决机制同样适用于《过境协定》和《运输协定》下的争端解决。此外，根据《公约》第 84 条第 2 句，在符合条件的理事会裁决程序中，若相关理事国是争端一方，则此类理事国在理事会审议时不得参加表决。

据此，理事会具有受理特定争议的准司法职能，但需要满足下述四项条件：第一，两个或数个《芝加哥公约》的缔约国、两个或数个《过境协定》的缔约国或两个或数个《运输协定》的缔约国之间发生争议；第二，该争议需要关于《芝加哥公约》及其附件的解释或适用，或关于《过境协定》或《运输协定》的解释或适用；第三，该争议在缔约国之间已经开展协商但不能协商解决；第四，与争议有关的任一缔约国需向理事会提出审理争议的申请。

针对第一项条件，尽管公约第 84 条标题中提及"争端"（dispute），却并未在具体条款中使用和定义术语"争端"，而是以术语"争议"（disagreement，又译作"分歧"）取而代之。对于国际法语境下"争端"的含义，常设国际法院在 1924 年"马弗罗玛提斯巴勒斯坦特许权案（希腊诉美国）"中作出过清晰说明："争端系双方之间在法律或事实上的争议（disagreement），一种在法律观点或利益上的冲突（conflict）。"①可见，一般国际法中的术语"争端"与"争议"可大体作同义解释，在《芝加哥公约》未对两项术语明确定义的情形下，这一结论也应适用于《芝加哥公约》的争端解决机制。②本文在一般语境下均使用术语"争端"，在引述的相关条

---

① See Case of the Mavrommatis Palestine Concessions（Greece v. United States），Publications of the Permanent Court of International Justice，Series A，No.2，30 Aug. 1924，p.11.

② See Luping Zhang，The Middle East Air Blockade: Revisiting the Jurisdictional Inquiry of the ICAO Council，46 Air and Space Law 135（2021），p.136.

文本身使用术语"争议"或提及具体案件中的分歧时，使用术语"争议"或"分歧"。

针对第二项条件，理事会有权裁决的争议范围需要"有关"（relating to，又译作"涉及"）《芝加哥公约》及其 19 个附件、①《过境协定》或《运输协定》的"解释"或"适用"。根据《布莱克法律词典》，术语"解释"（interpretation）是指"确定某事物——尤指法律或法律文件——含义的过程"和"辨明词语之含义或意图的其他表达";②而术语"适用"（apply/application）是指"根据事实适用法律"。③《公约》约文措辞"有关"意味着理事会有权受理的争端并不一定严格限于相关《公约》约文的解释与适用，而是也可能涵盖涉及相关《公约》约文解释与适用的源自一般国际法——尤其是习惯国际法——的争议。这也导致"争端受理范围"成为理事会争端解决实践中面临的难点问题之一。

针对第三项条件，根据理事会 1957 年通过、1975 年修订的《解决分歧规则》④ 第 2 条第 1 款第 （g） 项，向理事会提出争端解决的任何缔约国应提交一份申请书并附一份书状，其中应当载有"当事双方为解决争议进行过协商但未能成功的声明"。据此，理事会受理争议需同时满足"已经开展协商"和"不能协商解决"两项程序要求，其构成理事会有权受理争议的前置条件。在 2020 年"根据《国际民用航空公约》第 84 条有关国际民航组织理事会管辖权的上诉案（巴林、埃及、沙特和阿联酋诉卡塔尔案）"（简称海湾四国上诉案)⑤ 中，国际法院 （ICJ） 指出，"已经开展协

---

① See ICAO，SARPs—Standards and Recommended Practices，https://www.icao.int/safety/safetymanagement/pages/sarps.aspx （accessed 28 May 2024).

② Bryan A. Garner，Black's Law Dictionary，9th ed.，United States：West Publishing，2009，p.894.

③ Ibid.，p.116.

④ See ICAO Council，Rules for the Settlement of Differences （approved on 9 Apr. 1957，amended on 10 Nov. 1975），Doc 7782/2.

⑤ Appeal relating to the Jurisdiction of the ICAO Council under Article 84 of the Convention on International Civil Aviation （Bahrain，Egypt，Saudi Arabia and United Arab Emirates v. Qatar），Judgment，ICJ Reports 2020，p.81.

商"的认定标准是争端各国间存在通过外交途径或通过国际组织进行协商或交换意见的善意表示，而"不能协商解决"应被理解为"进一步协商不具有解决争议的合理可能性"而非"理论上不存在协商成功的可能"。国际法院认为，争端各国协商或交换意见之后，立场和态度未发生实质性变化，该争议即符合《公约》要求的"不能协商解决"。①

另外，根据《解决分歧规则》第 14 条第 1 款，若理事会认为协商解决争端（dispute）或缩小争点（issue）范围的可能性尚未用尽，则理事会可在《解决分歧规则》第 15 条第 4 款所指的理事会会议开始前的任何时间，邀请争端各国进行直接协商。在此基础上，《解决分歧规则》第 14 条第 3款规定："在有关各方同意的情况下，理事会可以提供任何可能促进协商的协助，包括指定某一人员或一组人员在协商期间担任调解人。"将协商作为启动理事会争端裁决程序的前置程序，体现了《芝加哥公约》序言所载的"避免各国之间和人民之间的摩擦并促进其合作"之精神，②亦体现了习惯国际法中的国际合作原则。

针对第四项条件，理事会的争端裁决程序需由争端各国中的任意一方提起申请，但并不以争端相对方的同意为前提。根据国际民航组织前高级法律官员、航空法专家茹万蒂萨·阿贝拉特尼（Ruwantissa Abeyratne）的观点，约文措辞中的"应"（shall）为理事会在启动争端解决程序的决定权方面注入了"强制性"③，意味着争端各国无权通过约定或其他方式排除理事会对适格争端的管辖权。

（二）针对理事会裁决的上诉程序

若争端各国中有缔约国不服理事会作出的"裁决"（decision，又译作

---

① 郑派、周昊：《海湾国家禁飞纠纷的国际法分析》，《北京理工大学学报》（社会科学版）2022 年第 5 期。

② See Roman Sankovych, ICAO Dispute Resolution Mechanism: Deepening the Current Framework in Lieu of a New One, 16 Issues in Aviation Law and Policy 319 (2017), p.324.

③ Ruwantissa Abeyratne, supra note 8, p.663.

"决定"），《芝加哥公约》下的争端解决机制设计了两种后续上诉程序供该缔约国选择。其一，根据《公约》第 84 条第 3 句和第 85 条（仲裁程序），缔约国可针对理事会裁决选择向争端他方同意的"特设仲裁庭"（*ad hoc* arbitral tribunal，又译作"临时仲裁庭"）上诉——该特设仲裁庭应根据《公约》第 85 条的规定组成，决定其自身的议事程序，并以多数票作出裁决；但理事会若认为存在任何过分延迟情形，有权对程序问题作出决定。①其二，缔约国可以根据《公约》第 84 条第 3 句，选择向常设国际法院（PCIJ），即目前的国际法院上诉。

《公约》第 86 条（上诉）明确特设仲裁庭作出的裁决和国际法院作出的判决"应为最终裁定并具有约束力"，并规定了上诉期间理事会裁决的法律效力：除非理事会另有决定，理事会对"一国际空运企业的经营是否符合《芝加哥公约》规定的任何裁决"，未经特设仲裁庭或国际法院上诉程序撤销，应当仍然保持有效；针对"任何其他事项"，理事会裁决一经上诉，"在上诉裁定作出之前"，该理事会裁决应暂停有效。可见，理事会裁决对于争端各国的约束力相对有限，不服理事会裁决的缔约国不仅可以通过与争端另一方合意提起仲裁上诉程序来暂停理事会裁决的约束力，甚至可以选择通过单方向国际法院提起上诉程序来暂停理事会裁决的约束力。

此外，根据上诉程序作出的最终裁定具有一定的法律制裁效力。根据《公约》第 87 条（对空运企业不遵守规定的处罚），若理事会认为一缔约国的空运企业未遵守根据上诉程序作出的最终裁定时，各缔约国承允"不准该空运企业在其领土之上的空气空间飞行"。而根据《公约》第 88 条（对缔约国不遵守规定的处罚），大会对违反公约争端解决机制——即《公约》第 18 章第 84—88 条——规定的任何缔约国，应暂停其在大会和理事会的表决权。

概言之，针对缔约国之间有关《芝加哥公约》《过境协定》和《运输

---

① 参见《芝加哥公约》第 85 条（仲裁程序）。

协定》解释或适用的争议，《芝加哥公约》下的争端解决机制主要包括理事会的争端裁决程序和针对理事会裁决的上诉程序，并围绕这两种程序形成了一套"完整的航空法律争端裁判体系"：①首先，应由缔约国之间先行协商解决争议；其次，若不能协商解决争议则应由理事会作出裁决；第三，若不服理事会裁决，可选择继续由特设仲裁庭或国际法院受理上诉并作出有约束力的最终裁定。鉴于上诉程序方面的实践问题并非本文研究重点，下文将主要围绕理事会争端裁决程序在实践中产生的争议问题展开论述。

三、 国际民航组织理事会的争端受理范围问题

（一）理事会履行准司法职能与行政职能存在事项范围重叠问题

《芝加哥公约》表明，理事履行公约赋予其准司法职能与行政职能时，可能引发"争端受理范围"与"行政职能范围"的事项范围重叠问题。具体而言，在准司法职能方面，根据《公约》第84条首句，理事会有权受理"与公约及其附件的解释或适用有关的争议"；而在行政职能方面，根据《公约》第 54 条（理事会必须履行的职能）第（n）款，理事会应"审议任何缔约国向理事会提出的关于本公约的任何事项"，并有权就缔约国提交的事项作出决定和建议。②依《条约》解释之通则，③《公约》第 84条规定的"与公约及其附件的解释或适用有关的争议"可能同时属于《公约》第 54 条第（n）款所指的"任何事项"。④

例如，实践中理事会曾根据《芝加哥公约》第 54 条第（n）款，就巴

---

① 周亚光：《国际民用航空组织争端解决机制司法化改革论析》，《法律科学》2020 年第 1 期。

② See Ruwantissa Abeyratne, supra note 8, p.577.

③ 《维也纳条约法公约》第 31 条（解释之通则）。

④ See Ruwantissa Abeyratne, supra note 8, pp.665—666.

基斯坦于 1950 年提出的关于《过境协定》的缔约国是否有权要求其他《过境协定》缔约国的定期国际航空运输在不经停地飞越其领土之前获得其许可的相关问题进行审议，并发表咨询意见。①就此问题，"国际航空法之父"、著名国际法学家郑斌（Bin Cheng）教授认为，与《过境协定》有关的问题并不属于与《芝加哥公约》解释和适用有关的事项，缔约国援引《芝加哥公约》第 55 条第 3 款②或第 66 条③——而非第 54 条第（n）款——或更为妥当。④不过，无论对"与《芝加哥公约》解释或适用有关的事项"作何种解释与限定，理论上理事会在《芝加哥公约》第 84 条下的争端受理范围与其在《公约》第 54 条第（n）款下的行政职能事项范围都可能存在重合问题。我国航空法学者周亚光称之为"冲突"问题。⑤

鉴于《公约》第 54 条第（n）款并未扩大或变更《公约》第 84 条规定的争端受理范围，任一缔约国不应以相关争议属于第 54 条第（n）款规定的"关于本公约的任何事项"为由，申请由理事会根据《公约》第 84 条下的准司法程序受理缔约国之间的争端。在 2017 年"卡塔尔和埃及、巴林、沙特、阿联酋案"（简称"卡塔尔和海湾四国案"）和 2017 年"卡塔尔和埃及、巴林、阿联酋案"（简称"卡塔尔和海湾三国案"）中，在争端解决程序正式启动前的理事会特别会议上，阿联酋代表在其发言中敦促理事会区分其根据《公约》第 54 条第（n）款和根据第 84 条承担的不同职权。作为回应，理事会主席在特别会议期间区分了理事会根据《公约》第 54 条

---

① See Bin Cheng, The Law of International Air Transport, London: Stevens & Sons limited; New York: Oceana Publications, 1962, pp.99—100.

② 《芝加哥公约》第 55 条（理事会可以行使的职能）第 3 款：理事会可以"对具有国际意义的航空运输和空中航行的一切方面进行研究，将研究结果通知各缔约国，并促进缔约国之间交换有关航空运输和空中航行的资料"。

③ 《芝加哥公约》第 66 条（关于其他协定的职能）："一、本组织并应根据 1944 年 12 月 7 日在芝加哥订立的国际航班过境协定和国际航空运输协定所规定的条款和条件，履行该两项协定为本组织规定的职能。二、凡大会和理事会成员国未接受 1944 年 12 月 7 日在芝加哥订立的国际航班过境协定或国际航空运输协定的，对根据此项有关协定的条款而提交大会或理事会的任何问题，没有表决权。"

④ See Bin Cheng, supra note 31, p.99.

⑤ 周亚光：《国际民用航空组织争端解决机制司法化改革论析》，《法律科学》2020 年第 1 期。

第（n）款和根据第 84 条可能采取的措施。①

国际法院亦就此问题作出过明确澄清。例如，在 2020 年"海湾四国上诉案"中，国际法院指出，《公约》第 84 条"赋予理事会解决两个或两个以上缔约国间关于《公约》及其附件的解释或适用的分歧的职能"，而《公约》第 54 条规定的是理事会的执行和行政职能。②此外，理事会在《公约》第 54 条第（n）款下仅负有审议争端的义务，并不负有作出决定的义务。即使缔约国要求理事会就其提交的争端作出决定，理事会也有权进行争端审议而不作出决定。③据此，应明确区分理事会行政职能和准司法职能的履行，避免混淆《公约》第 54 条第（n）款规定的理事会行政职能事项范围与第 84 条规定的理事会争端受理范围。

（二）理事会争端解决事项范围重叠可使争端解决进一步复杂化

当相关行政事项范围同时涉及争端解决时——即缔约国之间的争端既属于《公约》第 84 条下的"与《公约》及其附件的解释或适用有关的争议"，亦属于《公约》第 54 条第（n）款下的"关于本公约的任何事项"时——该争端既可以根据《公约》第 84 条提交理事会裁决，也可以根据《公约》第 54 条第（n）款提交理事会审议。针对后一选择，虽然理事会也有权而非必须对缔约国之间的争端作出决定，但这一机制系从理事会行政职能中派生而来的解决争端的政治方法（又称外交方法），与《公约》第 84 条赋予理事会的准司法职能在来源和性质上均存在本质区别。④

---

① See Bahrain，Egypt，Saudi Arabia and United Arab Emirates v. Qatar，supra note 22，paras.94—95；See also，Appeal relating to the Jurisdiction of the ICAO Council under Article II，Section 2，of the 1944 International Air Services Transit Agreement（Bahrain，Egypt and United Arab Emirates v. Qatar），Judgment，ICJ Reports 2020，p.172，paras.95—96.

② Bahrain，Egypt，Saudi Arabia and United Arab Emirates v. Qatar，supra note 22，para.60.

③ See Michael Milde，supra note 8，p.168.

④ 周亚光：《国际民用航空组织争端解决机制司法化改革论析》，《法律科学》2020 年第 1 期。

同《公约》第 84 条相比,《公约》第 54 条第（n）款在解决国家间政治性争端时似能产生更为积极的效果,①通常被缔约国视为一种替代性争端解决办法,用以解决那些"尚未达到根据《公约》第 18 章提起（争端解决程序）之程度"的争端。②例如,在 1991 年国际法院审理的"伊朗诉美国案"中,美国代表于其初步反对意见中指出:"理事会关于公约的适用或解释的讨论常在第 84 条的框架外进行,在其成立以来的 132 届会议中,国际民航组织理事会召开了超过 1 000 场会议,作出了数千项各类决定。相比之下,在此期间理事会仅三次被要求行使其根据第 84 条赋予的权力⋯⋯如果缔约国没有具体援引第 84 条下的程序,理事会将没有理由认为它需要根据第 84 条裁决争端。"③

实践中,理事会的确更倾向于使用其行政职能下的争端解决程序化解争端。面对缔约国之间错综复杂、动态发展的国际关系与争端情势,行政职能下的争端解决程序似能为理事会提供更多温和、灵活而留有余地的政治方法解决争端,因此容易受到理事会的青睐。保罗·史蒂芬·邓普西（Paul Stephen Dempsey）教授等国际航空法学者认为,在"刚果诉卢旺达、乌干达""巴勒斯坦解放组织诉以色列""古巴诉美国""萨摩亚、汤加诉斐济"等案件④中,理事会"均主动将案件识别为第 54 条第（n）款下的争端,从而避免启动《公约》第 18 章下的争端解决机制"。⑤在诸多案件中,理事会均通过政治方法成功化解争议。但与此同时,亦导致其履行准司法职能的"常态化谦抑"问题。

---

① See Eugene Sochor, The Politics of International Aviation, London: Macmillan Press, 1991, p.111.

② Michael Milde, supra note 8, p.168.

③ Case Concerning the Aerial Incident of 3 July 1988（Islamic Republic of Iran v. United States of America）, Preliminary Objections submitted by the United States of America, ICJ Pleadings, Oral Arguments, Documents 1991, pp.98—99.

④ See Paul Stephen Dempsey & Ram S. Jakhu（eds.）, Routledge handbook of public aviation law, New York: Routledge, 2017, p.29; See also, Ludwig Weber, International Civil Aviation Organization（ICAO）, The Netherlands: Kluwer Law International, 2012, p.54.

⑤ 周亚光:《国际民用航空组织争端解决机制司法化改革论析》,《法律科学》2020 年第 1 期。

理事会广泛适用其行政职能下的争端解决程序，本身亦可引发以下争端解决困境：当理事会经缔约国申请或由其自主决定，根据《公约》第54条第（n）款对缔约国之间的争端进行审议并作出决定后，若缔约国对此决定持有异议，可能面临无权援引《公约》第18章的上诉机制撤销决定的不利后果。根据《公约》第84条，只有理事会在履行《公约》第18章下的准司法职能时作出的裁决，才能适用后续上诉程序。[①]这一后果可能导致争端不仅未能顺利解决，反而进一步使争端解决程序复杂化。尽管理事会根据《公约》第54条第（n）款作出的决定不具有准司法裁决性质或法律约束力，但其仍会对争端当事国的彼此关系和国际关系造成持续且广泛的影响。实践中便出现过缔约国混淆理事会行政职能下的争端解决"决定"与理事会准司法职能下的争端解决"裁决"的情形。

在1988年"伊朗诉美国案"中，美军航空母舰摧毁伊朗航空公司A-300B民航客机，造成290名旅客和机组人员死亡，后伊朗援引《公约》第54条第（n）款申请由理事会审议两国之间因击落客机引发的争议。理事会于1989年3月17日通过一项决定，表示对由于航空器识别错误而引发的悲剧深为痛惜。[②]就此结果，伊朗政府以"类似于上诉的方式"将该案提交国际法院，并请求国际法院判决"理事会的决定存在错误""美国违反《芝加哥公约》序言、第1条、第2条、第3分条、第44条第（a）款和第44条第（h）款、《〈公约〉附件十五》以及国际民航组织第三届中东区域空中航行会议第2.6/1号建议"等。[③]美国则针对国际法院的管辖权提出了初步反对意见，指出"理事会从未根据《芝加哥公约》第84条处理伊朗和美国之间的争议"且"理事会在所有此类（根据《公约》第54条和第55条）情况下作出的决定均为最终决定，不得向国际法院上诉"。[④]1996年

---

① See Michael Milde, supra note 8, p.168.

② See Decision Taken by ICAO Council on IR 655 Tragedy, ICAO News Release（PIO 4/89），17 Mar. 1989.

③ Aerial Incident of 3 July 1988（Islamic Republic of Iran v. United States of America），Application instituting proceedings, ICJ Registry 1989, p.8.

④ Islamic Republic of Iran v. United States of America, supra note 42, p.91.

2月22日，两国通知国际法院中止此案程序。

本案的启示在于，若缔约国之间的争端既属于《公约》第84条下"与公约及其附件的解释或适用有关的争议"，亦属于《公约》第54条第（n）款下的"关于本公约的任何事项"时，宜慎重选择争端解决的法律依据。若理事会主动选择根据《公约》第54条第（n）款履行行政职能作出决定，提出异议的缔约国若希望消除影响，似只能在满足程序要件的前提下，根据《公约》第84条向理事会"再次"提出根据《公约》第84条解决争端的申请。这样的结果可能使《芝加哥公约》下的争端解决进一步复杂化并引发新的变数。

（三）理事会履行准司法职能时争端受理范围的"延伸"争议

《芝加哥公约》第84条授权理事会裁决的争端限于法律争端，即有关《芝加哥公约》及其附件、《过境协定》和《运输协定》解释和适用的争议。不过，许多情形下缔约国之间的法律争端仅是其更为广泛的争端的一部分，这意味着理事会在争端裁决中可能需要审理一部分不属于理事会争端受理范围的事项，[1]并可能由此引发理事会争端受理范围的"延伸"争议。这些不属于理事会争端受理范围的事项既可能涉及一般国际法领域的争端，也可能涉及法律争端以外的政治与经济领域的争端。[2]例如，在2000年理事会受理的"美国和欧洲15国案"中，美国主张欧盟在《〈芝加哥公约〉附件十六》基础上制定的噪音管控法《欧盟第925/1999号条例》涉嫌对美国航空公司造成歧视。[3]该案中，除了涉及"与公约及其附件的解释或适用有关的争议"外，还包括《欧盟第925/1999号条例》是否违反1947年《关税与贸易总协定》（GATT）中的最惠国待遇原则和国民待遇

---

① See Kriss E. Bown, The International Civil Aviation Organization is the Appropriate Jurisdiction to Settle Hushkit Dispute between the United States and the European Union, 20 Penn State International Law Review 465 (2002), pp.465—485.

② See Luping Zhang, supra note 10, p.179.

③ See ibid., p.101.

原则等争议。①尽管该案最终在欧盟同意废除《欧盟第 925/1999 号条例》的基础上通过和解结案，但引发了理事会是否有权受理涉及其争端受理范围外的其他争端的疑惑。

就此问题，实践中存在肯定理事会具有将其管辖权延伸至其争端受理范围以外的其他争端的实例。具体而言，无论理事会是否有权裁决其争端受理范围外的经济、政治争端或一般国际法争端，理事会受理争端的管辖权并不因此受损：当争端一方将对方提交理事会的"主要争议"或"实质争议"识别为理事会争端受理范围外的争议时，理事会可以不考虑这些反对意见，或在确定其管辖权后再考虑这些反对意见。例如，在 1972 年"印度诉巴基斯坦案"中，印度提出《芝加哥公约》和《过境协定》已在两国间终止或暂停适用，并以案涉争议不可能涉及已经终止或暂停适用的多边条约的解释或适用为由，请求国际法院判决理事会无权受理因印度禁止巴基斯坦飞越其领土引发的争端。②巴基斯坦则认为，《芝加哥公约》和《过境协定》并未停止适用，案涉争议属于理事会第 84 条规定的争端受理范围。③就此问题，国际法院认为："理事会的管辖权取决于当事国之间争端的性质和由此提出的问题，而非取决于当事国基于案情的辩护或其他考虑"且"不能仅因为（案件）可能涉及条约（的解释或适用）之外的考虑，在不顾这些条约的解释或适用问题仍然存在的情况下就剥夺理事会的管辖权。"④基于这一理由，国际法院以 14 票对 2 票驳回了印度的上诉请求，判决理事会有权受理印度与巴基斯坦之间因禁飞引发的争端。⑤

---

① See Christian Kaufmann, Hushkits: Another Dispute between Europe and the United States/Hushkits: Eine Weitere Streitigkeit zwischen Europa und den USA/Hushkits: Un Autre Differend entre l'Europe et les Etats Unis, 50 Zeitschrift fur Luft- und Weltraumrecht—German Journal of Air and Space Law 330 (2001), p.337.

② See Appeal Relating to the Jurisdiction of the ICAO Council (India v. Pakistan), Judgment, ICJ Reports 1972, p.46, para.8.

③ See Ibid., para.10.

④ Ibid., para.27.

⑤ See ibid., para.46; See also, Ruwantissa Abeyratne, Jurisdiction of the ICAO Council in the Settlement of Disputes—The Qatar Case, 45 Annals of Air and Space Law 483 (2020), p.498.

又如，在 2020 年国际法院审理的"海湾四国上诉案"中，巴林、埃及、沙特和阿联酋诉称，理事会对卡塔尔提交的争端不具有管辖权，因为该争端的"真正争点"（real issue）涉及《芝加哥公约》解释或适用范围之外的一般国际法问题，即争端涉及巴林、埃及、沙特和阿联酋采取的航空限制措施是否可以根据习惯国际法定性为合法的反措施。就此问题，国际法院通过援引其在 1980 年"美国诉伊朗案"中的说理表明，"主权国家之间的法律争端就其性质而言很可能发生在政治背景下，且往往只是有关国家之间更加广泛和长期的政治争端的一个因素"，①同时亦明确指出，1972 年"印度诉巴基斯坦案"的观点同样适用于本案，即当事国对争端实质问题的辩护"对理事会在《芝加哥公约》第 84 条规定的范围内的管辖权没有任何影响"。②国际法院进一步指出，理事会"可能仅仅为了解决关于《芝加哥公约》的解释或适用的分歧而需要审议不属于《芝加哥公约》范围的问题，但这并不会导致（缔约国）向理事会提出的有关（解决）分歧的申请不被受理"。③国际法院最终以 15 票对 1 票判决理事会有权受理 2017 年"卡塔尔和海湾四国案"。④基于上述实践，可以认为，即使缔约国间的部分争端超出理事会的争端受理范围，理事会仍然有权为裁决未超出争端受理范围的部分争端而受理缔约国根据第 84 条提交的争端解决申请。

概言之，只要缔约国之间的争端与《公约》及其附件的解释或适用有关，即使该争端只是更为广泛的政治、经济争端或一般国际法争端的一部分，通常情形下也不会影响理事会就相关争端"延伸"行使管辖权。至于理事会是否有权裁决这些理事会争端受理范围之外的争端，会进一步引发所涉争端的"可受理性"（admissibility）问题。⑤就此问题，可根据"法官

---

① United States Diplomatic and Consular Staff in Tehran（United States of America v. Iran），Judgment，ICJ Reports 1980，p.20，para.37.

② Bahrain，Egypt，Saudi Arabia and United Arab Emirates v. Qatar，supra note 22，para.49.

③ Ibid.，para.61.

④ See ibid.，para.126.

⑤ See Cecily Rose，Appeal Relating to the Jurisdiction of the ICAO Council，115 American Journal of International Law 301（2021），pp.303—304.

知法原则"（*jura novit curia*），①在确定理事会拥有管辖权后，由理事会在审理过程中结合具体案情裁量决定。不过，纵观其争端解决实践，理事会至今从未根据《公约》第 84 条就争端的实质问题作出裁决。

四、 国际民航组织理事会的准司法职能争议

（一）理事会履行准司法职能存在"常态化谦抑"

与前述问题相关，实践中，理事会不仅存在将案件识别为《芝加哥公约》第 54 条第（n）款下的争端、回避启用《公约》第 84 条准司法争端解决机制的倾向，还存在频繁使用斡旋、调解等方式促成当事方和解，回避作出准司法裁决的现象，②这引发了理事会履行其准司法职能的"常态化谦抑"争议。尽管理事会通过政治方法顺利解决国际争端所取得的成就与贡献是国际社会公认的事实，但这一回避作出准司法裁决的倾向亦引发了不少质疑。③1947—2024 年，理事会履行其准司法职能正式受理并公布的案件仅有 11 起。其中，除 2017 年"卡塔尔和海湾三国案"系根据《过境协定》第 2 条第 2 节提起外，其余 10 起案件均根据《公约》第 84 条提起，但即使在这些案件的审理过程中，理事会也极少发挥其预期的裁决作用（见表 1）。④

① See Bin Cheng，General Principles of Law as Applied by International Courts and Tribunals，Cambridge：Burlington Press，1987，pp.299—301.

② 张鹿苹：《国际民用航空争端解决机制的改革路径及中国贡献》，《汉江论坛》2021 年第 12 期。

③ 周亚光：《国际民用航空组织争端解决机制司法化改革论析》，《法律科学》2020 年第 1 期。See also，Luping Zhang，supra note 10，pp.163—165；See also，Gabriel S. Sanchez，The Impotence of the Chicago Convention's Dispute Settlement Provisions，10 Aviation Law and Policy 27（2010），p.35；See also，Matthew H. Ormsbee，Fair Enough：Procedural Fairness When the ICAO Council Exercises Its Judicial Function，48 Air and Space Law 457（2023），pp.461，471.

④ See José E. Alvarez，International Organizations as Law-makers，New York：Oxford University Press，2005，p.448.

表 1 1947—2024 年理事会履行准司法职能简况①

年份	申请方	被申请方	争端涉及的法律依据	争端解决方式
1952	印 度	巴基斯坦	《芝加哥公约》第 5 条 《芝加哥公约》第 9 条 《过境协定》	经理事会斡旋达成和解
1967	英 国	西班牙	《芝加哥公约》第 9 条	缔约国自行和解
1971	巴基斯坦	印 度	《芝加哥公约》第 5 条 《过境协定》	印度就理事会管辖权问题向国际法院提出上诉，国际法院驳回上诉后缔约国自行和解
1998	古 巴	美 国	《芝加哥公约》第 5 条 《过境协定》	理事会主席调解
2000	美 国	欧洲 15 国	《芝加哥公约》第 11 条 《芝加哥公约》第 15 条 《芝加哥公约》第 38 条 《芝加哥公约》第 82 条 《〈芝加哥公约〉附件十六：环境保护》	理事会主席调解
2016	巴 西	美 国	《芝加哥公约》第 12 条 《〈芝加哥公约〉附件二：空中规则》	缔约国正在协商
2017	卡塔尔	埃 及 巴 林 沙 特 阿联酋	《芝加哥公约》第 2 条 《芝加哥公约》第 3 分条 《芝加哥公约》第 4—6 条 《芝加哥公约》第 9 条 《芝加哥公约》第 12 条 《芝加哥公约》第 37 条 《芝加哥公约》第 89 条 《芝加哥公约》相关附件	埃及、巴林、沙特、阿联酋就理事会管辖权问题向国际法院提出上诉，国际法院驳回上诉后，缔约国间部分争端因卡塔尔主动申请而中止

① See Yam Nyampong, Review of the ICAO Rules for the Settlement of Differences，https://webjium.com/webjiumnewsletter/ICAO2024/Session5-1.pdf（accessed 22 May 2024）；See also, Luping Zhang, supra note 10，pp. 97—112；See also, ICAO, Annual Report 2022—Settlement of Differences，https://www.icao.int/about-icao/Annual_Report_2022_EN/AnnualReport2022.html♯p=28（accessed 28 May 2024）；周亚光：《国际民用航空组织争端解决机制司法化改革论析》，《法律科学》2020 年第 1 期。

（续表）

年份	申请方	被申请方	争端涉及的法律依据	争端解决方式
2017	卡塔尔	埃 及 巴 林 阿联酋	《过境协定》	埃及、巴林、阿联酋就理事会管辖权问题向国际法院提出上诉，国际法院驳回上诉后，缔约国间部分争端因卡塔尔主动申请而中止
2022	澳大利亚 荷 兰	俄罗斯	《芝加哥公约》第3分条	理事会裁决程序正在进行
2023	俄罗斯	37国	《芝加哥公约》第4条 《芝加哥公约》第9条第2款 《芝加哥公约》第11条 《芝加哥公约》第15条 《芝加哥公约》第22条 《芝加哥公约》第28条 《芝加哥公约》第37—38条 《芝加哥公约》第44条 《芝加哥公约》第82条 《芝加哥公约》第87条 《芝加哥公约》相关附件	理事会裁决程序正在进行
2024	加拿大 瑞 典 乌克兰 英 国	伊 朗	《芝加哥公约》第3分条	理事会裁决程序正在进行

多数理事会案件在裁决作出之前便已通过和解化解。例如，在1952年"印度诉巴基斯坦案"（争端涉及巴基斯坦禁止印度航空器飞越其领土）、1967年"英国诉西班牙案"（争端涉及西班牙在直布罗陀机场附近设立禁飞区）、1998年"古巴诉美国案"（争端涉及美国禁止古巴航空器飞越其领土）和2000年"美国诉欧洲15国案"（争端涉及欧盟噪音管控条例涉嫌对美国航空公司造成歧视）等案件中，相关缔约国在理事会作出裁决前即自行达成和解，或通过理事会主席斡旋后达成和解。①在2016年"巴西

---

① See Michael Milde, supra note 8, pp.204—209; See also, Luping Zhang, supra note 10, pp.97—112.

和美国案"(争端涉及美国航班与巴西航班发生空中碰撞)中,缔约国向理事会提出暂停争端解决程序申请,并表示愿意"继续讨论以尽快结束协商"。①

少数理事会案件进入裁决程序后便收到相关缔约国的管辖权异议,在涉及争议实质问题的裁决作出前即进入国际法院上诉程序,其后理事会亦未作出针对实质问题的裁决。例如,在1971年"巴基斯坦诉印度案"(争端涉及印度禁止巴基斯坦飞越其领土)和2017年"卡塔尔诉海湾四国案"和2017年"卡塔尔诉海湾三国案"(争端均涉及埃及、巴林、沙特和阿联酋4国禁止卡塔尔飞越其领土)中,缔约国均就理事会的管辖权问题上诉至国际法院。国际法院在三起判决中均认定理事会对缔约国间的争端享有管辖权。②其中,"巴基斯坦诉印度案"最终以两国于1976年发布联合声明要求停止安理会(正在进行的)争端解决程序而中止。③"卡塔尔诉海湾四国案"和"卡塔尔诉海湾三国案"中,鉴于卡塔尔于2021年5月通知国际民航组织希望"撤回对埃及的诉讼请求"且埃及于2021年6月表示"不反对卡塔尔撤回其诉讼请求的要求",卡塔尔与埃及间的争端中止。卡塔尔与沙特间的争端,亦经卡塔尔于2022年1月4日提出申请后④由理事会于同年3月9日作出决定中止。⑤

无论是上述哪种情况,理事会均未有机会就争端的实质问题作出生效裁决。⑥就此局面,国际航空法学者加布里埃尔·桑切斯(Gabriel Sanchez)不无反讽地评价理事会的准司法争端解决程序"至多是一种触发

---

① ICAO, Annual Report 2022—Settlement of Differences, supra note 66; See also, Luping Zhang, supra note 10, p.103.

② See Bahrain, Egypt, Saudi Arabia and United Arab Emirates v. Qatar, supra note 22, para.126; See also, Bahrain, Egypt and United Arab Emirates v. Qatar, supra note 36, para.127; See also, India v. Pakistan, supra note 53, para.46.

③ See Michael Milde, supra note 8, p.207.

④ See ICAO, Aunnual Report 2022—Settlement of Differences, supra note 66.

⑤ See ICAO, Council—225th Session Ninth Meeting (Hybrid Meeting on Wednesday, 9 March 2022, at 1 000 Hours), Summary of Decisions (C-DEC 225/9), p.4.

⑥ 国际民航组织:《〈芝加哥公约〉争端解决制度研究》,A41-WP/124-LE/8号文件(第1号修改稿),第4页。

国家间对话的便利机制和强制（缔约国）遵守条约的贫乏手段"。①目前，理事会根据《公约》第 84 条正在审理的案件包括 2022 年"澳大利亚、荷兰诉俄罗斯案"、2023 年"俄罗斯诉 37 国案"（争端涉及俄罗斯主张 37 国涉嫌对俄罗斯实施具有歧视性的单边限制措施）和 2024 年"加拿大、瑞典、乌克兰、英国诉伊朗案"。其中最为特殊的是 2024 年"加拿大、瑞典、乌克兰、英国诉伊朗案"：一方面，加拿大、瑞典、乌克兰和英国就涉及伊朗涉嫌违反《芝加哥公约》第 3 分条的争端诉诸理事会裁决；另一方面，加拿大、瑞典、乌克兰和英国同时又以伊朗涉嫌违反 1971 年《关于制止危害民用航空安全的非法行为的公约》直接向国际法院提起诉讼②——通过在国际法院诉讼程序中避免提出涉及《芝加哥公约》相关争议的方式，加拿大、瑞典、乌克兰和英国通过"拆分诉讼请求"的方式部分避绕了理事会的争端解决程序。这似为本文第三部分所述的理事会争端受理范围的"延伸"争议提供了另一种实践解决方案。

不过，针对理事会履行准司法职能时的"常态化谦抑"现象，不宜忽视其背后存在来自《公约》本身和实践需求的双重成因。一方面，《公约》第 84 条要求"缔约国之间先行协商"，而理事会《解决分歧规则》第 14 条第 1 款和第 14 条第 3 款分别规定了"理事会直接邀请协商"和"理事会可以提供任何促进协商的协助"等规则。正如国际法院前法官、国际法学家托马斯·布尔根塔尔（Thomas Buergenthal）所言："《解决分歧规则》第 14 条的规定表明，理事会认为其在《芝加哥公约》第 84 条下的主要任务是协助解决争端，而不是裁决争端，因此理事会在作出最终裁决之前发挥的作用更像是调解员，而不是法院。"③此外，和解、调解的广泛运用也并未在法律上减损理事会的准司法职能。正如布尔根塔尔指出的那样：

---

① Gabriel S. Sanchez, supra note 64, p.28.

② Convention for the suppression of unlawful acts against the safety of civil aviation (entered into force 26 Jan. 1973) 974 UNTS 177.

③ Thomas Buergenthal, Law-Making in the International Civil Aviation Organization, New York: Syracuse University Press, 1969, p.136.

"(《解决分歧规则》第14条的协商程序虽未严格符合司法程序,但也没有违反《芝加哥公约》,因为根据《芝加哥公约》)理事会只能'邀请'而非'迫使'各方进行进一步协商。"①

另一方面,实践中缔约国亦极少援引《公约》第84条下的争端解决机制,似对理事会的准司法职能欠缺信赖。这也是理事会准司法职能履行不畅的重要成因。鉴于与《公约》相关的争端往往并未局限于纯粹的国际航空争端,而是同时牵动着缔约国间政治、经济利益和一般国际法中的其他法律争端,缔约国倚重斡旋、调解与和解等解决争端的政治方法,也往往能使缔约国更为游刃有余地动态维护国际关系与调整争端解决策略。因此,宜辩证看待理事会履行准司法职能的"常态化谦抑"现象,正视斡旋、调解与和解等政治方式解决国际争端的实践优势,及其与理事会准司法职能的衔接。②

(二)理事会履行准司法职能存在"正当性质疑"

与履行其准司法职能时的"常态化谦抑"问题相伴,理事会是否具有履行准司法职能的"正当性"亦引发了一定争议,如质疑理事会在承担着执行职能、行政职能、准立法职能的同时,是否能够胜任或适合承担争端解决之准司法职能。理事会履行准司法职能的"正当性质疑"尤其体现为对理事国代表司法能力的怀疑,并认为理事会本身欠缺对于争端解决机构而言必须具备的"司法超然性"(judicial detachment)。③

首先,这一问题始于理事会的组成方式与职能安排。理事会由大会选出的36个缔约国即理事国组成,每个理事国任命一名外交代表,即理事国代表,代表该理事国参与理事会的各项工作,尤其包括参与准立法职能和

---

① Thomas Buergenthal, Law-Making in the International Civil Aviation Organization, New York: Syracuse University Press, 1969, p.137.

② See Richard N. Gariepy & David L. Botsford, Effectiveness of the International Civil Aviation Organization's Adjudicatory Machinery, 42 Journal of Air Law and Commerce 351 (1976), p.359.

③ See Michael Milde, supra note 8, pp.201, 204.

准司法职能。①此外，理事国亦广泛参与国际民航组织运作中的各类行政、执行工作。这意味着，从其组成方式上看，理事会本身并不具有类似于其他国际司法机构的自主形态；从其职能安排上看，理事会履行其准司法职能时，也无法完全摆脱其履行其他职能时的潜在影响。

其次，理事国代表是否具有司法能力亦引发质疑。根据《公约》第50条（理事会的组成和选举）第3款，理事国代表除"不得同时参与国际航班的运营，或与此项航班有财务上的利害关系"外，并无其他任职资质上的限制。换言之，理事国代表可以不必是法律专家，甚至无需具备基础法律知识，只要其取得理事国签署的全权证书，②即可行使《公约》及相关议事规则赋予的司法权力。③实践中，绝大多数理事国代表由理事国外交官员或航空技术官员担任，并非法律领域的专家或法官。④国际航空法学家保罗·邓普西（Paul Dempsey）教授认为，《公约》下的争端解决机制之所以极少适用，首要原因在于理事会"是一个由政府代表组成的政治机构，这些代表根据其技术、行政或者外交技能而非法律能力被任命。因此，他们不具备人们通常期望法官所具有的那种公正中立的决策者所具有的独立性和自主性"。⑤

第三，实践中理事国代表缺乏中立性加剧了对理事会司法超然性的质疑。在国际法院等其他常见的国际争端解决机构中，法官或仲裁员并不代表其本国行事，而是以个人身份作为法官或仲裁员独立参与案件审理与裁判。与之有别，履行争端解决职能的理事会由理事国组成，而理事国代表

---

① See ICAO, The ICAO Council, supra note 5.

② See ICAO, Rules of Procedure for the Council (11th edn, 2022), Doc 7559/11, Section I, Rule 2.

③ See Jon Bae, Review of the Dispute Settlement Mechanism under the International Civil Aviation Organization: Contradiction of Political Body Adjudication, 4 Journal of International Dispute Settlement 65 (2013), pp.71—72.

④ 周亚光：《国际民用航空组织争端解决机制司法化改革论析》，《法律科学》2020 年第 1 期。

⑤ Paul Stephen Dempsey, The Role of the International Civil Aviation Organization on Deregulation, Discrimination, and Dispute Resolution, 52 Journal of Air Law and Commerce 529 (1987), p.568.

均以其本国代表身份出席理事会并参与争端裁决和表决，受各理事国政府指示的约束。①例如，在 1971 年"巴基斯坦诉印度案"的审理中，部分理事国代表要求理事会推迟表决程序，因为其需要等待本国政府作出指示。②这些理事国代表的做法不应受到苛责，因为理事会的运作机制决定了理事国代表难以具备其他国际争端解决机构中的法官或仲裁员那样的司法超然性和司法中立性。实际上，履行理事会准司法职能的事实上的"法官"是 36 个理事国，其作为平等的主权国家具有天然的政治属性。

对此，国际民航组织法律与对外关系局前局长、国际航空法学家迈克尔·米尔德（Michael Milde）指出："由于理事会是一个由国家组成的决策机构，《芝加哥公约》第 18 章下的分歧解决程序不是也不可能是一个真正基于国际法的裁判机制，而是一种'有限度的（qualified）国际仲裁'——自成一体的（*sui generis*）的仲裁——一种由主权国家开展的'外交仲裁'（diplomatic arbitration）"，且"其决定可能基于政策或政治考虑作出，或基于衡平（equity）作出，而非严格基于法律规则作出。"③与之相似，国际法院在 2020 年"海湾四国上诉案"和 2020 年"根据 1944 年《国际航班过境协定》第 11 条第 2 节有关国际民航组织理事会管辖权的巴林、埃及、阿联酋诉卡塔尔案"中指出："很难将'司法正当性'理念适用于国际民航组织理事会，（因为）理事会是一个对国际民航组织大会负责的常设机构，由大会选出的缔约国指定的代表组成，而不像司法机构那样由以个人身份独立行事的个人组成。"④

有趣的是，尽管对理事会准司法职能的正当性存在质疑，在 2020 年"海湾四国上诉案"和 2020 年"海湾三国上诉案"中，国际法院均以 15 票

---

①　See Gerald F. Fitzgerald, The Judgment of the International Court of Justice in the Appeal Relating to the Jurisdiction of the ICAO Council, 12 Canadian Yearbook of International Law 153 (1974), pp.168—169.

②　See ibid, p.169.

③　Michael Milde, supra note 8, p.204.

④　Bahrain, Egypt, Saudi Arabia and United Arab Emirates v. Qatar, supra note 22, para.60; Bahrain, Egypt and United Arab Emirates v. Qatar, supra note 36, para.60.

对 1 票的结果认定，理事会对卡塔尔于 2017 年提交的两份争端解决申请享有管辖权。①这似乎印证了郑斌教授的观点：国家作为裁决缔约国之间争端的"法官"，无论是否具备充足的正当性，尚不存在法律上的障碍。②为化解对理事会准司法职能的正当性质疑，学者罗曼·桑科维奇（Roman Sankovych）提出，可在理事会内部设立一个"裁决专家组"，其职能可由《公约》第 55 条（理事会可以行使的职能）授予，允许理事会"研究"和"调查"具有国际航空性质的事项。此外，其建议裁决专家组的"法官"应与世界贸易组织（WTO）专家组的"专家"类似，具备在国际环境中解决法律争端和航空技术争端的资质。③理事会在争端解决方面的改革已纳入讨论，但尚未取得实质性进展。④

五、 国际民航组织理事会的表决规则缺陷

（一）理事会争端解决程序中的表决规则

《芝加哥公约》制定之初，共设有 21 个理事国席位，后 1961 年大会第 13 届会议、1971 年大会第 17 届会议、1974 年大会第 21 届会议和 1990 年大会第 28 届会议先后决定将理事国席位扩充至 27 个、30 个、33 个和如今的 36 个。⑤大会根据以下 3 类标准选任理事国：第一类是在航空运输方面占主要地位的缔约国；第二类是对提供国际民用航空航行设施作出最大贡献的缔约国；第三类是其当选可保证世界各主要地理区域在理事会中均有

① See Bahrain, Egypt, Saudi Arabia and United Arab Emirates v. Qatar, supra note 22, para.126；Bahrain, Egypt and United Arab Emirates v. Qatar, supra note 36, para.127.
② See Chia-Jui Cheng（ed.）, Studies in International Air Law: Selected Works of Bin Cheng, The Netherlands: Brill Nijhoff, 2018, p.139.
③ See Roman Sankovych, supra note 24, pp.335—336.
④ 国际民航组织：《〈芝加哥公约〉争端解决制度研究》，A41-WP/124-LE/8 号文件（第 1 号修改稿），第 4 页。
⑤ See Luping Zhang, supra note 10, pp.88—89.

代表的缔约国。①理事国每 3 年选举一次，若遇有空缺，大会将尽速选举新的理事国予以补充，如此当选的理事国任期为其前任所未届满的任期。②根据《公约》第 52 条："理事会的决议需经过半数理事（国）同意。"③理事会于 1956 年公布，2022 年第 11 次修订的《理事会议事规则》④第 33 条规定："理事会（全体）理事国过半数构成进行理事会所议事项的法定人数。"这些一般表决规则同样适用于理事会的争端解决程序。

特别针对理事会的争端解决程序，《公约》第 53 条第 2 句进一步规定，理事国"在理事会审议一项争端时，如其本身为争端一方，则不得参加表决。"《公约》第 84 条第 2 句同样规定，理事国"如为争端一方，在理事会议审议时，不得参加表决"。《公约》第 66 条第 2 款还规定，凡大会和理事国未接受《过境协定》或《运输协定》的，对根据此两项协定的条款而提交大会或理事会的任何问题没有表决权。概言之，理事国在以下两种情况下对缔约国之间的争端不具有表决权：一是理事国为争端当事国时，该理事国无权表决（简称"争端理事国除外规则"）；二是理事国虽为《芝加哥公约》缔约国，但不是《过境协定》或《运输协定》缔约国的，对根据《运输协定》或《过境协定》提交至理事会的争端不具有表决权（简称"两项协定非缔约国除外规则"）。

（二）理事会表决规则中的"过半数"要求存在解释歧见

《芝加哥公约》第 52 条与《理事会议事规则》第 33 条虽规定理事会决议需经"法定多数"通过，但均未对"法定多数"作出定义。鉴于《公

---

① 《芝加哥公约》第 50 条（理事会的组成和选举）第 2 款。

② 《芝加哥公约》第 50 条（理事会的组成和选举）第 1、第 2 款。

③ 此外，《芝加哥公约》第 90 条第 1 款规定："第 54 条第 12 款所述的附件，应经为此目的而召开的理事会会议三分之二的票数通过，然后由理事会将此种附件分送缔约各国。任何此种附件或任何附件的修正案，应在送交缔约各国后三个月内，或在理事会所规定的较长时期终了时生效，除非在此期间有半数以上缔约国向理事会表示反对。"虽然该款规定了特殊情形下实施"三分之二多数通过"，但《公约》第 84 条下的争端解决程序并不属于此种情形，也不适用该款规定。

④ Rules of Procedure for the Council (11th edn, 2022), ICAO Doc 7559/11.

约》同时规定了"争端理事国除外规则"与"两项协定非缔约国除外规则",实践中可能出现并非全体理事国均有权就争端进行表决的情形。

一般认为,根据理事会的表决惯例,《公约》第52条规定的"过半数"应指"全体理事国数目的过半数票",此为"绝对多数"解释。例如,在1971年"巴基斯坦诉印度案"审理期间,理事会主席沃尔特·比纳吉(Walter Binaghi)先生便多次强调,不论有多少理事国有权表决,"理事会关于此案的所有决定都需要(其时理事国总数27国之总票数27票中的)14票通过"。①同理,在2016年"巴西诉美国案"中,尽管只有34个理事国有权表决,理事会同样要求(其时理事国总数36国之总票数36票中的)19票方能符合要求。②此外,国际民航组织法律事务和对外关系局曾于2018年审查以往根据《公约》第84条开展争端解决程序的历史记录,并指出:"理事会的一贯和一致做法是要求其决定获得大多数(理事国)成员的批准,目前这一数字为(其时理事国总数36国之总票数36票中的)19票。"③

不过,亦有部分理事国代表和部分学者认为,《公约》第52条规定的"过半数"应解释为"有权表决的理事国数目的过半数"——此为"限定多数"(qualified majority)解释。例如,在1971年7月29日举行的国际民航组织第74届理事会第6次会议上,刚果代表奥拉萨(Ollassa)提出:"有19个国家是一项协定(《过境协定》)的缔约国,'法定多数'就应以19票(而非其时理事国总数27国之总票数27票)为基础。"④尼日利亚代

---

① ICAO Council—74th Session, Minutes of the Fifth Meeting of 28 July 1971, Reproduced from ICAO Doc.8956-C/1001, C-Min, LXXIV/5 (Closed), Discussion, para.131; See also, ICAO Council—74th Session, Minutes of the Sixth Meeting of 29 July 1971, Reproduced from ICAO Doc.8956-C/1001, C-Min, LXXIV/6 (Closed), Discussion, paras.32, 42, 60, 71, 93.

② See ICAO Council—211th Session, Summary Minutes of the Ninth Meeting of 21 June 2017, Annex 24, Exhibit 2, ICAO document C-MIN 211/9, 5 July 2017, paras.97—98.

③ ICAO Council—214th Session, Summary Minutes of the Eighth Meeting of 26 June 2018, Annex 53, ICAO document C-MIN 214/8, 23 July 2018, para.112.

④ C-Min, LXXIV/6 (Closed), supra note 99, para.140.

表和澳大利亚代表在之后的发言中亦对刚果代表的这一观点表示认可。①在
2020 年国际法院审理的"海湾四国上诉案"中，巴林、埃及、沙特和阿联
酋在其上诉状中指出："本案所需的'过半数'是指有资格表决的国际民
航组织理事国中的过半数（有表决权的 33 个理事国的 33 票中的 17 票），
而不是指全体国际民航组织理事国中的过半数（其时理事国总数 36 国的
36 票中的 19 票）。"②学者罗曼·桑科维奇亦举例表示，既然《公约》第 84
条规定争端各方不得参加表决，若理事会的两个理事国也同时是提交理
事会之争端的当事国，则应从表决总数中扣除无权表决的国家数目，即
此时只需要有表决权的 34 个理事国的 34 票中的 18 票即符合"过半数"
要求。③

国际民航组织法律委员会在其 2018 年 9 月第 37 届会议上决定，将
"审查国际民航组织《解决分歧规则》"纳入工作计划，并于 2019 年 5 月
成立了工作组，协助法律委员会修订《解决分歧规则》。④工作组在审议公
约第 52 条中"过半数"一词如何解释时，与会的专家代表就是否维持目前
作为惯例的"绝对多数"解释出现了意见分歧：一些专家代表倾向于"绝
对多数"解释，即"过半数"是指全体理事国总数的过半数；另一些专家
代表则支持"限定多数"，即"过半数"是指在特定情形下有权表决的理
事国数目的过半数。⑤最后，工作组得出结论："过半数"解释为"绝对多
数"还是"限定多数"，并非一个可以由该工作组明确表态的问题，因为
在这方面的任何结论都可能对《公约》第 52 条在争端解决程序之外的其他
领域的适用产生更广泛的影响，从而影响理事会决议的效率和合法性。⑥有

---

① See C-Min，LXXIV/6（Closed），supra note 99，paras.144，173.

② Appeal relating to the Jurisdiction of the ICAO Council under Article 84 of the Convention on International Civil Aviation（Bahrain，Egypt，Saudi Arabia and United Arab Emirates v. Qatar），ICJ，Memorial of the Kingdom of Bahrain，the Arab Republic of Egypt，the Kingdom of Saudi Arabia，and the United Arab Emirates，Volume I，2018，p.88.

③ See Roman Sankovych，supra note 24，p.324.

④ See ICAO Working Paper，supra note 14，pp.1—2.

⑤ See ibid.，Appendix B-3.

⑥ See Yam Nyampong，supra note 66.

鉴于此，一个得到与会专家代表广泛支持的备选方案是，由大会对《公约》第 52 条作出解释，以便所有缔约国就该问题进行充分讨论。①

（三）理事会表决规则中的"过半数"要求引发实践难题

理事会表决规则中"过半数"的解释分歧并不仅是理论分歧，也会引发实践难题。例如，在 2000 年"美国诉欧洲 15 国案"中，欧洲国家就理事会的争端管辖权提出初步反对意见，理事会就此事项根据"过半数"的"绝对多数"解释进行表决，即要求决议的通过需至少获得全体 36 个理事国的 36 票中的 19 票赞成。根据《芝加哥公约》第 53 条和第 84 条规定的"争端理事国除外规则"，该案中 36 个理事国中有 10 国因系该案争端当事国而丧失表决权。虽然理事会成功获得了有权表决的 26 个理事国的 26 票中的 22 票赞成，进而确认其对该案具有管辖权，这一表决无异于要求在26 个理事国中获得至少 19 个理事国的赞成，相当于适用了"超过 73% 同意的特定多数"要求而不再是真正意义上的"过半数"要求。②

又如，在 2023 年理事会正在审理的"俄罗斯诉 37 国案"中，虽然37 个被申请国的完整信息尚无从查证，但根据俄罗斯外交部的声明，已知该案被申请国包括美国、加拿大、英国和欧盟所有成员国。③学者戴维·伍德沃思（David Woodworth）根据俄罗斯在第 41 届大会上提出的一项决议草案认为，37 个被申请国中还可能包括冰岛和墨西哥等国。④据此，2022—2025 年间担任理事国的 36 个国家（见表 2）中，至少有包括美国、加拿大、英国、法国、德国、意大利、奥地利、西班牙、罗马尼亚等国在内的 9 个理事国为该案争端当事国。同理，根据"争端理事国除外规则"，

---

① See ICAO Working Paper，supra note 14，Appendix B-3.

② See David Woodworth，Moscow's Diplomatic Moves in Montreal：Voting Dilemmas for the ICAO Council，49 Air and Space Law 269（2024），pp.285—286.

③ See TASS，Russia Files Statement to ICAO Council over West's Air Traffic Rules Violations，https://tass.com/politics/1688293?utm_source=google.com&utm_medium=organic&utm_campaign=google.com&utm_referrer=google.com（accessed 28 May 2024）.

④ See David Woodworth，supra note 109，pp.270，277.

该案中至多有不超过 27 个理事国有权对该案裁决进行表决。这意味着，根据作为惯例的对《公约》第 52 条下"过半数"的"绝对多数"解释，理事会需要在有权表决的 27 个或更少的理事国中获得（全体理事国总数 36 国的 36 票中的）19 票才能通过裁决，事实上相当于要求在该案中适用"超过 70％（或更大比重）同意的特定多数"要求。

表 2　2022—2025 年间国际民航组织理事国构成情况①

第一类理事国	澳大利亚、巴西、加拿大、中国、法国、德国、意大利、日本、英国、美国
第二类理事国	阿根廷、奥地利、埃及、冰岛、印度、墨西哥、尼日利亚、沙特、新加坡、南非、西班牙、委内瑞拉
第三类理事国	玻利维亚、智利、萨尔瓦多、赤道几内亚、埃塞俄比亚、加纳、牙买加、马来西亚、毛里塔尼亚、卡塔尔、韩国、罗马尼亚、阿联酋、津巴布韦

在类似上述情形下，坚持"过半数"的"绝对多数"解释引发的第一个潜在问题是，鉴于通过一项对争端一方有利的裁决所需的赞成票数保持不变（19 票），随着有权表决的理事国总票数的减少（不足 36 票），通过该项裁决的表决规则事实上已经从"过半数"调整为"高于过半数比重的特定多数"——在上述两个案例中这一比重已经超过 70％。这一变化可能会增加通过该项表决的难度，从而对可能获得有利裁决的争端一方产生不公。当无权表决的当事国数量等于或超出理事国总数的一半，即大于等于 18 国时，有权表决的理事国总数将小于或等于 18 国，此时会引发第二个潜在问题：理事会的表决机制可能面临"停摆"，无法就争端作出裁决，因为有权表决的理事国票数基数（小于或等于 18 票）无法使表决结果达到"过半数"之"绝对多数"解释所要求的赞成票数（19 票）。

事实上，第二个问题在《解决分歧规则》拟定期间便已提出讨论。专家组曾指出，《公约》第 52 条要求"一项决议需经（其时理事国总数 21 国

---

① See ICAO, Council States 2022—2025, https://www.icao.int/about-icao/Council/Council-States/Pages/default.aspx（accessed 28 May 2024）.

之总票数 21 票中的）11 票方能作出"，但根据《公约》第 53 条（无表决权参加会议）和第 84 条（争端的解决），"很可能发生理事会无法作出决议（裁决）的情况"。①理事会在 1957 年通过《解决分歧规则》时未对专家组的这一观点提出异议，②但这一遗留问题至今未能妥善解决。对此，一个简明务实的解决方案是，由大会或理事会通过决议，将《公约》第 52 条的"过半数"解释为"限定多数"——即理事会决议只需"有权表决的理事国票数"的过半数同意即可通过，此方案可基本避免理事会表决机制陷入"停摆"困境。

此外，无论是采纳"绝对多数"解释还是"限定多数"解释"过半数"要求，都无法避免理事会表决规则的第三个潜在问题：通过不当利用或不当排除"争端理事国除外规则"，理事会的表决机制可能面临"挑选有权表决的理事国"风险。一方面，争端申请方可能存在不当利用"争端理事国除外规则"的情形，通过在其递交的争端解决申请中有意将可能反对其利益的理事国列为争端被申请方，排除这些理事国在裁决程序中的表决权，从而增加其胜诉概率。考虑到理事会履行准司法职能面临的正当性质疑，这一潜在风险并非空穴来风。另一方面，争端申请方可能存在不当排除"争端理事国除外规则"的情形，即当诉求相同或类似的数个理事国与某一缔约国之间产生争端时，同样是基于增加胜诉概率的考量，可能存在数个理事国中仅有一国作为争端申请方向该另一缔约国提出申请的情形，如此可使其他同样与该缔约国存在争端的理事国在作出裁决时保留表决权。就此问题，戴维·伍德沃思提出，大会和理事会可以制定一种"候补"程序，指定候补理事国代替无权表决的理事国就相关争端进行表决。不过其亦承认，制定"候补"程序的方案可能使大会选举理事会的程序复

---

① Memorandum of 10 August 1971 Submitted by the Secretary General of the International Civil Aviation Organization to Representatives on the Council on the Subject of Voting in the Council on Disagreements and Complaints Brought Under the Rules for the Settlement of Differences，SG 609/71，para.2.

② See ibid.

杂化。①目前看来，有关理事会表决规则的问题及其解决方案仍需进一步探索。

六、 结语

2024 年是《芝加哥公约》缔结 80 周年，根据《公约》设立的国际民航组织为各国促进和发展国际航空运输活动构建了合作和协调的有效平台。其中，国际民航组织理事会发挥着至关重要的作用，决定了国际民航组织的工作方向、使命和愿景。与其在准立法职能方面取得的成就相比，理事会在准司法职能的行使方面不甚理想，从未得到《公约》缔约国的广泛认可和运用，亦存在诸多疑难问题。首先，针对理事会的争端受理范围，理事会履行准司法职能与行政职能存在事项范围重叠问题，并可能使争端解决进一步复杂化，此外还存在争端受理范围的"延伸"争议。其次，针对理事会的准司法职能，理事会的履行实践存在"常态化谦抑"问题，且该准司法职能本身亦面临"正当性质疑"。最后，针对理事会争端解决程序中的表决规则，决定裁决是否能够通过的"过半数"要求存在"绝对多数"和"限定多数"两种解释歧见且可能引发实践难题，尤其是作为惯例的"绝对多数"解释可能会使理事会的表决机制面临"停摆"风险。我国作为国际民航组织一类理事国和理事会《解决分歧规则》审查工作组成员国之一，在《解决分歧规则》审查和修订之际，应适时研究和分析理事会争端解决实践中的问题与困境，深度参与国际航空领域的国际治理工作，为《芝加哥公约》下争端解决机制的完善积极发出中国声音、提出中国方案、贡献中国智慧。

---

① See David Woodworth, supra note 109, p.290.

以高质量法律服务，赋能跨境投资争端解决

——中国律师的作用和发展

■ 孙建钢*

【摘要】从对外开放，到加入 WTO，再到"走出去"和"一带一路"战略，中国参与跨境投资活动越来越深。伴随而来的跨境投资争议也越来越多。以高质量的法律服务，促进跨境投资争端获得有效和妥善解决，具有重要意义。在这一过程中，中国律师的作用越发关键。中国律师不仅需要提高自身专业水平和国际化素养，也需要协调各个法域的资源，为中国企业在海外的发展保驾护航。本文比较了中国律师参与跨境争端解决的不同方式，指出自建分所面临的挑战，分析了联盟模式的优势。此外，还探讨了在联盟模式下，中国律师的管理方式，以及搭建外国法能力圈、国际争端解决机构能力圈的关键点。

【关键词】涉外法治　跨境争端解决　律师事务所管理　国际律师合作

＊ 孙建钢，中国法学硕士、美国法学硕士（LLM）、EMBA，现为华东政法大学涉外律师项目硕士研究生导师，君合律师事务所上海分所党委委员、行政管理合伙人，上海市律师协会徐汇律师工作委员会副主任。

在当今全球化经济时代，跨境投资活动日益频繁，跨境投资争端的发生也日益增多。为此，高质量的法律服务对跨境投资争端解决的重要性日益凸显。中国律师在跨境投资争端解决中扮演着关键角色，需要具备高质量的法律服务能力，以满足客户的需求，维护中国企业的权益。

一、 高质量发展需要高质量跨境争议解决能力

2022年10月16日，在党的二十大上，习近平总书记提出，"高质量发展"是全面建设社会主义现代化国家的首要任务。[①]在高质量发展过程中，必不可少的部分之一是"推进高水平对外开放"[②]。中国正在"主动对接高标准国际经贸规则，稳步扩大制度型开放，增强国内国际两个市场两种资源联动效应，巩固外贸外资基本盘，培育国际经济合作和竞争新优势"。[③]

高水平开放、高标准对接的同时，由于以下经济背景和政策原因，高频律的摩擦和冲突，也跟随而来：

（一）经济背景：面临不稳定不确定的环境

过去数十年来，中国经济取得了巨大的进步。如美国丹佛大学的统计，[④]中国（见图1）在世界影响力指标中的占比，从20世纪60年代的微不足道，至2023年成为世界第二。中国的发展速度，自20世纪80年代开始明显上升，并在2001年中国加入WTO后增速越发明显。这与中国积极参与跨境经贸活动显然密不可分。

---

① 《高质量发展：全面建设社会主义现代化国家的首要任务》，中国共产党新闻网，http://theory.people.com.cn/n1/2022/1031/c40531-32555578.html，2024-05-30。

② 《高质量发展》，百度百科，https://baike.baidu.com/item/％E9％AB％98％E8％B4％A8％E9％87％8F／E5％8F％91／E5％B1％95/22414206，2024-05-30。

③ 《扩大高水平对外开放》，中央政府门户网站，https://www.gov.cn/yaowen/liebiao/202403/content_6938506.htm，2024-05-30。

④ 丹佛大学网站，https://korbel.du.edu/pardee/content/formal-bilateral-influence-capacity。

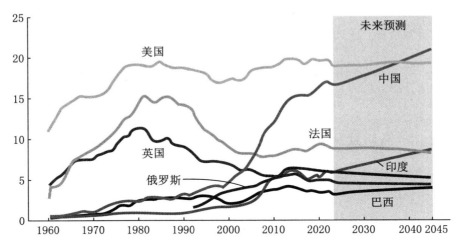

* 双边影响力指数（FBIC Index）

数据来源：美国丹佛大学弗雷德里克·S. 帕迪国际未来中心（Frederick S. Pardee Centre for International Futures）。

图 1　美国丹佛大学统计

然而，近年来风云突变。"面对世界经济深度衰退、国际贸易和投资大幅萎缩、国际金融市场动荡、国际交往受限、经济全球化遭遇逆流、一些国家保护主义和单边主义盛行、地缘政治风险上升等不利局面，必须在一个更加不稳定不确定的世界中谋求我国发展。"①在海外投资、贸易和合作中，中国企业面临着日益增加的跨境投资争议。

（二）国家政策："走出去"和"一带一路"倡议

在国家"走出去"和"一带一路"倡议的指引下，中国海外投资的趋势越发明显。

根据商务部、国家统计局、国家外汇管理局的数据②，近些年来，中国对外投资总额每年在 1 600 亿美元以上，保持着世界第二的位次。

---

① 《习近平：新发展阶段贯彻新发展理念必然要求构建新发展格局》，中央政府门户网站，https://www.gov.cn/xinwen/2022-08/31/content_5707604.htm，2024-05-30。

② 《2022 年度中国对外直接投资统计公报》，中国商务出版社 2023 年版，第 9 页。

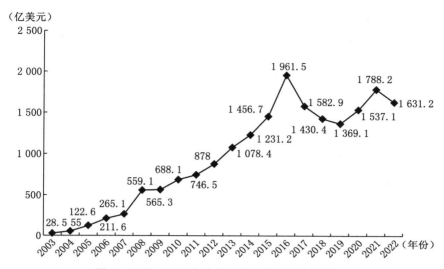

图 2　2003—2022 年中国对外直接投资流量情况

资料来源：2003—2022 年《中国对外直接投资统计年报》。

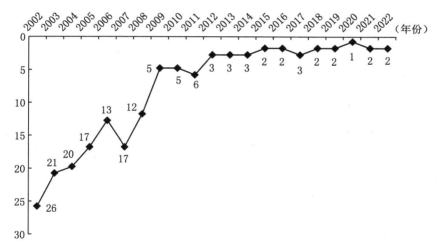

图 3　2002—2022 年中国对外直接投资流量在全球的位次

资料来源：2002—2022 年《中国对外直接投资统计公报》。

　　高位运行的对外投资，在"更加不稳定不确定的世界中"，面临更多的跨境投资争议风险。中国企业和中国律师不仅要适应国际规则，也要了解投资目标地的法律环境。

二、 常见的跨境投资争议类型

（一）理论中的跨境投资争议类型

跨境投资涉及不同国家和地区的法律及政策，因此在具体操作中容易出现各种争议。根据传统的《国际投资法》①理论，一些常见的跨境投资争议类型可以归纳为：

（1）投资保护争议。比如，征收与补偿：东道国政府征收投资者的资产，但未给予公平合理的补偿；国有化：东道国将私人资产转为国有，可能引发补偿和程序是否合法的争议；合同争议：一方未能按合同履行义务，引发违约争议或条款解释：对合同条款的解释产生分歧，特别是在合同语言和文化背景差异较大的情况下。

（2）知识产权争议。比如专利、商标、版权：投资者认为其知识产权未得到东道国有效保护或受到侵权。

（3）劳动争议。比如劳工待遇：投资项目中的劳动合同、工作条件等问题导致的劳资纠纷；解雇和赔偿：与员工解雇相关的赔偿问题。

（4）税务争议。比如双重征税：东道国和母国在所得税或其他税种方面的争议；税务优惠：关于税收优惠政策的争议。

（5）环境与社会责任争议。比如环境保护：投资项目对当地环境的影响及其治理措施不达标引发的争议；社区利益：当地社区认为投资项目侵害其利益，导致的抗议或法律诉讼。

（6）政府措施争议。比如政策变动：东道国政府突然改变投资政策或法规，影响投资者合法权益；许可证与审批：东道国在项目审批或许可证颁发上故意拖延或刁难。

---

① 余劲松：《国际投资法》，法律出版社 2022 年版，第 1—366 页。

（7）仲裁与司法。比如仲裁：当事方选择通过国际仲裁解决纠纷时，可能会在仲裁地、仲裁法庭及程序上产生争议司法裁判：双方对东道国司法体系的公正性和中立性存疑，进而引发信任危机。

（二）实践中的跨境投资争议类型

在实践中，涉及需要跨境处理的投资保护争议、劳动争议、税务争议、环境与社会责任争议、政府措施争议等，实际上非常少见。虽然很难在公开渠道找到可信的统计数据，但结合多年来涉外法律服务的经验，试着分析原因，可能是因为这些领域大多是投资目标国国内法的适用范围，或者涉及投资目标国的主权范畴，无法由民商事法律、国际私法进行调整，因此跨境投资者不得不在目标国，适用当地司法救济程序来解决。

实践中，主要的跨境投资争议集中在投资相关的合同纠纷，并大量使用仲裁、调解等方式，在有国际公信力的机构进行解决。

对应这种实践情况，跨境投资争端的解决，就需要大量高质量的法律服务，尤其是高质量的涉外律师服务。

三、 中国律师在跨境投资争端解决中的作用和发展

（一）中国的经济改革和律师行业的发展

经济基础决定上层建筑。中国律师的发展，几乎与中国经济改革同步。

在跨境投资争端解决领域，律师的作用和发展概莫能外。帮助外国投资者来中国设立"三资"企业，协助境内投资者完成境外投资登记并在目标国完成投资，协助跨国企业在国际资本市场进行融资，应对因跨国投资而产生的合规风险及各类争议，等等，中国律师的作用越来越大。

表1　实行经济改革以来中国律师业的发展

中国的改革与开放措施	律师业的发展
1978 年中国宣布开启经济改革	1979 年中国司法部恢复重建，当年司法部颁布《关于律师工作的通知》，恢复律师制度
1980 年设立深圳经济特区	1980 年，《律师暂行条例》出台，规定"律师为国家法律工作者"、"律师执行职务的工作机构是法律顾问处"以及"法律顾问处的性质为事业单位。"因此，法律顾问处便是现代中国律所的前身 1983 年，中国第一家"律师事务所"——"蛇口工业区律师事务所"诞生于广东①
1992 年实行社会主义市场经济	1996 年《律师法》出台
2001 年加入 WTO	2007 年、2012 年、2017 年《律师法》三次修正。律师行业蓬勃发展，繁花似锦
2013 年，中国提出"一带一路"倡议，中国企业和公民"走出去"步伐加快	党的十八大以来，司法部积极推动中国律师事务所"走出去"，努力做到中国企业和公民走到哪里，涉外法律服务就跟进到哪里。大力支持发展涉外法律服务，加强涉外律师人才培养，健全完善保障政策，为中国律师"走出去"提供政策支持

　　资料来源：《风雨兼程 40 载　迎风远航再出发——律师制度恢复重建 40 周年综述》，司 法 部 网 站，https://www. moj. gov. cn/pub/sfbgw/gwxw/xwyw/szywbnyw/201905/t20190506 _ 148534.html，2024-05-30。

（二）中国律师在跨境投资争端解决上的作用

1. 识别风险

　　争端解决的最好方式，可能是事先识别风险，避免风险的发生。哪怕争议在所难免，也需要提前布局，"先胜而后战"②。

　　律师在识别跨境投资纠纷风险方面，可以做以下工作：

　　（1）协助识别母国对境外投资的合规要求。以中国为例，中国公民需要在国内设立企业，然后进行境外投资备案，获得外汇额度，才能进行对

---

　　① 澎湃：《中国律所 40 年：萌芽、崛起、浪潮与蜕变》，《中国律师》2019 年第 6 期，https://m.thepaper.cn/baijiahao _ 4214519，2024-05-30。
　　② 《孙子兵法——军形第四篇》，原文是《胜兵先胜而后求战，败兵先战而后求胜》，百度百科，https://baike.baidu.com/item/%E5%AD%99%E5%AD%90%E5%85%B5%E6%B3%95%C2%B7%E5%86%9B%E5%BD%A2%E7%AF%87/19831521，2024-05-30。

外投资。这些事项必须事先处理，否则即使境外投资项目签约，也无法将境内资金合法出境，会导致境外投资协议违法的重大风险。

（2）协助识别目标国法律环境和司法实践的风险。良好的涉外营商环境，是进行跨境投资的必备要件。实践中，跨境投资发生目标国政府直接征收的情况很少，更多是当地法律的各种要求、各种处罚，以各种名目抬高了跨境投资的风险。

以小米在印度的遭遇为例。印度执法局（ED）2023 年 6 月 9 日发布文件称，因小米涉嫌违反该国《外汇管理法》（FEMA），"向外国实体非法转移资金"，该局已经向小米发出正式通知，已经扣押了小米共 555.1 亿卢比资金（约 6.8 亿美元），现价近 50 亿元人民币。数据显示，小米集团 2022 年经调整净利润为人民币 85 亿元，也就是说，这笔资金相当于小米去年净利润的 57％。[①]我们对这个事件本身不做评价，但作为律师，有必要在客户打算去印度投资之前，把类似的先例和风险提示给客户，帮助其进行投资决策，以及避免类似风险的发生。

（3）对目标股权或者资产进行风险识别。如果说识别目标国法律环境和司法实践情况的风险属于全局宏观，那么这里对目标股权或者资产进行风险识别属于个体微观。在实践中，这个环节体现为尽职调查，由法律顾问、财务顾问、专项顾问（比如行业顾问、环境顾问等）对目标股权或者资产进行风险识别。如果以高质量的法律服务作为标准，那么律师在此处不能仅仅关注法律风险，还需要了解各方面顾问的情况，对各类风险进行统筹安排，成为顾问团队的领队。

（4）协助识别跨境融资安排中的风险。"一手交钱，一手交货"是商业常态。但在跨境投资的环境下，这个"交钱"的过程会十分复杂。除了上面已经提及的外汇管制风险之外，融资安排中经常会出现各种风险。实践中，企业很少有全部以自有资金进行投资，往往会进行各种融资，有的是

---

① 澎湃：《被印度扣押 50 亿，小米收到正式指控》，https：//www.thepaper.cn/newsDetail_forward_23459563，2024-05-30。

向境内金融机构借入并购贷款，有的是向境外金融机构在境外借入外币资金，还有的会利用上市公司身份进行增发或者发行企业专项债券。这里的各种融资安排，涉及不同的监管要求，本身已经不容易，更需要配合好境外投资的时间表，保证在规定的时间、规定的资金需要支付到位。这里提前识别风险、安排对策对于交易的成败，也非常重要。

（5）提前进行纠纷解决的安排。跨国投资给选择准据法、纠纷解决方式、纠纷解决机构带来了各种可能性。投资各方都希望能够选择自己熟悉、信赖、成本相对低一些、执行效果好一些的方式和机构。这个过程涉及多方博弈，既不能固执己见，一味要求各方听从我方安排，也不应当想当然顺从对方，不进行任何事先分析。这里，律师需要把各种可能的选项、风险、应对措施、成本等逐一拆解，协助客户在守住根本利益的前提下，做到妥协和共赢。

2. 管理风险

"徒法不足以自行。"①做好了风险识别，还不足以避免风险发生，需要在整个跨境投资过程中，主动管理好风险。律师在管理跨境投资纠纷风险方面，可以做以下工作：

（1）利用交易文件对各类风险进行书面锁定。所有的事先分析、风险识别、尽职调查、交流沟通、协商谈判，最终需要落实到书面的、有约束力的交易文件。这里不仅包括投资协议、融资文件、担保文件等传统面上的文件，也包含登记表、公证文件、授权书、股东会/董事会决议等细微文件。

（2）配合商务团队进行流程管理。即使签订了交易文件，考虑了执行过程中的细节，现实中仍处处可能存在风险。律师应该和商务团队保持好沟通，帮助商务团队落实关键步骤，甚至向管理层提出执行建议，保证项目的落地实施。

---

① 《孟子·离娄上》，百度百科，https://baike.baidu.com/item/％E5％BE％92％E6％B3％95％E4％B8％8D％E8％B6％B3％E4％BB％A5％E8％87％AA％E8％A1％8C? fromModule＝lemma_search-box，2024-05-30。

（3）预警和干预出现的风险。尽管已经准备了各种识别，尽管已经仔细跟进流程，但风险的出现总是在所难免的。律师应该利用自己的经验，及时预警风险的出现，能够帮助企业在此时做好应变。如果在风险识别阶段，已经做好了预案，那么需要快速按照预案进行。如果之前没有预案，或者预案已经因为条件的变化而不可行，那么需要积极制定新的对策。这里的目标是尽管已经出现风险，但尽可能避免形成正式的法律纠纷。

3. 纠纷解决

在做好了风险识别、风险管理的前提下，纠纷解决的成功率或者说纠纷获得有效解决将是大概率事件。尽管如此，临阵对战，不可马虎，需预防意外情况的发生。

律师在处理跨境投资纠纷解决方面，可以做以下工作：

（1）守好交易文件中设定的纠纷解决的程序性机制。律师需要再次向投资人管理层回顾介绍交易文件中对纠纷解决机制的安排。尤其是类似具有时效性的权利，必须按照约定，守护好。比如，行使权力是不是已经发过书面通知，在几天内进行通知，或者率先提出仲裁申请等。

（2）针对纠纷解决机制里的变量部分，作出安排。比如，如果是先前选择了国际仲裁，很可能会需要挑选我方仲裁员；对合适的候选人进行筛选，联络确认，向管理层提出合理建议等。

（3）处理好纠纷解决程序的每个环节。纠纷解决程序，往往是个标准化流程。仲裁机构、调解中心，乃至外国法院，一般都有程序性规定。律师同商务团队、当地法律顾问等，制作证据，进行质证、答辩调解、争取获得申诉裁决。

（4）对纠纷解决的裁决做好落实和变通。收到裁决，无论成败，都需要依法进行落实。但落实的过程中，其实也会有技巧。比如，是否可以为对方节省裁决执行成本而成为筹码，再和对方协商进行一定的妥协；又比如，是否可以用一个案子的快速落实，交换后续合作中的其他有利条件。这里律师都可以根据自己的经验，结合当时的情况给出建议。

4.补漏反思

纠纷解决本身不是目的，甚至不是必经的手段。识别风险、管理风险、纠纷解决，都是为了亡羊补牢，反思补强，让跨境投资变更加顺畅和有效。律师在反思借鉴跨境投资纠纷方面，可以做以下工作：

（1）就纠纷解决过程中暴露出来的法律或者投资运营漏洞进行梳理。纠纷解决的过程，在某种意义上是一场考试。对风险识别是否准确、对风险管理是否到位，以及在纠纷解决程序性问题上是否处理得当，会在纠纷各方的主张、举证、提问、反驳、辩论，以及纠纷解决机构的沟通和裁决中，充分得到检验。虽然企业和律师总是希望自己当初的谋划能够完备，但经过了一场考试，结果还是会表明，是不是有漏洞需要补强？律师需要对这些漏洞逐一进行梳理，分析原因，提出解决方案。

（2）与管理层沟通并完善合规制度。在梳理漏洞之后，律师需要把自己的反思向管理层进行汇报。如果说之前纸上谈兵，会让很多商务出身的管理层，觉得律师在夸夸其谈，危言耸听。那么，来自真实纠纷解决案例的经验教训，就最具有说服力。此时向管理层进行沟通，并在沟通之后，完善企业的投资和运营合规制度，正当其时。

（3）参与企业的内部培训，把纠纷解决中得来的经验和教训，传播到企业的相关员工中去。管理层的认可，合规体系的完善只是起点，最终需要把这些经验教训，落到企业的运营中，植入员工的意识里。这些深刻的教训、限制性的规矩，一般企业法务作为内部同事，出于面子很难讲深讲透。律师作为外部顾问，以及拥有第一手经验的专家，可以参与企业的内部培训，把经验落实下去。

（三）中国律师建设跨境纠纷解决能力的路径选择

要为跨境投资纠纷解决提供高质量的法律服务，必须先要建设好高质量的跨境纠纷解决能力。结合上文中所讨论的中国律师在跨境中的作用，划分为三个方面进行讨论：中国律师自身能力建设、外国法能力圈、国际争端解决机构能力圈。

1. 中国律师自身能力建设

如果中国律师需要在跨境投资争端解决中起到领导型作用，而不是仅仅处理一些仲裁程序性事宜，那么中国律师必须具备强大的综合能力，做好自身能力建设。中国律师自身能力的建设，也是打造外国法能力圈、国际争端解决机构能力圈的起点和前提条件。

中国律师的自身能力建设，至少包括以下方案：

(1) 掌握本国法律中涉及对外投资、有涉外因素的争端处理相关的法律规范、司法解释、著名案例等。

(2) 良好的外语沟通能力，听说读写，甚至用外语直接起草境外法律文件的能力。

(3) 投资相关的商业、财务、管理、跨国公司治理方面的知识。

(4) 主要投资目标国基本法律、文化。

(5) 主要国际争端解决机构的基本情况。

2. 外国法能力圈建设

法律具有很强的属地性。在国际投资领域，所有环节的落地，几乎都涉及属地法的问题。在复杂的交易或者纠纷中，往往会出现各个法域的律师，一起为了一个交易的完成，共同绞尽脑汁。

要提供高质量的跨国投资争端解决法律服务，必须有强有力的外国法能力圈。目前，中国头部律师事务所在外国法能力圈建设上，基本上有两种主流的做法：自建分所；联盟模式。

(1) 自建分所（办公室）。中国律师事务所走出国门，设立自己全资拥有的办公室，其实不是新鲜事儿。1993 年，君合律师事务所设立了纽约分所，这是中国律师事务所在海外设立的第一家分所。[1]

随着"走出去"、"一带一路"倡议的提出，司法行政部门也非常鼓励

---

[1] 《君合律师事务所纽约分所快讯》，上海市律师协会网站，https://www.lawyers.org.cn/info/b9b539f083054842a8a74cdca54c2663，2024-05-30。

中国律师事务所走出国门，"努力做到中国企业和公民走到哪里，涉外法律服务就跟进到哪里"①，"积极发展涉外法律服务，培育国际一流律师事务所"②。

然而，如果事务所选择自建分所，可能会面临以下挑战和困境：

一是外国法不允许或者在执业范围上存在重大限制。法律行业是各国重点监管的行业，并与一国的政治高度相关。因此，很多国家并不允许国外的律师去该国职业或设立分所，也有很多国家会允许设立代表处，但不能够就当地法律提供服务。

二是法律本地化的固有属性，外国语言文化的差异，造成找到合适的当地合伙人比较难。在经济相对发达、移民较多的国家，比如美国、欧洲，这个问题相对容易解决。但在很多"一带一路"沿线国家，其实很难找到既能够在当地有较高执业水平，又能够懂得中国文化，愿意融入中国事务所管理体系的合伙人。

三是分所业务量和含金量商不一定足够支持起运营。中国对外投资"走出去"方兴未艾，但"一带一路"建设尚在发展，尚未在每个法域形成稳定的法律业务。事务所从运营角度考虑，不得不开立一个高标准的办公室后，能够有足够的当地业务来维持该办公室的运营经费。从目前的实践来看，在一些非热门投资目的地，自建分所可能面临亏损。

（2）联盟模式。与自建分所相比较，中国律师事务所采取联盟模式，在现阶段可能更灵活，也更具效率。联盟模式有以下优势：

一是可以选择在该法域有执业资格、良好声誉的律师事务所进行联盟。这不仅解决了执业资质问题，也可以筛选到更加有水平的当地律师参与打造高质量的外国法能力圈。

二是弱化文化冲突，以项目管理代替制度管理。联盟模式不涉及各自

---

① 《涉外法律服务为中国企业和公民"走出去"护驾》，人民网，http://world.people.com.cn/n1/2017/0110/c1002-29011312.html，2024-05-30。

② 《积极发展涉外法律服务　培育国际一流律师事务所》，司法部网站，https://www.moj.gov.cn/pub/sfbgw/fzgz/fzgzggflfwx/fzgzlsgz/202312/t20231213_491462.html，2024-05-30。

律师事务所日常管理，是以项目合作为基础。在同一个项目上，各地事务所有着共同的目的，能够形成统一行动。

三是淡化成本问题。中国事务所不用先投入大量资金，以建设高品质的自营办公室，可以从联盟入手，不断进行项目合作。如果最终项目合作日趋频繁，可以后续考虑建立分所，邀请联盟所成为自己的分所。

尽管联盟模式，在灵活性和成本方面有自己的优势，但为了打造高质量的外国法能力圈，还需要考虑以下事项，来做好联盟的质量控制：

其一，中国律师需要对跨境投资主要目的地的法律有必要的研究和积累，以便有能力在重大问题上对联盟所提供的意见和方案进行判别，甚至在联盟所出现问题时，有临时补位的能力。

其二，选择合适的国际律师联盟等机构至关重要。一方面，节约了大量筛选时间；另一方面，高质量的国际律师联盟其成员的服务品质本身就有保障。以君合律师事务所为例，作为第一家走出国门的律师事务所，设立纽约分所后，君合综合各种因素，参与了 Multilaw 和 LexMundi 两个律师联盟，该等联盟的成员所，是各个法域的头部律师事务所。这为君合经办跨境投资和跨境纠纷，节约了很多成本。

其三，联盟模式下的定期沟通。法律业务属于低频偶发性业务，虽然有联盟良好的合作基础，但并不是每年都能有机会合作。与此同时，一旦跨境争端发生，跨境法律服务的响应速度和服务质量，又变得非常重要。因此，在业务合作之外，联盟模式需要有定期沟通制度，线上会议、线下会晤，以保持外国法能力圈的高质量。

其四，梳理客户的预期。中国客户存在一种观点：认为事务所越大越好，在目标国有办公室的，一定会更好。其实这是一种误解。如果为了所谓的版图，派一些中国律师，在各地蹲点，或者选择当地所简单翻个名牌，成为自己的分所，这里的服务很难保证是高质量的。中国律师发展需要循序渐进，求真务实。真正能够有效解决问题，且平衡法律服务成本的，才是高质量的外国法能力圈。

3. 国际争端解决机构能力圈

国际争端解决机构的日常拜访联系，建立好国际争端解决能力圈，也是打造高质量跨境投资争端解决能力的必要环节。这里既涉及对国际争端解决机构规则的学习理解，也涉及对国际争端解决机构工作人员、仲裁员、调解员的事先熟悉，相互了解，建立信任。这个过程，能使中国律师在风险识别阶段给出合理建议，选择合适的争端解决机构，并能在发生真实的纠纷时，帮助中国律师及时选任有经验、有影响力的仲裁员或者调解员，更有利地推进后续争端解决。

这种与国际争端解决机构的日常拜访联系，可以从事务所层面单独进行，也可以结合律师协会的平台，进行集体性拜访，[①]以便获得更多关注。[②]

---

① 《上海律协仲裁业务研究委员会拜访新加坡国际仲裁中心上海代表处并进行座谈交流》，上海市律师协会网站，https://www.lawyers.org.cn/info/c681f753a69d4f0eb2b03b5531dcd30e，2024-05-30。

② 《携手港仲，共筑法治桥梁 | 上海律协与香港国际仲裁中心交流座谈》，上海市律师协会网站，https://www.lawyers.org.cn/info/4bca738c8c4c4a3d92a014545e891b77，2024-05-30。

中国仲裁中的证人证据问题研究

■ 金立宇*

【摘要】中国仲裁应当加强对证人证据的重视，积极接纳并采用这一证据形式，这是中国仲裁与国际接轨的重要步骤。本文首先探讨为何证人证据未在中国仲裁中获得普遍使用，其后从宏观（推动中国仲裁国际化）和微观（有效推进具体仲裁案件）两个层面分析证人证据对中国仲裁的积极作用。在此基础上，从仲裁实务的角度提出运用证人证据的建议。

【关键词】证人证据　仲裁　国际化　证据规则

国际仲裁员安东尼亚斯·迪莫利萨（Antonias C. Dimolitsa）评论道："经验表明，国际仲裁中民法法系和普通法系之间并无明确的区别，而是已经发展出一套具有两种系统特点的具体程序系统。"[1]其所指的这套程序系统就是《国际律师协会（IBA）国际商事仲裁取证规则（1999 年）》（简称《IBA 规则》）。该规则 2020 年进行了修订。关于证人证据，《IBA规则》第 4 条、第 5 条和第 8 条等规定了事实证人和专家证人的提供、事

---

* 金立宇，上海吾契律师事务所创始合伙人、主任。

① Giving Evidence：Some Reflections on Oral Evidence vs Documentary Evidence and on the Obligations and Rights of the Witnesses Arbitration and Oral Evidence-ICC Institute Dossier II-2005.

实证人的资格、证人陈述、专家报告和证人出庭的详细规定。①与国际仲裁相比，中国仲裁长期缺乏关于证据取得的规则。但如本文所述，这种情况已经开始改变。

证人证据在中国仲裁中并不流行。大量的"纯国内"仲裁案件（即没有国际因素的案件，当事人都是中国国内主体，仲裁员也是国内的）无需以国际化的方式进行仲裁，例如通过适用《IBA 规则》和较为标准化的口头证据处理方式。在国内仲裁案件中，律师、仲裁员和仲裁机构不习惯于使用证据取得规则和口头证据的规则。因为他们处理案件的方式深受中国诉讼实践的影响。在中国诉讼实践中，当事人之间没有程序管理协商，且2000 年《最高人民法院关于民事诉讼证据的若干规定》（简称《民事诉讼证据规定》）未给予口头证据和书面证据同样的重要性。与大量的国内仲裁案件相比，国际仲裁——或以国际化的方式处理仲裁——是从国外法域引入的，对多数中国执业者来说还是较新的。尽管仲裁机构的规则已国际化，以兼顾国内和国际处理仲裁的不同方式，但如果律师和仲裁员不具备国际化的技术，且对国际上处理仲裁的理念较为陌生，以国际化的方式进行仲裁将是空谈。中国仲裁不采用证据取得规则的原因在于，"谁主张，谁举证"的观念过于根深蒂固，以至于人们认为这一原则足以解决所有证据问题（当然在中国民事诉讼中有一些例外规则）。《IBA 规则》在中国仲裁中未被使用，因为人们认为没有必要使用证据规则。②更何况并没有多少执业者熟悉《IBA 规则》。

中国仲裁应当加强对证人证据的重视，积极接纳并采用这一证据形式。这是中国仲裁与国际接轨的重要步骤。证人证据是相当宏大的话题，本文无意在有限的篇幅内论及与之相关的全部问题。首先探讨为何证人证据未在中国仲裁中获得普遍使用，其后从宏观（推动中国仲裁国际化）

---

① https://www.ibanet.org/MediaHandler?id＝def0807b-9fec-43ef-b624-f2cb2af7cf7b.

② Jingzhou Tao, Document Production in Chinese International Arbitration Proceedings, in Albert Jan van den Berg（ed.），International Arbitration 2006：Back to Basics? ICCA Congress Series, Kluwer Law International，2007：621.

和微观（有效推进具体仲裁案件）两个层面分析证人证据对中国仲裁的积极作用。在此基础上，还将从仲裁实务的角度讨论一些运用证人证据的建议。

一、 为何证人证据在我国仲裁中不受欢迎

（一）中国文化中对作证的抗拒

从文化的角度，证人不受欢迎可能源自"亲亲相隐"的传统价值观。"亲亲相隐"的字面意思是"亲属间相互掩盖过错"。在司法程序中，这意味着对家庭成员或近亲属所做之事进行隐瞒。这一概念深植于强调家庭忠诚、孝道和维护家庭内部和谐的儒家哲学中。①控告家庭成员可能引发严重的人际冲突。我国《刑事诉讼法》第 193 条禁止法院强制要求被告的配偶、父母和子女出庭作证。②体现了这一文化传统。这一规定可能与其他法域的法律特权（legal privilege）有相似的价值基础。但亲亲相隐的观念导致个人普遍不愿意作证反对熟人或亲属，担心可能在其所处的社会群体内产生不良的潜在后果。

（二）我国的讯问式法庭审判系统

我国的诉讼实践比国际仲裁更多地影响我国仲裁。这很自然。因为许多参与中国仲裁的人士是经验丰富的诉讼律师或退休法官。中国司法程序主要是讯问式的，更强调法官自己发现案件事实，而不是依赖当事人通过对抗性程序来发现事实。其背后的预设是法院有能力查清案件的全部事实。《民事诉讼法》第 7 条规定："人民法院审理民事案件，必须以事实为依据，以法律为准绳。"为了查清事实，通常法官会主动向当事人发问，

---

① 梁涛：《"亲亲相隐"与二重证据法》，中国人民大学出版社 2017 年版，第 24 页。

② 《刑事诉讼法》第 193 条第 1 款规定："经人民法院通知，证人没有正当理由不出庭作证的，人民法院可以强制其到庭，但是被告人的配偶、父母、子女除外。"

请当事人澄清法官认为重要的事实问题。这样的司法体系形塑了法官对证人证据效用的看法，即法官通常依赖自己对案件的分析和理解来作出决定。这与对抗性的诉讼制度不同。对抗制作出了完全相反的预设，即法官可能无法百分之百查清过去发生的案件事实，而只能通过双方当事人的举证及互相质疑而尽可能地接近事实真相。在此过程中，法官仅承担被动的角色，根据当事人提交的证据确定案件事实，而不会主动发掘事实。

（三）不发达的交叉质询制度带来的挑战

在中国司法程序中，证人证据的有效性往往因缺乏成熟的交叉质询制度而被削弱。在许多情况下，尽管证人被要求签署保证书以确保其陈述事实的真实性，[①]法官仍倾向于质疑证人的中立性，当证人与案件当事人有关联时尤其如此。例如，当案件的一方是一家公司时，法官可能认为该公司员工倾向于作出有利于雇主的证言，因为他们与该公司有利害关系。[②]上海市第一中级人民法院的一位法官评论道："在司法实践中，证人证言是一种常见的证据形式。然而，与其他类型的证据相比，证人证言往往更易受到主观情感、表达能力和记忆偏差的影响。这种脆弱性引发了关于其可靠性和客观性的问题，从而削弱了其证明价值。"[③]当然，对证人证言的不信任并非中国独有，而是民法法系的普遍态度。[④]

在当前中国的民事诉讼中，证人证据的重要性低于书面证据。《民事诉讼证据规定》第 90 条规定，与一方当事人或者其代理人有利害关系的证

---

① 《民事诉讼证据规定》（2020）第 65 条规定："人民法院应当在询问前责令当事人签署保证书并宣读保证书的内容。保证书应当载明保证据实陈述，绝无隐瞒、歪曲、增减，如有虚假陈述应当接受处罚等内容。当事人应当在保证书上签名、捺印。当事人有正当理由不能宣读保证书的，由书记员宣读并进行说明。"

② 《民事诉讼证据规定》（2020）第 87 条规定："审判人员对单一证据可以从下列方面进行审核认定……（五）证人或者提供证据的人与当事人有无利害关系。"

③ 徐芬：《最大限度发挥证人证言作用，法官这样建议》，上海市第一中级人民法院，2022年 12 月 15 日，https://mp.weixin.qq.com/s/4gVjPKBId2akdxs1wewi1A.

④ Alan Redfern, The Standards and Burden of Proof in International Arbitration, Arbitration International（1994）10（3），347.

人陈述的证言不能单独作为认定案件事实的依据。这似乎创造了一种悖论，即召集证人是因为他们对案件事实有直接了解，但证人同时又被视为带有偏见而使得其提供的证据的效力受到限制。但我们必须承认，这样的规定有相当的合理性。缺乏佐证的证人证言的可信度并不会比书面文件更高。①值得强调的是，这一规定涉及证人证言的证明力，而非证人证言的证据能力。所谓证据的证明力，是指证据能够证明案件事实的程度；②而证据能力，是指某一材料作为证据的资格。③因此，认为与当事人关系密切的证人的陈述因真实性存疑而不因被接纳为证据的观点实为混淆了证明力和证据能力。

与此形成对比的是，普通法法域采用对抗性诉讼制度，法官的角色是确保公平和遵守法律程序，而不是积极调查事实。在这一制度中，证人作为主要的证据来源发挥着关键作用。这一制度充分认识到证人与当事人的关系可能造成的偏见，但并不因此放弃采纳口头证据。相反，普通法法域认为这种偏见可以通过对抗性制度得到缓解，以确保口头证据的客观性和可靠性。④交叉质询意在通过对方律师的质询来揭示证人陈述中的不一致性和偏见，降低证人证言的可信度。⑤对方律师的问题往往类似于"苏格拉底式提问"，即对方律师通常会将证人证言与其他证据进行对比，使证言置于特定的"情境"中，以揭示证言的局限性。

在对抗性法律体系中，民事案件遵循"优势证据"标准，只要一方的证据比另一方的更可信，支持前者主张的可能性超过50％，便完成了举证责任。鉴于胜诉与否取决于证据的整体说服力，原告和被告都有动力全面展示并审查证据。双方律师都致力于通过对抗性质询揭示对方证人证言中的不一致性、漏洞和偏见。因此，与讯问式体系不同，对抗性体系下的法

---

① Nigel Blackaby, Constantine Partasides & Alan Redfern, Redfern and Hunter on International Arbitration (7th edn), Oxford University Press (2022), p.365.

②③ 张卫平：《民事诉讼法》，法律出版社2016年版，第203页。

④ Ragnar Harbst, A Counsel's Guide to Examining and Preparing Witnesses in International Arbitration, Kluwer Law International (2015), p.9.

⑤ Peter Murray, Basic Trial Advocacy, Tower Publishing (1995), p.155.

庭不会仅因证人与当事人有利害关系而拒绝采信证词，而仍会评估其对案件真相的贡献价值。

二、 证据取得规则和证人证据对我国仲裁的重要意义

（一）宏观视角：证据取得规则和证人证据规则是我国仲裁国际化的标志之一

2020 年代初，我国上海、北京和深圳开始打造面向全球的亚太仲裁中心、国际商事仲裁中心和中国式现代化国际仲裁样本。[①]仲裁作为解决商业纠纷的传统方式，被赋予了特殊意义，其发展被视为中国向世界承诺改善商业环境的一个指标。我国的仲裁法也在审查修订中，以体现我国仲裁的现代化和国际化发展方向。我国主要仲裁机构自 20 世纪头 10 年以来对仲裁规则的修订亦反映了它们管理仲裁方式的现代化和国际化。

其中，证据取得规则和证人证据规则也是中国仲裁国际化的标志。在主要机构规则的最新发展中，已将重点放在证据取得规则和证人证据上。2012 年《深圳国际仲裁院仲裁规则》（简称《SCIA 规则》）规定，如果各方就适用的证据规则达成协议，则除非该协议无法执行或与法律的强制性规定相冲突，否则该协议应当优先适用。[②]同时还规定，各方可以申请事实证人和专家证人出庭。[③]这些规定在最新的 2022 年《SCIA 规则》中保持不变。[④]在 2015 年《上海国际经济贸易仲裁委员会（上海国际仲裁中心）仲裁规则》（简称《SHIAC 规则》）中，首次规定"当事人对证据事项或证据规则有特别约定的，从其约定，但其约定无法实施的除外。"[⑤]在 2024 年

---

① 参见 https://sfj.beijing.gov.cn/sfj/sfdt/ywdt82/flfw93/436364912/index.html；https://www.moj.gov.cn/pub/sfbgw/fzgz/fzgzggflfwx/fzgzggflfw/202311/t20231117＿489732.html。

② 2012《SCIA 规则》第 41.6 条。

③ 2012《SCIA 规则》第 41.4 条。

④ 2022《SCIA 规则》第 42 条第 4—6 款。

⑤ 2015《SHIAC 规则》第 37 条第 4 款。

《SHIAC 规则》中，有关于"与证据相关的规则"的规定类似[①]，同时也规定了申请事实证人或专家证人出庭的程序。[②]

中国国际经济贸易仲裁委员会（CIETAC）在中国仲裁界处于前沿地位。2015 年，委员会发布《中国国际经济贸易仲裁委员会证据指引》（简称《CIETAC 证据指引》），指出如果各方在案件中就适用该指引达成协议，则应适用该指引。《CIETAC 证据指引》据其序言介绍，它是受到了可在仲裁中适用的中国《民事诉讼法》和《IBA 规则》中的证据原则的启发，它为包括证人证据在内的证据取得方式提供了详细的规定。关于证人证据，《CIETAC 证据指引》第 8.1 条明确了合格证人的范围："任何能够证明案件事实的人，包括但不限于当事人的雇员、代表人和代理人，均可作为证人。"[③]它还规定了审查程序的相关规定。《CIETAC 证据指引》区分了"事实证人"和"专家证人"。第 9.1 条允许各方提交专家报告以支持其主张，[④]而第 9.2 条许可仲裁庭自行任命专家。[⑤]值得注意的是，2024 年《CIETAC 仲裁规则》提升了《CIETAC 证据指引》的效力；《CIETAC 仲裁规则》第 41.4 条赋予仲裁庭自由选择全面或部分适用《CIETAC 证据指引》的权力，除非各方另有约定。[⑥]

---

① 2024《SHIAC 规则》第 46 条第 5 款："当事人提交证据的形式和与提交证据有关的事项应当符合案件适用的证据规则；当事人没有约定证据规则或者约定无法实施的，仲裁庭可以参考仲裁程序适用的法律的有关规定作出决定。"

② 2024《SHIAC 规则》第 46 条第 4 款："当事人申请事实证人、专家证人出庭的，应当在书面申请中列明拟出庭证人的身份信息、将要陈述的证明对象、证明内容和所用的语言。是否同意证人出庭作证以及证人作证的相关安排，由仲裁庭决定。"

③ 《CIETAC 证据指引》第 8.1 条。

④ 《CIETAC 证据指引》第 9.1 条："事人可就特定问题提交专家报告以支持己方的主张。专家报告应包括：1.专家的姓名、地址、与各当事人间的关系以及个人专业背景介绍；2.为出具专家报告而了解的事实、阅读的文件及其他信息来源；3.专家个人的意见和结论，包括形成意见和得出结论所使用的方法和依据；4.出具报告的日期及专家本人的签名。"

⑤ 《CIETAC 证据指引》第 9.2 条："仲裁庭可自行指定一名或多名专家。双方当事人应对仲裁庭指定的专家予以协助，提供其要求的文件和信息。专家应出具专家报告，交由双方当事人评论。"

⑥ 《CIETAC 仲裁规则》第 41.1 条："除非当事人另有约定，仲裁庭可以决定适用或部分适用《中国国际经济贸易仲裁委员会证据指引》（简称《证据指引》）审理案件，但该《证据指引》不构成本规则的组成部分。"

以上关于我国仲裁中证据取得规则尤其是证人证据规则的最新发展表明，我国仲裁在证据取得规则方面已逐渐与我国民事诉讼程序渐行渐远，朝着不同方向发展。尽管自1982年以来，证人证言一直是我国民事诉讼法规定的一种证据形式，但自此以后呈现和审查证人证言的方式未有变化。我国2012年修正的《民事诉讼法》首次规定，各方可以就某些特殊问题向法院申请鉴定，必要时由双方共同指定一名合格的鉴定人；①如果无法达成协议，法院将指定鉴定人。这种鉴定人不是专家证人。鉴定人的意见是《民事诉讼法》下的一个独立的证据形式，其证明力大于专家证人的意见。在2012年的修订中，我国《民事诉讼法》还首次规定了一种诉讼参与者，即有专门知识的人，他们具有特殊专业知识和技能，被视为当事人的代理人，可以出庭就鉴定人的意见或某个专门问题发表意见。②有专门知识的人只能就鉴定人的意见或一些相关的专门问题发表意见，并回答法官和当事人的问题。他们不是专家证人。前述我国主要仲裁机构的仲裁规则的最新演变清楚地表明，我国仲裁中的证人证据规则正在逐渐与国际仲裁接轨，而不是效仿我国民事诉讼的做法。当然，作为一种传统，所有主要仲裁机构都在其规则中单独规定了鉴定意见。③《IBA规则》也有仲裁庭指定专家进行检验的规定。④

（二）微观视角：证人证据在仲裁案件中的关键性作用

证人证据的功能不应仅因我国传统上的口头证据体系不健全而被忽视。证人证据可以成为仲裁庭查明事实的有效手段。它为仲裁员提供了直接洞察案件中的行为、意图和事件的条件，使他们能够更准确、更彻底地理解案件，为仲裁员提供了直接向"故事主角"提出问题的机会。

---

① 《民事诉讼法》（2012）第76条。
② 《民事诉讼法》（2012）第79条；《民事诉讼法》（2023）第82条。
③ 2022《SCIA规则》第45条；2024《CIETAC规则》第44条；2024《SHIAC规则》第48条。
④ 《IBA规则》第6、第7条。

1. 证人证据与当事人陈述的比较

证人证据与当事人陈述的关键区别在于，证人证据需受到对方的交叉质询，而当事人陈述则不受质询。而且，当事人陈述通常由代理人作出，而非"故事"中的人物。在对证人进行质询时，证人无法得到他人的帮助，也无法使用事先准备的材料。但当事人陈述是经过细致准备的产物。在庭审中，代理人可能在简短的内部讨论后回答仲裁庭的问题。由于这些差异，可以认为当事人陈述的证明力低于证人证据。

2. 证人证据与文书证据的比较

在大多数案件中，文书证据起着最重要的作用，尤其是合同、合同履行形成的文件和通信。但它们就像珍珠，如果你需要一条珍珠项链，你必须使用一根线穿过珍珠并将它们连结起来。当事人陈述就是这条线。但证人证据与当事人陈述不同。我们可以将证人证据视为一个特别的"平台"，在这个平台上文书证据方可发挥其在查明事实和合同解释中应有的作用。通常情况下，文书证据无法事无巨细地记录发生的全部事实；即便有十分详尽的文书证据，如何理解这些书面文件的内容也绝非易事。[1]在那些合同只有一两页、没有详细标准帮助仲裁庭评估双方交易的性质和内容以及双方履行是否符合合同的案件中，证人证据变得极其重要。例如，一份工业气体管廊出租人和承租人之间的备忘录规定，"出租人将给予承租人70％的租金折扣，直到承租人的下游客户恢复生产"。仲裁庭需要确定双方在缔约时所认为的"恢复生产"的含义。合同文本本身无法就此提供更多的信息。仲裁庭固然可以深究"恢复生产"的自然语义，但这种语义能否准确判断案件的当事人是否恰当履约具有较大的不确定性。此时，如参与合同谈判的人员可以提供证人证言，并出庭接受质询，则仲裁庭可以了解到当事人起草这个术语时的"情境"，[2]并从中推断出双方所意图的具体标准。

---

① Ragnar Harbst, A Counsel's Guide to Examining and Preparing Witnesses in International Arbitration, Kluwr Law International (2015), p.1.

② 关于证人证言将书面文件情境化这一点，可参见 Frédéric G. Sourgens, Kabir Duggal and Ian A. Laird, Evidence in International Investment Arbitration, Oxford University Press (2018), p.198.

另一个例子是，一份投资合同规定出售部分业务运营权的一方"应在投资者请求时披露项目运营的信息，包括但不限于收入、成本及其构成、利润等。当项目每月实现利润时，投资者应按其投资比率收到股息。投资者应有权了解项目的运营情况"。尽管有这样的合同条款存在，但卖方提交的财务记录是杂乱无章的。这种情况下，双方的证人可能帮助仲裁庭评估卖方提供的财务材料是否满足前述条款的规定，以及投资者知悉项目运营情况的权利是否得到尊重。如果没有引入口头证据，仲裁庭必须在合同和事实的模糊性中穿梭，导致最终的裁决严重依赖法庭对少数书面证据的解释。

3. 法律意义与商业意义

仲裁案件总是涉及某些在特定的商业环境中的商业问题。这意味着仲裁案件中的问题往往兼具法律上和商业上的意义。一个在法律上无可挑剔但缺乏商业合理性的裁决很难说是实现了公平。但许多仲裁员是法律专业人士，如法学教授、公司内部律师、前法官，他们擅长使用抽象意义上的公平、诚信等法律概念来解释合同条款，但可能忽略合同条款在商业上的合理性。例如，在一起商业房地产租赁争议案件中，一位在金融公司任职内部律师的独任仲裁员在双方之间的租赁协议中创设了一个新的条件，即在承租方行使协议约定的单方解约权（需支付一定金额）时大幅缩短了协议约定的免租期（即要求承租人为免租期中的部分时段支付租金），以实现他心目中的公平。更不用说许多其他在具有特殊商业背景的案件中仲裁庭任意行事的情况了。每位仲裁员的个人经验和视角都不同，这将显著影响合同条款的解释，使得类似案件的裁决结果完全相反。证人证据在这些案件中尤为关键，因为它可以告知仲裁员商业或行业实践以及交易的特定背景。例如，在制药或能源行业，像"license in/out"或"照付不议"这样的合同条款是基于复杂的商业模式、投资模式和风险分配管理需求而制定的，对于行业外的人士来说，即便他们是法律专家，这些需求也可能并非显而易见。当各方提供能够阐述交易背景，分享行业实践、市场动态和技术演变的见解的证人时，这些证人可以生动地阐释交易条款背后的逻辑。这种直接证词使仲裁员能够更全面、更准确地理解合同目的、交易范围和内容、双方行为的性质以及双方风险分配的合理性，从而减少错误解释合同的概率。仲裁员可以通过评估双方证人的可信度，检验证据如何相互印证或对比，评估证据链的完整性，从而更深入地理解案件，获得更公正、更有效的仲裁结果。

4. 专家证人与鉴定人的比较

专家证人和鉴定人提供的证据不同。专家证人提供的证据将受到对方质询，并可能进一步由对方的专家证人反驳。由于专家是按照当事人指示工作的，而当事人往往对案件有最直接的了解，所以专家要处理的问题通常范围会更广。专家将向仲裁庭全面说明某些问题的各个方面，而不仅仅是给出结论。双方的专家可能会协商同意在某些问题上持相同观点，并向仲裁庭报告他们在其他问题上存在分歧的原因。仲裁庭将置身其中，考虑哪一方的意见更合理、更可靠，以及哪一方的意见与案件情况更相符。与此相反，鉴定人的意见通常集中在建议和结论上，因为他们是由仲裁庭指定的，仲裁庭急于了解某一问题的结论。更重要的是，由于鉴定人通常是由仲裁庭指定的，仲裁庭在处理鉴定人意见时的中立性可能会有所减损，这将影响仲裁庭对这些问题作批判性思考并得出结论的质量。无论如何，保护仲裁庭对任何问题的最终决定权是至关重要的，因为这关系到仲裁的公信力。

总之，仲裁的主要功能之一是确立案件事实。发现案件事实应主要依靠当事人提供的证据（包括专家证据），而非仲裁庭的智慧。缺乏证人证词和低质量的书面证据会给仲裁庭带来负担。仲裁员将不得不依赖解释性分析来构建合同条款和确定事实。这种依赖大大增加了仲裁决策过程的不确定性和需要的时间，可能导致结果偏向极端的赢或输。如果有证人作证，大多数事实问题可以得到更充分讨论，这有利于仲裁庭作出准确的决定，仲裁结果可能会更平衡、更公正。

三、 在我国仲裁中使用证人证据：实务建议

随着我国仲裁的持续发展，恰当地运用证人证据将变得至关重要。这里将讨论一些对收集和呈现证人证言过程的改进意见。

（一）在仲裁程序安排中处理对证人证言的请求

举行案件管理会议（CMC）非常有助于通过建立明确的议程来增强仲裁过程的透明度，以便展示证人证据及安排证人出庭作证。在案件管理会议期间，仲裁庭可能会邀请各方表达他们对证据提交方式的看法，包括证人证据。打算使用证人的一方应准备好与仲裁庭协商证人证据的安排。如果仲裁庭没有表示举行案件管理会议的迹象，希望推动仲裁庭这样做的一方可以直接向仲裁庭申请举行案件管理会议。如果没有安排案件管理会议，希望使用证人证据的一方应尽早提交其书面证人陈述/报告和证人出庭的申请。在许多仲裁员的心目中以及根据一些机构规则，证人出庭是一个应事先由仲裁庭批准的事项。①另一方面，仲裁庭应允许在庭审中展示证人证据及由证人出庭作证。尽管一些机构规则规定这应由仲裁庭批准，②仲裁庭通常不应拒绝出庭证人的请求，因为那是仲裁当事人的当然权利。

（二）对方当事人的策略

如果一方建议使用事实证人或专家证人，另一方也应考虑使用事实证人或专家证人。如果一方使用了证人证据，而另一方没有，则前者的证人证据将形成初步证据，而在没有来自另一方的反驳证据的情况下，仲裁庭将倾向于接受证人提出的陈述。《民事诉讼证据规定》作为诉讼程序中的

---

①② 例如，2024《SHIAC规则》第46.4条："当事人申请事实证人、专家证人出庭的，应当在书面申请中列明拟出庭证人的身份信息、将要陈述的证明对象、证明内容和所用的语言。是否同意证人出庭作证以及证人作证的相关安排，由仲裁庭决定。"

证据规定不适用于仲裁，因此一方难以据此主张另一方使用的证人与该方有利害关系因而排除其证人证言的证据能力。此外，通常认为即便证人存在偏见，偏见造成的不利影响应由另一方当事人通过质询等方式处理。因此，提高质询技巧是非常重要的。

为了提高仲裁裁决考虑问题的全面性和有效性，我国仲裁应积极推进质询的使用。质询的广泛使用将创造一个更健全的机制来评估证据和处理关于证人中立性的问题。庭审中的直接对抗可以较大程度地阻止证人作出虚假证词。通过允许对方律师严格地质询证人，仲裁庭可以通过证人的举止实时评估其证词的可信度。此外，在仲裁庭审期间，仲裁庭应该适当控制质询过程，以尽量减少不必要的提问和重复的证词，从而简化程序并专注于与案件相关的证据。

（三）如何采信证人证据

仲裁员应该在庭审前做好准备，包括准备好审查证人证据。需要考虑的问题包括：使用证人的目的是什么？问题能否通过文书证据解决？证人是否在其书面报告中明确陈述了事实和理由？仲裁员对证人陈述有哪些疑问？仲裁员需要与证人澄清哪些问题？庭审后，仲裁员应考虑证人是否在特定问题上说服了他？仲裁庭应在裁决中评估口头证据，并作出是否采纳口头证据以及为何采纳或不采纳的结论。在仲裁中，仲裁庭通常根据优势证据来确定事实。换句话说，如果一方提供了口头证据而另一方没有，或者一方的证人陈述没有被另一方的证据反驳，那么仲裁庭应倾向于采纳这种口头证据。

仲裁员在推动仲裁程序朝着公平和有效的解决方向发展中起着根本作用。为此，提高仲裁员的专业能力是必不可少的。仲裁员应接受全面和持续的培训，涵盖从基础法律知识到复杂的案件管理以及熟练的证人质询技能等一系列领域。特别应当强调评估证人可信度、管理有效的质询和解读非身体语言的重要性。此外，仲裁员培训还应突出理解社会和经济背景以及文化敏感性的重要性，以增强仲裁员的社会洞察力和分析力。仲裁员还应保持对法律实践最新发展的了解。此外，将国际上证实有效的实践，如专家"Hot-tubbing"（也称为"证人会议"）引入中国仲裁中可能是有益的。这种方法允许双方的专家证人同时作证并进行互动讨论，而不是由律师单独进行质询。

四、 结论

为了我国的仲裁机构和法律从业者积极参与并保持在国际商事仲裁领域的强大影响力，我们必须积极地与国际商事仲裁的通行做法保持一致。中国仲裁的裁判风格偏向于民法法系传统，这通常与其他普通法法域的做法不同，尤其是在处理证人证词的方式上。这些差异可能使中国仲裁从业人员在处理国际商事仲裁案件时处于相对不利的位置。然而，随着国际商事仲裁的理论和实践不断发展，以及仲裁规则在全球的趋同，中国仲裁面临的现实挑战可以通过当事人、仲裁庭和仲裁机构之间的合作加以克服。本文并不意在过度推销证人证据，而仅希望指出证人证据在中国仲裁中有极大的发展潜力。通过不断学习国际最佳实践并将其调整以适应我国情况，我国仲裁中的证人证据制度有望持续发展。通过这些努力，中国仲裁可以更公平正义地解决商业争议。

禁诉令的"地缘系统性"问题研究

■ 洪世宏[*]

【摘要】本文展望中资跨国企业这个新兴群体在国际争端解决系统下的普遍性问题：如何运用禁诉令保护国际仲裁协议免于平行程序的管辖权竞争。借助经典案例，阐述国际仲裁协议因为适用法律的不确定性而为所谓"鱼雷措施"创造了机会。通过对比禁诉令在美国联邦体制下和在欧盟境内的不同境况指出，作为平行程序的衍生物，禁诉令的功效取决于彼此平行程序的各自制度背景如何。为突破基于个案分析禁诉令的常规方法，引入"地缘系统性"这一创新的理论概念为跨法域比较禁诉令提供了分析框架。

【关键词】中资跨国企业　国际仲裁　仲裁协议　平行程序　禁诉令　地缘系统性

引言

近年来，适用禁诉令是国际争端解决领域的一个热门话题。禁诉令的

---

* 洪世宏，隆安（上海）律师事务所跨境业务专业委员会主任。美国哥伦比亚大学法学院法学硕士（L.L.M.）；美国迈阿密大学法学院法学博士（J.D.），持美国加州、新泽西州和佛罗里达州律师资格。

前提条件是争议解决程序的当事人利用管辖权的不确定性，发起平行程序。没有平行程序，也就没有禁诉令的用武之地。显然，并非所有存在管辖权不确定性的争议都实际出现平行程序。与发起平行程序的可能性相比，禁诉令实际签发的数量可谓凤毛麟角。

法院签发禁诉令受多重系统性因素制约。比如，在国际层面，法官是否签发禁诉令要顾及国际礼让原则。在欧盟，《布鲁塞尔条例Ⅰ》在原则层面限制了禁诉令。在美国联邦体制下，各州是彼此平等的主权单位，某州法院的禁诉令并不一定被其他州的法院认可。此客观现实情况下，拟签发禁诉令的法院自然得考虑礼让原则和其他权衡因素。[①]在纯粹实务层面，发起平行程序和针对平行程序申请禁诉令都是耗费时间和财力的额外周折，只有涉及重大利益的争议的当事人才有可能承担这样的经济成本。

由此，我们可以理解为什么禁诉令常见于标准必要专利许可费率的国际争议。[②]专利权本身的地域性意味着存在多个平行的管辖权，而标准必要专利旨在跨国适用，因此其不仅经济价值较高，还涉及多国法院的管辖权竞争。基于同样道理，海事海商的纠纷，由于行业特征，往往涉及针对货物、提单、船舶和船东的平行管辖权的竞争。对货物和船舶的直接掌控和对专利行政授权、登记公示的监管，看上去毫无相似性，但两者的共通之处在于签发禁诉令的法院能够同时基于抽象的司法主权和落到实处的管控手段让禁诉令的对象立刻感受到难以回避的压力。

作为禁诉令的高发领域，海事海商纠纷和标准必要专利许可费争议都限于特定的行业。相比之下，还有一个禁诉令的高发领域并不限于特定的行业，而是和广泛存在的国际仲裁程序有关。国际仲裁本来就是合同的主体为了明确管辖权和争议解决机制而提前约定的"替代性争端解决机制"，

[①] John Ray Phillips Ⅲ, A Proposed Solution to the Puzzle of Antisuit Injunctions, The University of Chicago Law Review, Vol.69, pp.2007—2032 (2002).

[②] Yu, Peter K., Contreras, Jorge L. & Yu, Yang, Transplanting Anti-suit Injunctions, American University Law Review, Vol.71, pp.1537—1618 (2022).

被替代的是法院主导的诉讼机制。然而，在涉及重大经济利益的争议解决程序中，某些当事人或有合理理由或纯粹出于策略因素，不惜启动平行程序以否认或挑战仲裁约定的效力，这使得禁诉令成为另一方当事人不得不考虑的应对措施。

一般而言，只有极少数的中资企业涉及高额标的海事海商纠纷和标准必要专利许可费率的国际争议，其中涉及禁诉令的更是屈指可数；对于大部分中资企业，尤其是其境外运营的关联企业，面临更多的是日益增加的国际仲裁场景下的问题：能否运用禁诉令来保护交易所依赖的国际仲裁条款，避免在管辖权问题上失控，陷入争议相对方主导或占优势的程序环境？

学术界不乏文章综述解读著名中外禁诉令案例，或针对中国司法体制如何建立禁诉令程序建言献策。案例解读文章往往未明确界定什么样的群体会受益于该等案例解读，从而有效解决现实问题。理论建言类文章往往假设禁诉令是个普适的司法制度，只考虑与现有法律制度和程序的嫁接，不在意应用场景的差异。本文试图以一个看上去非常狭窄的实务问题为道具，旨在刺激理论思考。具体而言，本文展望快速发展的中资跨国企业作为一个数量日益增多的群体，依赖国际仲裁协定开展跨境交易。在此系统场景下，本文探索这个群体能否有效运用禁诉令反制合同相对方不遵守国际仲裁约定，在其处于有利地位的地区或机构提起平行程序的局面。换言之，本文以中资跨国企业借助禁诉令保护国际仲裁协议免受平行程序之扰为切入点，通过跨法域的分析比较，彰显禁诉令的"地缘系统性"，从而为把握中外禁诉令个案和构建制度性措施提供具有一定抽象力度的分析框架。

国际仲裁：难以独善其身

作为跨境争端的替代性解决机制，国际仲裁有三点明显的优势：仲裁机构往往是相对交易双方中立的第三地,不存在令任何一方顾虑的地方保护主义;仲裁机构往往可以根据既定的透明规则,组建拥有行业背景知识和经验的仲裁庭,有助于复杂经济技术纠纷的解决;除了少数例外情形,国际仲裁的裁决基于《承认及执行外国仲裁裁决公约》(简称《纽约公约》)可以在域外执行。

在学理层面,自愿原则被称作仲裁的基本原则。然而,在实务层面,合同当事人基于自愿原则约定的仲裁程序始终受制于外部的司法制度环境。换言之,基于自愿原则的仲裁,尤其是国际仲裁,虽然充分体现了当事人的意思自治,但落实仲裁协议的实际过程是难以独善其身的。国际仲裁始终在不确定的法院管辖的影子之下。具体而言:(1)仲裁地的法院对于仲裁庭的运行一般都有管辖权,仲裁地的选择决定了哪里的法院来管辖仲裁庭的运行和解决仲裁本身的程序问题上的争议,这也是为什么当事人除了约定仲裁机构还要另外明文确定仲裁地的选择;(2)仲裁庭的临时措施往往需要法院的配合执行,或依靠法院强制执行权的威慑;(3)仲裁裁决的承认和执行取决于有履行裁决义务的当事人资产所在地的法院;(4)签署仲裁条款的企业主体,在现代市场经济背景下,往往经历分立、并购、企业组织架构的调整等变化,新产生的主体是否受辖于原来的仲裁条款也往往存在不确定性;(5)具体的争议是否在约定的仲裁条款的适用范围之内也是不确定性的来源之一。这些不确定性因素,尤其是这些因素的交互作用,使得理论上基于自愿原则的国际仲裁在实践中需要左右逢源,顾及法院的平行程序。

国际仲裁协议的适用法律

上文所列不确定性因素的共同特征就是它们可以在国际仲裁的不同阶段导致法院的介入,从而冲击乃至颠覆当事人达成仲裁条款的初衷。争议的一方，无视生效的仲裁条款，主动在法院发起平行程序，被形象地比喻为"鱼雷诉讼"或"鱼雷措施"，意思是意外地攻击原先达成的仲裁管辖约定。

鱼雷措施是带着立场倾向的概念，其假定发起鱼雷措施的当事人旨在违背仲裁协议。但是，我们没有理由推定受理鱼雷措施的法院必然带着攻击仲裁协议的意图和偏见。鱼雷措施如果要成立，法院总还是需要有一定的理性依据。

如果说受理鱼雷措施的法院是外部条件，那么撬动这个外部条件的内部因素就是国际仲裁协议本身存在的不确定性（通常涉及效力、范围等问题），以及由此必然产生的程序问题：适用什么法律解读仲裁协议。这个程序问题往往直接与案件的基本走向甚至最终结果挂钩。如果一个仲裁协议在 A 国法律下是有效的，在 B 国法律下是无效的，那么提起鱼雷措施的一方自然倾向于主张适用 B 国法律，从而使得其鱼雷措施合法化。

含有国际仲裁条款的商业合同往往有法律适用条款。难道明文约定的法律适用条款偏偏不适用于仲裁条款？这恰是问题所在。很多法律实务工作者在商业合同里设置仲裁条款的时候并不了解仲裁法律的一个基础性原则：关于仲裁的约定独立于或可分离于仲裁条款依附的主合同或基础合同（Principle of Separability，可分离性原则亦称独立性原则）。作为一种法律上的推定，可分离性原则的功能在于避免因为主合同效力的争议，使得合同当事方不能按照约定的仲裁机制解决该等争议。换言之，即便主合同是否成立、是否有效存在争议，可分离性原则使得当事人依然可以依照仲裁协议解决该等争议。从仲裁发展的早期历史来看，作为新生事物的仲裁是在法院势力范围的边缘逐步获得认可的，如果没有这样的可分离性原则，仲裁协议的效力随着主合同的争议而被否认的概率就提高了。

鉴于可分离性原则，在仲裁协议的适用法律这个问题上，一方面有理由认为，主合同的准据法不必然区别于仲裁条款适用的法律，另一方面也有理由认为，主合同的准据法不一定就是仲裁条款适用的法律。恰恰是此等不确定性为鱼雷措施提供了合理的生存空间。

在主合同明确约定了准据法，仲裁条款有明确的仲裁地，但在没有明确约定仲裁条款的适用法律的情况下，如何判断仲裁条款的适用法律？在著名的 Enka vs. Chubb 案①中，英国最高法院重申了 Sulamérica 案确立的所谓三步分析法，即：（1）是否有明示的准据法选择？（2）如果没有，是否有默示的准据法？（3）如果既没有明示也没有默示的准据法，哪国法律与仲裁协议有最密切的联系？

英国的三步分析法看上去合情合理，无懈可击。然而，如此抽象的原则适用到具体案情时，就会遇到公说公有理、婆说婆有理的局面。在 Enka vs. Chubb 案中，英国最高法院的判决书洋洋洒洒几十页旁征博引得出结论：和仲裁协议联系最密切的法律是仲裁地法律，而不是主合同的准据法。判决书强调，这个判断是作为一条"法律规则"，而不是基于具体合同的解读。②不无反讽的是，五位大法官里有两位并不同意这个判决。3∶2 的微弱多数表决有形式上的合法性，但不能支撑一个普适性的法律原则，反而彰显了此问题的高度争议性。

我不反对作为先验的制度设计，即在国家法律或仲裁机构规则里规定：在仲裁协议缺乏明确约定的准据法的情况下，仲裁地的法律就作为默认的仲裁协议的准据法。这样做的好处是高度的可预见性，避免在此问题上的争议解决过程，提高仲裁程序的效率。然而，英国最高法院在 Enka vs. Chubb 案中是把仲裁地法律当作与仲裁协议联系最密切的法律来推举并用于解决具体纠纷。把仲裁地法律当作最密切联系的法律是需要被奥卡姆剃刀③割除的理论包袱。寻找最密切联系的法律通常就是一笔

---

① Enka Insaat Ve Sanayi AS v. OOO Insurance Company Chubb［2020］UKSC 38.

② Para.118："This exercise is different in nature from the attempt to identify a choice（whether express or implied），as it involves the application of a rule of law and not a process of contractual interpretation." Ibid.，p.41.

③ 亦称"简约法则"，14 世纪英国哲学家"奥卡姆的威廉"（William of Ockham）被认为是最早表达此原则的人，故简称为奥卡姆的剃刀。

糊涂账,①其可能有助于普通法高等法官在抽象理论思辨的王国里自我陶醉,但无助于现实问题的解决。

我们不妨举一个例子。某中资银行为某借款人提供贷款使其可以购买大型客机,然后租赁给民航公司。借款人虽然是爱尔兰法律下的项目公司,但其控股股东是中国企业。承租飞机的民航公司是没有中资背景的国际企业。很显然,银行需要飞机的抵押作为一项担保措施,并且也可以要求借款人转让收到的租金用于及时分期还款。如此的贷款交易模式已有几十年的历史,中资银行和中资背景的融资租赁企业(借款人)只是近些年才介入此等交易。几十年历史必然形成行业惯例,中资银行一般没有必要也不大可能马上改变前人留下的惯例。惯例之一就是贷款协议的适用法律是英国法。如果纠纷解决机制是伦敦仲裁,那么另一个惯例是贷款合同双方并不特别约定仲裁条款的适用法律。毕竟,仲裁地的法律恰好就是主合同的准据法——英国法。假设:中资贷款银行出于控制纠纷解决成本的需要,和中资背景的借款人达成一致,将仲裁机构和仲裁地改为香港国际仲裁中心和香港,那么,在其他因素都不变的情况下,仅因为如此改动仲裁地就使得本仲裁协议与香港法律的联系比其与英国法律的联系更密切吗?诚然,香港法律与香港仲裁程序的关系自然比英国法律和香港仲裁程序的联系更密切,但这不过是基于语言的模糊性把"联系"偷换定义为"程序问题上的联系"而必然推导出来的结论。这是语言层面的错觉,而不是基于当事人意图、合同内容、交易性质、履约地点等现实因素的综合分析结论。最密切"联系"理应不限于仲裁地法律和仲裁流程在纯粹程序问题上的联系。从纠纷当事人来看,他们期待的结果是实体问题和程序问题的综合结果。借用英国最高法院在 Chubb 案里的措辞,什么是最密切的"real connection"? 在上述基于我实务经验的构想情境下,贷款合同纠纷的解决

---

① Scherer, Maxi & Jensen, J. Ole, Of Implied Choices and Close Connections: Two Pervasive Issues Concerning the Law Governing the Arbitration Agreement, in Julie Bédard & Patrick W. Pearsall eds., Reflections on International Arbitration—Essays in Honour of Professor George Bermann, Juris Publishing, 2022, p.677.

要考虑到整个飞机融资租赁业务生态系统对英国法律的依赖，因此，在竞争"最密切联系法律"这个皇冠的擂台上，英国法律相比香港法律不乏竞争力。

如果以上孤案分析不足为据，我们可以放眼更大的范围。马克西·舍尔（Dr. Maxi Scherer）实证分析显示，世界上不同法域的判决书里看不出主合同的准据法和仲裁地法律哪个更容易被认定为仲裁协议的适用法律。[①]

从更深入和全面地参与国际交易的中资跨国企业的角度来看，无奈的现实是：（1）在可预见的未来，虽然中国产品、技术、资本和人才全面走向世界，但中国法律难以获得近似英国法律或纽约法律那样的世界通用地位。（2）在未来数十年间，中国本土的仲裁机构在直接关乎中国大陆境内业务关系或权益的纠纷解决中会有长足发展，但难以成为类似纽约和新加坡那样的国际仲裁中心。（3）很少有律师或法务人员为国际仲裁条款明文约定准据法，产生纠纷之前就意识到这个问题的法律实务人士更少。（4）很多交易不仅是双边交易和合同约定，而是依赖多个法域的法律、多个主体的多个合同形成的业务生态系统，比如上文提到的飞机融资租赁，涉及银行、飞机制造商、飞机登记地、飞机抵押登记地、购买方/出租方、民航公司等。在这样一个多行业多年形成的交易生态系统里，主合同的准据法已经惯例化，改变适用法律虽然不是绝对不可以，但会影响其他主体的熟悉感和安全感，增加沟通成本。因此，作为后来者的中资跨国企业往往缺乏谈判力来改变主合同的准据法。相比之下，中资企业作为合同的一方在纠纷解决机制上往往有足够谈判力和相对方议定仲裁条款。在很多商务领域，仲裁地法律并非主合同准据法的局面，不仅是常见的，而且可能还是具有内在合理性的安排。（5）《纽约公约》之后近70年的国际仲裁实

---

① Scherer, Maxi & Jensen, J. Ole, Of Implied Choices and Close Connections: Two Pervasive Issues Concerning the Law Governing the Arbitration Agreement, in Julie Bédard & Patrick W. Pearsall eds., Reflections on International Arbitration—Essays in Honour of Professor George Bermann, Juris Publishing, 2022, p.669.

践并没有留下明确的结论：主合同的准据法和仲裁地的法律，哪个更优先适用于仲裁协议。

禁诉令的"地缘系统性"

基于以上经济格局和时代背景，我们继续探索现实条件下的禁诉令。平行存在的法院作为外部条件，仲裁协议适用法律的不确定性作为内部因素，内外配合给鱼雷措施创造了生存空间。禁诉令则是针对鱼雷措施的反制。禁诉令"配置参数"的选项涉及：（1）在仲裁庭申请禁诉令，还是在法院申请？（2）在发起鱼雷措施的法院申请还是在仲裁地的法院申请，抑或其他法院申请？在仲裁庭申请禁诉令的不利因素在于：相对方本来就是出于不承认并挑战仲裁庭的管辖权才发起鱼雷措施，因此对仲裁庭的禁诉令不会马上感受到压力。仲裁庭最终还是要依赖法院的强制执行力才能使得其签发的禁诉令具备威慑力。在发起鱼雷措施的法院自然无法申请禁诉令，只能申请"中止"鱼雷措施。这种"中止"不能从根本上恢复仲裁庭的管辖权，反而部分承认了鱼雷措施所属法院的管辖权，对于主张仲裁的一方弊大于利。

主张仲裁的当事人选择其他地方的法院申请禁诉令往往要权衡下列策略因素：（1）申请方自己本土法院的便利性；（2）法院所在地有禁诉令相对方的资产；（3）仲裁地的法院就是当初选定仲裁地的时候已经被判断为足够中立和有效的司法系统，对维护仲裁协议有自然的倾向性。这三个选项并非彼此绝对排他的，比如，仲裁地可能就有禁诉令相对方的资产。

以上"形式化的分析"（formal analysis）给人一种印象，禁诉令似乎是可以菜单化、程序化配置的机制。然而，如上文论及的，实际发生的禁诉令和历史背景、法律制度环境、行业特征密切相关。若干特定要素组合到位，禁诉令才能发挥保护仲裁协议的功能。本文把禁诉令对于历史背景、经济格局、行业特征、法律制度这些要素组合的依赖性统称为"地缘系统性"。中资跨国企业是一个正在逐步成型、快速发展、数量可观的群体。我们通过分析中资跨国企业能否有效运用禁诉令来折射和探索禁诉令的地缘系统性。

"地缘"取自"地缘政治"这个概念。所谓地缘政治，是指被地缘因素塑造和影响的国际政治关系及其发展变化。正如政治并非抽象空洞的关系，而是被具体的地缘因素塑造和影响，禁诉令这个司法措施也从来不在真空里存在，而深受地缘、文化传统、政治/经济等多重因素的复杂影响。因此，本文引入"地缘系统性"这个概念。

在联邦制的美国，50 个州彼此是平等的主权单位，这为平行程序和禁诉令的产生提供了必要的制度环境，甚至可以说是肥沃的土壤。早在美国联邦系统成立的早期（1793 年），国会就立法规定，除了三种例外情形，禁止联邦法院针对州法院正在进行的诉讼程序发出禁令。州的主权不被任意侵犯是美国联邦制度的核心原则。此法律后来于 1948 年作了有限的调整，①至今不变。1964 年，美国最高法院在判决书里明文重申所谓公认的司法原则：州法院完全无权限制基于对人管辖权的联邦法院的诉讼程序。②由此可见，对于保护联邦制度的稳定性，美国国会和最高法院毫不犹豫地对禁诉令亮剑。然而，在州法院之间，并没有产生针对平行诉讼/禁诉令的国会立法。③在宪法原则"Full faith and credit"是否适用于州法院之间的禁诉令这个敏感问题上，最高法院至今未作明确表态。④现实是，某州法院签发的禁诉令并不能基于宪法原则"Full faith and credit"而必须被案

① 28 U.S. Code § 2283-Stay of State court proceedings.

② Donovan v. City of Dallas，377 U.S. 408（1964）.

③ 前美国最高法院大法官 Ginsburg 在其 1969 年的论文里写道："The conflict-engendering capacity of antisuit injunctions running between state courts indicates that a carefully considered federal solution would be highly desirable. The need for such a solution has already been recognized where the injunction runs from federal court to state court or from state court to federal court." 至今也没有这样的立法，显然美国能够容忍州法院之间在禁诉令问题上的含糊。Ruth B. Ginsburg, Judgments in Search of Full Faith and Credit: The Last-in-Time Rule for Conflicting Judgments, Harvard Law Review，Vol.82，pp.798—832（1969）.

④ Strong, S.I., Anti-Suit Injunctions in Judicial and Arbitral Procedures in the United States, American Journal of Comparative Law，Vol.66，pp.153—179（2017），p.158.

件相关的另外州法院承认和执行。①美国庞杂的法院系统通过一系列案例形成了与是否签发禁诉令和是否承认禁诉令相关的司法原则。美国没有出现禁诉令和反禁诉令漫天飞的不堪局面。

如果说美国对于不同敏感度的禁诉令刚柔有别，且容忍一定程度的混乱，那么我们在欧盟看到的是另外一个局面。在一定意义上，欧盟类似美国的联邦制，由独立主权国家通过条约和法律形成跨国适用的一体化规则。欧盟自然也需要确保其一个成员国的法律判决在另外一个成员国自动得到承认和执行（即所谓判决在欧盟系统内的流动性），从而有助于落实欧盟一体化的基本政治愿景。英国（在脱欧之前）和意大利都是欧盟成员国，但是两国有关合同、仲裁协议、司法程序的理论和制度实践差距相当大。由此，当事人往往在意大利法院立案旨在延缓纠纷解决的进程，从而构成所谓鱼雷措施，而英国法院往往是签发禁诉令的一方。禁诉令被认为是源于英国的普通法庭和衡平法庭之间的平行程序之争，而意大利所属的大陆法系历史上鲜见禁诉令。欧盟这个当代新生的政治法律体系，无法不顾及或受制于其成员国的历史制度背景。

在欧盟内部历史—文化—制度差异的背景下，West Tankers 案②带来了禁诉令问题的一个小高潮。本文无意赘述此著名案例的细节，仅勾勒若干体现"地缘系统性"的关键事实。此案中，安联保险公司认为其并非仲裁协议的签署方，只是基于代位求偿的机制成为争议的一方，因此不愿意受辖于仲裁协议，于是在意大利法院提起鱼雷诉讼；英国法院针对安联公司签发禁诉令，旨在维护协议约定的伦敦仲裁庭的管辖权。欧盟法院在判决中认为，英国法院的禁诉令违反了《布鲁塞尔条例Ⅰ》关于欧盟成员国法院自主判断其是否有管辖权的规定。欧盟法院并非不知道此判决客观上

---

① George A. Bermann, The Use of Anti-Suit Injunctions in International Litigation, Columbia Journal of Transnational Law, Vol.28, pp.589—631（1990）, p.599；Chris Heikaus Weaver, Binding the World：Full Faith & Credit of State Court Antisuit Injunctions, UC Davis Law Review, Vol.36, pp.993—1021（2003）.

② Allianz SpA and Others v. West Tankers Inc.［2009］EUECJ C-185/07.

庇护了鱼雷措施，但是欧盟法院的判决是基于两害相权取其轻：一方面，保护鱼雷措施、弱化仲裁协议的效力固然是糟糕的局面；另一方面，一个成员国法院要遵守另一成员国法院的禁诉令是更不可容忍的系统性混乱。欧盟始终关注鱼雷措施的消极影响。然而，即便在长达数年的调查研讨之后，《布鲁塞尔条例Ⅰ》（重订）依然固守之前的基本立场。①在《布鲁塞尔条例Ⅰ》（重订）生效之后，West Tankers 案②依然是在欧盟有效的案例。

对比欧盟和美国，前者处在 27 个成员国实现一体化的早期阶段，后者宪政架构已经过 200 多年的渐进发展。两者在"地缘系统性"上的差别在很大程度上可以解释为什么欧盟不惜牺牲仲裁协议的效力，也要在制度层面几乎一刀切地保护在先法院的管辖权，即便这些在先法院的程序可能是鱼雷措施。最终选择脱离欧盟的英国，"恰恰"是欧盟体系内最倾向于签发禁诉令和仲裁业务最发达的成员国。这正是地缘系统性因素的经典情形。设若欧盟成员国的司法传统基本一致，国际仲裁业务也平均分散，或许，《布鲁塞尔条例Ⅰ》（重订）在禁诉令和针对仲裁的鱼类诉讼问题上会是另外的安排。在美国，除了路易斯安那州是大陆法系，其他各州都是普通法法系。普通法下禁诉令的传统和签发禁诉令本身要克服的司法制约因素，使得美国这个系统不需要以成文法和最高法院的判决来压制禁诉令可能带来的消极因素。换言之，个案层面的利弊权衡不因为某种地缘系统性而产生危及系统的偏差，反而是美国联邦体制和普通法传统相结合的地缘系统性能有效地遏制个案累积成系统偏差，因此没有国会立法或最高法院干预的必要。

以上讨论无意深入欧盟法律演化或系统比较欧盟与美国在禁诉令上的制度差异，而只是以 West Tankers 案以来的发展，彰显禁诉令的地缘系统

---

① Wulf Gordian Hauser，Arbitration and the recast of the Brussels Regulation，uk.practicallaw.thomsonreuters（May. 30，2024），https://uk. practicallaw. thomsonreuters. com/6-537-5967?contextData＝（sc.Default）&transitionType=Default&firstPage＝true.

② Nori Holdings Ltd & Ors v. Public Joint-Stock Company Bank Otkritie Financial Corporation［2018］EWHC 1343（Comm）.

性。中国法院在海事海商案件和标准必要专利许可费率争议中运用禁诉令，也是地缘系统性的一个表现。如傅攀峰博士在其文章中指出的①，中国作为货物贸易大国，大量参与航运业务的企业涉及提单纠纷，而这些纠纷的约定管辖往往是伦敦仲裁。无论是出于避免伦敦仲裁的高昂费用还是其他策略考虑，部分中国企业选择在中国法院起诉，从而招致英国法院签发针对中国当事人及其中国法院程序的禁诉令。在标准必要专利许可费率争议当中，如果不是中国的先进企业比如华为和小米具备了与国际通信技术巨头竞争的行业地位，成为此领域的利益攸关方，谁能想到受大陆法系影响的中国社会主义法治下的武汉法院会发出震惊世界的禁诉令？

放眼世界经济格局，涉及中国企业的禁诉令的地缘系统性并不限于上述两种情形。中国企业从"三来一补"的加工出口，到加入世界贸易组织，成为"世界工厂"，然后基于发达的基础设施、高度完备和高效的供应链逐步提高产品的技术附加值，进而在"走出去""一带一路"倡议等有力推动下，开始出现万舟竞发的"出海"势头。

不同于早期的货物出口企业，今天的出海企业往往是带着资本、技术、人员以及这些要素构成的产能落地境外，不仅和境外市场环境和交易对手的互动层次更深，而且很多法律关系的一方不是中国企业，而是中资持有的境外企业。在这样的背景下，很多经营风险难以依靠出口保险这样的简单手段来化解。越来越多的企业认识到，在业务合同里要明文约定国际仲裁条款，从而避免在出现纠纷的情况下，要面临在境外陌生环境下诉讼的被动局面。

不同于在中国本土经营和出口的中资企业，越来越多的中资企业以其子公司在中国境外生产和销售产品或提供技术与服务。这些中资跨国企业的业务往往和中国本土没有直接关联，难以支持其在中国法院申请禁诉令。那么这些中资跨国企业能够依赖英国法院、美国法院、中国香港法院和新加坡法院的禁诉令来保护仲裁协议，反制相对方的鱼雷措

---

① 傅攀峰：《国际商事仲裁中的禁诉令：特殊性及其应对》，《河北法学》2021年第8期。

施吗？

欧盟为了维护其一体化的基本政治目标，不惜牺牲约定的仲裁管辖，不惜压制英国（尤其在其还是欧盟成员国的时候）的禁诉令在欧盟系统内的功能。这给中资跨国企业一个启示：也许，中资跨国企业作为一个新兴群体的规模越大，禁诉令对于中资跨国企业作为保护中企高度依赖的国际仲裁协议可能就越不可得。禁诉令的地缘系统性在中资跨国企业这个新兴群体上会有其表现型。

中资跨国企业越发展壮大，就意味着越有可能与境外的本土企业建立业务合同关系。不同于国际通信行业的少数巨头，更多的境外本土企业并非跨国企业，往往在中国、香港特区、新加坡和英国没有可观的资产。对于中资跨国企业，国际仲裁的仲裁地选择有限：第一梯队是伦敦、新加坡和中国香港；第二梯队是项目所在国或区域的主要城市。对于第一梯队的仲裁地，其法院专业可靠，但是如果中资企业的业务对家在这些地方没有资产，这些地方法院的禁诉令威慑力有限。就香港特别行政区而言，美国主导的对华脱钩或去风险措施已经影响到很多西方企业拒绝选择香港特别行政区作为仲裁地。这是地缘政治直接干预禁诉令地缘系统性的经典情形。对于第二梯队的仲裁地，在欧盟区域内，如前文所述，禁诉令一般无法发挥反制鱼雷措施的作用，对于美国和欧盟之外的区域，即便中国企业能获得禁诉令，其实际威慑力限于那些相对方在禁诉令签发法院所在地区有资产的少数情况。

综上所述，站在中资跨国企业的角度来看，基于禁诉令的地缘系统性，千万不能看英国法院的禁诉令很红火，看中国法院在海商和专利费率争议中不吝签发禁诉令，就以为类似的禁诉令也能保护广大中资跨国企业约定的仲裁管辖，避免被鱼雷措施干扰。展望未来20年，中资跨国企将迅速发展，以至于其地缘上的"前进基地"（forward base）未必能得到相应配套的国际司法资源的支援。这种具有中国特色的"成长之烦恼"未必在欧美企业早期跨境发展的历史阶段有对称的桥段。

结语

通过对比禁诉令在美国联邦体制下和在欧盟境内的不同命运，我们可以看到：禁诉令不是司法机器上的一个标准件，安在哪里都好用。作为平行程序的衍生物，禁诉令的功效在于彼此平行的是何种程序？它们的地理、历史、文化、经济和制度背景分别如何？这些直接影响禁诉令的地理、历史、文化、经济和制度因素的组合在本文被称作"地缘系统性"。禁诉令所涉主体和地缘系统性的关系各不相同，有的水土不服，有的如鱼得水。在海商海事纠纷中，相对于伦敦仲裁，往往是中国货物出口商在中国法院提起平行程序，招来英国法院的禁诉令。著名案例 Chubb 和 West Tankers 显示的是，国际保险公司往往通过代位求偿的机制，成为争议的一方，但不愿意接受底层商业合同里的仲裁协议，于是提起鱼雷诉讼，成为禁诉令的对象。这些模式性的局面提醒我们：作为一个日益壮大的新兴群体的中资跨国企业，它们在国际交易中能否有效地依赖国际仲裁协议解决纠纷？这个群体显然不限于某些特定的行业。它们的共同特点是中资背景。它们往往不是严格意义上的中国企业，而是中资跨国企业。它们的经营活动往往在地理意义上远离中国而更靠近海外目标市场，其交易对手更多是这些目标市场的本土企业，而不是数量有限的大型跨国企业。不同于出口"中国制造"产品的中国企业，相对而言它们难以依靠中国的法院和仲裁机构。海外目标市场的司法和仲裁机构往往有地方保护主义之嫌，而中立而且可靠的（国际）仲裁地的选择非常有限。能够针对广大海外目标市场的本土企业签发实际具有威慑力的禁诉令的法院屈指可数且可遇不可求。这意味着，中资跨国企业在海外目标市场的交易对手依托其本土司法机构成功发起平行程序，从而颠覆双方在交易伊始达成的仲裁协议的概率相对较大。

几乎所有关于禁诉令的文章都关乎具体的案例或基于具体国家法律的

制度设计。本文的另辟蹊径在于构设了一个尚未定型的群体：中资跨国企业，然后通过展望这个群体在国际仲裁系统下的普遍性问题推出禁诉令的"地缘系统性"这个抽象的理论概念。这个理论概念的指导意义未必限于禁诉令这个边缘性的话题。百年未有之变局，不是自动发生的皮影戏。皮影戏背后是有人拽线的。百年未有之变局归根结缔是人的主观能动性使然。新加坡和伦敦成为国际仲裁中心不是天赐的。香港特别行政区的国际仲裁中心地位正在受到地缘政治力量的消极影响。中国的货物出口能改变世界贸易格局。中资跨国企业在远离本土的国际环境下的争议解决需要符合自身特点的国际制度安排，禁诉令只是这个大格局中的一个小部件。本文解构国际仲裁系统下的禁诉令意在站在中国企业利益的角度前瞻性地审视国际制度安排，为相关的研讨打开话题。

外方利用关联关系侵害中外合资公司利益的司法维权实务探析

■ 秦　韬　程　然[*]

【摘要】中外合资公司，无论是中国境内的还是境外的，中方与外方合资合作的基础和出发点是合作方的资源与关联关系，合资合作后合资公司与中方和外方间的关联交易又往往成为常态。中外合资合作中，特别是在外方强势或外方占有优势资源的情况下，外方利用其境外关联关系侵害合资公司利益的现象近期较为普遍。本文结合中国新旧公司法及典型案例，分析合资公司及中方如何在中国法律体系下依法有效维权，以及法律实务中的重点难点和司法困境，特别是中国法院对"利用关联关系侵害公司利益"行为的判定标准与裁判思路，探究在新《公司法》下司法实践的裁判标准。

【关键词】中外合资公司　公司法　关联关系　公允性　损害公司利益

引言

现阶段大量中国企业要"走出去"打开海外市场，除直接到国外投资

---

* 秦韬，法律硕士，德恒上海律师事务所合伙人，律师、仲裁员、国际商事调解员；程然，法学硕士，德恒上海律师事务所律师、高级企业合规师。

设厂外，最常见的方式就是与外方合资，通过外方的优势资源和渠道与外方或其关联公司交易共同为最终客户提供产品或服务，以新能源汽车领域为例，就有长城与宝马合资设立光束汽车、比亚迪与丰田合资设立比亚迪丰田电动车科技等诸多实践。中外合资公司，无论是中国境内的还是境外的，中方与外方合资合作的基础和出发点通常是彼此共享合作方的资源与关联关系，因此合资合作后，合资公司与中方和外方间的关联交易就往往成为常态，无论是原材料供应、生产设备的进出口，技术许可或经销授权，还是产品、服务的进出口和全球销售。中外合资合作中，特别是在外方强势或外方占有优势资源的情况下，外方利用其境外关联关系侵害合资公司利益的现象较为普遍。近年来比较典型的包括：

一是外方利用对合资公司的控制和影响力安排交易结构，通过国际贸易转移定价，将合资公司生产或提供的产品和服务低价购入高价卖出以实现利润转移，使本应属于合资公司获取的大量利益由境外外方或外方关联公司获取。更有甚者，在国际市场最终客户付款给外方或外方关联公司后，外方或外方关联公司以各种手段拖欠、拒付、扣款，"掏空"合资公司的应得利益和合理利润。

二是外方以股权套现为主、资产变性为辅的多渠道"掏空"合资公司，特别是利用公司及业务的重组、兼并及收购实施对合资公司利益的掠夺。

三是外方通过资产交易、关联担保以及资产置换等看似"支持"合资公司的交易行为，实则为其外方或其上层关联公司牟取不法利益，多为境外上市公司通过内幕交易和市场操纵行为等，最终损害合资公司合法权益。

鉴于此类中外合资公司多为非上市公司，对境内外的关联交易缺乏上市公众公司的严格外部监管体制与交易规则，而且近年来损害合资公司利益的关联交易形式呈现鲜明的非关联化和隐性化倾向，合资公司及中方依法维权凸显重要。本文结合中国新旧公司法及典型案例，分析合资公司及中方如何在中国法律体系下依法有效维权，以及法律实务中的重点难点和司法困境，特别是中国法院对"利用关联关系侵害公司利益"行为的判定标准与裁判思路，探究在新《公司法》下司法实践的裁判标准。

一、 我国《公司法》对"利用关联关系损害公司利益"的法律规定和责任主体

我国《公司法》第 21 条："公司的控股股东、实际控制人、董事、监事、高级管理人员不得利用其关联关系损害公司利益。违反前款规定，给公司造成损失的，应当承担赔偿责任。"明确规定了公司主体对控股股东、实际控制人、董事、监事、高级管理人员利用其关联关系损害公司利益时的损失赔偿请求权。同时《公司法》第 216 条："（四）关联关系，是指公司控股股东、实际控制人、董事、监事、高级管理人员与其直接或者间接控制的企业之间的关系，以及可能导致公司利益转移的其他关系。但是，国家控股的企业之间不仅因为同受国家控股而具有关联关系。"进一步对"关联关系"作了明确界定。关于责任主体的认定范围包括：（1）控股股东，指出资额占有限责任公司资本总额 50% 以上或者其持有的股份占股份有限公司股本总额 50% 以上的股东；出资额或者持有股份的比率虽然不足 50%，但依其出资额或者持有的股份所享有的表决权已足以对股东会、股东大会的决议产生重大影响的股东；（2）实际控制人，指虽不是公司的股东，但通过投资关系、协议或者其他安排，能够实际支配公司行为的人；（3）"董事"；（4）"监事"；（5）"高级管理人员"，指公司的经理、副经理、财务负责人，上市公司董事会秘书和公司章程规定的其他人员。[①]

尽管有上述明确的法律规定，但在实务案件中仍常常发现，现行《公司法》第 21 条上述直接责任主体规定无法做到周延与涵盖，尤其是在侵害行为方式非关联化、隐性化、隐蔽化的发展趋势之下。近年来，我国法院

---

① 参见《中华人民共和国公司法》（2018）第 216 条。

司法裁判中对于《公司法》第21条责任主体适用范围的界定，越来越展现出比较明显的外延扩大倾向，对利用关联关系损害公司利益的审查和追责力度趋严。于2024年《公司法》则直接从立法角度肯定并体现了这一司法裁判趋势，不仅在第182条明确规定："董事、监事、高级管理人员，直接或者间接与本公司订立合同或者进行交易，应当就与订立合同或者进行交易有关的事项向董事会或者股东会报告，并按照公司章程的规定经董事会或者股东会决议通过。董事、监事、高级管理人员的近亲属，董事、监事、高级管理人员或者其近亲属直接或者间接控制的企业，以及与董事、监事、高级管理人员有其他关联关系的关联人，与公司订立合同或者进行交易，适用前款规定。"而且新增的第192条进一步明确规定："公司的控股股东、实际控制人指示董事、高级管理人员从事损害公司或者股东利益的行为的，与该董事高级管理人员承担连带责任。"

对于责任主体认定上，我国法院的司法裁判已在《公司法》规定基础上遵循实质性审查原则。2019年最高院裁判的典型案例中通过再审裁定书作出如下判定："2007年7月30日，甘肃中集华骏公司聘任周旭担任该公司营销部经理，全面主持公司销售和采购供应工作。在此期间，甘肃中集华骏公司并没有设立副总经理，周旭实际上行使的是公司高级管理人员的职权。……二审法院认定周旭在甘肃中集华骏任职期间，甘肃中集华骏与青海同海达公司2008年2月29日至2009年7月31日期间签订的承揽合同属于关联交易，周旭应当对给甘肃中集华骏公司造成的损失承担赔偿责任，该认定并无不当，本院予以维持。"[①]从中不难看出，法院司法实践中认定《公司法》第21条之下利用关联关系损害公司利益的责任主体，已未必拘泥于名义上的身份是否符合法定范围，而是从实质出发，看其是否能在实际上行使法定的"控股股东、实际控制人、董事、监事、高级管理人员"的相应职权。若是，则同样可以被认为责任主体。

---

① 最高人民法院：周旭、甘肃中集华骏车辆有限公司再审审查与审判监督民事裁定书，〔2019〕最高法民申2728号。

根据《公司法》第 182 条、第 192 条以及《民法典》第 84 条"营利法人的控股出资人、实际控制人、董事、监事、高级管理人员不得利用其关联关系损害法人的利益；利用关联关系造成法人损失的，应当承担赔偿责任"的规定，可以合理预见我国法院司法审判中对于"利用关联关系损害公司利益"的责任主体的认定将会出现新一轮的外延扩大。

二、 我国司法审判中对"利用关联关系损害公司利益"的判定标准

由于我国《公司法》和《民法典》均未对"控股股东、实际控制人、董事、监事、高级管理人员利用关联关系损害公司利益"的法定情形作出过列举或说明，对于其判定标准和原则一直以来都存在着不同观点。目前无论是司法裁判实践还是学理研究，都较为同意判断损害公司利益的主要标准，是交易的公平性[1]，亦即对特定交易行为的公允性判断。

1. 程序公允与实质公允的轻重判定

正如最高人民法院民法典贯彻实施工作领导小组在《中华人民共和国民法典总则编理解与适用》书中写道："利用关联关系造成法人遭受损失的，应当承担赔偿责任。这里主要涉及的问题是判断一项关联交易是否公允，对此，理论上并未达成共识。"[2]所谓公允性判断就一定要分为程序公允判断与实质公允判断两种。而两者如何占比、孰轻孰重，谁能起到决定性的作用，则始终存在较大争议。学界中，以韩世远为主要代表的学者认为，根据我国法律的规定，应当以程序公正为主，实质公正为辅。类似地，从比较法视野来看，以英国法为例，在其公司自治体系下，认为自我交易规则（self-dealing rule）的核心特征就是公司机构有权决定利益冲突交易的效力。交易未经机构决议，即便本身实质公平，法院也会依据公司

---

① 陈洁：《论不当关联交易的司法救济》，《人民司法（应用）》2014 年第 19 期，第 30 页。
② 最高人民法院民法典贯彻实施工作领导小组主编：《中华人民共和国民法典总则编理解与适用（上）》，第 429 页。

诉求否定效力。①即以审查判断程序公允为主。

中国的司法裁判体系已经基本形成实质公允为主，程序公允为辅，且以实质公允为核心的审查裁判思路。最高人民法院民二庭相关负责人在就公司法《关于适用若干问题的规定（五）》答记者问中明确表示："但是，关联交易的核心是公平，本条司法解释强调的是尽管交易已经履行了相应的程序，但如果违反公平原则，损害公司利益，公司依然可以主张行为人承担损害赔偿责任。"②在由许多法院整理并对外公开的类案裁判中，也体现了较为鲜明的以实质公允为核心的倾向。例如上海市一中院在其刊发的《损害公司利益责任纠纷案件的审理思路和裁判要点》中就载明："对于关联交易行为是否损害公司利益，法院应着重从实体和程序两个方面进行审查。第一，审查关联交易对价是否公允。交易价格是否公允是判断关联交易是否给公司造成损失的核心要件。……第二，审查关联交易的程序是否合规。……需要注意的是，虽然公司内部决策程序能够为关联交易的正当性提供一定支撑，但仍应对关联交易是否具有公允性进行实质性审查。"③显然，司法裁判机构普遍认为，即便程序公允，但若出现了实质上的不公允，则依旧可以依据《公司法》第 21 条请求相对主体承担赔偿责任。

反之，若出现程序不公允而实质上公允的情况，在具体的司法审判实践判例中，也往往会得到不予支持赔偿请求的判决。在上海浦东新区法院审理的案件④中，原告诉称，被告马某利用其在原告处的高管及登记股东

---

① 王湘淳：《论我国利益冲突交易的统一综合调整》，《法学家》2024 年第 1 期。

② 孙航：《依法保护股东权益服务保障营商环境——最高人民法院民二庭相关负责人就〈关于适用〈中华人民共和国公司法〉若干问题的规定（五）〉答记者问》，《人民法院报》2019 年 4 月 29 日。

③ 上海市第一中级人民法院官网：《损害公司利益责任纠纷案件的审理思路和裁判要点》，2020 年 11 月 16 日发布，https://www.a-court.gov.cn/xxfb/no1court _ 412/docs/202011/d _ 3661533.html。

④ 上海市浦东新区人民法院：上海普联房地产开发有限公司与马某、上海普海物业管理有限公司损害公司利益责任纠纷案，〔2012〕浦民二（商）初字第 1605 号；上海市第一中级人民法院：上海普联房地产开发有限公司与马某、上海普海物业管理有限公司损害公司利益责任纠纷上诉案，〔2014〕沪一中民四（商）终字第 171 号。

地位，和实际控制被告 P 公司的条件，以被告 P 公司名义，与原告签订《物业管理委托协议》，将归原告所有的位于上海市浦东新区乳山路×××号的普联大厦全部房产出租租金和物业管理收入交由被告 P 公司支配、安排、处分。并指出本案所涉的是利益输出的关联交易，是严重违法的交易，在正常情况下，被告马某应将协议提交股东会、董事会审议批准，应对协议履行情况进行年度结算、决算，但在上述期间，被告马某从未就协议约定的利润分配和有关成本进行过年度或总的结算、决算，未将协议报股东会批准，要求对马某连带 P 公司主张损失赔偿。但法院在通过审查后最终裁判认为，马某控制的 P 公司与原告公司签署合同，虽然是原告公司与马某的关联公司进行交易，但该交易并非《公司法》禁止的关联交易。一是通过对比合同约定的内容与市场该类服务的交易价格，发现该合同并无任何不利于原告公司之处，相反该合同正是市场公允价格的体现。二是原告公司无法提供证据证明合同是马某控制原告公司签订的。因此，该合同的签署并不因交易相对人为股东马某的关联公司而损害原告公司利益。最终驳回了本案原告的起诉。

类似地，广东省佛山市中院二审的案件中，法院在判决书中也明确认为："《中华人民共和国公司法》所规制的关联行为主要是指关联交易中的非常规交易行为，即关联交易主体滥用集中管理、股权分散或者事实上对公司的控制力，从事损害公司利益的关联交易行为。该行为通常表现为关联公司之间就收益、成本、费用与损益的摊计不合理或不公正。……只有关联交易人的交易行为给公司带来现实的或明显可能发生的损失，公司或相关权利人才能要求关联交易人承担赔偿责任。根据查明的事实，……虽然宏通公司认为千叶酒店的 116 万元管理费支出无必要，属于财产损失，但是，宏通公司对此仅有陈述，没有提供证据证明。何况，如上文所述，东方公司对千叶酒店的管理是不无必要的，千叶酒店的运营也是良好的。因此，该 116 万元管理费支出不应认定为公司财产损失，结合现代企业经营管理模式，应视为公司运营的合理成本。基于 1、2、3、4 点分析，宏通公司提出的赔偿请求不符合法律规定，本院不予支持。"①

以上判例说明法院在司法审判实务中，即便对于相关关联交易或利用关联关系而发生的行为有着或多或少的瑕疵，但只要行为在实质上公允，或最终公司未遭受到实际损失，则也会被判决不符合依《公司法》第21条求偿的情形。

2. 审判实务中对"实质公允性"的判定

在判断"利用关联关系损害公司利益"案件的实质公允性时，价格是关键。许多法院认为交易价格是否公允是判断关联交易是否给公司造成损失的核心要件。而关于怎样判断公允价格，鉴于《公司法》与《民法典》相关规定的缺失与空白，目前的司法实践中，多会采取从比较法或上市公众公司的相关规定中来借鉴。

审判实践中，法院会选择参照《上市公司治理准则》的规定②，即认为实质公允的关联交易应当具有商业实质，价格应当公允，原则上不偏离市场独立第三方的价格或收费标准等交易条件。有时，也会参照美国法等比较法中对于价格公允的判定思路。例如，在美国法中，美国法院通常采用尊重商业判断的做法，来判断交易价格是否公允。但如果一项交易属于控股股东与公司间的交易，或与公司董事、高管有利害关系的控制权转移，或者通过控股股东作为一方当事人的公司合并实现控制权转移的情况下，即在交易存在利益冲突的情形下，董事会或控股股东受到私利的玷污的质疑，法院就不太相信董事会的判断，而是更愿意考虑一个自愿进行交易、有判断能力且掌握全部信息的买方可能给出的价格，即第三方价格。除此之外，法院还会参考一些其他的标准进行实质公允性的判断，包括但不限于拍卖标准、清算标准、第三方报价标准、"愿买愿卖"、市场价值标准等，并依据个案不同情况进行不同的标准适用。

---

① 广东省佛山市中级人民法院：佛山市三水宏通土石方工程有限公司、广州东方饮食娱乐有限公司公司关联交易损害责任纠纷二审民事判决书，〔2017〕粤06民终643号。

② 《上市公司治理准则（2018修订）》中国证券监督管理委员会公告〔2018〕29号，第76条。

总之，从我国审判实践中的情况来看，人民法院审理关联交易引发的纠纷案件的数量还比较少，对这方面的研究还处于起步阶段。在缺乏法律明确的具体规定的情况下，公众公司监管规则、不同国家和地区的做法等都可以作为我国法院等裁判机构研究相关审判工作的参考。

三、 我国法院在司法实践中对外方"利用关联关系损害公司利益"的若干问题

1. 法律适用与管辖权选择问题

中外合资企业，中方与外方合作依据系列合同，如合资协议、股权认购协议、股权转让协议、公司章程等设定双方权利义务与合作关系。在涉外"利用关联关系损害公司利益"类纠纷发生时，中方依据《公司法》第21条在中国提起诉讼或仲裁，实践中不可避免地首先出现的在普通国内诉讼中通常被忽视却又至关重要的问题，即所涉纠纷是否能够直接适用中国法律、被中国法解释并用于中国法院诉讼或仲裁？在非涉外民事法律关系中，适用中国法基本被默认为既定前提而很少被探讨。而在本文探讨的涉外纠纷中，虽规范之事项围绕在中国建立的合资公司，但各项协议的签署方多由中方主体与外方主体共同组成，签署地也未必在中国境内；与此同时，合同文本语言更有许多选择了非中文形式（其中英文为最常见）。《涉外民事关系法律适用法》第41条①的规定在上述复杂的实际情况之下，则显得有些过于笼统抽象，难以避免地使确定相应合同文件的法律适用问题产生诸多争议。

而在利用关联关系损害公司利益的涉外纠纷司法实践中，相应合同文件的法律适用问题又实在至关重要。合同生效的判断标准问题、各合同签署主体的代表权效力问题、合同文件形式的法律效力问题、违约或赔偿条

---

① 《中华人民共和国涉外民事关系法律适用法》第41条："当事人可以协议选择合同适用的法律。当事人没有选择的，适用履行义务最能体现该合同特征的一方当事人经常居所地法律或者其他与该合同有最密切联系的法律。"

款的效力与合法性问题、诉讼时效的起算与期间问题等，无一不需明确在某一适用法之下才能得到判断。适用法律的不同，多导致合同解释、责任判断结果的南辕北辙，从而不可避免地直接影响司法维权的成败。

与法律适用问题一脉相承的，还有管辖权的争夺与选择问题。在争夺的层面，合同文件适用何种法律，用何种诉由、何种管辖进行司法维权都有可能导致最终管辖权的不同，从而关涉法律维权成本、诉讼时间流程等层面的巨大区别。除此之外，还有可能进一步导致中外平行诉讼情况的发生，关联影响到后续诉讼或仲裁诉权效力、诉讼结果的承认与执行。所以，要根据案件具体情况与当事人在事件下的具体需求（例如时间的紧迫性、与国外资源的掌握度及熟悉程度、纠纷处理成本的预算等）争夺最合适己方的管辖。一方面，中外合资协议及相关合同文件中基本约定有各自的争议解决与管辖条款；另一方面，在中国法下，公司纠纷、侵权纠纷及中外合资协议纠纷又都属民诉法明确规定的专属管辖。究竟由何处管辖，因为管辖相关情况和规定的复杂，常常不是非黑即白，而是可以通过法律技巧的运用和人为行为干涉而产生影响，通过争夺获得最有利的管辖。在选择的层面，在实务中，大多数情况下，会采用"组合拳"的形式通过争夺手段而选择出最佳的管辖组合。例如，在某一个投资协议中，投资协议约定，股东之间可以在某外国仲裁中心进行仲裁，但同时也可以根据合资企业章程和专属管辖在法院进行。在此情况下，当外方利用其海外的关联公司损害合资公司利益时，可以根据投资协议在外国进行仲裁维权，也可以在中国国内根据公司法的不同条款（例如董监高忠实义务归入权条款、股东责任承担条款等）在中国法院提起诉讼。基于同一事件，可以在国内外提起多个诉讼。此时，如何排兵布阵、如何选择搭配也同样是纠纷解决实务中的重中之重。一个好的选择和排布可以直接决定案件一半以上的成败。

因此，中方要做到最为有效、经济、高效率的司法维权，如何基于现有法律和事实、证据，争取到中国法律、中国法院，或选择并解释出最有利于己方的法律适用和管辖地。利用或是规避平行诉讼的法律后果或影响，则是在面对外方利用关联关系侵害中外合资公司利益时中方进行司法维权的支柱与基石。

2. 参加诉讼主体的代表权问题

中外合资企业经营过程中，中方基于《公司法》第 21 条"利用关联关系侵害公司利益"提起诉讼，无论是股东代表诉讼还是以公司自身作为原告，合资公司与外方责任个人或企业法人都是法定的诉讼参加主体。此时，争议双方作为参加诉讼主体的代表权往往会遭到不同程度的挑战，且在司法实践中均尚未得出统一定论。

从合资公司的角度而言，在中外合资中，为达到两者公司控制权在一定程度上的平衡，通常会在公司内部设有用于制衡公司代表权的架构，最为常见的一种形式便是由一方担任合资公司的法定代表人，另一方持有合资公司的公章。在此情形下，当合资公司作为诉讼主体参加诉讼、依法维权，其参加诉讼的代表权和诉讼主张，延伸至其授权委派的律师、聘请的专家人员及鉴定机构、寻找的证人等都难以保证不受到另一方的挑战。尤其在被诉侵权的外方控制法定代表人而中方持有合资公司公章的情况下，关于合资公司参加诉讼代表权的"人章争夺战"将极其激烈且艰难。

根据我国民诉法，法定代表人具有对公司法定的代表权。在国内案件的司法实践中，法院也形成了"人胜章"的主流观点："我们认为，不论公章是否经工商备案，在发生'人章冲突'的情况下，均应以'人'——法定代表人作为诉讼代表人。若仅持有公章，而无证明持章人有公司授权持章代表公司意志的证据的，则持章人无权代表公司行使诉讼权利。"①那么，是否这就意味着中方在仅有"章"的情况下就无法维权了呢？答案是也不尽然。上海市高级人民法院在关于担任公司法定代表人的股东、董事与公司之间引发诉讼应如何确定公司诉讼代表人问题的解答中回复道：

---

① 上海市高级人民法院民二庭课题组：《公司意志代表权争议的现状与问题解决思路》，《法律适用》2013 年第 7 期。

"公司作为拟制法人，一般情形，公司的法定代表人有权对外代表公司处理公司事务，法定代表人的行为后果由公司承受。但是，担任法定代表人的股东或董事，与公司发生纠纷引发诉讼时，由于股东或董事、公司同为案件当事人，如果允许股东、董事继续以公司法定代表人身份代表公司诉讼，形成股东或董事"自己告自己"的诉讼表象，并可能导致股东、董事个人利益与公司利益发生冲突。为确保案件审理的正常进行，依法维护公司的合法权益，法院应当明确告知股东或董事在诉讼中不得同时代表公司参加诉讼，并要求公司另行确定诉讼代表人。"①这也就涉及了"利用关联关系损害公司利益"纠纷中的一个重要问题，即控制法定代表人的被诉侵权一方与合资公司本身的利益冲突问题。但究竟如何解决此利益冲突，如何避免当事一方利用法律规范制造维权漏洞，这在法律法规和司法解释的层面仍旧是空白。

而从外方企业法人的角度而言，也同样会产生代表权的争议与瑕疵。我国的民诉法对公司代表权的确定是基于中国公司法，更具体地说，是基于中国公司的法定代表人制度来建立。且与此同时，在责任承担上，中国法体系下也给公司法定代表人赋予了众多特别且不可替代的义务。但外方企业基于其所在国家或地区法律设立，许多根本不存在"法定代表人"这一身份；或即便有诸如可类比于中国公司法下法定代表人的职位，但具有该职位的自然人同时存在多个比如在册登记的多位公司董事，此时何人可以有权代表该公司在中国参加诉讼，代表公司聘请律师、发表意见、主张或放弃权利，则又成了现在司法实践中没有明确定论且存在较大争议的争议点。

3. 立案审查标准问题

我国现行《民事诉讼法》第 122 条规定："起诉必须符合下列条件：（一）原告是与本案有直接利害关系的公民、法人和其他组织；（二）有明

---

① 《上海市高级人民法院关于担任公司法定代表人的股东、董事与公司之间引发诉讼应如何确定公司诉讼代表人问题的解答》（2007 年 3 月 16 日）。

确的被告；（三）有具体的诉讼请求和事实、理由；（四）属于人民法院受理民事诉讼的范围和受诉人民法院管辖。"但具体的涉外争议，我国法院普遍地展现出趋谨慎立案的特点，从而使中方在通过"利用关联关系损害公司利益"纠纷寻求外方赔偿时，时常会遇到立案审查标准趋紧趋严、立案难度大幅增加的情况。法院在立案审查过程中，针对个案不仅反复核查原告起诉时附随提交的证据，甚至要求原告在起诉时就详细说明所有诉请损失赔偿的组成并提交相应证据，并从实体论证侵权责任能否成立的角度，要求原告在立案之前就向法院证明所诉侵权行为与侵权结果之间的因果关系。从某种程度上说，这无疑是将案件实体审理的庭审流程变相提前到了立案审查阶段，要求提起诉讼一方更早也更重地承担举证责任。在过于严格的立案审查标准之下，且不论案件争议大小、胜败诉风险如何，起诉方甚至可能会面对难以使案件进入法院并得到审理机会的困境，也难以避免司法维权流程的延长。

4. 证据及证明标准问题

外方"利用关联关系损害公司利益"侵权行为的日趋隐蔽性和国内外多重平行诉讼的复杂性，在处理此类案件时，司法实践中通常还会出现两类对案件影响甚大的证据问题。

其一，证据的证明标准问题。法院审理涉外的"利用关联关系损害公司利益"纠纷，不可否认，从立案到审理裁判，与普通的国内案件相比，应更加谨慎，因而对每一个证据的审查和对证据证明标准的要求都会到达一个新的高度。例如，在证明"利用关联关系损害公司利益"的损失时，司法实践中，法院往往在证据形式上，就会首先审查所有相关的域外证据是否有经过公证认证。其次，若相应证据在域外，需要启动域外调查取证的流程，法院又会审查相应当事人是否有证明"证据在域外"的证据。最后，聚焦到损失的证明上，有时损失是清晰且既定的，这种情况还相应比较易于处理，往往可以通过专门的损失评估机构评估后，结合诉请内容和所提交的证据综合酌定调整；而当损失不能一眼看明时，证据的证明难度就会大大提高，法院不会直接简单地从当事人提出的单方面单视角的证据进行判断。换言之，就是证据的证明力从某种程度上变弱了。法院会通过不同的标准、不同的角度进行综合评判，会询问当事人损失是否已经实际发生并固定？损失是否已经或可以即将通过贸易途径解决受偿？当国外有同一系列事件的其他诉讼时，又会要求证明国外的诉讼结果是否会对本案的判决产生影响？当事人是否会通过国外流程受偿？当事人是否可能会双重获益？这时，在诉讼流程中，当事人往往就会发现，许多在其他案件中已经足够的证据，在此案中变得不再充分。

其二，域外证据的运用和效力问题。最典型的是对域外判决文书作为证据的效力认定。众所周知，对于域外判决的效力认定，中国与不同国家之间会存在不同的双边或多边的承认与执行的条约、公约或其他文件。首先，具有相应文件，并不意味着该等域外判决在中国就一定会被认可，很可能会因为约定内容而产生不同程度的争议。比较典型的当属中国与新加坡于 2018 年签署的《关于承认和执行商事案件金钱判决的指导备忘录》，载明中国法院可以在互惠基础上承认与执行新加坡法院的判决，新加坡法院可以根据普通法的规定执行中国法院的判决。但同时，该备忘录还在其第 2 条规定："本备忘录不具有法律约束力，不构成条约或者法规，不对任何一方法官产生约束作用，同时也不取代现行或者未来的法律、司法判决或法院规则。"因此，若涉及某新加坡的司法判决，中国法院是否可以通过一定的既有规则审查认定外国判决的证据效力或认可外国判决已认定事实，在我国司法审判实践中，尚未形成的统一易操作的裁判规则。这又构成处理外方"利用关联关系损害公司利益"纠纷中证据问题上的难点。

除以上所述外，在外方"利用关联关系损害公司利益"纠纷司法实践中，还有诸如域外主体送达、平行诉讼、境内外诉讼请求权及责任承担竞合等诸多实务难题，同样有待于法律法规的进一步完善、司法裁判实践的进一步丰富，以给出更加清晰明确的审判规则。

结语

我国《公司法》第 21 条 "利用关联关系损害公司利益" 等上述相应法律规定，对于中外合资公司在遭受外方控股股东、实际控制人、董事、监事、高级管理人员侵害时，是依法维护合资公司权益和中方投资主体权益的有力法律依据。根据《公司法》和《民法典》的实体性规定，再结合《民事诉讼法》对中外合资公司争议的中国法院专属管辖，利益受损的合资公司完全可以考虑通过在公司所在地的中国法院起诉外方控股股东、实际控制人、董事、监事、高级管理人员，依法维权。合资公司没有提起诉讼的，符合《公司法》第 151 条第 1 款规定条件的中方股东，也可以依据《公司法》第 151 条第 2 款、第 3 款规定向人民法院提起诉讼依法维权。当然，我国法院对 "利用关联关系侵害公司利益" 的立案条件、证据审查、责任主体、行为判定与裁判标准等司法实务问题，制定出台新《公司法》的相关司法解释，将更有利于对合资公司和中方合法权益的有效保护。

境外仲裁裁决在境内承认与执行的法律概览及司法实践

■ 张　弈　吴阮超　韩春燕*

【摘要】在全球化的浪潮下，跨境贸易与投资活动日益频繁，随之而来的是跨境争端的不断增多。这些争端往往涉及复杂的法律、经济和文化背景，给争端的解决带来了前所未有的挑战。传统的诉讼方式在解决跨境争端时常因管辖权、法律适用、执行难等问题而显得力不从心，仲裁作为一种替代性争端解决方式在跨境争端解决中发挥着不可替代的作用。本文旨在探讨选择仲裁解决跨境争端的优势以及境外仲裁裁决在境内承认与执行相关的司法实践。

【关键词】商事仲裁　仲裁裁决　承认执行　争端解决

一、 选择仲裁处理跨境争端的优势

（一）跨境争端解决的常见难点

跨境争端往往存在交易双方地域差异较大、所处距离较远、争端处理

---

* 张弈，上海市金茂律师事务所合伙人；吴阮超，上海市金茂律师事务所合伙人；韩春燕，上海市金茂律师事务所执行合伙人。

周期较长等特征，不同国家和地区的文化背景可能对争端解决产生深远影响。

从法律适用层面而言，鉴于涉外民事关系涉及多个国家或地区的法律，因当事人的国籍以及住所地的不同、合同签订地以及合同履行地不明确等原因，上述因素的复杂性增加了法律适用的难度，同时司法制度和文化传统的差异也会使跨境法律争端的结果具有难以预料的不确定性。

从法律程序的角度，跨境争端解决往往存在不同法律体系以及不同司法机关导致的管辖权差异、举证程序差异、送达程序差异等问题。

（二）替代性争端解决（ADR）机制及仲裁

如前所述，跨境争端具有争议处理周期长、不同国家法律规定及司法程序差异性较大，可能导致司法程序冗长等缺陷；而替代性争端解决方案具有更加迅速、灵活、高效地解决法律争端的特征，因此替代性争端解决机制更有利于处理跨境争端。替代性争议解决（Alternative Dispute Resolution，ADR）机制是一种与传统诉讼不同的法律纠纷解决方式，指争端各方同意寻求中立的第三方机构的协助，以解决纠纷的一种通过法院进行诉讼之外的争端解决路径，包括调解、仲裁、精简审判等多种方式。

相较于法院诉讼，替代性争端解决机制使双方有机会对解决纠纷的方式进行更多控制，当事双方可以为解决纠纷选择最合适的裁判者，还可以选择适用的法律、纠纷解决的地点和使用的语言。不仅如此，替代性争端解决机制是私人性的，经双方同意可以保证程序和结果均不对外公开，这对于涉及商业声誉和商业秘密的纠纷尤为重要。

仲裁作为一种替代性争端解决方式，在跨境争端解决领域发挥着重要作用。国际商会专门设立了仲裁与替代性争端解决委员会，①该委员会承担

---

① International Chamber of Commerce（ICC）："The Commission on Arbitration and ADR is ICC Disputes Resolution Services' unique think tank. To enable thought leadership in the field of dispute resolution, it pools expertise and raises awareness and understanding on practical and legal issues in arbitration and ADR." https://iccwbo.org/dispute-resolution/thought-leadership/commission-on-arbitration-and-adr/，2024 年 6 月 4 日访问。

政策和规则制定职能，国际商会仲裁院以及国际商会替代性争端解决中心的仲裁规则、调解规则必须经该委员会审议通过方可生效。此外，该委员会还承担国际商事争端解决研究方面的科研与智库职能，并制定了《承认与执行外国仲裁裁决公约》（《纽约公约》）的初稿。

中国一直以来非常重视替代性争端解决机制与仲裁的发展。2014 年，《中共中央关于全面推进依法治国若干重大问题的决定》就提出"健全社会矛盾纠纷预防化解机制，完善调解、仲裁、行政裁决、行政复议、诉讼等有机衔接、相互协调的多元化纠纷解决机制。"

（三）仲裁相对于传统诉讼方式的优势

如前所述，仲裁的重要特征之一就是基于当事人的意思自治，具有灵活性与自主权的特点。无论商事争议大小，不受级别、地域的管辖限制，当事人均可以就仲裁机构、仲裁员、仲裁地点、仲裁使用的语言、仲裁规则和仲裁适用的法律享有最大程度的选择自主权。我国《仲裁法》[①]规定，仲裁机构独立于行政机关，与行政机关没有隶属关系。仲裁机构在受理及审理商事仲裁案件时，相比于法院也会更加尊重当事各方的契约自由、交易惯例。

在跨境争端解决领域，仲裁还具有更多优势。例如，随着商事活动全球化发展，各国仲裁机构对于国际商事仲裁的程序设计逐渐趋同化，这使得来自不同司法管辖区、适用不同法律规则的当事人均可以快速适应不同仲裁机构的仲裁规则。

除了广泛的认可，商事仲裁在全球执行上相对于法院判决也更具有可靠性和便利性。得益于上文提及的《纽约公约》，鉴于其缔约国的广泛性，中国作为《纽约公约》的缔约国之一，我国仲裁机构作出的仲裁裁决能在170 多个国家和地区得到承认和执行；与此同时，境外仲裁机构作出的仲

---

① 《中华人民共和国仲裁法》第 14 条规定："仲裁委员会独立于行政机关，与行政机关没有隶属关系。仲裁委员会之间也没有隶属关系。"

裁裁决在我国境内也可以更快捷地得到承认与执行。

二、 境外仲裁裁决在境内承认与执行的法律规定概览

（一）基本法律规定

我国对于境外仲裁裁决的承认与执行的法律规定主要见于《民事诉讼法》以及《最高人民法院关于适用〈中华人民共和国民事诉讼法〉的解释（2022）》（简称《民诉法解释》）。我国《民事诉讼法》第290条规定，国外仲裁机构的裁决，需要中华人民共和国人民法院承认和执行的，应当由当事人直接向被执行人住所地或者其财产所在地的中级人民法院申请；《民诉法解释》[1]主要对向我国法院申请承认与执行外国仲裁裁决的程序以及所需提交的材料进行了规定。1987年4月10日，我国最高人民法院颁布了《关于执行中国加入的〈承认及执行外国仲裁裁决公约〉的通知》；1987年4月22日《纽约公约》对中国正式生效。

《纽约公约》适用于在申请承认和执行地所在国以外国家领土内作出的仲裁裁决，以及该国认为的非内国裁决。[2]我国在加入《纽约公约》时作出了互惠保留以及商事保留，即我国只在互惠的基础上对在另一缔约国领土内作出的仲裁裁决的承认和执行适用该公约，并且我国只对依我国法律认为属于契约性和非契约性商事法律关系所引起的争议适用该公约。

中国法院对拒绝承认和执行的申请态度非常慎重。最高人民法院早在1995年就对于外国仲裁裁决的承认与执行设立了报告制度。根据最高人民法院《关于人民法院处理与涉外仲裁及外国仲裁事项有关问题的通知》，[3]如果中级人民法院拟裁定不予承认和执行裁决，必须报请本辖区所属高级

---

[1] 《最高人民法院关于适用〈中华人民共和国民事诉讼法〉的解释》第543—546条。

[2] Convention on the Recognition and Enforcement of Foreign Arbitral Awards，330 UNTS 3 (1958)［New York Convention］，Art I&II.

[3] 《最高人民法院关于人民法院处理与涉外仲裁及外国仲裁事项有关问题的通知》第2条。

人民法院以及最高人民法院进行审查，待最高人民法院答复后，方可裁定不予执行或者拒绝承认和执行。

（二）境内承认与执行外国仲裁裁决基本流程

《纽约公约》[①]规定，申请人申请承认和执行国外仲裁裁定，应当提交下列文件：（1）生效裁定正本或者经证明无误的副本；（2）当事人之间的仲裁协议正本或者经证明无误的副本；（3）如果所用文字非申请执行裁决地所在国之正式文字（对于我国而言，即所用文字非中文），还需提供经公证或宣誓的翻译员或外交或领事人员认证的翻译版本。《民诉法解释》第547条及《民事诉讼法》第250条规定，当事人申请承认和执行外国仲裁裁决的期间为两年，与申请执行国内法院判决的期间一致。

中国法院在受理承认与执行外国仲裁裁决申请后，会依照中国法律及《纽约公约》对申请进行审查。审查的内容主要包括外国仲裁裁决是否符合我国法律的相关规定，以及是否存在拒绝承认和执行外国仲裁裁决的法定情形。根据《纽约公约》《最高人民法院关于执行中国加入的〈承认及执行外国仲裁裁决公约〉的通知》，仅有仲裁裁决存在特定程序瑕疵、在中国为不能仲裁的事项或违反中国公共政策的，法院可以裁定驳回申请并拒绝承认与执行该仲裁裁决。不存在上述情形的，法院会裁定承认其效力，案件转入执行程序，此后依照《民事诉讼法》规定的执行程序执行。

（三）不予承认及执行外国裁决的情形

1. 仲裁协议准据法及仲裁协议抗辩

根据《纽约公约》第5条第1款第（a）项规定，允许缔约国在下述两种情形之下拒绝承认和执行外国仲裁裁决：一是仲裁协议的当事人根据其适用的法律存在无行为能力的情形，或者根据当事人约定的准据法认定仲裁协议无效；二是如果根据当事人选定适用的法律，或如果当事人没有

---

①　New York Convention，Art Ⅳ.

选定适用的法律时，根据裁决作出国家的法律，当事人之间的仲裁协议是无效的。①

本条款将仲裁协议的适用法律分为两大类：其一，为当事人的属人法，即用于判断当事人在订立仲裁协议是否具有行为能力的适用法律；其二，为判断仲裁协议是否有效的实体法，该实体法应当遵从当事人的约定，或者在当事人未约定的情况下，适用仲裁裁决所在国家的法律。就"仲裁裁决所在国"的认定，《国际商事仲裁委员会关于1958年纽约公约释义的指南》指出："绝大多数缔约国认为裁决于仲裁地作出。仲裁地由当事人选择，或者，由仲裁机构或仲裁庭决定。仲裁地并不是一个物理或地理的概念，而是一个法律概念。开庭、合议、裁决签署以及仲裁程序的其他部分可以在其他地方进行。"②除仲裁协议的当事人特别约定以执行法院所在地法作为仲裁协议的准据法外，一般不会适用执行法院的法院地法。

2. 正当程序抗辩

根据《纽约公约》第5条第1款第（b）项旨在保障被申请人在仲裁程序中的正当程序权利，如其未能就案件发表意见或未能申辩的，则法院可以拒绝承认与执行该仲裁裁决。③

就举证责任而言，当被申请人援引"未接获关于指派仲裁员或仲裁程序之适当通知"抗辩时，则应由申请人承担举证责任，提供证据用于证明已向被申请人发送了通知。

被申请人援引"未接获"的常见情形主要为：申请人或仲裁庭没有发出通知；及虽申请人或仲裁庭已发出通知，但被申请人声称未收到。执行

---

① New York Convention，Art V. 1.（a）："The parties to the agreement referred to in article II were，under the law applicable to them，under some incapacity，or the said agreement is not valid under the law to which the parties have subjected it or，failing any indication thereon，under the law of the country where the award was made."

② ICCA：《商事仲裁国际理事会之〈1958年纽约公约〉释义指南：法官手册》，扬帆译，商事仲裁国际理事会第2版，第20页。

③ New York Convention，Art V. 1.（b）："The party against whom the award is invoked was not given proper notice of the appointment of the arbitrator or of the arbitration proceedings or was otherwise unable to present his case."

法院将根据当事人约定的仲裁方式、仲裁规则、仲裁地法律等对上述送达问题进行判断。由于仲裁属于民间的争议解决方式，其送达只需要满足当事人之间的约定或仲裁程序即可，不需要按照有关送达或司法协助的条款进行。如果被申请人拒收通知或在变更地址后未通知申请人寄仲裁庭的，则由被申请人自行承担不利后果，仲裁庭有权作出缺席判决。

就通知内容而言，上述条款明确规定为"指定仲裁员"及"仲裁程序"的通知。

而就本条款规定的由于其他原因导致被申请人无法就案件发表意见的情形，则是指除前述"未接获关于指派仲裁员或仲裁程序之适当通知"以外的、其他可能构成重大违反正常程序的情况。上述规定具有兜底性特征，赋予了执行法院一定的自由裁量权。考虑到《纽约公约》的立法精神在于鼓励和支持法院承认与执行外国仲裁裁决，故执行法院在判断上述问题时，一般采取"是否给予了合理平等的机会陈述主张"，而非"是否穷尽地享有陈述的权利"。

3. 超裁抗辩

根据《纽约公约》第 5 条第 1 款第（c）项规定，如被申请人举证证明仲裁庭存在超裁情形的，则执行法院有权拒绝承认和执行仲裁裁决。此处的"超裁"主要分为以下两种情形：其一，裁决事项超出了仲裁协议的范围；其二，裁决事项超出了当事人仲裁请求的范围。需要说明的是：如仲裁庭出现漏裁情形的，则不属于本条款规定的可以拒绝承认和执行仲裁裁决的理由。①

4. 程序和组庭瑕疵抗辩

《纽约公约》第 5 条第 1 款第（d）项规定了两种情形：其一，如果当

---

① New York Convention，Art V. 1.（c）："The award deals with a difference not contemplated by or not falling within the terms of the submission to arbitration, or it contains decisions on matters beyond the scope of the submission to arbitration, provided that, if the decisions on matters submitted to arbitration can be separated from those not so submitted, that part of the award which contains decisions on matters submitted to arbitration may be recognized and enforced."

事人之间对于仲裁庭的组成或仲裁程序进行了约定，则执行法院应首先审查仲裁庭组成及仲裁程序是否符合当事人之间的约定；其二，如果当事人之间没有约定，则执行法院应审查仲裁庭组成及仲裁程序是否符合仲裁地所在国的法律规定。因仲裁机构和仲裁庭通常会尊重当事人在仲裁协议中对于仲裁庭组成及仲裁程序的约定，故需特别注意上述两种情形的适用顺序。①

5. 裁决未生效、被撤销或中止抗辩

《纽约公约》第5条第1款第（e）项规定了两种情形：其一，仲裁裁决不具有约束力；其二，仲裁裁决被撤销或停止执行。因《纽约公约》起草过程中，各方对于"有约束力"和"终局"的理解存在较大分歧，这部分内容将在下文中国法院的司法实践部分介绍。②

6. 可仲裁性抗辩

根据《纽约公约》第5条第2款第（a）项规定，如果承认和执行地所在国法院根据其本国法律认定仲裁裁决所涉及的争议事项不具有可仲裁性的，则该国法院可以拒绝承认和执行该仲裁裁决。同时，上述裁决是否具有可仲裁性的问题属于法院应主动审查事项，即无论当事人是否提出抗辩，法院均有审查义务。③

根据上述条款规定，"可仲裁性"应根据承认和执行地所在国法律进行判断。司法实践中，各国均倾向于认为非商事的、涉及公共利益或公法因素的纠纷，如含有行政合同、国家行为、外交政策、破产清算程序等因素的纠纷，不宜通过商事仲裁程序解决，因而在较多国家中被认定为属于不具有可仲裁性的纠纷。

---

① New York Convention, Art V. 1. (d): "The composition of the arbitral authority or the arbitral procedure was not in accordance with the agreement of the parties, or, failing such agreement, was not in accordance with the law of the country where the arbitration took place."

② New York Convention, Art V. 1. (d): "The award has not yet become binding on the parties, or has been set aside or suspended by a competent authority of the country in which, or under the law of which, that award was made."

③ New York Convention, Art V. 2. (a): "The subject matter of the difference is not capable of settlement by arbitration under the law of that country."

7. 公共政策抗辩

根据《纽约公约》第 5 条第 2 款第（b）项规定，可基于"公共政策"提出抗辩。[①]"公共政策"并非一个确定的法律概念，就现有司法实践而言，存在大量被申请人援引案涉外国仲裁裁决违反我国公共政策的案例。

三、 境外仲裁裁决在境内的承认与执行现状以及常见实务难点

（一）中国司法实践现状

如上文所述，中国法院对拒绝承认和执行外国仲裁裁决的态度非常慎重，并通过报告制度严格限制了不予执行涉外仲裁裁决以及拒绝承认和执行外国仲裁裁决的情形。

根据最高人民法院发布的《中国仲裁司法审查年度报告（2019 年）》，[②] 2019 年中国法院承认和执行外国仲裁案件全年审结裁决案件 32 件，涉 18 个国家和地区，仅 1 件因超出仲裁协议范围而裁定部分承认和执行；2020 年通过中国裁判文书网公开信息所显示中国法院承认和执行域外仲裁裁决的文书数量为 23 份，仅 1 件案件作出了拒绝承认和执行外国仲裁裁决的裁定。自 2021 年起，中国法院严格适用前述报告制度，从严把握承认与执行外国仲裁裁决案件的审查尺度，笔者通过公开渠道未检索到 2021 年之后中国法院拒绝承认与执行外国仲裁裁决的裁定。

（二）实务关注重点

1. 关于申请材料的准备

向中国法院提交承认与执行外国仲裁裁决的申请材料通常包括：（1）承

---

① New York Convention，Art V. 2.（a）："The recognition or enforcement of the award would be contrary to the public policy of that country."

② 《中国仲裁司法审查年度报告（2019 年度）》新闻发布会，https://www.chinacourt.org/article/subjectdetail/id/MzAwNMjNM4ABAA.shtml，2024-06-06。

认与执行外国仲裁裁决申请书；（2）当事人的身份证明文件或外国企业合法注册并存续的证明文件；（3）法定代表人身份证明书；（4）仲裁协议或载有仲裁条款的合同；（5）仲裁裁决书；（6）仲裁开庭通知以及各项通知送达、仲裁裁决的送达证明；（7）其他证明仲裁程序完整和正当的证明材料。

其中，关于外国企业合法注册并存续的证明文件，不同的国家或地区使用的程序性文件并不相同。例如，对于设立于美国加利福尼亚州的企业，可以使用加利福尼亚州州务卿办公室出具的《公司登记信息表》，或是由加利福尼亚州州务卿签章认证的《重述的公司章程》；对于设立于中国香港特别行政区的企业，可以使用香港公司注册处批准的公司注册证书、香港商业登记署出具的商业登记证明或是香港公司的周年年审申报表。

关于法定代表人身份证明书，考虑到外国企业并没有"法定代表人"的职务设置，通常可向法院提交董事会或股东会决议委任授权代表作为相关事项的负责人员，并附上该人员的职务（通常为企业的股东、董事或总经理等职务）以及该人员的护照复印件，并由该授权代表签署承认与执行外国仲裁裁决申请书或其他诉讼文件。

此外，如前所述，向法院提交的部分申请文件需要对签字署名的真实性以及副本与原本一致性进行公证认证，并且应同时提交翻译机构盖章的中文译本以及翻译资质证明。需要说明的是，由于 2023 年 11 月 7 日以后，根据《取消外国公文书认证要求的公约》，相关文件只需办理该国附加证明书，无需办理该国和中国驻当地使领馆的领事认证。

2. 关于仲裁协议的有效性

仲裁协议不存在或无效是中国法院裁定不予承认与执行外国仲裁裁决的重要原因。实务中，法院会重点审查仲裁协议的签字人是否具备当事人的授权签字权限、仲裁协议是否妥善签署、仲裁协议中是否约定明确的仲裁机构、涉案仲裁协议一方是否为受仲裁协议约束方等因素。

部分仲裁协议可能会约定当事人有权将争议提交仲裁或诉讼,虽然我国法律不认可此类"或裁或审"条款的效力,但此类争议解决条款的效力将由域外仲裁地的法律决定,中国法院在审查仲裁协议效力时一般不会直接适用中国法并以或裁或审为由认定案涉仲裁协议无效。

3. 关于当事人是否获得充分陈述意见的机会

在承认与执行外国仲裁裁决的审理程序中,缺席裁决下的败诉方常见的抗辩之一就是其抗辩权利并未得到充分行使。《民事诉讼法》第300条规定,对于被申请人未得到合法传唤或者虽经合法传唤但未获得合理的陈述、辩论机会所作出的发生法律效力的判决、裁定,可以不予承认和执行。民诉法解释也有类似规定。①

中国法院在审理此类被申请人缺席裁决的承认与执行仲裁裁决申请,在对涉案仲裁裁决作出程序合法性审查问题上可能进行更严格的审查。实践中,被申请人的抗辩逻辑往往是没有收到仲裁庭审通知,导致被申请人未能参与仲裁庭审,进而主张其未获得充分陈述意见的机会并要求法院拒绝承认与执行该外国仲裁裁决。因此,此类争议对于申请人而言需要提交的重要证明材料就是相关开庭通知的送达证明,仲裁庭需要依据仲裁规则或仲裁地法律的规定履行适当通知义务。

在丸万株式会社与北京德霖高尔夫体育发展有限公司申请承认和执行外国仲裁裁决案②中,就被申请人提出的"仲裁庭不公正、不中立"抗辩,法院经审理后认为,申请人选定的仲裁员签署了中立性及独立性声明,表明该仲裁员不存在可能对中立性及独立性产生正当性怀疑的任何情形,符合上述仲裁规则规定;就被申请人提出的"仲裁庭实际并不在乎被申请人是否发表了意见或者发表了什么意见,实质上是剥夺了被申请人陈述意见的权利"的抗辩,法院经审理后认为,本案中,被申请人参加了本案仲裁程序,且对双方争议的问题进行了辩论并提交了书面意见;就被申请人提

---

① 《最高人民法院关于适用〈中华人民共和国民事诉讼法〉的解释》第543条。
② 〔2013〕二中民特字第12593号民事裁定书。

出的"本案仲裁裁决不是按照仲裁员的过半数决定作出，也不是按照首席仲裁员的意见作出，而是按照申请人选定的日本籍仲裁员的意思作出，违反仲裁规则"的抗辩，法院经审理后认为，被申请人主张的理由是仲裁庭对案件实体问题的认定，不属于1958年《纽约公约》第5条第1款第（b）项规定的不予承认和执行之情形；而就被申请人提出的"仲裁庭重开审理并拖延作出裁决"的抗辩，法院经审理后认为，根据本案仲裁规则，重开审理的期限仅是原则性规定，没有禁止性规定。本案中，仲裁庭决定终结审理后认为有必要又决定重开审理，不违反上述仲裁规则。

4. 关于超裁案件

最高人民法院于 2018 年 2 月 23 日发布的《关于人民法院办理仲裁裁决执行案件若干问题的规定》明确了"超裁"及"无仲裁协议"的认定标准，即："第十三条　下列情形经人民法院审查属实的，应当认定为民事诉讼法第二百三十七条第二款第二项规定的'裁决的事项不属于仲裁协议的范围或者仲裁机构无权仲裁的'情形：（一）裁决的事项超出仲裁协议约定的范围；（二）裁决的事项属于依照法律规定或者当事人选择的仲裁规则规定的不可仲裁事项；（三）裁决内容超出当事人仲裁请求的范围；（四）作出裁决的仲裁机构非仲裁协议所约定。"

而在斯万斯克蜂蜜加工公司申请承认和执行由 Peter Thorp、Sture Larsson 和 Nils Eliasson 组成的临时仲裁庭作出的仲裁裁决案[①]中，就被申请人提出的"仲裁裁决超出双方当事人约定仲裁范围"的抗辩，法院认为，双方实质的争议在于，常力蜂业公司认为双方发生争议不应当在瑞典通过临时仲裁庭处理，而应当通过其他仲裁机构快速处理。而斯万斯克公司则认为，其此前已经向瑞典斯德哥尔摩商会仲裁院按照快速仲裁申请了仲裁，该申请已经被斯德哥尔摩商会仲裁院以其无管辖权为由驳回，现其向瑞典临时仲裁庭申请仲裁符合双方的约定。对此，法院认为，双方对在瑞典通过快速仲裁解决争端并无异议，仅对快速仲裁是否可以通过临时仲

---

①　〔2018〕苏 01 协外认 8 号民事裁定书。

裁发生争议。快速仲裁相对于普通仲裁而言，更加高效、便捷、经济，其核心在于简化了仲裁程序、缩短了仲裁时间、降低了仲裁费用等，从而使当事人的争议以较为高效和经济的方式得到解决。而临时仲裁庭相对于常设的仲裁机构而言，也具有高效、便捷、经济的特点。具体到本案，因双方已经明示同意争议通过快速仲裁的方式解决，且案涉争议标的数额不大，该快速仲裁并未排除通过临时仲裁的方式解决。此前，斯万斯克公司向瑞典斯德哥尔摩商会仲裁院申请仲裁，该仲裁院以其无管辖权为由驳回了斯万斯克公司的申请。常力蜂业公司在该仲裁中，明确表达其辩称意见："很显然，双方当事人就在瑞典进行快速/加快的仲裁程序达成一致，但不适用 SCC 仲裁规则。""仲裁条款可以指临时仲裁或瑞典西部规则或瑞典南部规则下的快速仲裁规则。"由此反映出，常力蜂业公司当时对以临时仲裁处理的方式并不持异议，且在本案中又不能明确、具体指出由哪一家仲裁机构处理，适用何种仲裁规则。在此情形下，案涉仲裁由临时仲裁庭作出裁决，符合双方当事人的合意。故本院认定案涉争议通过临时仲裁庭处理，并未超出双方的约定范围。

5. 裁决未生效、被撤销或中止抗辩

通过"威科先行"数据库，分别以"承认和执行外国仲裁裁决公约""裁决未生效""裁决不具有约束"为关键词进行全文检索，暂未发现相关司法实践案例。

而在邦基农贸新加坡私人有限公司申请承认和执行英国仲裁裁决一案①中，广东省阳江市中院于 2006 年 2 月 28 日受理了申请人邦基农贸新加坡私人有限公司申请承认与执行英国伦敦 FOSPA 协会仲裁员 R. W. ROOKES 与 W. PLUG 作出的第 3920 号裁决一案。该院拟裁定驳回邦基农贸新加坡私人有限公司的申请，广东省高级法院经审查后亦认为应不予承认和执行该仲裁裁决，并将该案有关情况向最高法院报告。阳江市中院

---

① 《最高人民法院关于邦基农贸新加坡私人有限公司申请承认和执行英国仲裁裁决一案的请示的复函》，〔2006〕民四他字第 41 号。

及广东省高级法院均认为，就该仲裁裁决是否已经生效的问题，申请人称FOSFA 曾向双方当事人发出仲裁裁决书和书面更正，其中向被申请人发送是通过邮递和传真方式，但申请人未能提供相关的邮递回执证明上述邮件已由被申请人签收，亦不能证明被申请人已经收到上述传真。因此，应认定 FOSFA 未向被申请人有效送达仲裁裁决书及书面更正。据此，可以认定该仲裁裁决尚未向被申请人有效送达，仲裁裁决尚未生效，不符合《纽约公约》申请承认和执行外国仲裁裁决的条件。

对此，最高法院并未在回函中对于广东省高级法院提出的"案涉裁决是否有约束力"的问题进行处理，而是基于该案存在的其他不予承认和执行外国仲裁裁决的情形作出处理。可见，对于下级法院的请示，最高法院会在详细审查全部案件事实和法律问题的基础上独立作出结论。

6. 关于可仲裁性抗辩

就可仲裁性的问题，我国《仲裁法》第 2 条规定："平等主体的公民、法人和其他组织之间发生的合同纠纷和其他财产权益纠纷，可以仲裁。"第 3 条规定："下列纠纷不能仲裁：（一）婚姻、收养、监护、扶养、继承纠纷；（二）依法应当由行政机关处理的行政争议。"此外，诸如《台湾同胞投资保护法》《海商法》《海上交通安全法》等对于特定事项的可仲裁性进行了进一步明确。现结合案例，对反垄断纠纷、知识产权纠纷的可仲裁性做简单介绍。

就反垄断纠纷的可仲裁性问题，在江苏省高级法院审理的南京嵩旭科技有限公司（简称嵩旭公司）与三星（中国）投资有限公司（简称三星公司）垄断纠纷上诉案①中，一审法院查明，嵩旭公司作为涉案产品经销商与作为供应商的三星公司于 2012 年 5 月 10 日、2013 年 1 月分别签订内容基本相同的《经销协议》，两份协议中对于争端解决条款分别约定：协议执行过程中产生的任何争议或与本协议本身有关的争议分别提交中国国际经济贸易仲裁委员会、北京仲裁委员会，按照其提交仲裁时现行有效的仲

---

① 〔2015〕苏知民辖终字第 00072 号民事裁定书。

裁程序和规则仲裁裁决。在此基础上，一审法院认为，《中华人民共和国反垄断法》并未明确排除平等主体之间纵向垄断纠纷不可以申请仲裁裁决的规定。对此，江苏省高级法院从《反垄断法》的立法目的、执法机构、《反垄断法》的公法性质、案件涉及的公共利益等角度出发，认为在垄断纠纷涉及公共利益，且目前我国法律尚未明确规定可以仲裁的情况下，本案嵩旭公司与三星公司之间的仲裁协议尚不能作为本案确定管辖权的依据，本案应当由人民法院管辖。

就知识产权纠纷的可仲裁性问题，最高法院在 ExperExchange, Inc.（ExperVision）与汉王科技股份有限公司（简称汉王科技）、天津市汉王新技术发展有限公司（简称天津汉王）侵犯计算机软件著作权管辖异议再审复查案①中认为，我国《仲裁法》第 2 条规定："平等主体的公民、法人和其他组织之间发生的合同纠纷和其他财产权益纠纷，可以仲裁。"本案中，南开越洋对汉王科技、天津汉王提起计算机软件著作权侵权之诉，系法人之间的其他财产权益纠纷，属于仲裁法规定的可以仲裁的范畴。

7. 关于公共利益抗辩

就现有司法案例而言，最高法院仅在特殊情况下，才考虑适用《纽约公约》第 5 条第 2 款（b）项所规定的"公共政策"。

最高法院在《关于 GRD Minproc 有限公司申请承认并执行瑞典斯德哥尔摩商会仲裁院仲裁裁决一案的请示的复函》②中认为：关于本案所涉仲裁裁决的承认和执行是否将违反我国公共政策的问题。飞轮公司从境外购买的设备经过有关主管部门审批同意，并非我国禁止进口的设备。该设备在安装、调试、运转的过程中造成环境污染，其原因可能是多方面的。在飞轮公司根据合同中有效的仲裁条款就设备质量问题提请仲裁的情况下，仲裁庭对设备质量作出了评判，这是仲裁庭的权力，也是当事人通过选择仲裁解决纠纷所应当承受的结果。不能以仲裁实体结果是否公

---

① 〔2012〕民申字第 178 号民事裁定书。

② 《最高人民法院关于 GRD Minproc 有限公司申请承认并执行瑞典斯德哥尔摩商会仲裁院仲裁裁决一案的请示的复函》，〔2008〕民四他字第 48 号。

平合理作为认定承认和执行仲裁裁决是否违反我国公共政策的标准。承认和执行本案所涉仲裁裁决并不构成对我国社会根本利益、法律基本原则或者善良风俗的违反。因此，本案不存在《纽约公约》第5条第2款（b）项规定的情形。

最高法院在《关于韦斯顿瓦克公司申请承认与执行英国仲裁裁决案的请示的复函》①中，天津市高级法院请示，本案所涉《航次租船包运合同》中，并未对违约责任和违约损失进行约定，且中钢天铁公司已经将所有实际产生的运费全部结清。在此种情况下，涉案仲裁庭却将申请人所有预期产生的利润作为申请人的损失，并在计算预期利润时，以船舶满载为假设前提计算运费和预期成本，并要求被申请人赔偿上述并未实际产生的各项费用，其结果没有事实和法律依据，显失公平，严重危害了中国当事人的利益，有违我国社会公共利益，属于《纽约公约》第5条第2款（b）项情形，应当不予承认和执行。对此，最高法院回复，根据《纽约公约》第5条第2款（b）项的规定，我国法院认为仲裁裁决与我国公共秩序相抵触的，可以拒绝承认和执行。但是，对该条规定的公共秩序应作严格解释和适用。只有在承认和执行外国商事仲裁裁决将导致违反我国法律基本原则、侵犯我国国家主权、危害国家及社会公共安全、违反善良风俗等危及我国根本社会公共利益情形的，才能援引公共政策事由予以拒绝承认和执行。你院以仲裁结果显失公平，违反我国社会公共利益为由对涉案仲裁裁决不予承认和执行不当。

最高法院在《关于申请人天瑞酒店投资有限公司与被申请人杭州易居酒店管理有限公司申请承认仲裁裁决一案的请示报告的复函》②中认为，天瑞酒店投资有限公司与杭州易居酒店管理有限公司于2004年10月28日签订的《单位系统协议》，性质为商业特许经营合同。根据我国当时实行的

商业特许经营管理制度，外国公司在我国境内从事商业特许经营业务必须通过设立外商投资企业的方式进行，且需经过行政主管机关的审批。但是2007年5月1日施行的国务院《商业特许经营管理条例》仅规定商业特许经营合同事后应向行政主管机关备案，而无审批要求。上述备案制度属于行政法规之强制性规范中的管理性规定，不影响当事人之间民事合同的效力。仲裁裁决对本案所涉《单位系统协议》的处理，不违反我国强制性法律规定，更不构成违反我国公共政策的情形。因此，本案不存在《纽约公约》第5条第2款（b）项规定的情形。

最高法院在《关于对海口中院不予承认和执行瑞典斯德哥尔摩商会仲裁院仲裁裁决请示的复函》[①]中认为，海南省纺织工业总公司作为国有企业，在未经国家外汇管理部门批准并办理外债登记手续的情况下，对日本三井物产株式会社直接承担债务，违反了我国有关外债审批及登记的法律规定和国家的外汇管理政策。但是，对于行政法规和部门规章中强制性规定的违反，并不当然构成对我国公共政策的违反。你院请示报告中所述的应当拒绝承认和执行本案仲裁裁决的理由依法均不成立，本案仲裁裁决不应以违反公共政策为由拒绝承认和执行。

综上可知，最高法院已建立"违反我国强制性法律规定，不一定必然构成违反我国公共政策"的司法审查标准。

四、 结语

通过以上讨论，可以清晰地看到，仲裁作为一种替代性争端解决方案，相比于传统的诉讼方式，在跨境争端解决中不仅可以尽可能避免传统诉讼存在的多种弊病，在境内申请承认与执行外国仲裁裁决的难度以及不确定性更是远小于申请承认与执行外国法院判决。

---

① 《最高人民法院关于对海口中院不予承认和执行瑞典斯德哥尔摩商会仲裁院仲裁裁决请示的复函》，〔2001〕民四他字第12号。

　　尽管如此，对于中国企业而言，更有效的风险管理措施绝非直接诉诸跨境仲裁或诉讼，而是应当针对跨境商业贸易可能涉及的种种商业及法律风险做好充分的隔离与优化措施，居安思危，追求长期发展，根据目标市场的政策和法律调整自身的投资策略和经营策略，确保有能力应对复杂多变的国际商业环境。

论最密切联系原则在涉外合同案件中的适用

■ 陈国军　叶嘉怡*

【摘要】从我国涉外民商事纠纷司法实践的类型看，涉外合同纠纷占据了重要地位。本文以案例类型化为基础，探究《法律适用法》第41条关于特征性履行方法和最密切联系原则的承继与发展，检视特征性履行方法和最密切联系原则演变以探寻二者之理论内涵，比较欧美各国立法模式。建议基于我国司法实践试以出台司法解释的形式明确特征性履行方法和最密切联系原则的相互关系及具体选法方式，亦可通过指导案例的方式结合法律与事实，逐步规范法官在涉外合同纠纷中的选法方法。

【关键词】最密切联系原则　特征性履行方法　涉外合同　法律适用

一、问题的提出

随着经济实力和综合国力的快速增长，对外开放的全方位深化，"一带一路"倡议的贯彻落实，我国日益走进世界舞台的中央，随着国际间交

＊　陈国军，法学博士，华东政法大学国际法学院副教授；叶嘉怡，华东政法大学2023级硕士研究生，研究方向为国际私法。

流与合作的深入推进，国际自由贸易的快速发展，促进了更多的涉外民商事法律关系建立，随之引发的涉外纠纷也势必日益增多，而订立书面的涉外合同则是国际贸易关系确立的重要形式之一。以 2023 年为例，合同纠纷在涉外民事案件中约占 3/4。[①]

立法层面我国《涉外民事关系法律适用法》（简称《法律适用法》）第 41 条借鉴代表大陆法系的特征性履行原则和英美法系的最密切联系原则，且《最高人民法院关于适用〈中华人民共和国涉外民事关系法律适用法〉若干问题的解释一》（简称 2020 年《法律适用法司法解释一》）亦未对两者的适用方式及顺序作相关规定。在立法的高度抽象简化之情形下，学术界对于两者的关系不乏争论。[②]

在司法领域，我们面临着诸如选法规则无序[③]、规则机械适用、忽视案件特殊性等现象。如在安德烈诉密斯姆航运公司船员劳务合同纠纷案[④]

[①] 以"涉外""民事一审"为条件，在中国裁判文书网上共查询到 2023 年 3 446 例涉外民事一审案件，其中涉及"合同纠纷"案件共有 2 499 例，占 72.51%。中国裁判文书网，http://wen-shu.court.gov.cn/，2024-06-15。

[②] 对于特征性履行原则和最密切联系原则的关系，可谓众说纷纭，经梳理主要存在以下几种观点：(1)认为两者为两个独立的准据法确定方法，但该观点受众多学者反对。参见马志强：《正确适用最密切联系原则的理论构想》，《郑州大学学报》（哲学社会科学版）2015 年第 5 期。(2)认为特征性履行方法系最密切联系原则确认的前提，也受理论界批判。参见黄黎玲：《"最密切联系"在冲突法中的法律地位》，《武汉理工大学学报》（社会科学版）2005 年第 3 期。(3)认为特征性履行方法是确认最密切联系原则的其中一种方法。参见汤立鑫、于芳：《最密切联系原则的具体运用——如何确定最密切联系地》，《当代法学》2002 年第 6 期。(4)认为特征性履行方法是一种独立的选法方式，而最密切联系原则充当补充作用的角色。参见戴霞、王新燕：《关于〈法律适用法〉第 41 条的争议及评析》，《前沿》2013 年第 1 期。

[③] 在"中国裁判文书网""北大法宝""威科先行"等数据库以"民事案由""涉外""合同"及《法律适用法》第 41 条为搜索条件寻找相关涉外案例，通过对案件的梳理发现选法方式混乱现象，主要有以下几种方式：(1)单独适用最密切联系原则。参见广东省佛山市中级人民法院〔2020〕粤 03 民终 26393 号。(2)单独适用特征性履行方法。参见山东省高级人民法院〔2020〕鲁民终 930 号民事判决书。(3)混合适用特征性履行方法和最密切联系原则或者最密切联系原则和意思自治原则。参见广东省佛山市中级人民法院〔2021〕粤 06 民终 1673 号民事判决书。

[④] 安德烈诉密斯姆航运公司船员劳务合同纠纷案，参见上海海事法院〔2013〕沪海法商初字第 1085 号民事判决书。案情简介：2012 年密斯姆号轮船由于在我国海域与他轮发生碰撞导致轮船自身受损及油污泄漏等原因，该轮随即被送往我国崇明港进行维修。2012 年 9 月 24 日，本案原告与被告签订海员雇佣合同，约定安德烈即原告担任轮船大副，月薪为 4 500 美元。原告自 2012 年 9 月 26 日登船，至 2013 年 7 月 26 日离船。其间，原告曾多次向被告催讨劳务报酬但均以被告自身困难为由拒绝支付，共拖欠劳务报酬费用 40 576 美元。之后安德烈于 2013 年 7 月向 （转下页）

中，其法律适用问题存在争论。本案所涉的涉外船员劳务合同若依据特征性履行方法确定最密切联系地，则应当适用提供劳务一方（船员）的经常居所地法、惯常工作地法。但是基于涉案船员工作的特殊性，原告自签订海员雇佣合同之时直至离船，工作地始终位于中国海域，但是依据《最高人民法院关于适用〈中华人民共和国民事诉讼法〉的解释》第 4 条关于经常居所地的认定标准，却无法认定原告的经常居所地为我国。未能达成实质的正义，法律的天秤应是倾斜的。案件的特殊性是影响判决结果的重要因素之一，法官应考虑个案的特殊性，谨慎采用最密切联系原则作为涉外合同纠纷准据法的主要适用依据。

我国在涉外合同冲突法领域兼采两者，在立法抽象化且相关司法解释又未作具体选法规定的情形下，学术界对两者的适用不乏争议，实践中法院审判存在规则适用不统一、选法论证简单化等现象。是故，剖析我国涉外合同纠纷的法律适用现状并以史为鉴回顾其立法发展，检视两者理论的演变及欧美各国立法模式，可为完善我国涉外合同冲突规范现存问题提供有益借鉴，最大程度地控制最密切联系原则的适用限度。本文以《法律适用法》第 41 条特征性履行原则和最密切联系原则为研究核心，意在厘清两者的关系及适用顺序，冀以确定适合本国国情的客观选法方式。

二、 我国涉外合同法律适用溯源

本文于"中国裁判文书网""北大法宝""威科先行"等数据库，以"民事案由""涉外""合同"及《法律适用法》第 41 条为搜索条件寻找相关涉外案例，以 2022—2023 年为审结年份共获取相关案例 86 例。其中有

（接上页）上海海事法院提起诉讼。经法院审理查明：首先，原告国籍为乌克兰，被告密斯姆航运公司即船舶所有人的国籍为荷兰，船舶船旗国为荷属安的列斯，原被告均为境外主体。当事人可以《法律适用法》第 41 条规定选择涉外合同的准据法。该案中，原告虽选择中国法律解决纠纷，但被告由于缺席判决，导致事实上原被告并未就涉外合同纠纷的准据法达成一致。因此，法院最终因劳务合同实际履行地为中国，依据最密切联系原则认定本案准据法为中国法。

关涉外合同纠纷中当事人未达成合意情形下法官采用最密切联系原则作为准据法依据的案件共 72 例（约占 83%），故法官在当事人意思自治难以达成合意的情况下选择准据法的方式上易直接采用最密切联系原则。同时，在选法依据的说理论证部分，法官多以连结点"量"多的特点确定最密切联系地，且仅简单列举连结点并未对其"质"进行分析。①诚如上述，基于当前涉外合同纠纷的法律适用冲突规范，司法层面存在适用法律规则不统一、法官自由裁量空间较大、说理不清晰不充分等现象。

上述现象的产生，可归结于我国涉外合同法律适用法条的抽象化、司法解释缺位等原因。本文试从检视我国涉外合同法律适用的立法发展，剖析我国冲突法立法特点及发展进程，深究其立法的价值追求，以期纾解立法缺位与司法实践的困境。

重点考察中国最密切联系原则经历的四个关键时期。

在 1985—1999 年中，逐步形成并确立了最密切联系原则。即 1985 年《涉外经济合同法》第 5 条采用意思自治与最密切联系原则，标志着这一原则在中国法律体系内的初步建立。随后于 1987 年最高法院颁布了《关于适用〈涉外合同经济法〉若干问题的解答》，其第 2 条第 6 款列举了 13 类合同的最密切联系原则推定方式。由此可知我国最高法院是以特征性履行方法为最密切联系原则的推定方式，使《涉外经济合同法》具体化，便于法官在司法实践中的应用。与此同时，1986 年《民法通则》、1988 年《民法通则若干问题的意见》等均对其进行相关规定。

在 1999—2007 年时间段中，最密切联系原则的适用出现了显著的变化。由于 1999 年《合同法》的颁布，与之相关的《涉外经济合同法》及其司法解释相应废止，涉外合同准据法的确定问题进入缺乏立法指引的阶段，影响最密切联系原则的适用质量。②

2007—2013 年，我国重点关注最密切联系原则于司法案例中的应用。

---

① 参见广东省深圳市中级人民法院〔2019〕粤 03 民终 15810 号。
② 参见田洪鋆：《我们究竟需要怎样的灵活性？——对中国最密切联系原则可控性的思考》，《中国国际私法与比较法年刊》2018 年第 2 期。

该期间内，相应出台《最高人民法院关于审理涉外民事或商事合同纠纷案件法律适用若干问题的规定》（以下简称 2007 年《关于审理涉外民事或商事合同纠纷案件法律适用若干问题的规定》），其与 1987 年的《最高人民法院关于适用〈涉外合同经济法〉若干问题的解答》一脉相承，列举 17 种不同类型合同并根据其合同性质确定准据法。2011 年《法律适用法》颁布，其第 2 条明确最密切联系原则承担案件法律适用的补充、兜底作用，并在第 41 条于涉外合同领域进一步规定特征性履行方法与最密切联系原则的适用。

虽然自 2013 年以来最密切联系原则经历多次调整，依旧存在法律适用不统一的现象。最高法院废止了上述 2007 年《关于审理涉外民事或商事合同纠纷案件法律适用若干问题的规定》，并随着《民法典》的颁布实施，《民法通则》《合同法》随之失效，仅《海商法》等单行法得以保留，最密切联系原则于涉外合同领域的适用依据仅为《法律适用法》第 41 条，但该条规定的高度抽象性，使其在司法实践中的适用缺少具体的指导方法，且基于最密切联系原则高度灵活的特点，也使得法官的自由裁量权难以受到制约。

此外，2007 年《关于审理涉外民事或商事合同纠纷案件法律适用若干问题的规定》虽从法律解释层面明确了相关法条，其内在矛盾却较为明显，即：一方面其授权法官运用特征性履行方法确定最密切联系地法；另一方面，其详尽列举 17 类合同，立法者代为判定特征性履行，无疑是将法官处于被授权和被限权的进退两难之地。此外，基于上文分析，无论涉案合同是否属于这 17 类合同，法院在确定准据法方面的司法实践并不统一。

纵观我国涉外合同纠纷法律适用规则的立法发展，在现有法律没有对争议涉外合同的准据法选择作出明确规定，或者现存连结点适用违背案件利益时，则引用最密切联系原则做兜底条款以选择准据法。《法律适用法》第 41 条兼采特征性履行方法和最密切联系原则的立法目的系克服法律的滞后性和不周延性，以最密切联系原则做兜底条款，以起补充作用。法律的滞后性与不周延性是人类理性的必然体现，也是追求法律稳定性和可预见性的必然结果，但采用最密切联系原则解决涉外合同的法律适用问题具有法律局限性，因此我国《法律适用法》第 41 条的选法方式仍有待完善。

三、 域外法借鉴

（一）欧洲主要国家

1. 特征性履行方法的逻辑起点

特征性履行方法兴起于大陆法系，显示大陆法系国家对于明确性、稳定性等程序正义方面的价值追求，一方面其目的在于与最密切联系原则结合运用，克服最密切联系原则在司法实践中带来的盲目性、不确定性，使合同准据法的确定具有更强的准确性和可预测性。[①]有学者提出，特征性履行方法看似追求法律的准确性，但其本身具有一定的灵活性，将其与最密切联系原则结合可能指向不同的结果，那么实现特征性履行方法的追求宗旨相当程度上取决于法官在例外与规则之间的平衡。[②]另一方面，大陆法系国家利用特征性履行方法限制最密切联系原则赋予法官的自由裁量权，保证法律适用的正确性以及判决的一致性。[③]

20 世纪最早提出特征性履行方法的是汉博格（Harburger），他指出每一份合同都有其独特的特征，比如买卖合同的特征履行方是卖方。随后，罗林对该理论作进一步发展，列举 12 种不同合同的特征类别以便法律适用。学者施奈次（Adolf F. Schnitzer）则以形式逻辑为指导进一步整合和提炼特征性履行方法，使提升为普遍指导意义的方法，其提出的区分标准

---

① 参见张美红：《冲突法中自由裁量权的自由与限制——〈法律适用法〉生效前后之对比》，《西南政法大学学报》2011 年第 6 期。

② 参见许庆坤：《特征性履行原则的理论检视与规则构造》，《法商研究》2023 年第 6 期。

③ 参见林燕萍主编：《新编国际私法学》，北京大学出版社 2021 年版，第 192—193 页。

能够有效地、快速地确定特征性履行方，为多国采用。①特征性履行方法是欧洲大陆法系国际私法立法形式理性的体现，所谓形式理性是以一种纯形式、客观的，不含价值判断的理性，表现为形式的合理逻辑。②形式理性下建立的法律体系，注重在既有规则基础上作出决定，使法律规则的适用符合合理性从而提高法律的可预测性。基于建立在形式理性基础上的规范体系，欧洲各国将特征性履行方法从学说上升为国际私法中的法律选择规范。

特征性履行方法看似追求稳定性，然而在特征性履行地的确认等问题上其却包含了一定的灵活性，且特征性履行方法仍未跳出法律本座说的框架，依旧处于为法律关系寻找本座的思维方式。在确定"特征性履行方""特征性履行地"时亦赋予其一定的灵活性。特征性履行方法虽具有稳定性和可预测性的特点，其仅可作初步推定，若涉案合同法律关系复杂则难以适用该规则时，对于该规则的应用仍存在固有的缺陷。以合同为例，合同发生的一方经常居所地确认为特征性履行地，但当该地与合同并不具有密切联系时，合同行为地亦可被认定为符合特征性履行地的标准。因此，当此类推定不符合同利益，则应考虑其他选法因素。而施奈次所提出的"债之所在地"之观点，恰巧体现于上述合同特征性履行地的特殊情形，欧洲部分国家的立法规定体现此观点。如1987年《瑞士联邦国际私法》有关条款就最密切联系的适用条件，及其与特征性履行方法之间的关系作出了规定，③立法充分体现连结点与案件的密切联系，并规定最密切联系原则为例外条款，兼采列举式立法和例外条款模式。

---

① 徐冬根：《国际私法特征性履行方法的法哲学思考》，《上海财经大学学报》2011年第3期。

② 研究法律理性始于德国马克斯·韦伯，其对法学理论的重要贡献是详尽阐述了理性问题。[美]博登海默：《法理学：法哲学与法律方法》，邓正来译，中国政法大学出版社1999年版，第141页。

③ 《瑞士联邦国际私法》第117条规定："对于合同所适用的法律，当事人没有作出选择的，则合同适依可知的情况中与其有最密切联系的国家的法律。与合同有最密切联系的国家，是指特征性义务履行人的习惯居所地国家，如果合同涉及业务活动或商务活动的，指营业机构所在地国家。"

2. 欧洲国家关于特征性履行方法的司法适用

特征性履行方法诞生、发展于欧洲，下文将对欧洲各国在合同冲突法领域立法进行分析。

20 世纪 80 年代欧共体国家在罗马签署了象征欧洲国际私法公约的《罗马公约》，其中第 4 条第 1 款和第 2 款，载明特征性履行方法作为最密切联系原则确定合同准据法的重要方式。而后颁布《罗马条例Ⅰ》，在《罗马公约》的基础上作出重大修订和解释，采用更为详细且全面的方式确定涉外合同相关准据法问题。其中第 4 条第 1 款对 8 种不同类型合同的准据法确定规则作出规定；第 2 款则适用具有特征性履行的一方的经常居所地法来规制排除适用第 1 款或者具备两种以上合同要素的相关合同；第 3 款在《罗马公约》的基础上确定了最密切联系原则为例外条款；第 4 款规定，如不满足上述两项规定，则适用最密切联系原则确定合同的准据法。①亦有学者通过剖析欧洲各国对于特征性履行方法的立法构造，将其分为罗马公约模式、罗马条例模式、瑞士立法模式、独联体立法模式和南斯拉夫立法模式。②例如，1992 年《澳大利亚法律选择法》以及土耳其和立陶宛立法均采罗马公约模式，即以特征性履行方法的属人法推定最密切联系地，从而确定最密切联系地法为准据法。欧盟成员国如德国、克罗地亚的立法则采纳罗马条例模式，即针对具体的合同类型制定多项特别的法律适用规则，对于不属于常见类型的复杂合同则以特征性履行方法为其选法方式，而后以最密切联系原则作例外与补充作用。

探析欧洲各国对于适用特征性履行方法的立法模式，最早出现于 1964 年的《捷克斯洛伐克国际私法》，该法首次区分不同类型的合同并规定具体的特征性履行方法。现今，许多国家在确定涉外合同准据法时，皆通过分析合同中的不同法律关系来确定所适用的法律。例如，1966 年《波兰国际私法》第 27 条列举了 34 类合同应适用的法律；1979 年《匈牙利人民共

---

① 戴霞、王新燕：《关于〈法律适用法〉第 41 条的争议及评析》，《前沿》2013 年第 1 期。
② 许庆坤：《特征性履行原则的理论检视与规则构造》，《法商研究》2023 年第 6 期。

和国主席团关于国际私法的第十三号法令》第 25 条规定了 13 类合同应适用的法律；1982 年《南斯拉夫冲突法》第 20 条规定了 20 类合同应适用的法律。①

欧洲各国立法的模式尽管不尽相同，每一种模式都映射出其国情与法律文化发展。立法是互相学习借鉴的过程，法律移植需要结合具体国情，考虑法的社会实践性。欧洲立法者积极引入源自美国的最密切联系原则，结合本土的法律文化、法律观念，弥补固有缺陷。例如，1978 年《奥地利联邦国际私法》将最密切联系原则和特征性履行方法融合。基于欧洲传统的法律理念，大陆法系的法官更注重法律的稳定性、严谨性和可预见性，而往往忽略案件的公正裁判。最密切联系原则的引入能够最大程度地实现个案的公正，相较于大陆法系法官的传统冲突法理念，最密切联系原则更具灵活性。同时，欧洲各国的司法实践体现出最密切联系原则和特征性履行方法的碰撞与结合，亦是两大法系相互借鉴融合的体现，使得最密切联系原则的内涵不断更新和完善，适用更具规范化。因此，我国在比较借鉴国外法律制度时，亦应重视法律技术，结合我国国情以法律文化为重要衡量因素。

（二）美国

1. 最密切联系原则的缘起之路

最密切联系理论一般认为始于普鲁士法学家弗里德里希·萨维尼（Friedrich Savigny，1779—1861）的"法律本座说"，却在美国法上首次得到实践性的总结，②其诞生于改良英美法系中传统冲突法的不足，弥补制定法的漏洞，对僵硬的传统的选法方式进行软化处理的结果。从僵硬到灵活、从简单到复杂，最密切联系原则追求法律适用的灵活性，以达到个案正义的价值追求。

---

① 邹国勇：《外国国际私法立法精选》，中国政法大学出版社 2011 年版，第 334 页。
② 李双元、欧福永主编：《国际私法》，北京大学出版社 2022 年版，第 93—94 页。

美国于 20 世纪 50 年代便开始关注法律政策对于冲突规范的影响因素。美国的冲突法发展分为三个阶段。（1）1834 年约瑟夫·斯托里（Joseph Story，1779—1845）编纂《冲突法评论》，以美英等国 500 多起案例为基础分析冲突法领域的规则。随后约瑟夫·比尔《第一次冲突法重述》将美国冲突法本土化发挥到极致，其将斯托里提出的法律地域主义推到极端，而"法律重述"即是对普通法重新解释，影响美国冲突法发展。比尔学说也受到众多学者的批评。（2）戴维·卡弗斯（David Cavers）1965 年的《法律选择程序》以及布雷纳德·柯里（Brainerd Currie，1912—1965）所提出的"政府利益分析说"，但众多学者的批评仅停留于理论阶段，并未对美国的司法实践产生影响。（3）此后，威利斯·里斯（Willis Reese）编纂的《第二次冲突法重述》打破了美国各州因《第一次冲突法重述》的适用而极力遵循属地主义的法院地法失衡的局面，将最密切联系原则注入其中，赋予法律适用的灵活性，至此进入美国冲突法发展的第三阶段，同时也标志着现代冲突法时代拉开帷幕。但是过于灵活的原则最终仍然将回到《第一次冲突法重述》的属地主义的老路上。①于是，20 世纪 90 年代，美国在司法实践中逐渐创造出对最密切联系原则限制的一系列制度规则，解决自由裁量危机和案件裁判质量问题。如路易斯安那州 1991 年颁布新的国际私法法规，明确表示既接受美国冲突法中灵活、开放的选法方式，又没有放弃传统的大陆法系的冲突规则，并将两者有机地结合运用。②

2. 美国关于最密切联系原则的适用

检视美国司法案例认为美国对于最密切联系原则的适用主要表现在以下两方面：一是采用分割论并重视法律政策和立法目的；二是通过案例与法律政策一步步完善最密切联系原则的适用规则。

例如，"鲁滨诉伊尔维案"冲破《第一次冲突法重述》的政策性单一束缚，发展"中心理论"，并且该案中法官对于各州利益进行分析，充分

---

① 王承志：《美国冲突法重述之晚近发展》，法律出版社 2006 年版，第 79 页。

② 王承志：《美国冲突法重述之晚近发展》，法律出版社 2006 年版，第 119 页。

考察法律政策对于影响准据法确定的问题。①在"巴布科克案"中，法官对于所涉州法律的不同立法目的和立法政策进行分析，判令在侵权行为的定性问题适用安大略省法律，而侵权行为的赔偿问题则适用纽约州法律。②由此可见，美国对于冲突法规范的适用，一定程度采取分割论，即在同一法律关系中根据争议点的不同分别适用不同的准据法，值得注意的是，分割论正是基于案件争议点不断平衡、拆分、协调的理论逻辑，从而使得准据法的适用最大程度符合当事人的整体利益。同时，美国法官注重法律政策、立法目的对冲突规范适用的影响。美国多数州均在涉外纠纷中明确最密切联系原则的适用模式和程序。例如，俄勒冈州相关立法规定最密切联系原则适用的"三步法"；③路易斯安那州《民法典》则更加具体。④

上述美国的立法模式虽在立法中明确最密切联系原则的适用，但其也有缺陷，立法过于明确，以致法律解释空间大幅缩小。反观我国的立法模式更类似于杜摩兰的"意思自治＋客观连接因素"的立法理论，即原则上一般不承认或不提及多个法律共同作用于同一涉外民事法律关系。⑤而美国法从立法理念上更像是对法律适用方法论的阐述与限制，反复修正"最密切联系"的连接点，直至达成法律政策分析理论上的追求，此种方法的运用能够有效地维护最密切联系原则的适用限度，而并非使其成为法官任意行使司法职权的有效借口。由此引发思考，可否基于对法律规则的解释和调整来借鉴美国最密切联系原则适用的方法。中国能否通过法律解释活动中借鉴美国方法，明确特征性履行方法与最密切联系原则的关系及准据法的具体选法方式，最大限度维护司法实践的统一和规则适用的清晰。

---

① Rubin v. Irving Trust Co., 305 N. Y. 288, 296—297 (1953).

② Babcockv. Jackson, 12 N. Y. 2d 473, 482—483 (1963).

③ 俄勒冈州《合同法律适用法》第9条："（1）查明（法官认定的）最具适当联系性的法律，并作出提示性列举；（2）针对特定争议点，要求法官查明各个可能适用的法律对该争议点问题的政策；（3）以维护国际秩序和保护当事人交易期望为目的，选择政策负面性最低的法律。"

④ 路易斯安那州《民法典》第3515条，其提炼了巴克斯特著名的"比较损害分析论"的观点，确立了法律适用的最小损害规则。

⑤ 连俊雅：《可分割制度在承认和执行外国法院判决中的适用及其启示》，《时代法学》2016年第6期。

基于上述涉外合同纠纷法律适用存在的问题，从出台司法解释和指导性案例两种途径提出相关完善建议。

四、《法律适用法》第 41 条司法实务的完善建议

根据《法律适用法》第 41 条的规定，"特征性履行"和"最密切联系原则"这两项反映了大陆法系与欧美法系的原则被并列为选择适用的标准，这表明我国立法者的意图是将合同履行的特征视为解释合同领域的"最密切联系"的关键因素。[①]有鉴于此，试从立法、司法解释、指导性案例等方面提供《法律适用法》第 41 条相关完善建议，以期重构涉外合同纠纷法律适用规则体系。

相较于出台司法解释，法律修订方式实施困难较大，需要耗费人力、物力更多，且我国法律的修订通常并不会针对特定一条而对法律进行大幅修订，易引起理论界和实务界争论。因此，基于上述对我国涉外合同纠纷法律适用的立法演变之分析，我国历来采用制定司法解释的方式以控制最密切联系原则的灵活性，且制定司法解释完善立法更切实际，法律解释活动有助于重燃成文法的生命力。[②]我国系成文法国家，成文法所产生的滞后性和不周延性是追求法律稳定性和可预见性的必然结果，故我从法律解释方法切入，试从出台相关司法解释和指导案例途径完善法律规则体系。

（一）出台司法解释明确具体的法律适用方式

1. 明确特征性履行方法与最密切联系原则的关系

就特征性履行方法的发展演变而言，其诞生至今已具备悠久的历史底蕴，《罗马条例Ⅰ》的问世为特征性履行方法奠定了独立的基础。《罗马条

---

① 王一栋：《最密切联系原则的困局与纾解：美国法借鉴与中国方案》，《海峡法学》2023 年第 4 期。

② 王利明：《天下·法学新经典：法律解释学导论以民法为视角》，法律出版社 2017 年版，第 12 页。

例Ⅰ》采用"具体合同选法规则——特征性履行——最密切联系原则为补充条款"的模式,①特征性履行方法一改在《罗马公约》中最密切联系原则推定方法的地位,成为一般法律规则赋予特征性履行方法独立价值。

关于特征性履行方法与最密切联系原则的相互关系,认为后者应为前者充当"矫正器"的作用。尽管特征性履行方法具有可预测性的特点,但其所指引的法律系为初步推定,仅限定于具体的合同种类,但对于其他类型的合同或者法律关系较为复杂的混合合同则不适宜应用特征性履行方法推定法律适用,此时最密切联系原则则可发挥其兜底条款的补充作用。就司法解释条款的内容,建议在法院应当充分考察案件性质和当事人的利益诉求,适用与案件诉争焦点有密切联系的法律法规,并考虑立法目的及弱者权益保护,就相关选法的依据作出书面的详细解释。

2. 基于司法实践完善具体选法方式

于司法实践层面,完善具体选法方式可限制法官的自由裁量空间,最大限度地维护法律适用的统一性。

特征性履行方法并非适用于所有的合同,对于混合合同或者法律关系较为复杂的合同,如存在多方当事人合同或者复杂金融交易合同,最密切联系原则往往能够起到纠正特征性履行方法缺陷的关键作用,有效地实现其作为"矫正器"的兜底职能。此外,依据特征性履行方法判断的准据法仅为初步推定,正如上述典型案例分析,法官仍需考虑案情特殊性,以免出现个案不公的状况。

对于特征性履行方法的确定标准,经司法实践验证的关键点包括:确定特征性履行方,以及确定特征性履行方的何种相关地点作为特征性履行地。从常见的涉外合同司法案例中提炼一般规定和例外规定,借鉴国外相关立法模式,在确定特征性履行方之时则可制定明晰具体的方式,如:在以货币给付为媒介的合同中,可以将履行非金钱给付的一方视为特征性履

---

① 《罗马条例Ⅰ》第4条第1款列举了8类合同的准据法,该条第2款依据特征性履行方法确定合同准据法,第3款规定最密切联系原则作为补充条款,即当在第1款和第2款无法满足的情况下,适用最密切联系原则确定合同的准据法。

行方；而在其他种类的合同中，如在法律关系复杂的混合合同中，则需要发挥最密切联系原则的补充作用。

对于最密切联系原则确定，基于其灵活性等特征赋予法官自由裁量之空间，因此在适用该原则时，应当给予法官一定限制，以维护最密切联系原则的适用限度。如上所述，是否可在司法解释中借鉴美国俄勒冈州适用的"三步法"来确定最密切联系原则模式。同时，上文提到美国 20 世纪 50 年代就开始在连结点的选择因素上加入法律政策的考量，而非仅凭连结点的数量推定最密切联系原则，我国可在最密切联系原则连结点的选择标准上参考美国的司法实践，且庭审中应要求法官对选法作出清晰的说理论证过程。

（二）颁布指导案例阐释规则意蕴

我国并未就《法律适用法》第 41 条颁布指导性案例。①截至 2024 年 6 月，该条文相关的典型案例为 7 份，公报案例为 4 份，经典案例为 12 份，②可见其实践指引作用较小。此外，2018 年颁布的《最高人民法院关于加强和规范裁判文书释法说理的指导意见》规定了法官行使自由裁量权的指导原则，要求法官在处理案件时应根据法律基础、价值基础以及社会基础等要素进行裁判。案件结果亦应具有合法性，价值基础应具有合理性，社会基础应具有客观性。故《法律适用法》第 41 条的应用应符合合法性、合理性与客观性的要求，但法院在运用该法第 41 条的分析论证方面仍存简单化现象。③

建议通过指导案例的形式，弥补成文法的漏洞，规范法官法律适用的统一性以及控制最密切联系原则的适用限度，以此方式加强裁判文书的论

---

① 在人民法院案例库，以"《中华人民共和国涉外民事关系法律适用法》""相关条文"为条件进行检索，https://rmfyalk.court.gov.cn/dist/home.html。

② 于"北大法宝"数据库，以"《中华人民共和国涉外民事关系法律适用法》第 41 条"为司法案例检索条件，https://www.pkulaw.com/。

③ 广东省广州市中级人民法院〔2022〕粤 01 民终 12282 号民事判决书。

证说理部分，逐步落实选法过程中具体的方式。且相较于出台司法解释，颁布指导案例具备实务操作上的优势，指导案例以裁判说理之形式结合法律与事实，以个案的方式明确冲突规范的适用更易理解，亦可避免司法解释因脱离具体案件事实而被机械适用的问题。

五、 结语

时至今日，我国涉外合同纠纷法律适用并未真正建构起完整的规则体系，立法、司法层面仍保有巨大的提升空间。通过分析我国涉外合同纠纷法律适用司法现状，回顾其立法发展以深究法条之价值追求，通过特征性履行方法及最密切联系原则的演变探究其理论内涵，比较欧美的立法理论与模式结合我国法律需求提出借鉴建议，并基于司法实践提出，出台相应司法解释，明确特征性履行方法和最密切联系原则的相互关系，完善具体选法方式，如借鉴美国采用法律规则的解释和调整最密切联系原则适用的方法以维护其适用限度。

论国家控制传染病跨境蔓延的风险预防义务*

■ 黄　炎　叶林林**

【摘要】人类社会已完成"危险世界"向"风险世界"的转变。在此过程中，风险开始呈现"科学不确定性"的特征，即现有的科学证据无法证明风险与损害之间存在绝对的因果关系。传染病的关键问题就是科学上的不确定性，包括可能的传播来源、蔓延后果以及防控措施等方面。风险世界观则要求我们抓住社会各个子系统自身的行动来建构"风险"概念的法教义学，针对公共卫生领域现今以及未来无法预知的病毒传染风险，建构风险预防义务的规范体系。国家履行风险预防义务是控制传染病跨境蔓延的必经之路，也是全球卫生治理的变革驱动力。

【关键词】风险预防义务　国际卫生条例　传染病跨境蔓延　科学不确定性　比例原则

---

* 本文系作者黄炎主持的国家社科基金青年项目"国家控制传染病跨境蔓延的风险预防义务研究（20CFX080）"的阶段性成果。

** 黄炎，华东政法大学国际法学院副教授，法学博士，主要研究方向为国际公法、国际环境法。叶林林，华东政法大学国际法学院研究生，主要研究方向为国际公法、国际环境法。

一、 传染病跨境蔓延的风险与挑战

在传统农业社会过渡到现代工业社会的历程中，科学技术的飞跃与生产力的显著提升共同驱动了人类社会运作模式的根本性变革。这一历程伴随着包括家庭、职业、生产方式、社会阶层和技术等社会要素的改变，这些要素或特定于某个历史阶段及社群，或普适人类社会，其中疾病作为常在因素贯穿人类历史。近二十年新型传染病频频出现，由于全球化影响兼之人类对新型传染病缺乏深入认知，传染病跨境蔓延的风险显著加剧，这不仅考验着各国公共卫生体系的应急响应能力，也对现有的国际公共卫生法律框架形成了新的挑战。

（一）传染病跨境蔓延领域的风险全球化

人类的历史即是疾病的历史。在各类疾病中，传染病以其广泛传播的特性与深远的影响力成为对人类社会最大的威胁之一。考古发现证明，六七千年前的新石器时代，肺结核病就已经在北非和欧洲地区流行；在人类文明史上，最早有文字记载的瘟疫发生在 4 000 多年前北非的尼罗河两岸，埃伯斯纸可以为此作证。[1]对传染病原因的解释从古代的"瘴气"理论到近代细菌病毒理论，人类对于病毒的认知有一个漫长的过程。[2]人类和病毒之间的各种斗争在不断延展和深化，1980 年世界卫生组织（World Health Organization，WHO）宣布世界各国人民消除了天花，但新型传染病仍不断涌现。随着基础建设的日趋完善、物流服务的高度发达以及人口流动性的持续增强，传染病病原体的传播也突破了空间的界限，实现了前所未有的全球扩散。

贝克描述的风险（risks）被界定为系统地处理现代化自身引致的危险

---

[1]　李建中编著：《世纪大疫情》，学林出版社 2004 年版，第 1 页。
[2]　陈安、陈樱花：《病毒、传染病与人类》，上海科学技术出版社 2021 年版，第 2—6 页。

和不安全感的方式，是与现代化的威胁力量以及现代化引致的怀疑的全球化相关的后果。①现代传染病跨境传播的风险是传统危险和现代风险的交织。工业化对效率的极致追求激生了传染病病毒的产生与蔓延，但受限于科学技术发展的局限性，人类对传染病的复杂性和多变性的认知显著不足。更为甚者，传染病的流行深刻重塑着社会结构和人类生活方式。地方性的疾病和流行性的疾病可能决定人口的密度、族群的分布以及基因的传递，同时也可能决定战争、侵略、移民的成功与否。②在当今全球互联互通的现代化背景下，国际商务的频繁交流与人口的广泛流动无疑加剧了传染病的高速传播，显著增强了其潜在爆发后可能带来极端后果的可能性与广泛影响。全球化进程下，传染病跨越国界的传播几乎成了一种必然，其潜在影响深远且复杂，对患者本人、医疗工作者，乃至广大社会成员都构成了不可小觑的威胁，也为全球经济的稳定和发展带来重大挑战。

（二）传染病防治法律体系的现行缺陷

目前各国都初步建立了传染病防治的公共卫生法律体系，以我国为例。我国以《传染病防治法》为核心，制定了《传染病防治法实施办法》《突发公共卫生事件应急条例》《突发公共卫生事件与传染病疫情监测信息报告管理办法》等法律法规以进一步开展传染病防治的工作。《传染病法》第1条揭示，本法立法目的是预防、控制和消除传染病的发生与流行，保障人体健康和公共卫生；第2条点明国家对传染病防治实行预防为主的方针。条文中的"预防"应被理解为以"损害预防原则"（preventive principle）为指导进行传染病防治工作。损害预防原则指国家对传染病造成的损害危险进行预防，强调危险的确定性。除基本的公共卫生防控机制外，国家还建立了进出口卫生检疫机制等法律制度，以期能够控制传染病的传播。

---

① ［德］乌尔里希·贝克：《风险社会》，何博闻译，译林出版社2004年版，第19页。
② ［美］洛伊斯·N.玛格纳：《传染病的文化史》，刘学礼主译，上海人民出版社2019年版，第1页。

传染病爆发是国际卫生法律体系构建最直接的驱动因素。国际卫生法律体系包括《国际卫生条例（2005）》（以下简称《条例（2005）》）、《实施卫生与动植物检疫措施协定》（简称 SPS 协定）等国际条约和软法文件。其中"预防"是国际卫生法律体系的核心，但大部分法律文件依然强调预防的前提是有充分的科学证据证明危机的确定性，这意味着损害预防原则仍是国际社会应对公共卫生事件的主导理念。

然而一味恪守损害预防原则，执着于等待有充分的科学证据以确定此类传染病的特性和具体影响，往往会错过最佳防控时机。费城黄热病传播过程中，市政当局否认黄热病是外来传入的疾病，将其归罪于口岸地区咖啡街上腐烂的垃圾污染了空气，由于当局消极应对导致疫情失控，费城全城先后共有近 4 000 人染病身亡。[1]近现代以来，黄热病、鼠疫等流行病的大规模爆发均证明，传统的损害预防原则已不足以应对新型传染病病原体所引发的全球疫情，"一盎司的预防胜过十分的治疗"，传染病防治法律体系亟需引入风险预防理论，在法律层面构建国家控制传染病跨境蔓延的风险预防机制。

（三）传染病防治的权利保护要求

国家控制传染病跨境蔓延重在保护公民的生命权和健康权。我国《宪法》第 33 条第 3 款规定"国家尊重和保障人权"，反映了基本权利的消极防御（保护）功能和积极保护功能，"尊重"意味着国家不得随意侵害公民的基本权利，"保障"意味着国家需要积极介入和帮助公民实现某些基本权利。[2]这是我国公民生命权受保护的宪法依据。第 21 条规定了健康权的内涵，第 1 款明确国家应发展医疗卫生事业，从而保护和促进公民健康。《世界人权宣言》第 25 条也对健康权作了相应规定，人人有权享受为维持他本人和家属的健康和福利所需的生活水准。根据《经济、社会及文化权

---

① 李建中编著：《世纪大疫情》，学林出版社 2004 年版，第 45—46 页。
② 朱应平主编：《宪法学基础》，北京大学出版社 2017 年版，第 53—54 页。

利国际公约》第 12 条，人人享有能达到的最高的体质和心理健康标准的权利，并且为充分实现这一权利而采取预防、治疗和控制传染病以及其他疾病，并创造保证人人在患病时能得到医疗照顾的条件。这意味着保障公民享有健康权是不可推卸的一项国家义务。在我国，公民的生命权和健康权是经宪法实定后的权利，属于宪法保障的权利。国际法上生命权是固有的人权，即使是未在宪法中明确规定健康权的国家，也试图在司法实践中对健康权给予保护。[①]因而生命权和健康权均具有基本权利地位，也当然具备基本权利功能。

基本权利和国家义务是宪法学意义上的基本范畴。基本权利应理解为宪法上的权利，乃为"宪法所保障的权利"，而非"宪法所赋予的权利"。[②]基本权利传统上作"自由权—社会权"的二分，在对基本权利作规范分析时，往往习惯于将自由权对应国家的消极义务、社会权对应国家的积极义务。但基本权利呈现出一种综合化性质，每一项基本权利所对应的国家义务也表现出复合化的特征，因此社会权天然地有着抵御国家侵害的意义，国家对社会权的义务包含积极义务和不侵犯的消极义务。[③]传统上区分生命权为自由权，健康权为社会权，但两者都有突破二分框架的趋势，逐渐兼具自由权和社会权的属性。生命权在发展中要求国家可能要承担例如提供食物等的积极义务。[④]我国《宪法》上的健康权主要规定的也是国家积极义务，要求国家应发展医疗卫生事业、保护人民健康。而公民在要求国家履行这一积极义务外，也具有排除国家侵害的"消极权利"，具体而言，公民的"健康权"自由不受国家侵害，公民免受未经同意进行的医疗（如医学实验和研究、强迫绝育），免遭酷刑和其他形式的残忍、不人道或有辱

---

① 焦洪昌：《论作为基本权利的健康权》，《中国政法大学学报》2010 年第 1 期。

② 韩大元、林来梵、郑贤君：《宪法学专题研究》，中国人民大学出版社 2004 年版，第 258 页。

③ 张翔：《基本权利的受益权功能与国家的给付义务——从基本权利分析框架的革新开始》，《中国法学》2006 年第 1 期。

④ William Aiken, "The Right to Be Saved from Starvation", in *World Hunger and Moral Obligation*, by William Aiken & Hugh LaFollette (eds.), Prentice—Hall, 1996, pp.85—102.

人格的待遇或惩罚，也不得对公民施加歧视性的待遇，这在联合国人权事务高级专员办事处与 WHO 联合发布的《健康权：概况介绍第 31 号》中有明确体现。①

考察基本权利和国家义务的历史发展进程，早期自由主义侧重国家维护社会稳定秩序和安全、维护成员自然权利，尤其是个体的财产权，国家主要承担保护义务；古典自由主义时期，个人自由得到极大重视，强调国家的尊重义务，但"如果人人都是天使，就不需要任何政府了"，②因此国家被视为一种必不可少的恶，要求国家以不作为的方式保证免于干涉和侵害公民权利；随着社会革命运动和经济体系进一步变革，新自由主义要求国家采取更为积极的措施保障实现公民权利，即国家承担给付义务。③国家完成了从自由法治国到社会法治国的历史演变，公民的基本权利在传统自由权外又出现社会权，基本权利功能随之由传统的防御扩张到要求国家提供积极的社会给付，国家义务也进一步发展。④基本权利具有"主观权利"和"客观的法"双重性质，并建立了基本权利功能推衍下国家义务的三层次理论体系——保护、尊重、给付义务。⑤不同于前述三大自由主义时期下的传统国家义务分类，现行国家义务的三层次理论体系与基本权利功能体系相对应。基本权利功能包括三个方面：防御权功能、受益权功能以及客观价值秩序功能。防御权功能和受益权功能是作为"主观权利"的基本权利的两项功能，前者对应国家消极尊重义务，后者针对国家的给付义务；作为"客观的法"的基本权利享有"客观价值秩序功能"，对应国家的保护义务。此时，国家保护义务、给付义务共同构成国家的积

---

① 《概况介绍第 31 号：健康权》，世界卫生组织，2008 年 6 月 1 日，第 3—5 页。

② [美]汉密尔顿、杰伊·麦迪逊：《联邦党人文集》，程逢如等译，商务印书馆 2004 年版，第 264 页。

③ 龚向和、刘耀辉：《从保护、尊重到给付的国家义务内涵拓展——以自由主义的发展、转向为视角》，《云南师范大学学报》（哲学社会科学版）2011 年第 2 期。

④ 赵宏：《社会国与公民的社会基本权：基本权利在社会国下的拓展与限定》，《比较法研究》2010 年第 5 期。

⑤ 朱军：《国家义务构造论的功能主义建构》，《北京理工大学学报》（社会科学版）2018 年第 1 期。

极义务。①生命权和健康权作为基本权利，当然具有主观权利和客观的法的双重性质，也具备基本权利的功能。在控制传染病跨境蔓延领域，公民权利保护要求国家以尊重、保护公民的生命和健康为核心，为公民提供全面的医疗保健服务，尽一切努力尽早识别、克服风险。在此过程中，国家确保公民的人格尊严与人身自由不受侵犯，体现了公共卫生措施与公民基本权利保护之间的平衡。

基本权利的保护客观上要求国家履行尊重、保护和给付义务，而风险预防义务正是国家义务具体化的结果。风险预防义务构建的理论依据包括防御义务说和基本权利国家保护理论说。基于防御义务说，总体把握危险防御原则和风险预防原则，国家具有保障安全、防御风险的义务，这在客观上为国家承担风险预防义务提供了理论依据。②基于国家保护义务理论，当公民基本权利遭到私人的不法侵害时，国家有义务采取积极有效的措施，③这意味着即使在不确定性或未知的状况下，国家也必须尽可能消除侵害基本权利的风险，在保护可能受损害公民的基本权利和规制加害人的基本权利之间取得平衡。"社会法治国的选择，其在基本权利教义上的结论就是保护义务，本身就包含了对预防的选择。"④就控制传染病传播而言，一方面，面对不确定的损害，国家有义务预防传染病跨境传播的风险，以最大程度保障公民的生命权和健康权；另一方面，国家应当尽力减少自身干预对公民基本权利的侵害，避免对公民的人身自由或者其他自由权造成过分限制。

二、 国家控制传染病跨境蔓延的风险预防义务之证成

20 世纪 90 年代以来，风险预防原则已经演变为一项公认的国际环境

---

① 张翔：《基本权利的受益权功能与国家的给付义务——从基本权利分析框架的革新开始》，《中国法学》2006 年第 1 期。
② 王贵松：《风险预防的行政法原则》，《比较法研究》2021 年第 1 期。
③ 陈征：《基本权利的国家保护义务功能》，《法学研究》2008 年第 1 期。
④ ［德］迪特尔·格林：《宪法视野下的预防问题》，刘刚编译：《风险规制：德国的理论与实践》，法律出版社 2012 年版，第 125 页。

法原则，但国际社会尚未就其含义、规范内容达成统一的理解。不同学者对于风险预防有着不同的认识。马蒂和弗尔梅什断言，预防原则"通常分为三个组成部分：缺乏科学确定性；不可逆转或严重损害的风险；各国采取相应措施的义务。"①也有学者批判风险预防本身概念的不确定性，认为必须赋予风险预防具体的工作，决策者需要被告知这一原则的作用是什么，以及应当如何运用。②国际环境条约和宣言关于风险预防义务的定义也并非完全相同。1992 年，联合国环境与发展会议通过了《里约环境与发展宣言》（简称《里约宣言》），这是国际环境法发展史上的一大里程碑。《里约宣言》"原则 15"明确规定了风险预防原则，"为保护环境，各国应根据本国的能力，广泛适用风险预防方法。当存在严重的或者不可逆转的损害时，不得以缺乏充分的科学肯定性（full scientific certainty）为由，推迟采取防止环境退化的符合成本收益的措施"。③《保护和使用跨界水道和国际湖泊公约》第 2.5（a）条要求各国遵循预防原则，防止有害物质跨界影响的措施不应因为没有明确的科学证据可以证明这些有害物质及其潜在跨界影响之间的因果关系而推迟。④《巴马科公约》第 4.3（f）条规定，"各方应努力采用和实施预防性、谨慎的污染问题处理方法，其中包括预防可能对人类或环境造成伤害的物质释放到环境中，而不必等待有关这种伤害的科学证据"。⑤此外，至少有 16 项全球和区域环境条约和议定书，仅提及了风险预防原则、风险预防方式或风险预防措施，而并未明晰

---

① Mariëlle D. Matthee & D. Vermersch，Are the Precautionary Principle and the International Trade of Genetically Modified Organisms Reconcilable?，*Journal of agricultural and environmental ethics*，vol.12，2000，p.61.

② Paul Stein，A Cautious Application of the Precautionary Principle，*Environmental Law Review*，Vol.2，2000，p.2.

③ Rio Declaration on Environment and Development，U. N. Conference on Environment and Development，U. N. Doc.A/Conf.151/5/Rev.1，June 13，1992，p.879.

④ Convention on the Protection and Use of Transboundary Watercourses and International Lakes，17 March 1992，1936 UNTS 269（entered into force on October 6，1996），art 2.5（a）.

⑤ The Bamako Convention on the Ban of the Import into Africa and the Control of Transboundary Movement and Management of Hazardous Wastes within Africa，2101 UNTS 177（entered into force on April 22，1998），art 4.3（f）.

其内涵。①风险预防原则作为一项有法律约束力的规范被列入国际协定，虽然缺少对其内涵的基本概述，但也表明国际社会对该规范的构成有一些共同的理解。

基于上述公约条文和学者观点，可以从中抽象出国际社会对风险预防的共性认知，或者称之为风险预防义务的"核心要素"：第一，风险不能被有效评估，即风险的科学不确定性，也可被称为该原则的"内核"；第二，风险管控的目的是防止发生严重的或者不可逆转的危害；第三，为预防重大灾难等极端情形，应采取风险预防措施。②学者阿里·特鲁沃斯特曾将这三项核心要素形象地比喻为"阿波罗三脚架"，以古希腊神话中对未来神谕的尊崇暗示当代人应当重视风险预防原则。③从现代社会跨境传染病的爆发和造成的影响来看，跨境传染病呈现的科学不确定性的特征和损害后果的不可逆性是国家风险预防义务适用的基础与前提。

（一）传染病呈现科学不确定性的特征

当代社会面临多元化、复杂化的风险，自然风险和人为风险相交织，往往涵盖经济、环境、卫生、政治等多维度，广泛影响全球各国和地区。甚至，"在今天，文明的风险一般是不被感知的，并且只出现在物理和化学方程式中（比如食物中的毒素或核威胁）"。④现代社会风险的不可预测性又加剧了其中的"科学不确定性"。"科学不确定性"是风险预防理论的核心特征之一，在众多国际公约和宣言中均有表述。部分公约将其表述为缺乏"充分的科学确定性"：《里约宣言》"原则 15"明确表述了，"各国……不得以缺乏充分的科学确定性（full scientific certainty）为由，推迟采取防止环境退化的符合成本收益的措施"。⑤《生物多样性公约》序言

---

① Arie Trouwborst，*Precautionary Rights and Duties of States*，Martinus Nijhoff，2006，pp.21—22.

② 黄炎：《跨界水资源开发利用中的风险预防原则研究》，2018 年博士学位论文，第 41 页。

③ Arie Trouwborst，*Precautionary Rights and Duties of States*，Martinus Nijhoff，2006，pp.24—25.

④ ［德］乌尔里希·贝克：《风险社会》，何博闻译，译林出版社 2004 年版，第 18 页。

⑤ Rio Declaration on Environment and Development，U. N. Conference on Environment and Development，U. N. Doc.A/Conf.151/5/Rev.1，June 13，1992，p.879.

部分规定,"当生物多样性遭受严重减损的威胁时,缺乏足够的科学确定性不能成为延迟采取预防措施的理由"。①部分公约强调了科学证据与负面影响之间的因果关系。《东北大西洋海洋环境保护公约》第 2 条第 2 款（a）项,"缔约方应适用风险预防原则……存在合理理由担心直接或间接引入海洋环境的物质或能量可能对人类健康造成危害……即使没有结论性证据证明排放污染与负面影响之间的因果关系"。②《跨界水道与国际湖泊保护和利用公约》第 2 条第 5 款（a）项,"缔约方应遵循风险预防原则……即使科学研究尚未完全证明这些物质与潜在的跨境影响之间存在因果关系"。③这表明针对现代社会复杂风险的挑战,风险预防原则能够突破传统的证据规则的限制,即使在缺乏充分的科学确定性或因果关系不甚明朗的情况下,亦需及时采取风险预防措施。这一特征在疯牛病案中也有体现,当对人类健康风险存在不确定性时,机构可以采取保护性措施,而不必等待这些风险的现实性和严重性变得完全明显。④但仍需探讨一些问题:影响科学不确定性的因素是什么?尽管存在科学不确定性,何种程度的科学风险评估会触发风险预防原则?

在概率学和统计学中,将科学不确定性分为随机（一阶）不确定性和参数（二阶）不确定性。一阶不确定性指的是面对相同概率和结果的个体对干预因素的反应有所不同,⑤就像一枚硬币在投掷时可能出现正面或反面,即研究对象本身就存在不确定性;二阶不确定性指概率估计的

① The Convention on Biological Diversity, 1760 UNTS 76 (entered into force on December 29, 1993), Preamble.

② The Convention for the Protection of the Marine Environment of the North-East Atlantic, article 2.2 (a), at http://www.ospar.org/convention/text, 2024-03-20.

③ The Convention on the Protection and Use of Transboundary Watercourses and International Lakes, Authentic texts (as adopted in 1992), p.3, at http://www.unece.org/fileadmin/DAM/env/water/pdf/watercon.pdf, 下载日期: 2024 年 3 月 20 日。

④ Case C-180/96, United Kingdom of Great Britain and Northern Ireland v. Commission of the European Communities, ECLI:EU:C:1998:192, para.99 (May 5, 1998).

⑤ Andrew H. Briggs et al., Model Parameter Estimation and Uncertainty Analysis: A Report of the ISPOR-SMDM Modeling Good Research Practices Task Force-6, *Value in Health*, Vol.15, 2012, p.836.

不确定性，估计值很可能并不是一个单一的数字，而是一个区间。①按照一阶、二阶科学不确定性理论，科学不确定性来源于研究对象的不确定性，也来源于研究方式存在的误差，例如分析模型的局限性。科学家的主观认知和价值取向也会对结果的不确定性造成影响。范·阿塞尔特总结了科学不确定性的来源，将其归结于客观的"可变性"和主观的"缺乏知识"，前者即本体论的不确定性，指系统或者过程可能有不同的表现或价值；后者即认识论的不确定性，指进行研究的分析人员认知的不确定性。客观的可变性受多重因素影响：自然界固有的随机性、价值多样性、人类行为多样性、社会经济和文化动态多样性、技术随机性。主观上的缺乏知识受客观上数据的不可靠和结构上的不确定性影响。②沃克对该理论作了进一步发展，认为认识的不确定性是"因知识的不完备而引起的不确定性，可通过更多的研究和实验来减少"，可变的不确定性是"由于可变性而产生的不确定性，特别适用于人类和自然系统，涉及社会、经济和技术发展"。③欧洲委员会在其 2000 年关于预防原则的通报中评论，科学不确定性通常来自科学方法的五个特征：选择的变量、进行的测量、抽取的样本、使用的模型和采用的因果关系。科学上的不确定性也由于对现有数据的争议或缺乏一些相关数据，可能与分析的定性或定量因素有关。④

在传染病领域，本体论的不确定性指因传染病自身的复杂性和多变性而导致的传染病跨境传播风险的不确定性。传染病是病毒和细菌这类传染病微生物引起的，病毒和细菌突破隔离人体与外部环境的细胞屏障进入身

---

① Daniel Steel, Climate Change and Second-Order Uncertainty: Defending a Generalized, Normative, and Structural Argument from Inductive Risk, *Perspectives on Science*, Vol.24, 2016, p.697.

② M. B. A. Van Asselt, *Perspectives on Uncertainty and Risk: The PRIMA Approach to Decision Support*, Kluwer Academic, 2000, p.85.

③ W. E. Walker et al., Defining Uncertainty: A Conceptual Basis for Uncertainty Management in Model-Based Decision Support, *Integrated Assessment*, Vol.4, 2003, p.13.

④ Communication from the Commission on the Precautionary Principle, COM (2000) 0001 final (Feb.2, 2000), para.5.1.

体组织，从而引发疾病。①传染病病原体基因片段的研究是治疗的关键。1918 年西班牙流感爆发，多达 5 000 万人死亡，其中 20—40 岁健康人群的患病率和死亡率均高于其他人群。②科学家对此次流感的病原体进行了研究，试图理解其致病机制。但直到 2005 年，杰弗里·陶本贝格及其研究团队才成功提取了西班牙流感病毒的基因片段。③科技迅猛发展，但对各类传染病病原体仍然了解甚少，这从复现西班牙流感病毒基因片段的艰难程度可见一斑。多样化传播途径也是造成传染病复杂性的一大原因。传染病病原体可以通过空气、飞沫、水源等多重途径进行传播，而准确判断新型传染病的传播途径往往是一个复杂的过程。在近代之前，人们一致认为疟疾是一种通过瘴气传染的恶性疾病，但病理学技术的发展最终揭示了疟疾是由原生动物引起的。④传染病内在的复杂特性构成其跨境传播风险不确定性的基础，此外，传染病的多变性特征更是显著增加了风险评估的模糊性，这是导致风险不确定性的另一大重要原因。传染病传播是自然因素和人类社会交织造成的结果，可以预期全球气候变暖背景下，携带疾病的昆虫将改变它们的活动范围，可能出现在人类没有产生免疫力的地方，这将导致疟疾和登革热等传染病更高的发病率。⑤自然因素会影响传染病的爆发地域，而人类社会中人口的迁移、商业的交流同样会对传染病传播造成影响。巴西塞尔唐地区的农民因干旱和贫困而迁徙到沿海和亚马逊地区工作，他们在工作地感染了疟疾，并将病毒带回家乡，引发了塞尔唐地区疟疾的爆发。⑥值得注意的是，虽然抗生素在治疗传染病方面具有巨大功效，但滥用或不合理使用抗生素的行为增加，这将增加防治传染病的难度。同

---

① Peter C. Doherty, *Pandemics What Everyone Needs to Know*, Oxford University Press, 2003, p.24.

② Ibid., pp.xxvi—xxix.

③ 李建中：《世纪大疫情》，学林出版社 2004 年版，第 157—158 页。

④ Christian W. McMillen, *Pandemics：A Very Short Introduction*, Oxford Press, 2016, p.49.

⑤ Lisa Heinzerling, Climate Change, Human Health, and the Post-Cautionary Principle, *Georgetown Law Journal*, Vol.96, 2007, p.447.

⑥ Christian W. McMillen, *Pandemics：A Very Short Introduction*, Oxford Press, 2016, p.52.

时传染病病原体为逃避宿主的免疫系统攻击和药物治疗，会发生基因突变或者变异。两种或多种病毒的基因片段重新组合，可能产生对人体具有高度传染性的新病原体，例如 H1N1 "猪流感" 病毒就是由两种感染猪的不同病毒混合而成的，甚至至少有一种主要蛋白质与西班牙流感病毒的复现基因片段中发现的蛋白质十分相似。①除了传染病的不确定性外，还需要考虑国家的发展水平这一重要因素，国家的发展水平不仅影响该国的科技水平，也直接影响该国的医疗水平，因此传染病在不同国家爆发、发展的风险并不相同。许多传染病有着较高的传染性，但是致死率并不高。然而，如果这类传染病在医疗基础设施不完善的发展中国家爆发，其致死率会显著提升，预防难度也大大增加。

认识论的不确定性是指因传染病科学研究方式的固有误差和研究者的主观认知而产生的对传染病传播风险认识的偏差或不同。样本的收集过程、样本数据的真实性和数量、分析样本的模型选择等因素都会造成传染病科学研究的误差。霍乱时期，德国卫生学家马克斯·佩滕科弗（Max Josef Pettenkof, 1818—1901）喝下装有霍乱杆菌培养物的试管，以自身存活的结果试图证明霍乱发生的决定性因素并非微生物，但实际上试管中的霍乱杆菌已经过多次稀释，只具有极低的感染性和致死性。佩滕科弗收集的样本无疑是不准确的，得出的结论也与事实大相径庭。②现今尽管传染病科学研究经过操作优化，辅之以精密仪器，已经将误差尽可能降低，但由于传染病传播、发展的非线性特征，仍然无法做到零误差。事实上，当复杂性超过了一定限度，数学方法也无法计算出风险的发展趋势。③基于存在固有误差的科学研究，科学家对传染病的认知也会存在一定偏差。科学家的认知水平同样受到社会科技发展水平的限制，所以在不同时期、不同发

---

① Peter C. Doherty, *Pandemics What Everyone Needs to Know*, Oxford University Press, 2003, pp.xxiv—xxv.

② 李建中：《世纪大疫情》，学林出版社 2004 年版，第 119—120 页。

③ Alan Stewart, Scientific Uncertainty, Ecologically Sustainable Development and the Precautionary Principle, *Griffith Law Review*, 1999, Vol.8, pp.350—373.

展程度的国家或地区的科学家也许会对同一传染病的性质、传播情况作出不同的判断和预测。WTO上诉机构关于激素案的报告言明，"在某些情况下，调查手头特定问题的各个科学家提出的不同意见可能表明科学不确定性的状态"。[①]此外，科学研究受道德或政治价值观的影响可能存在价值导向，尤其每当科学家面临具有重大后果的选择时，责任的概念要求他们考虑伦理方面的因素，[②]这导致研究结果更具不确定性。

接下来要探讨的一个问题是，尽管存在科学不确定性，何种程度的科学风险评估将会触发政府采取风险预防措施。辉瑞案（Pfizer）中，辉瑞公司在动物饲料中使用抗生素维吉尼亚霉素，但是该抗生素因被欧盟委员会怀疑过度使用可能导致人体耐药性而被禁止使用。辉瑞公司提出欧盟委员会不能以"零风险"的标准进行测试，应当允许存在"非常遥远的风险"，欧盟委员会在风险评估中必须证明，尽管风险实际上尚未成为现实，但仍然是可能的。法院认为，风险预防措施不能建立在假设风险的基础上，且双方都承认在本案中不存在"零风险"；虽然本案中由于现有科学数据的不充分，可能无法进行全面的风险评估，但若主管当局经过权衡，认为对人类健康构成的风险程度是"不可接受"的，可以采取预防措施。[③]欧洲法院支持由共同体各机构确定风险水平，评估对人类健康产生的不利影响以及这些影响的严重性，若达到社会不可接受的程度，尽管存在任何科学不确定性，主管当局仍然可以采取风险预防措施。但也有学者认为，"微不足道的不确定性"标准能解决更为广泛的情形，如果假定的风险更低，即存在的风险是微不足道的，在所有可能的情况下行动的成本都大于收益，那么唯一的选择是不采取行动。[④]在传染病防治领域微不足道的风险

---

① Appellate Body Report，European Communities—Measures concerning Meat and Meat Products（Hormones），WT/DS26/AB/R，para.124.

② Gregor Betz，In Defence of the Value Free Ideal，*Original Paper in Philosophy of Science*，Vol.3，2013，pp.209—211.

③ Case T-13/99，Pfizer Animal Health SA v. Council of the European Union，ECLI：EU：T：2002：209，paras.129—163（Sept.11，2002）.

④ Patrick Jiang，A Uniform Precautionary Principle under EU Law，*Peking University Transnational Law Review*，Vol.2，2014，pp.504—505.

标准应用有限，尤其涉及跨境传播的传染病，其传染范围更广、影响更大。因此相较于采取"微不足道"的风险标准，以"社会不可接受"作为传染病风险的安全阈值更为合理。

传染病具有科学不确定性的特征，但这并不意味着传染病的风险评估建立在未经科学验证的凭空猜测之上，决策者必须根据现有的最佳科学技术和国际研究的最新成果，在"充分了解事实的情况下，作出尽可能彻底的科学风险评估"。[①]只有经过彻底的风险评估程序，决策者才能选择采取预防措施。

（二）传染病损害后果的不可逆转性

危害是风险预防原则存在的根本原因，防止严重的或者不可逆转的危害是风险预防原则的主要目的。无论是自然风险还是因后工业时代带来的社会风险都永远不可能被完全克服，人类社会不存在"零风险"状态，因此有必要对风险可能造成的危害设置阈值。政府应以"社会不可接受程度"作为风险阈值，而衡量"社会不可接受程度"的关键要素在于判断危害后果的严重性或不可逆转性，将不符合"严重"或"不可逆转"的危害排除在风险预防原则的适用范围之外，避免无限度地扩大风险预防原则的应用。

"严重"危害并非轻微或微不足道的危害，其标准往往与影响的地理区域范围和损害的持续时间有关。广泛持久的损害比局部短暂的损害更有可能被认定为严重。20世纪80年代疯牛病（Bovine Spongiform Encephalopathy，BSE）在欧洲肆虐，不仅对畜牧业造成严重打击，也被怀疑可能对人体具有传染性。欧盟委员会认为疯牛病是一个严重的动物健康问题，又基于疯牛病和克雅氏病毒变种之间可能存在联系的观点，考虑到疯牛病很可能会进一步传染给人类并对人类健康产生严重威胁，[②]为应对疯牛病引

---

① Case T-13/99，Pfizer Animal Health SA v. Council of the European Union，ECLI：EU：T：2002：209，para.162（Sept.11，2002）.

② Commission Decision of 27 March 1996 on Emergency Measures to Protect against Bovine Spongiform Encephalopathy，[1996] OJ L 078.

发的公共危机，作出了禁止英国出口活体牛、牛肉和牛肉制品到其他成员国或者第三国的决定。①欧洲法院在判决中重申了疯牛病被视为对公共卫生构成严重危险的观点，支持了委员会的决定并驳回了英国的起诉。②疯牛病传染范围广、潜伏周期长，对公共卫生领域造成不小的挑战。因此即使没有充分的科学证据，疯牛病也被法院认定为可能会对人类健康产生严重的影响。"严重性"损害的标准在其他司法实践中也均有体现。1994年，巴基斯坦最高法院在谢赫拉·齐亚诉水电开发局案中认为，当存在严重危险威胁时应采取预防措施。③在特雷尔冶炼厂案中，特雷尔厂的浓烟跨过美加边界，对美国华盛顿州造成严重空气污染，也对其农作物、森林、草原造成大面积的损害。仲裁庭认为已有的证据能够清楚而有说服力地证明，该污染已造成"严重后果"。④根据风险预防原则，政府必须避免可能具有长期不利影响的高风险的决定。

"不可逆转"的危害较之"严重"危害，影响更为重大、持久，"严重"危害虽然影响显著，但是其损害后果在经过漫长的时间后是可以消除的，例如DDT对动物、植物的影响，尽管速度很慢，但是可能是可逆的。而"不可逆转"的危害往往代表已经无法或者不可能恢复到原来的状态。国际法委员会在《国际法不加禁止的行为所产生的损害性后果的国际责任草案》中提及，"造成损害之后再去补偿，往往无法恢复该事件或者事故发生之前存在的状况"，⑤这也说明预防是更可取的政策。在现实中，"不可逆转"的典型体现就是小岛屿国家面临的消亡危机。全球气候变化给小岛屿国家带来了种种灾难性的后果，与气候相关的水文气象灾害发生的频率

---

① Case C-180/96 R，United Kingdom of Great Britain and Northern Ireland v Commission of the European Communities，ECLI:EU:C:1996:308，paras.60—61（July 12, 1996）.

② Case C-180/96，United Kingdom of Great Britain and Northern Ireland v. Commission of the European Communities，ECLI:EU:C:1998:192，para.62（May 5, 1998）.

③ Shehla Zia v. WAPDA，PLD 1994 Supreme Court 693，paras.9—12（Feb.12, 1994）.

④ Trail Smelter Case（United States/Canada），UNRIAA，Vol.III，pp.1905—1982.

⑤ 《国际法不加禁止的行为所产生的损害性后果的国际责任草案》，联合国文件编号 A/56/10，《国际法委员会第五十三届会议工作报告》，第169页。

和强度上不断攀高，疟疾等细菌传播疾病和水传疾病病例不断增加。①最为严重的是气候变化导致的海平面上升对低海岸小岛屿国家构成了生存威胁，它们面临着被海洋吞没的风险，然而许多小岛屿国家却严重缺乏缓解和适应挑战的能力。"不可逆转"是一个相对模糊的概念，受到当前的技术和经济水平的限制，许多损害虽然被认为是无法恢复、无法弥补的，但是待技术和经济进一步发展，这些损害可能是暂时的而并非不可逆的，因此"不可逆转"危害的界定往往是基于当前科学发展水平作出的评估结果。部分法律文书也考虑到"不可逆转"概念的模糊性，在时间上给予了一定限制。1982年，《南极洲海洋生物资源保护公约》要求缔约方"防止海洋生态系统发生不可逆转或最小化在二十到三十年内不可逆转的变化的风险"。②1985年，《东盟保护自然和自然资源协定》规定，缔约方应"防止或尽量减少考虑的生态系统中在一段合理时间内不可逆转的变化"。③上述两份公约都提及了不可逆转的变化，并且将"不可逆转"的内涵作了时间上的限制，或规定二十年至三十年的年限，或以"在合理时间内"为概括性要求，这实际上是明确了衡量"不可逆转"危害的标准，表明衡量的技术标准仅是当下的最佳科学技术水平，并控制预测的时间在一个明确期限或者合理期限内，排除未来科学技术的进步评估因素带来的干扰，避免增加评估结果的不确定性。但这不意味着风险评估是静态的，随着科学技术的进步，主管当局也需及时作出最新评估，便于调整与风险水平相适应的风险预防措施。

风险预防原则下的国家控制传染病跨境蔓延领域包含了一个严重或不可逆转损害结果的阈值，需要达到该阈值，国家才有采取预防行动的义务。④

---

① Pacific Perspectives 2022：Accelerating Climate Action，ESCAP，2022，pp.4—26.

② The Convention for the Conservation of Antarctic Marine Living Resources，entered into force on April 7，1982，at https://www.ccamlr.org/en/organisation/camlr-convention-text＃II，2024-03-25.

③ 1985 Agreement on the Conservation of Nature and Natural Resources，at https://cil.nus.edu.sg/wp-content/uploads/2017/07/1985-Agreement-on-the-Conservation-of-Nature-and-Natural-Resources-1.pdf，2024-03-25.

④ Arie Trouwborst，*Precautionary Rights and Duties of States*，Martinus Nijhoff，2006，p.62.

　　纵观世界疫情史，无论是天花、鼠疫还是霍乱，这些传染病或因商业流通、或因人口迁移传播到世界各地，严重威胁了人类的生命安全和社会的经济秩序。即使是在科技水平有了显著提升的现代社会，传染病大流行仍然给人类造成巨大威胁，存在造成人类长期后遗症或者死亡等严重后果的风险。严重急性呼吸系统综合征（Severe Acute Respiratory Syndrome）大流行中确诊病例约 9 000 例，死亡病例约 900 例。[1]即使是幸存的患者也不可避免地患上了肺纤维化和股骨头坏死等后遗症，并且难以完全康复。[2]传染病大流行会极大影响社会经济，可能导致工厂停产、商业活动减少、旅游业受损等，从而引发实业危机、人民贫困和经济衰退一系列问题。2005 年的一项回顾性分析报告指出，SARS 给新加坡造成 80 亿美元的损失。[3]同时为更好控制传染病大流行，政府可能会实施限制措施。隔离和检疫往往是控制传染病跨境传播的两大重要措施，便于限制人员和货物境内外流动等，但这可能使得社会经济愈发不堪重负，也会导致社会紧张、恐慌，影响社会秩序。若传染病跨境传播风险可能造成的影响是严重的或不可逆转的，国家应采取相应的风险预防措施，避免严重的损害结果发生；但是若该风险可能造成的影响是微不足道的，那么国家也无需承担采取风险预防措施的义务。

三、 国家控制传染病跨境蔓延领域的风险预防义务之体系建构

　　学术界一般认为，风险预防原则起源于德国的"预防原则"（Vorsorge-

---

　　① Peter C. Doherty, *Pandemics What Everyone Needs to Know*, Oxford University Press, 2003, p.58.

　　② Peixun Zhang et al., Long-term bone and lung consequences associated with hospital-acquired severe acute respiratory syndrome: a 15-year follow-up from a prospective cohort study, *Bone Research*, vol.8, 2020, pp.1—7.

　　③ Peter C. Doherty, *Pandemics What Everyone Needs to Know*, Oxford University Press, 2003, p.63.

prinzip)，早期这一概念对危险（dangers）和风险（risks）作出了区分，[①]相信社会应该通过谨慎的前瞻性规划来寻求避免环境破坏，阻止潜在有害风险的流动。[②]损害预防原则多用来规制确定的危险，但风险预防原则更倾向于预防尚未有充分的科学确定性予以证明的风险。如今风险预防理论的应用范围大幅扩展，包括气候变化领域、生物多样性保护领域、食品安全领域等。此外，欧盟《通用数据保护条例》利用了"基于风险的方法"，将风险预防理论推广至个人信息保护领域。[③]可见风险预防已"成为环境法原则体系中最具创造性与影响力的规范手段之一"。[④]风险预防理论在社会各领域的应用越发广泛、深入，传染病防治领域无疑是与风险结合得最为密切的领域之一。

传染病呈现的科学不确定性特征以及传染病损害后果的不可逆转性要求国家在防控传染病跨境传播时应当运用风险预防原则，承担风险预防义务，采取相应的措施。国际卫生法律体系下，风险预防原则尚未成为国际条约及软法文件中的基本原则，但为防控传染病跨境传播，保障人类、环境、社会的安全，部分国际条约和软法文件已规定了国家控制传染病跨境蔓延领域的风险预防义务。

（一）国际条约下的风险预防义务

涉及国家控制传染病跨境蔓延的风险预防义务的国际条约主要有：WHO 通过的《国际卫生条例（2005）》（以下简称《条例（2005）》）、1995 年世界贸易组织制定的《实施卫生与动植物检疫措施协定》和《〈生

---

① Julian Morris（ed.），*Rethinking Risk and the Precautionary Principle*，Butterworth-Heinemann，2000，p.1.

② Joel Tickner & Carolyn Raffensperger，*The precautionary principle in action：a handbook*，2003，p.2.

③ Milda MACENAITE，The "Riskification" of European Data Protection Law through a two-fold Shift，*European Journal of Risk Regulation*，Vol.8，2017，pp.517—525.

④ 王灿发、张祖增、王政：《风险预防原则在环境司法适用中的审思与突破》，《长白学刊》2023 年第 3 期。

物多样性公约〉的卡塔赫纳生物安全议定书》。《条例（2005）》是一部针对公共卫生风险的国际条约，旨在预防、抵御和控制疾病的国际传播；《实施卫生与动植物检疫措施协定》规范和约束了成员方施行动植物卫生和植物检疫的措施，并允许成员方通过 WTO 争端解决机制解决争端。《〈生物多样性公约〉的卡塔赫纳生物安全议定书》是在《生物多样性公约》下，为保护生物多样性和人体健康而控制和管理基于现代生物技术产生的"改性活生物体"越境转移的国际法律文件。

1.《国际卫生条例（2005）》

在医学并不发达的大航海初期，传染病造成大量人员死亡，对人类文明产生极大影响。为共同应对疾病传播，各国迫切想建立一个国际公共卫生机制。1851 年，第一届国际卫生会议在法国巴黎召开，开启国际公共卫生合作治理的历史。而后召开的国际公共卫生会议却多有局限性，一方面，其参与国仅限于欧洲国家；另一方面，直至第八届国际会议才达成第一个国际公共卫生条约，条约涉及的传染病也仅限于霍乱。在 19 世纪召开的国际会议的基础上，国际社会于 1903 年召开 20 世纪第一次国际公共卫生会议，会议最终达成《国际公共卫生公约》（*International Sanity Convention*）。这是后世《国际卫生条例》的雏形。

1946 年 7 月，联合国经社理事会代表签署《世界卫生组织法》，这是公共卫生国际法史上的一大里程碑。[1]1948 年 4 月 7 日，世界卫生组织（WHO）成立，这是国际公共卫生合作史上第一个全球性卫生组织。1948年 6 月，第一届世界卫生大会召开，国际流行病学和检疫专家委员会在 1903 年《国际公共卫生公约》的基础上，对数次修改的公约版本进行整合，形成《国际公共卫生规章》（*International Sanitary Regulations*）。1951 年，第四届世界卫生大会通过该规章，取代之前的《国际公共卫生公约》。1969 年第 22 届世界卫生大会对《国际公共卫生条例》作出修改，将

---

① Walter R. Sharp, The New World Health Organization, *American Journal of International Law*, Vol.3, 1947, p.509.

其改名为《国际卫生条例》（*International Health Regulations*）。此后该条例几经修改。2005 年 5 月 23 日第 58 届世界卫生大会通过修订后的《条例（2005）》，并于 2007 年 6 月 15 日生效。这一修订被视为全球卫生治理向新时代过渡的一部分，①也是国际旅行和运输以及国际机场、港口和陆路口岸使用者采取卫生保护措施的重要卫生文件的法律基础。

《国际卫生条例》已更新至第三版，包含《条例（2005）》的文本、世界卫生大会 WHA58.3 号决议的文本、2016 年 7 月 11 日生效的附件 7 修订本（涉及黄热病疫苗接种的保护效果期限以及相关证书的有效期）、《航空器总申报单的卫生部分》2007 年 7 月 15 日生效的版本（包括缔约国的更新名单以及缔约国的保留和与《条例（2005）》相关的其他函件的附录）。本文仅就《条例（2005）》的核心条款展开论述。《条例（2005）》由前言、正文、附件、附录四部分构成，正文共十编。

《条例》第一编（定义、目的和范围、原则及负责当局）中，调整的疾病范围超越特定疾病或者传播方式，采用"全面风险"（All-hazards）策略。②《条例》明确，"疾病"是指对人类构成或可能构成严重危害的任何病症或医疗状况，无论其病因或来源如何。这意味着本条例的风险防控对象范围极广，而并非像之前的国际条约那样仅限于霍乱或是某几种传染病。

风险预防义务要求缔约国负有监测的义务。第二编（信息和公共卫生应对）中，针对可能构成"国际关注的突发卫生事件"（Public Health Emergency of International Concern，PHEIC），缔约国负有监测、通报、核实、应对的核心义务。附件 1 的第一部分明确罗列了缔约国监测和应对的核心能力要求。

风险预防义务要求缔约国负有通报的义务。风险预防原则的核心意义

① David P. Fidler, *SARS*, *Governance and the Globalization of Disease*, Palgrave Macmillan, 2004, pp.60—67.

② ［美］劳伦斯·戈斯汀、丽贝卡·卡茨：《〈国际卫生条例〉：全球卫生安全的治理框架》，孙婵译，《地方立法研究》2020 年第 3 期。

是，绝不能因风险的科学不确定性而逃避决策，缔约国有义务评估和通报可能构成的 PHEIC，这是典型的风险预防义务的体现。从通报的对象来看，天花、由野毒株引起的脊髓灰质炎、新亚型病毒引起的人流感和不寻常或者意外的一例 SARS 病例，若可能具有严重的公共卫生影响，应当予以通报；任何可能引起国际公共关注的事件，包括那些原因或起源不明的事件，在符合评判标准后应当予以通报。显然，除霍乱、鼠疫等已被明确证明能够造成严重的公共卫生影响并能在国际上迅速传播的疾病外，大多数疾病尤其是新型传染病均不能准确判断是否足以造成严重的公共卫生影响，又或者是否会有国际传播的风险，甚至对于新型传染病或者是已知毒株的亚种病毒，了解基本生物特性就需要长久的研究。因此判断这类新型传染病是否会构成国际关注的突发卫生事件存在较大的不确定性。第二编（信息和公共卫生应对）中，第 6 条第 1 款明确规定，不论缔约国内发生的事件能否构成国际关注的突发卫生事件，缔约国都有义务在 24 小时内，以最有效的通信方式向世卫组织通报事件的公共卫生信息。第 7 条的规定更为明晰，不论公共卫生事件的起源或来源如何，只要缔约国有证据表明在其领土内存在可能构成国际关注的突发卫生事件，就应向世卫组织提供消息，保证在意外或不寻常公共卫生事件期间的信息共享。而根据第 9 条第 2 款，若在本国领土外缔约国确认发生有可能引起疾病国际传播的公共卫生风险证据后，缔约国应该报告 WHO，这一依据是人间病例、携带感染或污染的媒介、被污染的物品的输出或输入性。实际上这也可作为前述缔约国在何种情形下需要通报的参考。

从通报的标准来看，第 12 条第 4 款中规定，根据本条例规定的标准和程序确定该事件是否构成国际关注的突发卫生事件时，总干事应综合考虑缔约国提供的信息、附件 2 所含的决策文件、突发事件委员会的建议、科学原则以及现有的科学依据和其他有关信息，以及对人类健康危险程度、疾病、国际船舶风险和对国际交通干扰危险度的评估。尤其在附件 2 中详细规定了通报疫情的复杂流程，需要逐步考虑事件的公共卫生影响是否严重、事件是否不寻常或意外、是否有国际传播的严重危险、是否有限制国际旅行或贸易的严重危险。一般而言，如果事件符合以上四个标准中的任意两个标准，缔约国应根据《国际卫生条例》第 6 条通报世卫组织。附件2 在四大标准下，又罗列了 11 个具体的小标准，这些标准是定性分析和定量分析的糅合，例如判断是否需要外部援助，以便检测、调查、应对和控制当前事件或防止新病例的出现，这些判断标准往往会受到外部因素或主观因素的影响而难以做出科学、客观的判断。

风险预防义务要求缔约国采取相应公共卫生措施，但不得超过必要限制。第三编（建议）规定在国际关注的突发卫生事件发生后，总干事可以依据相关标准发布临时建议、长期建议，但应当避免过度限制，保证对国际交通和贸易的限制和对人员的侵扰适度。关于额外的卫生措施采取的标准，条例也要求各国采取的措施对国际交通造成的限制以及对人员的创伤性或侵扰性不应超过能适度保护健康的其他合理的可行性措施。第四编（入境口岸）中，各缔约国应当在指定的入境口岸开展口岸检查与控制活动，另外，在附件 1 的第二部分，明确规定了指定入境口岸，包括机场、港口和陆路口岸的应对可能的国际关注的突发卫生事件的核心能力要求。第五编（公共卫生措施）、第七编（收费）规定缔约国可适当采取的措施及其考虑因素，第六编（卫生文件）涉及采取措施的规范依据，第八编（一般条款）指明卫生措施的执行标准。

某一传染病引发的大流行疫情是否构成国际关注的突发卫生事件存在不确定性，但是考虑到大流行可能会产生严重的或者不可逆转的伤害，若不加以防范将会对国际公共卫生或是国际旅行、国际贸易产生严重危险，因此各缔约国有通报可能构成国际关注的突发卫生事件的义务。

《条例（2005）》虽然多处体现了国家有采取风险预防措施的义务，但始终没有将"风险预防"明确在序言或是条文中。此次国际社会应对新冠肺炎（COVID-19）大流行初期的失败，更是证实了《条例（2005）》存在无法有效应对突发卫生事件的不足。为加强大流行预防、准备和应对，世界卫生组织推动了 WHO CA＋的起草和谈判。《WHO CA＋预稿》（Zero Draft of the WHO CA＋）第 4 条"指导原则和权利"提出了"基于科学和证据的决策"原则，科学、证据以及可查找、可访问、可互操作和可重复使用的数据应该贯穿于所有公共卫生决策以及大流行预防、防范、应对及卫生系统恢复方面指导文件的制定和实施。① 显然《WHO CA＋预稿》仍坚持决策的作出需要有充分的科学证据，缺乏对科学不确定性情况下的公共卫生事件的明晰规定。

2.《实施卫生与动植物检疫措施协定》（SPS 协定）

《2016 年前沿报告》显示，人类 60％的传染病是人畜共患疾病，所有新出现的传染病中有 75％是人畜共患疾病。② 气候危机、城市化进程加快造成野生动物栖息地的加速丧失，人与牲畜、野生动物的联系愈加密切，传染病的爆发和传播可能会更加频繁。因此，检疫卫生措施在控制传染病跨境传播中起着重要作用。WTO《SPS 协定》以促进各成员之间卫生和植物检疫措施协调一致。

《SPS 协定》第 5.7 条允许成员在相关科学证据不充分，不足以进行充分风险评估的情况下采取临时措施。成员国采取临时措施必须满足四项要求：（1）必须在"相关科学依据不足"的情况下实施；（2）必须"在可获得的相关信息的基础上"采用；（3）该成员必须"寻求获得对风险进行更客观评估所必需的额外信息"；（4）该成员必须"在合理期限内相应地审查临时措施"。③ 若有某种证据基础表明可能存在某种风险，但是现有科学证据不足以在定量或定性方面对《SPS 协定》第 5.1 条和附件 A 第 4 款所规定的风险进行充分评估，④ 此时成员可以采取临时措施。这里的"不足"

---

① Zero Draft of the WHO CA＋ for the Consideration of the Intergovernmental Negotiating Body at its Fourth Meeting, World Health Organization, A/INB/4/3, p.24, art.4 (Feb.1, 2023).

② Frontiers 2016: Emerging issues of environmental concern, United Nations Environment Programme, DEW/1973/NA, 2016, p.18.

③ Appellate Body Report, Japan-Measures Affecting Agricultural Products, WT/DS76/AB/R, para.89.

④ Appellate Body Report, Japan-Measures Affecting the Importation of Apples, WT/DS245/AB/R, para.179 (Nov.26, 2003).

要求并不意味着新的科学证据必须完全取代国际标准所依赖的科学证据，只要新的科学发展使人质疑，现有的科学证据是否按照《SPS 协定》足以对风险进行客观的评估。①"可获得的信息"在美国继续中止案中有所释明，WTO 上诉机构表明其可包括有关国际组织或者来自其他 WTO 成员实施的 SPS 措施。此外有关某种风险的信息与成员的临时措施之间必须存在合理和客观的关系。在这个意义上，第 5.7 条规定了存在某种风险的证据但不足以完成全面风险评估，从而不可能达到第 2.2 条和第 5.1 条规定的更严格标准的情况下的临时"安全阀"。②"额外信息"要求采取临时措施的成员必须尽各自的最大努力，获得信息补救科学证据中的不充分、不合理之处，但这不意味着成员需要保证得到某一具体的结果，也不应期望成员努力的实际结果。③"合理的期限"必须根据特定案件的具体事实和情况来确定。在日本农产品案中，上诉机构指出，这取决于获得更客观地评估风险所必需的信息的困难程度。④合理的期限并不取决于期限的长短，而是取决于这一期限设置是否合法和合理，禁止无根据地设立期限或者是过分延长期限。

《SPS 协定》第 5.7 条阐明了国家可以采取有条件的风险预防措施，但仅从文义解释理解该条，会割裂第 5.7 条与其他条款之间的联系。具体法律意义的塑造中，体系思维和体系解释方法发挥着重要作用。⑤第 2 条（基本权利和义务）第 2 款规定，成员应以科学原理为依据，确保卫生或植物检疫措施仅运用到为保护人类、动物或植物的生命或健康所必须的程度，若没有充分的科学依据便不再坚持，但第 5.7 条除外。这表明，卫生和植物检疫措施以科学原则为基础，要求 SPS 措施与科学依据之间有客观的联

---

① Appellate Body Reports，United States-Continued Suspension of Obligations in the EC-Hormones Dispute，WT/DS320/AB/R，para.725（Oct.16，2008）.

② Ibid.，para.678.

③ Ibid.，para.679.

④ Appellate Body Report，Japan-Agricultural Products II，WT/DS76/AB/R，para.93（Feb.22，1999）.

⑤ 陈金钊：《开放"法律体系"的方法论意义》，《国家检察官学院学报》2018 年第 3 期。

系。因此，基于科学的方法和风险分析是《SPS 协定》的两大支柱，《SPS 协定》仍是以充分的科学依据为基础，而第 5.7 条所列情况仅仅是一种例外情形。

总体而言，在世贸组织涉及《SPS 协定》的争端解决实践中，上诉机构对适用第 5.7 条持较为谨慎的态度。俄罗斯与欧盟猪肉进口案中，欧盟认为俄罗斯采取的影响从欧盟进口生猪及猪肉等商品的措施违反《SPS 协定》规定，俄罗斯援引了第 5.7 条作为抗辩。但上诉机构经过分析认为俄罗斯具有获得欧盟猪肉进口相关数据并予以风险评估的能力，俄罗斯实施的措施不符合"合理的期限"，构成不合理的延迟，因此俄罗斯在全欧盟范围内的禁令不属于第 5.7 条规定的临时措施。①风险预防原则虽然在《SPS 协定》第 5.7 条中有所反映，但是世贸组织仍然认为风险预防原则的内涵与法律地位应受到一定限制。日本农产品案中，上诉机构认为风险预防原则虽然在协定中有所体现，但尚未被正式写入《SPS 协定》作为正当化 SPS 措施的依据。②欧盟激素案中，专家组注意到风险预防原则被纳入了《SPS 协定》第 5.7 条，但认为这一原则并不凌驾于第 5.1 条和第 5.2 条之上。③并且根据上述提及的俄罗斯与欧盟猪肉进口案，专家组认为有必要区分科学证据不足与"科学不确定性"，科学证据不足并不适用于"科学不确定性"的情况（即存在未解决的科学不确定性的情况），也不适用于科学争议的情况。④世贸组织对蕴含了风险预防原则的第 5.7 条持较为保守的态度，但不妨碍其他成员方对这条有自我见解。中美进口禽肉案中，韩国在本案中作为保留权利的第三方发表自己的观点，韩国重申了

---

① Report of the Appellate Body, Russian Federation-Measures on the Importation of Live Pigs, WT/DS475/AB/R, para.1.5 (Feb.23, 2017).

② Appellate Body Report, Japan-Agricultural Products Ⅱ, WT/DS76/AB/R, para.81 (Feb. 22, 1999).

③ Report of the Panel, European Communities-Measures concerning Meat and Meat Products (Hormones), WT/DS26/R/USA, para.8.157—8.158 (Aug.18, 1997).

④ Report of the Panel, Russian Federation-Measures on the Importation of Live Pigs, WT/DS475/R, para.7.659 (Aug.19, 2016).

《SPS 协定》规定风险预防原则的重要性。①巴西认为，成员根据第 5.7 条强调的可能性，既不能采取比保护人类、动物或植物生命或健康所必需的更为严格的措施，也不应免除其寻求必要信息以进行更为客观风险评估的义务。②

3.《卡塔赫纳生物安全议定书》

为解决凭借现代生物技术获得的任何改性活生物体的越境转移问题，防止其可能对生物多样性和可持续使用产生不利影响，《生物多样性公约》缔约国大会通过《议定书》确保改性活生物体的安全跨境转移、处理和使用。

根据《议定书》第 3 条，"活生物体"是指任何能够转移或复制遗传材料的生物实体，包括不能繁殖的生物体、病毒和类病毒。③在越境转移时，非病毒类改性活生物体可能与传染病病原体接触或共存，从而携带病原体，具有传播疾病的风险；病毒类活生物体本身就存在传染风险，因此需要对改性活生物体的跨境转移予以规范。

《议定书》明确，国家有遵循风险预防原则的义务。《议定书》序言部分重申了《里约宣言》原则 15 规定的风险预防措施，并在正文第 1 条（目标）中再次规定，本《议定书》的目标是依循《里约宣言》原则 15 所订立的风险预防办法，协助确保改性活生物体的安全转移、处理和使用，采取充分的保护措施，兼顾对人类健康所构成的风险。根据《议定书》第 15、16 条，缔约国有进行风险评估和风险管理的义务。风险评估是实施风险预防措施的重要前提和基础，缔约国以出口缔约国通知中列明的资料和其他现有科学证据为最低限度资料标准进行风险评估，风险评估应在科学的基

① Report of the Panel，United States-Certain Measures Affecting Imports of Poultry from China，WT/DS392/R，para.530（Sept.29，2010）.

② Implementation of the SPS Agreement-Regulatory Issues：Fifth Review，Submission from Brazil，Committee on Sanitary and Phytosanitary Measures，G/SPS/W/308，para.1.6（Sept.17，2018）.

③ A Cartagena Protocol on Biosafety to the Convention on Biological Diversity，2226 UNTS 208（entered into force on September 11，2003），art.3.

础上以合理的方式作出。以风险预防原则为指导，以风险评估结果为依据，国家可以采取相应的预防措施，防止改性活生物体在跨境转移时对人类健康造成威胁。

（二）国际卫生法文件中的风险预防义务

国际卫生法文件主要包括公约草案、公约修正案和其他软法文件。风险预防原则尚未成为国际卫生法律体系的基本原则，仍有许多公约草案或者软法文件未明确纳入。2021 年 12 月的卫生大会特别会议上，为加强大流行的预防、防范和应对，各国政府同意起草和谈判一项有法律约束力的国际协定。2023 年，政府间谈判机构制定并提交了作为谈判基础的关于该国际协定概念性文稿。但是依据草案文本，《WHO CA＋预稿》并没有明确规定国家有义务采取风险预防措施，仅提到"各方应在向公众传达风险时，促进科学和证据为基础的有效和及时的风险评估，包括数据和证据的不确定性"。[①]国际卫生法律体系下的软法文件主要指各国际机构制定的有关传染病预防或检疫相关的规则或标准，但提及风险预防原则的软法文件数量也较为有限。世界动物卫生组织制定的《动物法典》规定了陆生动物及相关产品在国际贸易中相关检测、报告和监控的标准，该标准是受《SPS 协定》认可的国际标准，但是也未如《SPS 协定》一般引入风险预防原则，仅在第 2.1.3.5 条提及，"风险评估应阐明其不确定性、假设及其对最终结果的影响"。《动物法典》的前提依然是风险评估应以最新科研信息为基础，应保证证据充分。

但仍有部分公约修正案和软法文件接纳了风险预防原则。由于 COVID-19 大流行的冲击，《条例（2005）》的修正提上日程，修订了条例内的重大实质性领域，明确纳入了风险预防措施。抗生素是传染病预防和治疗的关键一环，而抗生素误用、滥用引发的耐药性问题已经演变为全球

---

① Zero Draft of the WHO CA＋ for the Consideration of the Intergovernmental Negotiating Body at its Fourth Meeting, World Health Organization，A/INB/4/3，p. 24，art. 17. 3（Feb. 1, 2023）.

问题，极大威胁了公共卫生。世卫组织提出《抗微生物药物耐药性全球行动计划》，倡议各会员国可采取风险预防措施——实施紧急行动。将公约修正案与《行动计划》一并研究讨论，是因为修正案仍在谈判中，暂时仅能以软法文件的形式存在。尽管国际法软法文件的效力不同于具有法律约束力的国际公约或国际条约，但其通常顺应了社会发展的需要，且是在国际社会的共识基础上达成的，反映了国际价值观并提供了指导和规范行为的准则，因此在国际法上有重要地位，其中有关风险预防原则的条款和建议值得归纳分析。

1.《〈国际卫生条例（2005）〉拟议修正案》

鉴于在 COVID-19 大流行中《条例（2005）》暴露的不足，会员国考虑对其作出修正。2022 年，根据 WHA75/（9）号决定，《国际卫生条例》修正问题工作组提交《〈国际卫生条例（2005）〉拟议修正案》，《修正案》对于风险预防有了进一步的发展。《修正案》更改了条例的目的和范围，从原版的"针对公共卫生风险"修改为"针对可能影响公共卫生的所有风险"，进一步扩大了条例的规制范围。第 3 条第 3 款部分新增，"在执行本条例时，缔约国和世卫组织应采取预防措施（exercise precaution），特别是在处理未知病原体时"。①审查委员会在关于第 3 条（原则）的技术建议中首先提到，第 3 条的扩展修正包括引入风险预防原则，并且认为"《条例》所列的措施本应基于证据，这可能会排除或者至少限制风险预防原则的应用；然而鉴于疫情应对期间的不确定性，可能需要在没有证据或者证据不足的情况下采取行动……《SPS 协定》第 5.7 条可能有助于澄清情况"。②《修正案》中明确风险预防措施的适用是合理且势在必行的。2021年 7 月，世卫组织发布的临时指导文件的"要点"部分强调，"在存在科学不确定性的情况下，如出现了高关注的变异株（VOCs）或须留意的变异

---

① 《根据 WHA75/（9）号决定（2022 年）提交的〈国际卫生条例（2005）〉拟议修正案：逐条汇编》，世界卫生组织，A/WGIHR/1/5，第 3 条。

② 《关于〈国际卫生条例（2005）〉修正问题：审查委员会的报告》，世界卫生组织，A/WGIHR/2/5，第 29—30 页。

株（VOIs）时，应当采取风险预防措施"。①世卫组织已承认为应对疫情期间传染病的科学不确定性，有必要采取风险预防措施。

《修正案》附件2提出了四大新判断标准，并设置了关于风险评价的问卷，以所有答复的得分总和为依据将风险水平分为低风险、中风险、高风险，低风险事件只需保持内部监测，但是中高风险事件需要通报世卫组织。此外，《修正案》又提出了区域关注的突发公共卫生事件或中级卫生警报的概念，以匹配不同风险等级的公共卫生事件，便于采取不同程度的措施。"不确定性并不能成为不作为的理由"，②但也需要比较采取某项措施的整体预期效益与花费成本。将公共卫生事件进行分级，不同级别的公共卫生事件对各国的通知要求不同，各国应采取的措施也不同，更有利于平衡社会经济发展和公共卫生保护的需要。

2.《抗微生物药物耐药性全球行动计划》

抗微生物药物是预防和治疗传染病的关键，可以有效防范可能致命或者对人类健康造成影响的传染病。抗生素的误用和滥用现象增加，抗微生物药物耐药性（特别是抗生素耐药性）现象越发严重，但在短期内研究、开发新抗生素的难度极大。因此为解决这一全球性的问题，第68届世界卫生大会通过了《抗微生物耐药性全球行动计划》的最终版本，载于正式记录文件的附件3。《行动计划》提出了关于抗微生物药物耐药性问题采取行动的框架，要求会员国考虑采取紧急行动，落实并加强卫生和感染预防和控制的行动。③《行动计划》认为，国家和国际机构采取紧急行动需要符合风险预防方法，国家和国际多部门行动和合作不应为知识缺口所阻挠，④并引用《食品法典委员会程序手册（第28版）》对风险预防方法进行释明。

---

① 《2019冠状病毒病（COVID-19）背景下对国际旅行采取基于风险的方法的技术考虑因素》，世界卫生组织，2021年7月2日，第1页。

② Rio Declaration on Environment and Development，U. N. Conference on Environment and Development，U. N. Doc.A/Conf.151/5/Rev.1，June 13，1992，p.879.

③ Sixty-Eighth World Health Assembly，World Health Organization，WHA68/2015/REC/1，2015，p.134.

④ Ibid.，p.128.

《程序手册（第 28 版）》明确预防（precaution）是风险分析的一个内在要素。在评估和管理食品对人类健康的潜在风险过程中，面临的不确定性因素众多。现有科学资料的不确定性和差异性应在风险分析中予以明确考虑。①《行动计划》本身并没有强烈的法律约束力，但是其中概括的五项目标和对成员国的基本要求仍然会成为会员国行为的指导。

四、 国家控制传染病跨境蔓延的风险预防义务之边界

为控制传染病跨境蔓延，国家往往会对人口流动、货物进出口等方面进行一定限制，包括实行旅行限制、加强卫生检疫措施、实施社交隔离和封锁等措施。但这些措施也会带来其他的负面影响，例如，封锁和检疫措施可能会对企业经营和公民就业等社会经济方面产生不利影响。因此国家实施这些行为时需要受到比例原则的限制。

（一）风险预防义务下比例原则的价值权衡

比例原则的逻辑起点是人权保障，保护公民权利不被肆意侵犯，"国家权力只有在符合比例原则的基础上限制公民权利才是正当的限制"。②一般认为，比例原则是评价公权力运用正当性的重要原则，衡量公权力运用所欲实现的目标是实现权力与权利之间的平衡状态。③现代社会中国家机关往往基于公共利益的需要，运用国家权力对公民权利施加限制，此时需要平衡公共利益和公民权利的冲突。

依照比例原则的原旨，其适用主要包括三个要件：适当性、必要性、狭义的比例原则。传统的三阶分析法中，适当性指公权力的行使需要有助

---

① Condex Alimentarius Commission Procedural Manual 28th Edition，Food and Agriculture Organization of the United Nations and World Health Organization，2023，p.100.

② Moshe Cohen-Eliya & Iddo Porat，Proportionality and the Culture of Justification，*The American Journal of Comparative Law*，Vol.59，2011，p.481.

③ 纪海龙：《比例原则在私法中的普适性及其例证》，《政法论坛》2016 年第 3 期。

于目的实现，必要性要求公权力的行使对当事人造成的利益侵害最小，即能够实现目的的手段有多种，但只有对公民权利侵害最小的手段才被认为是必要的。狭义的比例原则也被称为"均衡性"，手段所追求的目标与手段所造成的后果应当相称，这就意味着公民权利所受的侵害应当与公权力行使追求的目标所获利益合乎比例。①近年来，也有学者提出四要件说，主张应当将目的正当性加入审查要件中，即审查公权力行使目的的正当与否。②公权力的行使目的和手段关系包含了一个逻辑完备的论述体系，而比例原则就是衡量这一关系的核心。

在控制传染病跨境蔓延的过程中，国家基于保护公民生命健康和社会经济秩序的公共目的履行风险预防义务，采取相应的预防措施，可能会对公民的基本权利进行克减。基于国家理性的价值视角，人权保障和法治是当代国家主权具有的内在本质，理性的主权精神规范国家主权行为必须符合比例原则。③在比例原则的要求下，国家需要保证采取预防措施的目的是基于公共利益的需要，而并非出于其他非法或不正当目的限制公民权利。此外，要求预防措施有助于控制传染病跨境蔓延趋势，若该预防措施无助于控制疫情传播，则应停止采取此项措施。国家可采取多种途径控制传染病跨境蔓延，包括限制旅客出入境、限制货物进出口等；每一项措施可实施的程度也应由政府自由裁量，但要求国家采取的措施应当对公民权利侵害最小。若仅对疫情爆发地或者集中地的国家的货物进出口作出限制，即可基本控制传染病跨境传播的趋势，国家就不得再扩大限制范围到尚未发生疫情的其他国家或者是感染性风险较小的其他货物，应当保证在所有对控制传染病相同有效的措施中采取最温和、侵害最小的措施。极为重要的是，国家采取预防措施所保护的公共利益与采取的措施之间必须合理、成比例，当传染病具有高传染率、高致死率的可能时应采取更为严格的预防

---

① 梅杨：《比例原则适用的范围与限制》，《法学研究》2020 年第 2 期。
② 刘权：《目的正当性与比例原则的重构》，《中国法学》2014 年第 4 期。
③ 范继增、王瑜鸿：《趋向风险预防性的比例原则——基于欧洲疫情克减措施的裁判逻辑》，《人权》2021 年第 4 期。

措施。但若目前可获得的最佳技术证据表明，该传染病的传染率和致死率都相对较低传染风险较小，对社会造成的潜在影响也较小，那么就无需采取严苛的预防措施，只需要进行低水平的保护即可。

（二）风险预防义务下比例原则的具体适用

比例原则在国际人权法、国际环境法、国际贸易法等多领域均能找到适用的情形，也有许多国家将其升格为宪法原则予以规定。《欧洲委员会关于风险预防原则的来文》中明确将比例原则作为采取风险预防措施的行动标准之一。文中提及当认为有必要采取行动时，基于预防原则的措施应当与所选择的保护水平成比例，比例原则是适用于包括风险预防原则在内的所有风险管理措施的一般原则。[①]履行风险预防义务采取的措施本质上需要合适所欲达成的保护目标，因此全面禁止或者全面放开可能都不是对潜在风险的相称反应，国家应在达到同等保护水平的情况下，尽量采取限制性较低的措施。

在法国禁止进口牛肉案中，基于对疯牛病感染风险的担忧，法国不允许符合欧洲共同体要求的英国牛肉在其领土销售，而欧盟委员会认为，其已经给予符合安全标准的英国牛肉及其衍生产品强制性标签以保证可追溯性，要求法国解除该禁令。但法国政府坚持认为解除禁令的条件没有得到满足，原产于英国的牛肉及其衍生产品出口到法国并没有贴上明显的标志，很难说明产品是可以被召回的，追溯性无法保证。[②]但是法院认为，虽然有一部分涉及在其他成员国加工或重新包装的产品，无法识别是否原产地为英国，但就受《指定牛只出口计划》（Designated Bovine Export Scheme，DBES）规制的产品而言，无论是直接来自英国还是经过另一个成员国转售，只要产品有正确的标记或标签，法国政府都没有不予执行欧

---

① Communication from the Commission on the Precautionary Principle, COM（2000）0001 final（Feb.2，2000），para.6.3.

② Case C-1/00, Commission of the European Communities v. French Republic, ECLI:EU:C: 2001:687, paras.27—39（Dec.13，2001）.

盟决定的理由。①本案中法国政府认为，其措施虽然禁止了进口此类产品，但是没有禁止此类产品过境，不违反比例原则。法院没有就法国政府的禁令是否符合比例原则展开论证分析，而是基于第98/256号决定和第1999/514号决定，认为法国不允许在其领土上销售正确标记或标签的《指定牛只出口计划》产品违反相应义务。

比例原则的必要性和均衡性要求法国采取的预防措施对英国牛肉及其产品造成的侵害最小且符合比例，即在达到保护水平的前提下，最小程度地限制原产地来自英国的牛肉及其产品的进口。根据兽医科学委员会的意见，科学家们一直认为，由于母体传播的可能性，1996年8月1日后出生的动物偶尔出现疯牛病例是可能的，但迄今为止这种情况仅发生过一次；而且符合《指定牛只出口计划》资格的每只动物都会以适当方式切割，以去除某些部位和组织，而食用这些肉类导致感染的风险微乎其微。②因此欧盟委员会认定，受《指定牛只出口计划》约束的牛肉及其产品患病率极低并且是可溯源的，不应当再加以贸易限制。但法国政府全面禁止了所有来自英国的牛肉及其产品的进口，明显超越了自由裁量的范围。

辉瑞案中法院对欧盟委员会采取的预防措施做了更为详尽的分析。辉瑞主张欧盟委员会撤销其销售某种动物饲料添加剂许可的规制行为不仅违反风险预防原则，还违反了比例原则。法院分析在风险管理案件中，成本收益分析是比例原则的一种具体表现。因此，应当审查本案中的成本与收益。法院从四个方面展开了详细分析：（1）判断争议规制条例是否构成实现所追求目标的明显不适当的手段；（2）是否可以采取其他不那么繁重的措施；（3）争议规制条例造成的不利因素是否与所追求的目标不相称；（4）在成本收益分析框架内，与不采取行动的好处相比，这些不利因素是

---

① Case C-1/00, Commission of the European Communities v. French Republic, ECLI:EU:C: 2001:687, paras.126—130 (Dec.13, 2001).

② Ibid., para.99.

否不成比例。①事实上这也照应了比例原则适当性、必要性、均衡性三要件。同时基于风险管理的特殊性，引入成本收益分析法，将采取行动与不采取行动的利弊相比较，分析是否有必要采取这一预防措施。

辉瑞案中法官的分析为利用比例原则衡量国家采取控制传染病跨境蔓延的风险预防措施的合理性、合法性提出了较为规范的进路，在传统分析方式上引入了成本收益分析法，将采取行动与不采取行动的效益与成本进行对比分析。需要指出的是，这一方式不能简化为经济成本收益分析，而要考虑非经济因素，例如市民的接受程度和社会保护利益的优先等级等。根据法院判例，与保护公共健康有关的目的无疑应比经济因素更受重视。②国家控制传染病跨境蔓延时，一方面需要优先考虑保障全体公民的生命健康安全，根据保护的紧迫程度和必要程度，选择合比例的预防措施。另一方面，预防措施的选择需要保持对各种危害预期的必要覆盖能力，若事后的严重损害没有发生，只要该措施的采取没有带来过大的成本和社会负担，不应苛责采取预防措施的主体，更不能因此否认风险预防措施的效果。③

虽然比例原则在国际人权法、国际环境法等多领域均有适用，但是其适用方式和具体内涵却有所不同。④比例原则在国际卫生法律体系中也有所体现，并对国家采取相应公共卫生措施的标准作出了具体限制。根据《维也纳条约法公约》第26条，凡有效之条约对其各当事国有约束力，必须由各该国善意履行。《条例（2005）》显属国际条约，对世卫组织所有会员国均具约束力。《条例（2005）》除了规定国家负有监测、通报、采取相应公共卫生措施等的义务，也要求国家采取公共卫生措施不得超过必要限

---

① Case T-13/99，Pfizer Animal Health SA v. Council of the European Union，ECLI:EU:T:2002:209，paras.410—476（Sept.11，2002）.

② Ibid.，para.471.

③ 苏宇:《风险预防原则的结构化阐释》,《法学研究》2021年第1期，第44页。

④ Valentina Vadi, *Proportionality, Reasonableness and Standards of Review in International Investment Law and Arbitration*, Edward Elgar, 2018, p.119.

度。第五编（公共卫生措施）第23条第2款规定，"……缔约国尤其对嫌疑或受染旅行者可在逐案处理的基础上，根据本条例采取能够实现防范疾病国际传播的公共卫生目标的侵扰性和创伤性最小的医学检查等额外卫生措施"。本款首先要求缔约国对嫌疑或受染旅行者需要进行逐案处理，而不能采取"一刀切"政策，缔约国采取的措施需符合必要性原则，对旅行者造成的侵扰性和创伤性最小。这一点在第31条中亦有明显体现，缔约国若有证据表明存在危急的公共卫生风险，若有控制此风险的必要，可强制他人接受入境有关的卫生措施，但仍要满足"创伤性和侵扰性最小"标准。同时缔约国应该以尊重其尊严、人权和基本自由的态度对待旅行者，并尽量减少此类措施引起的任何不适和痛苦，保障旅行者应有的待遇。第22条第3款中也对主管当局的卫生处理程序作了必要限制，"应避免伤害个人并尽可能避免造成不适，或避免损害环境以致影响公共卫生，或损坏行李、货物、集装箱……"

除了对可能侵害个人权利的公共卫生措施进行限制，条约也对涉及交通工具过境的措施作了相应规制。第25条和第26条规定，国家不得对来自非疫区的过境船舶和航空器、民用货车、火车和客车采取公共卫生措施。即使是对受染交通工具采取卫生措施，也应当允许此类船舶添加燃料、水、食品和供应品。值得强调的是，公共卫生风险会随着时势发生改变，当交通工具上无存在公共卫生风险的情况时，主管当局应当不再认为该交通工具受染。

《实施卫生与动植物检疫措施协定》第10条（特殊和区别处理）规定了成员在指定和适用卫生或植物检疫措施时，应当考虑发展中国家成员的特殊需要，有必要给他们提供遵守新措施规定的缓冲期。附件3明确了对各成员实施程序的限制，要求"不过分迟延"、"任何控制、检验和认可要求限于合理与必要的范围内"等。

传染病存在跨境蔓延的风险，可能对人类社会造成重大危害，国家应当承担相应的风险预防义务，采取与保护水平相称的预防措施。

五、结语

全球每年约有 200 万人因感染人畜共患病而丧生，除非各国采取人类健康、动物健康和环境健康共治的"大健康"模式，否则类似新冠疫情的全球大流行在未来仍会继续发生。[①]同一健康要求下，风险预防理论不仅在环境法中广泛适用，公共卫生法律体系也应当予以继受。传染病跨境蔓延领域中，传染病的科学不确定性受本体论和认识论的双重影响，但国家不得以缺乏充分的科学确定性为由，推迟采取防治传染病的预防措施。风险评估是衡量损害后果的基础性工具，只有损害后果达到严重或是不可逆转的阈值，国家才有采取风险预防措施的义务。但随着科学技术的不断发展和人类认知的深入，风险评估也并不是静态的，需要及时更新风险评估结果，采取适当的预防措施。国际卫生法律体系下，已有部分国际条约和软法性文件允许国家在科学依据不充分的情况下采取相应预防措施。

---

① Preventing the next pandemic-Zoonotic diseases and how to break the chain of transmission, United Nation Environment Programme，DEW/2290/NA，2020，pp.39—44.

国际法视域下认知战的法律概念厘定[*]

■ 蒋圣力 李泉厚^{**}

【摘要】认知战围绕人脑接收信息，处理信息，解决信息的过程进行作战。事实证明，认知战冲击了现有的国际法治体系，逐渐脱离国际法的解释逻辑，造成国际法律规范的制度空白，思想与信息的武器化正引发新一轮军备竞赛，国际社会的和平与安全正遭受前所未有的威胁，于此有必要通过国际法对认知战进行规制。法律概念是法律制度的逻辑起点，构建认知战的国际法规制体系必须对其进行法学概念的塑造；而明确何种主体以何种行为实施认知战是明晰认知战法律概念的首要方式和基础路径。于国际法视域下认知战的法律概念是：国家、政府间国际组织、被承认为交战团体的非国家有组织武装团体等国际法主体是实施认知战的法律主体，其在和平时期及战争或武装冲突时期实施的，影响、干扰、占据目标对象接收信息、处理信息、解决信息的能力，并引起作为国际法主体的实施方和目标方相互之间国际法上权利和义务产生、变更或消灭的行为。

【关键词】认知战　法律概念　国际法　法律行为　法律主体

---

* 本文系上海市法学会涉外法治研究会 2023 年度重点研究课题"'总体国家安全观'视角下中国遂行涉外非战争军事行动法律保障研究"的研究成果。

** 蒋圣力，法学博士，博士后研究人员，华东政法大学国际法学院副教授，国际公法教研室主任，军事法研究中心主任；李泉厚，华东政法大学国际法学院（军事法专业）2022 级硕士研究生。

认知战是将思想和信息武器化的作战。《孙子兵法》所载"不战而屈人之兵""攻城为下，攻心为上"是较早关于"认知战"的表述。当代新兴科学技术的进步推动了军事科技的蓬勃发展，从而促进了军事作战方式的剧烈变革：新型人工智能技术、大数据技术、大众传媒平台、神经科学、认知科学的兴起和发展促进了认知战在当代的技术转型。认知战的技术转型不仅为军事作战带来了无可比拟的优势，也带来了新的国际法律规范挑战。人们会警觉地提出诸多疑问："和平时期的认知战是否侵犯了国家的主权和内政？战争或武装冲突时期认知战的作战方式和手段是否应当遵守交战法规？遵守何种交战法规？"诸如此类。为此，国际法必须正面应对科技与作战方式的新型结合，不断制定新的国际法规范以适应新的国际社会的需要。①在认知战可能对国际社会的和平与安全造成重大威胁的时刻，国际法应当对认知战"武器"类型及其使用方式制定相应的法律准则。②

当前，认知战或认知域作战这一称谓被广泛运用于军事学界和媒体报道中，足见认知域的作战方式——认知战已成为约定俗成并被学者认可的名词称谓。③但令人担忧的是，这一称谓的内涵和外延到底为何，国内外军事学者的意见并不统一。作为新兴的军事学概念，法学界尚未过多涉足，既无条约和习惯法规定，也尚未出台专门针对"认知战"的法律手册。④因而其本身含义和法律概念一直处于极度不确定状态。

如埃德加·博登海默（Edgar Bodenheimer，1908—1991）所言："概念乃是解决法律问题所必需的和必不可少的工具。没有限定严格的专门

---

① 杨泽伟：《国际法析论》（第5版），中国人民大学出版社2022年版，第46页。

② Jean-Marc Rickli, Federico Mantellassi, Gwyn Glasser: Peace of Mind: Cognitive Warfare and the Governance of Subversion in the 21st Century, GCSP Policy Brief No.9, 2023.

③ 国内学者通常称其为"认知战或认知域作战"，西方学者则多数称其为"Cognitive warfare"。

④ 孙鹏、黄格林：《西方对认知战的研究历程及其特征述评：2008—2021》，《思想理论战线》2022年第6期。该文对西方学者的"认知战"概念进行了较为系统的梳理。西方学者对"认知战"的概念各执一词，没有统一的参考标准和权威称谓。

概念，我们便不能清楚地和理性地思考法律问题。"①因此，对认知战的法律要素加以明晰，对其法律概念加以定义，是构建规制认知战国际法律制度的逻辑起点。就国际法视角下进行法律规范，必须考量的因素是某种行为是否会引起相对方之间国际法法律关系上权利与义务的产生、变更和消灭，以及该行为是否由国际法主体作出，相应主体是否承担相应国际法律责任等。简言之，实施认知战的某个主体某种行为是否适法，要看它是否为国际法上认知战法律概念所覆盖，若从内涵和外延上均被覆盖，则该主体及行为都将被纳入国际法调整范围；反之，则被排斥于国际法调整范围之外。②

综上，认知战的法律概念以法律主体和法律行为两要素所构建：何种法律主体实施认知战；认知战具体包含何种法律行为。认知战的法律概念则是将行为要素和主体要素明晰后进行概括总结的结果。"法学在很大程度上处理的是各种概念。"③因此，在国际法规范中研究认知战，就必须揭示认知战的法律概念要素，给予其完整的法律概念定义，从而有利于后续的学理研究和法律规范的制定。

一、 国际法视域下认知战法律概念厘定的必要性

（一）既有的实践：争夺认知域迫在眉睫

21 世纪是科学技术高速发展的时代。用恩格斯的话来讲，人们用什么生活，就用什么方式作战。军事技术的变革带来了更具战略优势和战术意义的作战方式。陆地，海洋，高空是传统的作战领域，而占据作战区域内

---

① ［美］埃德加·博登海默：《法理学：法律哲学与法律方法》，邓正来译，中国政法大学出版社 2022 年版，第 504 页。
② 马长山主编：《法理学导论》，北京大学出版社 2022 年版，第 41 页。
③ ［德］阿图尔·考夫曼、温弗里德·哈斯默尔主编：《当代法哲学和法律理论导论》，郑永流译，法律出版社 2002 年版，第 454 页。

政治、文化、社会、信息、道德制高点对于作战成功同样至关重要。①战场作战领域的细化，信息域、物理域、认知域的划分代表着认知战更加活跃于战争的舞台。当代，人们对认知战的认识更加深入：认知战是在现代科学技术不断发展的背景下派生的高阶政治战，是基于消耗的作战向基于效果的作战转变的基础上，进一步向改变敌人认知的作战形式提升，其终极目标是通过一切非暴力战争手段实现国家政治性大战略目的。②认知战通过低伤亡、低成本、高收益的方式达成战争目标，因此认知域已成为超越物理域、信息域的新制胜领域，成为大国博弈、军事对抗的终极之域。③

（二）已有的共识：需要国际法规制认知战

正如北约创新中心主任佛朗索瓦·克鲁泽所说的，信息时代，现代信息技术影响下的每一个人都是认知战的作战目标。他强调，信息技术加持下的认知战最显著的特征是由军事领域向民间社会渗透，"认知战可能永无止境，这种类型的冲突不可能有和平条约或投降"。④北约的另一份认知战报告认为，认知战的本质是舆论的武器化，依托社交媒体、网络平台等新媒体工具引发敌对国公民的不满情绪，并传播特定的价值观和信仰，以此对政府的公共决策和公共事务的稳定造成严重破坏。⑤付征南在《透析美军认知战的"拳脚套路"》中归纳道，美军认知战的作战方式还包括和平时期的"战略诱导"和"政治颠覆"。⑥付津等认为，认知战不存在战时和

---

① Alonso bernal，Cameron carter，Fall 2020 cognitive _ warfare，an attack on trhtuh and thought，https://www.innovationhub-act.org/sites/default/files/2021-03/Cognitive%20Warfare.pdf.

② 唐家林、费建华：《叙事策略视域下日本的认知域战力构建研究》，《情报杂志》2023年10月。

③ 王新、黄晓燕、曾文龙：《认知中心战：应对复杂战争的作战概念》，《军事文摘》2023年第7期。

④ Francois du Cluzel. Cognitive Warfare. https://www.innovationhub-act.org/sites/default/files/2021-01/20210113 _ CW%20Final%20v2%20.pdf.

⑤ Alonso Bernal，Cameron Carter，Ishpreet Singh，and Kathy Cao. Cognitive Warfare：An Attack on Truth and Thought. https://www. innovationhub-act. org/sites/default/files/2021-03/Cognitive%20Warfare.pdf.

⑥ 付征南：《透析美军认知战的"拳脚套路"》，《解放军报》2021年12月2日。

平时，在认知域作战中，"平时就是战时，战时依托平时，平时甚至更重要"。①因此，认知战的法律规制不仅专属于武装冲突法，和平时期的国际法同样应对其有所关切。既有实例表明了认知战已不再局限于战争或武装冲突中的一种附属作战方式，和平时期对普通民众和决策者的认知战同样是各国重点关注的对象。"即使处在和平时期，混合战争之下的认知战将每一个人都视作战斗目标。"②认知战对当前的国际法在主权、国际法律责任和使用武力方面的规制造成冲击。具体而言：

第一，和平时期认定认知战侵犯主权存在困难。必须明确的是，当前国际法对于主权侵犯的认定集中在某种会造成直接物理影响的行为，例如未经允许在他国境内逮捕罪犯，③或未经许可指挥或授权飞机飞越另一国领土④等。而和平时期的认知战主要集中在政治制度、宗教信仰、经济文化上改变特定目标的思想，⑤但不会直接造成物理影响。在他国进行政治选举期间，通过认知战改变他国民众的政治观念，影响其对选举人的看法，更多是干扰了选民自主意愿的形成过程。⑥但仅仅停留在观念上的干预，很难证明主权因此被侵犯。正如邓肯·霍利斯所述，很少有先例可以将最终渴望达到的纯粹认知效果视为侵犯主权。他国在和平时期所实施的认知战"似乎仅具有认知效果，而国际法目前对此没有什么规定"。⑦巴里·桑德也认为，类似的不确定性普遍存在于干涉或篡夺政府固有职能的观念中。虽然选举的进行构成了政府固有职能的典范，对选举的干扰是否属于"干

① 付津、高婷婷：《俄乌冲突中认知战的特点与启示》，《军事文化研究》2023 年第 1 期。

② Yuriy Danyk，Chad M. Briggs，Modern Cognitive Operations and Hybrid Warfare Modern Cognitive Operations and Hybrid Warfare，Journal of Strategic Security，No.1，2023.

③ 王虎华主编：《国际公法学》，北京大学出版社 2015 年版，第 55 页。

④ ICJ，Case Concerning Military and Paramilitary Activities in and Against Nicaragua（Nicaragua v. United States of America），Judgment of 27 June 1986，Judgment. ICJ. Reports 1986，p.14，para.251.

⑤ Psychological Operations Joint Publication 3-13.2.

⑥ Nicholas Tsagourias，Electoral Cyber Interference，Self-Determination and the Principle of Non-Intervention in Cyberspace，http://eprints.whiterose.ac.uk/159652/.

⑦ Duncan Hollis，The Influence of War：The War for Influence，Temple Journal of International & Comparative Law（2018），36.

扰"或"篡夺"术语的范围尚不清楚。①

第二，对不法认知战追究国际法律责任存在困难。就国际法律责任而言，只有当某一国际法主体实施认知战的行为违反了其所应当承担的国际法义务，构成国际不法行为并造成被攻击方损害时才可能造成国际法律责任。

依照联合国国际法委员会2001年通过的《国家对国际不法行为负责的条款草案》，可归因于国家的行为包括以下几项："一国的机关的行为，行使政府权力要素的个人或实体的行为，由另一国交由一国支配的机关的行为，逾越权限或违背指示受到国家指挥或控制的行为，正式当局不存在或缺席时实施的行为，叛乱运动或其他运动的行为，经一国确认并当作其本身行为的行为。"②因此，由国家直接设立的认知战部队对目标实施的认知战行为，倘若违背了国家应当承担的国际法义务，同时该不法认知战行为是处于它们的职责范围内所做，或者在上级官员在场时或上级官员下命令时所做，③则构成了国际不法行为。该行为可依照《条款草案》第4条归因于国家，国家可能因此而承担相应的国际法律责任。

尽管理论上如此清晰，但实践中是否能够追究他国认知战所构成的国际不法行为的国际法律责任？很遗憾，目前尚无具体的实践案例。国际法学者马尔科姆·肖提出："当前确实有越来越多的网络活动在其他国家不承担责任的情况下对国家造成损害的案例。如2010年发现的以色列和美国通过计算机病毒对伊朗核设施的攻击，俄罗斯对爱沙尼亚、格鲁吉亚和乌克兰的网络攻击，以及据称伊朗对以色列供水系统的攻击。2020年以色列以及针对伊朗港口设施的网络攻击。在所有这些案例中，都没有明确承认责任，因此很难证明责任归属。"④认知战和网络活动的共同点在于均极具

---

① Barrie Sander, Democracy Under The Influence: Paradigms of State Responsibility for Cyber Influence Operations on Elections, Chinese Journal of International Law, 2—21, 2019.

② 《国家对国际不法行为的责任条款草案》第4—11条。联合国国际法委员会第53届会议2001年11月通过，摘自第53届联合国大会官方记录补编第10号（A/56/10），chp.IV.E.1。

③ ［英］罗伯特·詹宁斯、阿瑟·瓦茨修订：《奥本海国际法》，王铁崖等译，中国大百科全书出版社1995年版，第424页。

④ Malcolm N. Shaw, International Law Ninth Edition, Cambridge University Press 2021, p.1851.

隐蔽性，很难形成完整的证据链而将不法后果归属于实施者。因此，认知战构成的国际不法行为同样难以查证，追究不法认知战的国际法律责任较为困难。

第三，认定认知战是否构成使用武力或武力攻击存在困难。《联合国宪章》第 2 条第 4 款规定："禁止以武力威胁或使用武力侵犯任何国家的领土完整或政治独立。"与国际人道法相同，《联合国宪章》的制定时期正处于传统动能杀伤武器占据主导地位的时代。而认知战并非传统的动能作战，其无法直接作用于物理域从而造成物理性损害。因此，"使用武力"和"武力攻击"等术语似乎难以将其概括进来。夏尔·卢梭认为，联合国大会针对"侵略"的定义限于国家武装力量能够造成物理性破坏的"单纯的武装行动"，"理所当然地否决了一些国家提出的经济侵略和思想侵略的概念"。①经济侵略和思想侵略在是否针对"使用武力"和"侵略"上没有争论的必要。

但莉亚·克里斯蒂娜·比约尔持反对意见："将认知战排除在使用武力之外并不合理，也不令人满意。不过难以否认，我们迄今为止所看到的认知域内的行动。"

就国际司法实践而言，国际法院在尼加拉瓜军事与准军事行动案中将使用武力和武力攻击作出划分。"武力攻击"是最严重的攻击，而"使用武力"是程度较轻的攻击。②一般认为，遭受武力攻击是国家行使自卫权的门槛。③因此一旦将认知战纳入武力攻击的范畴，那么国家便可以此为由对其行使自卫。但将认知战纳入"自卫权"的认定框架下无法准确回答两个问题：

一是何种限度下构成自卫权。钻井平台案中国际法院指出，某种攻击行为应当达到一定严重程度才构成"武力攻击"。④据此，认知战的严重程

① ［法］夏尔·卢梭：《武装冲突法》，张凝等译，中国对外翻译出版公司 1987 年版，第 445 页。

② ICJ，Oil Platforms (Islamic Republic of Iran v. United States of America)，Judgment of 6 November 2003，ICJ Reports，p.161，para.64.

③ 贾兵兵：《国际公法：和平时期的解释与适用》，清华大学出版社 2022 年版，第 529 页。

④ ICJ，Oil Platforms (Islamic Republic of Iran v. United States of America)，Judgment of 6 November 2003，ICJ Rep 2003，para.64.

度应当如何判定？引发他国社会动荡才达到一定严重程度，还是一经发起便达到一定严重程度？何时达到该程度由相关国家还是由联合国安理会判定？因此，认知战能否作为"武力攻击"，当前的国际法尚无法给予明确的判定标准和设置权威的判定主体。

二是何种措施反制认知战。国际法院在刚果诉乌干达案中指出，对于自卫权，自卫的方式不必与遭受攻击的方式相同。①换言之，倘若不构成物理性损害后果的认知战被认定为武力攻击，国家可以对其行使自卫权，那么行使自卫权的方式不必采取不构成物理性损害后果的认知战，而是可以采取传统的军事打击。此情形下，相关国家极有可能滥用武力，随意挑起战争或武装冲突。

二、 基于法律行为对国际法视域下认知战法律概念的厘定

法理学上区分非法律行为与法律行为的关键标准在于该行为是否能够引起行为相对人之间权利义务关系的产生、变更或消灭。②据此，于国际法视角而言，区分非法律概念的认知战与认知战的切入点在于，是否能引起实施方和目标方之间国际法上的权利义务关系的产生、变更或消灭。故而，可以从法律行为的构成要件上对认知战法律行为进行分析。

（一）基于合法或非法目的控制目标的认知是认知战法律行为的主观要件

法律行为构成的主观要件是"法律行为构成之心素"，是法律行为内在表现的一切方面。主要包括行为意思和行为认知③两个方面：④

---

① 贾兵兵：《国际公法：和平时期的解释与适用》（第 2 版），清华大学出版社 2022 年版，第 530 页；ICJ, Armed Activities on the Territory of the Congo (Democratic Republic of the Congo v. Uganda), Judgment of 19 December 2005, Judgment, ICJ. Reports 2005, p.168, para.147。

② 马长山主编：《法理学导论》，北京大学出版社 2022 年版，第 104、105 页。

③ 此处的"行为认知"与"认知战"中的"认知"非同一概念，前者是法理学上的专有名词。

④ 马长山主编：《法理学导论》，北京大学出版社 2022 年版，第 107 页。

第一，从行为意思上来看。行为意思是指法律行为主体基于某种需要，为达目的而实施行为的主观心理状态。目的构成法律行为结构的核心与灵魂。①就认知战而言，无论是何种主体实施认知战，其目的均在于影响、干扰、占据目标的"认知"。因此，"认知"构成认知战法律行为的核心，是构建认知战法律行为结构的逻辑起点。

"认知"最初是心理学范畴下的一种概念。"认知是一个普通的术语，它用于表示包括认识和知晓在内的所有过程。因而它包括了从知觉到推理的每一事件。"②现代认知心理学认为，"认知"的核心在于"将人看作信息加工系统"，而认知过程是"人们在环境中获得、加工、存贮、使用信息的过程"。③《解放军报》刊登的一篇文章指出："认知原本是心理学的一个概念，泛指主观对客观事物的认识过程。未来战争的认知空间，是感觉、知觉、记忆和思维活动的空间，也是作战活动中感知、判断、指挥与控制的世界。它是由感知、理解、信念和价值观组成的一个范畴"。④目前学术界达成的基本共识是"认知战主要通过信息影响作战对象"。⑤

易言之，所谓"认知"即人脑接收信息、处理信息、解决信息的互动机制，认知的功能是感知、注意、记忆、推理、产生动作、表达自己、做出决定。⑥

实施方通过认知战向特定群体输送精心策划的信息，影响、干扰目标对信息的判断，使其不知客观事实的真假，从而将实施方策划的信息占据目标头脑，以传达有利于己方的战略意图或防止紧张局势升级、缓解特定

---

① 舒国滢主编：《法理学导论》，北京大学出版社 2019 年版，第 136 页。
② 欧内斯特·希尔加德：《现代心理学中的意识问题》，王景和、乐国安译，《心理学动态》1983 年第 1 期。
③ 乐国安：《现代认知心理学的产生》（上），《心理学探新》1983 年第 3 期。
④ 李义：《认知对抗：未来战争新领域》，《解放军报》，2020 年 1 月 29 日。
⑤ 孙鹏、黄格林：《西方对认知战的研究历程及其特征述评：2008—2021》，《思想理论战线》2022 年第 6 期。
⑥ Francois du Cluzel. Cognitive Warfare. https://www.innovationhub-act.org/sites/default/files/2021-01/20210113 _ CW％20Final％20v2％20.pdf.

群体的担忧并减轻目标方的潜在影响和能力。①具体而言，在和平时期，通过影响、干扰、占据认知以塑造和影响外国民众和领导人；在战争或武装冲突时期为己方提供符合国际法规范的法理依据，以增强己方和目标民众对军事行动合法性的支持并遏制目标方的舆论支持；利用神经科学提升己方战斗员的认知能力，提高实施方战略、战役、战术层面军事力量的战斗力，推动军事行动的顺利开展。

综上，认知战的目的在于影响、干扰、占据目标对于特定信息的接收、处理和解决的过程，通过引导、重塑、形成，将特定群体的认知向有利于己方的方向转变。

第二，从行为认知上来看。行为认知是指行为人对自己行为的法律意义和后果的认识。也即，行为人认识到自己的行为是否会产生法律意义，会产生何种后果。②例如《刑法》中"故意杀人罪"主观有责性中便是行为人认识到自己的杀人行为会产生违反《刑法》的法律意义，同时该杀人行为会产生导致他人死亡的后果。

就认知战，具体而言，便是行为主体认识到自己的行为会产生国际法上权利和义务的产生、变更或消灭。例如，和平时期国家对他国实施认知战，应认识到该认知行为输出的特定信息会影响目标对该特定信息的判断和处理，形式上是否违反了国际法义务；而输出该特定信息以期达成的目标结果，实质上是否违反了国际法义务。通过形式与实质两方面判断该认知战是否符合国际法上所应承担的义务，如是否侵犯他国的主权、是否干涉他国的内政、是否违反了国际人道法的基本原则。

（二）平时或战时有意控制目标认知是认知战法律行为的客观要件

法律行为构成的客观要件是指法律行为的外在表现，包括外在的行

---

① Psychological Operations Joint Publication 3-13.2.

② 马长山主编：《法理学导论》，北京大学出版社 2022 年版，第 106 页。

动、行为方式和行为结果三个方面。

1. 外在的行动

通常来说，外在的行动是行为主体在主观思想支配之下通过身体和语言表达出来的外在行动。没有思想支配，而只有单纯行动的，不具有法律规范意义。就认知战而言，实施主体基于达成影响、干扰、占据目标认知的认知战是在实施主体的思想支配下进行的。此要件在国内法中讨论自然人的民事、刑事、行政的法律性时尤为重要；但对于认知战，无需过多赘述，因为实施主体不可能在无意识的情形下对目标实施认知战。

2. 行为方式

行为方式是指行为人为达到预设的目的而在实施行为过程中采取的方式和方法。尽管从整体上看，认知战的行为方式并不完全因行为时期而区分，和平时期、战争或武装冲突时期，认知战的行为方式可以交互进行。但将其法律要素进行清晰划定时，对行为方式依照和平时期、战争或武装冲突时期划分，更能凸显认知战的实施主体在不同时期所应享有和承担的国际法权利与义务。

战争或武装冲突时期的认知战遵循着影响、干扰、占据目标对于信息的接收、处理和解决过程的行为模式。实例表明，特定情形下将信息武器化的认知战，进行战争舆论宣传鼓舞军心士气、煽动敌对民众之间的相互仇恨与敌视、鼓动不安定群体破坏当地民用基础设施、编造有关人道组织的虚假信息等，是认知战在战争或武装冲突时期的表现形式。具体如下：

第一，鼓舞军心士气。迈克尔·施密特认为，在战争或武装冲突中的心理战，通常被认为是合法的，除非它们造成身体伤害或人类痛苦。[1]此类认知战通常被认为是合法的军事行为。[2]

---

[1]　Michael N. Schmitt, Cyber Operations and the Jus in Bello: Key Issues, Israel Yearbook on Human Rights, Vol.41, 2011.

[2]　科特迪瓦、以色列、尼日利亚、南非、美国的军事法手册均指出，在战争或武装冲突中使用"制造混乱或打击士气的虚假信息的心理战"是被允许的合法战争诡计。资料来源：国际人道法数据库，国家实践，规则第 53，https://ihl-databases.icrc.org/en/customary-ihl/v2/rule57，2023-10-20。

第二，煽动种群仇视。迄今的国际刑法审判实践中，卢旺达国际刑事法庭认定传播种族仇恨信息、煽动种族灭绝的行为违反了武装冲突法。检察官诉阿卡耶苏案表明，煽动种族主义歧视和灭绝的行为构成种族灭绝罪。该案判决书指出，证人证明"根据被告的言论，同时依照他所倡导的流行歌曲和口号，我相信这些人彻底消灭卢旺达图西族的意图。他们说，在某些场合，他们的孩子后来不会知道图西族长什么样，除非他们参考历史书"。同时，被告还经常在卢旺达特定场合向公众传达谚语，表明将对图西族的女人斩尽杀绝。卢旺达国际刑庭认定，阿卡耶苏为了实现屠杀图西族的目的，向大量民众传达了针对图西族人的种族歧视言论，引发了社会对图西族的极度愤怒与不满，最终造成针对图西族的种族屠杀。①

第三，鼓动不安定群体。国际法院在"尼加拉瓜军事案与准军事案"的判决中指出，美国中央情报局在资助尼加拉瓜反政府武装的行动中，专门负责编译了一本心理行动手册。该手册为反政府武装提供了不同于一般暴力行动的作战路径，即通过舆论造势，煽动民众仇视当地执法机构人员，损害当地公共机构和社会的稳定度。②国际法院对该心理行动手册进行了仔细审查，该手册着重强调为了煽动民众，应当积极采取切断通信线路、绑架政府官员等行动。③

第四，编造有关人道组织的虚假信息。红十字国际委员会的一份报告注意到，在战争或武装冲突时期，通过传播虚假信息会导致人道组织工作人员受到骚扰和袭击。④诸如内战的场合，在虚假消息的影响下，人道组织

① Prosecutor v. Akayesu, ICTR Trial Chanber I, Judgement, Case No.ICTR-96-4, para.118, 121.

②③ ICJ, Case Concerning Military and Paramilitary Activities in and Against Nicaragua (Nicaragua v. United States of America), Judgment of 27 June 1986, Judgment. ICJ. Reports 1986, p.14, para.117—118.

④ ICRC: Harmful Information Misinformation, Disinformation and Hate Speech in Armed Conflict and other Situations of Violence, ICRC Initial Findings and Perspectives on Adapting Protection Approaches, 2021.

成员可能被当地政府指控其支持反政府武装团体，并受到监禁或面临监禁的威胁，由此对当地的人道主义救援造成极其不利的影响。

此外，值得注意的是，神经科学的认知军事化运用是认知战的最新发展方向。随着脑机接口技术的不断成熟，通过在人脑植入芯片的方式，可以将人体机能和态势感知扩展到前所未有的高度。①可以预见到在不久的将来，人机结合下的战斗员能够成为主导战场的优势力量。不过，尽管脑机接口提升了战斗员的作战能力，但有可能会带来新的国际人道法问题。例如，通过某种干扰技术干扰接受脑机接口改造的敌方战斗员，利用芯片传达错误的感官信息，使他们将民用目标 A 判断为军事目标 B，从而使应当被打击的军事目标免遭袭击，而应当被保护的民用目标受到攻击。但令人沮丧的是，对于如何规制神经科技的武器化运用在当前的国际法中并无明确的公约和习惯法。事实上，技术即使不能塑造战争的规范和行为，也可以影响战争的规范和行为，未来的战场不仅取决于实现"生物优势"，还取决于实现"精神/认知优势"和"智力优势"。如果没有针对既定标准以及对研究和潜在实践使用的适当国际法监督，监管和限制神经科技的军事和安全应用将变得更加困难。②马克思主义观下的法律概念说认为，物质决定了法律制度的演化，物质制约性是法律的终极本质。因此，针对当前认知科学领域的发展，如神经科学、脑机接口技术等，适于在军事学领域、伦理学领域、医学领域进行充分研讨，在此类技术没有充分应用于军事实践时，不宜将其过快纳入国际法的探讨范围。就武装冲突法而言，仅需指出此类认知战应当遵守国际人道法的基本原则即可。

就和平时期而言，付征南认为，认知战是以打击、削弱和瓦解敌国个体或群体意志为目标，具体包括战略诱导、政治颠覆、劝阻拒止三种样式。③西方学者普遍认为，认知战传播特定信息，改变人群思维方式、操纵

---

① 梁晓波：《认知作战能力域外观察》，《人民论坛·学术前沿》2023 年第 11 期。

②③ Francois du Cluzel. *Cognitive Warfare*. https://www.innovationhub-act.org/sites/default/files/2021-01/20210113_CW％20Final％20v2％20.pdf.

公共舆论、影响公共和政府决策。但传统公认的和平时期的认知战行为，如意识形态输出、鼓动民众对现任政府和政治制度不满、煽动颜色革命等，不论其是采用大数据追踪、信息饱和攻击、深度伪造，还是何种新型技术手段，本质上遵循着影响、干扰、占据目标对于信息的接收、处理和解决过程的行为模式。因此，划定认知战在和平时期的行为方式，采用二分法，即不在战争或武装冲突时期实施的，仅引起平时法权利义务关系的认知战行为均属于和平时期认知战的行为方式。

3. 行为结果

结果是法律行为的必备要素，没有结果的行为一般不视为法律行为。行为结果不等于法律后果，只是行为主体承担法律后果的依据之一。社会影响性和因果关系构成判断法律行为结果的两个标准。就社会影响性看，认知战在和平时期影响了目标国家或团体组织的公共决策，干扰了相关民众和领导人对信息的判断，占据了相关民众的认知思维；在战争或武装冲突时期，认知战能够提升实施方的战略、战役、战术水平，削弱敌方军队的战斗力，减轻国际舆论压力，有利于促成作战目标的达成。但是，如同上文所述，认知战是认知域上的作战，是思维和心智领域的作战，并不会直接造成物理性损害后果，其造成的损害后果是非动能的、非物理性质的。就因果关系而言，认知战行为与造成上述目标的达成之间存在因果联系。

三、 基于法律主体对国际法视域下认知战法律概念的厘定

实施不法认知战后的国际法律责任应当如何承担，是国际法迫切需要解决的重大问题。而国际法律责任承担的必要条件是实施此类不法认知战的主体为国际法主体。因此，解决何种法律主体实施认知战是国际法视角下厘定认知战法律概念的核心。

既有实践表明认知战的实施主体极为广泛，不仅包括国家、武装团

体，同时还包括有组织群体（黑客组织）①或个人群体；甚至政府间国际组织都有可能成为实施认知战的行为主体。但在国际法中，只有国际法主体实施的法律行为才是国际法制度讨论的内容。因此，只有国际法主体实施的认知战才能被纳入国际法的讨论框架，故而上述在法律范畴外实施认知战的主体并非均能作为国际法上实施认知战的法律主体。国际法的法律主体是在国际法律关系中权利的享有者和义务的承担者。通常而言，国际法的主体包括国家、政府间国际组织，以及部分交战团体；而个人或法人一般不是国际法上的主体。②尽管《奥本海国际法》表达了个人能够成为国际法上的主体而承担相应国际法律责任的观点，但普遍认为，国际法对个人赋予的权利义务往往通过国内法形式实现。③尽管认知战存在着向普通大众渗透、延展的强大趋势，④但个人难以直接承担国际法律责任，因此在国际法中讨论个人实施认知战的权利义务性，至少从当前来看没有明显的法律意义。

首先，就国家而言。国家作为最重要的国际法主体，其实施的、能够影响国际法上权利和义务的行为均能被纳入国际法的规范体系。实践表明国家实施认知战的两种途径：国家直接设立认知战部队实施认知战；国家授权个人或组织实施认知战。各大军事强国正大力研究认知战作战方式并构建本国的认知战体系。美国通过组建陆军心理战部队，与海军空军高度

---

① 通常而言，黑客多指对计算机系统非法植入病毒或进行网络攻击的人员。较为流行的观点通常将社交、传媒公司列为实施认知战的有组织群体。Yuriy Danyk, Chad Briggs. Modern, "Cognitive Operations and Hybrid Warfare", Journal of Strategic Security, 16, No.1 35—50, 2023. 红十字国际评论的一篇文章指出，黑客阻碍人道主义救援行动的方式主要为攻击计算机等操作硬件，窃取服务器数据等，因此与认知战的行为方式具有根本区别。Massimo Marelli, "Hacking humanitarians: Defining the cyber perimeter and developing a cyber security strategy for international humanitarian organizations in digital transformation", International Review of the Red Cross, 102 (913), 2020.
② 王虎华主编：《国际公法学》，北京大学出版社 2015 年版，第 78 页。
③ ［英］罗伯特·詹宁斯、阿瑟·瓦茨修订：《奥本海国际法》，王铁崖等译，中国大百科全书出版社 1995 年版，第 404—406 页；贾兵兵：《国际公法：和平时期的解释与适用》，清华大学出版社 2022 年版，第 110 页。
④ Francois du Cluzel. Cognitive Warfare [EB/OL]. https://www.innovationhub-act.org/sites/default/files/2021-01/20210122 _ CW%20Final.pdf.

联合，构成信息化下的心理战作战力量。①美国参谋长联席会议出台的《心理战手册》，较为详尽地描述了心理战的作战模式、指挥体系和法律责任。②美国认知战体系正向制度化、规模化、体系化方向发展。美联社称，俄罗斯国防部部长表示俄军组建了专门的信息战部队，通过"聪明和高效的方式进行宣传"。③

至于国家授权个人或组织实施的认知战，尽管其违反了国际义务，但美国的国家实践似乎并不将其归因为攻击国使其承担国际法律责任，而是通过国内法对相关个人或组织进行处罚。肖恩·沃茨指出，与人们传统认为的主权原则和不干涉原则不同，"和平时期通过网络黑客影响政治大选行为的一种观点正在形成势头，即仅仅窃取数据不是侵犯主权"，而是国家相互之间间谍活动和竞争的常规方面。④巴里·桑德观察到，国家授权个人或组织影响他国政治制度和国家大选的认知战似乎满足了侵犯他国主权，违背不干涉内政原则的基本要件，但他承认，在虚拟空间和现实世界下的主权交叉问题导致现有国际法律制度并不能推定出国家授权个人或组织实施认知战违反国际法义务时应当承担的国际法责任。⑤因此，国家作为实施认知战的法律主体之一，其设立认知战部队直接实施和平时期和战争或武装冲突时期的认知战，能够纳入国际法体系进行研究；但国家授权个人或组织实施认知战，至少从美国的国家实践而言，难以将其认定为国家行为从而被国际法所规制。

其次，就非国家有组织武装团体来说。当前的武装冲突实践中，非国家有组织武装团体作为国际人道法的主体地位被确立在学说理论和判例

① John Whiteaker, Sami Valkonen, "Cognitive Warfare: Complexity and Simplicity", NATO Collaboration Support Office, pp.11, 1—5, 2022.

② Psychological Operations Joint Publication 3-13.2.

③ https://apnews.com/article/8b7532462dd0495d9f756c9ae7d2ff3c, 2023-10-07.

④ Sean Watts, "International Law and Proposed U.S. Responses to the D.N.C. Hack", https://www.justsecurity.org/33558/international-law-proposed-u-s-responses-d-n-c-hack/, 2023-10-22.

⑤ Barrie Sander, Democracy Under The Influence: Paradigms of State Responsibility for Cyber Influence Operations on Elections, Chinese Journal of International Law, 2-21, 2019.

中，并被广泛接受。①因而，此类团体实施的行为倘若涉及国际法上的权利义务，同样能够被视作权利义务相对有限的国际法主体。

例如，恐怖主义组织实施的恐怖活动宣传。极端恐怖主义势力在宣传恐怖组织，成员招募中通过网络媒体，社交平台的宣传中散布虚假新闻和极端思想。②信息化时代下的全球媒体和大众传播为恐怖分子和极端分子提供了具有成本效益的招募、训练、计划、合法化和资源致命和非致命行动的能力。③

因依照通说观点，"有组织性"和"暴力性"是判断某个武装团体是否构成具有国际法主体资格的非国家有组织武装团体的标准。④因此，当满足两个标准时，该武装团体便具有了国际法主体的资格，便可将其纳入国际法视域下实施认知战的法律主体。不过应当明确，恐怖组织是国际法上公认的有组织极端犯罪团体，国际法没有为恐怖组织的存在提供正当化的政治和法律基础。恐怖组织既无权缔结条约，也无法在一定范围的国际法规范下享有权利、承担义务。同时，恐怖组织不存在于"人民自决原则"和非自治领土这些条件内，也并不归属于公认的交战团体和叛乱团体。⑤因此恐怖组织无法取得国际法主体的资格，从而其所实施的认知战行为无法使其承担国际法律责任。不过，恐怖组织在战争或武装冲突时期实施的不法认知战有可能存在违反国际人道法的后果。应当如何解决此类问题尚待研究。

第三，政府间国际组织同样可以作为实施认知战的法律主体。2022 年

---

① 更加常见的说法是将非国家有组织武装团体称为"交战团体或叛乱团体"。Diana Mackiewicz：Cognitive Warfare：Hamas & Hezbollah and Their Insidious Efforts，Course：Islamic Jihadi-Salafi Terrorism as an Ongoing Challenge Institute of National Security Studies，2019.

② 联合国大会：虚假信息与意见和表达自由，促进和保护意见和表达自由权特别报告员伊雷内·汗的报告：A/HRC/47/25。

③ Psychological Operations，Joint Publication 3-13.2.

④ 贾兵兵：《国际公法：武装冲突时期的解释与适用》，清华大学出版社 2020 年版，第 59—61 页。

⑤ 贾兵兵：《国际公法：和平时期的解释与适用》，清华大学出版社 2022 年版，第 141—142 页。

俄乌冲突中北约和欧盟通过网络、电视媒体等舆论平台蓄意调动西方民众群体的情绪、感性经验和集体无意识，通过操纵舆论的方式对俄罗斯实施了大规模认知战。北约和欧盟利用社交媒体中视频技术和情感政治的结合展现了现代网络技术与舆论平台所搭建的认知攻防系统之于现代战争或武装冲突的强烈影响与深远意义。

综上所述，国家、政府间国际组织，以及非国家有组织武装团体三类国际法主体是能够实施认知战的法律主体。没有在国际法主体授权之下的个人和组织，因其不属于国际法主体的范畴，其所实施的认知战不可能构成国际不法行为从而承担国际法律责任，因此在国际法制度下不能构成法律意义上实施认知战的法律主体。而在国际法主体授权之下的个人和组织，虽从国际法理论而言，其实施的认知战行为可归因为国家，但美国的国家实践却反其道而行，将其认定为国内法规制的对象。

四、 结论

认知战不仅局限于战争或武装冲突时期的军事作战，同时还包含和平时期对被攻击方民间社会和公共秩序的意识形态解构与价值观念影响。在和平时期与战争或武装冲突时期，某种国际法律行为造成的相对方之间权利与义务的产生、变更和消灭会有所不同，因此在广泛的国际法语境下称认知战为"认知行动"显然更为妥当。当然，并不是说认知战的表述不能运用于国际法语境中，在特殊的国际法领域，如战争法和武装冲突法领域对涉及认知的攻击行为称为认知战同样也是合理的法律语言表达。

认知战在国际法上又可以被称为认知行动，其法律概念是：由国家、政府间国际组织、非国家有组织性武装团体所实施的，影响、干扰占据目标对象接收信息、处理信息、解决信息的能力，并引起作为国际法主体的实施方和目标方相互之间国际法上权利和义务产生、变更或消灭的行为。

当今针对认知战的国际法规范制度尚处于萌芽与起步阶段，诸多学理问题难以达成共识。但无论如何，对认知战的国际法法律界定必须从基本理论入手，对认知战的国际法法律要素和法律概念进行清晰的划分与厘定。构建认知战的国际法律体系，符合良善国际法治的需求。因此，应当在关乎认知战的国际法重大问题上寻求国际共识，共同致力于构建和平、和谐的国际秩序。

世界银行评价体系下公证助力营商环境优化的实践探索

■ 张　铮　曹逸珺*

【摘要】世界银行的营商环境评价体系是衡量某一国家营商环境水平的权威标尺，下设一级评估指标与二级评估指标。"公共服务"是世界银行 B-READY 体系中的二级评估指标，而公证作为一种公共法律服务，具有明确的公共利益属性，在营商环境优化方面也发挥着重要作用，理应被 B-READY 体系中的公共服务所吸纳。实践中，公证机构为助力营商环境优化已落实了多项举措，逐步拓展出涉外与本土两条路径，未来亦可通过推进法律科技运用、发挥公证调解的司法辅助作用、持续开展企业涉外业务等路径持续贡献力量。

【关键词】世界银行　公证　营商环境　新公司法　《海牙取消认证公约》

一、 世界银行营商环境评价体系的溯源考察

营商环境的好坏直接影响企业的创办成本、运营效率、创新能力以及

---

* 张铮，上海市静安公证处副主任，国际公证联盟中国委员；曹逸珺，上海市静安公证处。

投资决策，同一国的经济活力、就业创造与财政收入等发展衡量指标存在着紧密的联系。世界银行的营商环境评价体系在经济全球化的大背景下应运而生，旨在为全球促进经济发展、改善营商环境提供最专业、最权威的国际标准。在 20 余年的发展长河中，营商环境评价体系历经了由"Doing Business"评价体系（简称"DB 体系"）向"Business Ready"评价体系（简称"B-READY 体系"）革新的过程，无论是在内容上还是形式上都更加贴合现代经济社会的发展需求。

（一）世界银行营商环境评价体系的演进历程

营商环境（Doing Business）是市场主体的生存之基，营造市场化、法治化、国际化的一流营商环境是我国顺应国际营商环境建设新趋势的务实举措。世界银行的营商环境评价体系已经成为衡量某一国家营商环境水平的权威标尺，通过一套标准化指标来反映不同国家的企业经营环境，从而指导政策制定和改革。世界银行营商环境评价体系在 20 余年的发展中几经变革，演进出 DB 体系与 B-READY 体系。

DB 体系始于 2001 年，最初的设立目的在于构建一个衡量和评估各国私营部门发展环境的指标体系，通过收集并分析定量数据，对一国的商业监管环境进行比较研究，最终发布《营商环境报告》（*Doing Business Report*）以供各界参考。世界首份《营商环境报告》于 2003 年发布，一直持续到 2019 年，累计发布 17 份报告，涵盖全球 190 个经济体，对全球国际贸易与国际投资产生了重要影响。但随着全球经济体系的复杂程度加剧，各经济体之间在经济制度、历史文化与发展水平等方面可能存在着千差万别，若继续沿用统一、固定的评价标准未免太过僵化，无法客观、全面、准确地反映各经济体的营商环境现状，这在一定程度上为《营商环境报告》招致诸多非议。不止如此，《营商环境报告》曾经深陷数据操纵丑闻，引发外界对其公正性和可靠性的严重质疑。[①]而

---

① Weihua Hao, "The Numbers Don't Lie, or Do They? Measuring Justice with the World Bank's 'Doing Business' Indicators", available at https://www.mcgill.ca/business-law/article/numbers-dont-lie-or-do-they-measuring-justice-world-banks-doing-business-indicator, last visited on May 8, 2024.

这正是世界银行最终选择取消公布《营商环境报告》、停止适用 DB 体系并开发新型 B-READY 评估体系的直接原因。

与此前 DB 体系期望通过对世界经济体的多角度评估最终达成全球营商环境优化的结果不同，B-READY 体系更偏重于一种过程性项目。正如 B-READY 体系的名称一样，其揭示了全球经济正处于不同的发展准备阶段，政府在创造有利于可持续发展的商业环境方面发挥着关键作用。[①]作为 DB 体系的替代产物，B-READY 体系修正了原有评价体系中的瑕疵，在充分听取世界银行集团内外专家（包括政府、私营部门和民间社会组织）意见的基础上，以一种更加平衡和透明的方式来评估一国的商业和投资环境。[②]受到过往数据操控的负面影响，新出台的 B-READY 体系尤为注重数据透明度，并会采取完整的数据保护措施将所收集的信息在项目官网上进行公开披露，以确保评价内容的公正与权威。

（二）世界银行营商环境评价体系的主要变化

相较于 DB 体系，B-READY 体系重新设计了一套评价指标，专注于 10 个主题，涵盖了企业在启动、运营、关闭或重组等活动过程中的全生命周期，以企业准入、经营场所获取、公用事业服务、劳动力、金融服务、国际贸易、税务、争议解决、市场竞争和企业破产为切入点，客观反映一个经济体的营商环境质量。[③]现有 B-READY 体系是对 DB 体系的迭代优化，在内容与形式层面都作出了重要更新。

在内容层面，B-READY 体系的革新亮点不仅在于 10 项评估指标的名称发生大规模改变，更在于 B-READY 体系的评估视角更加广泛，对某一

[①②] The Word Bank，"World Bank Group Launches Business Ready Project"，available at https://www. worldbank. org/en/news/press-release/2023/04/28/World-Bank-Group-Launches-Business-Ready-Project，last visited on May 8，2024.

[③] The Word Bank，"World Bank Group Launches Business Ready Project"，available at https://www.worldbank.org/en/news/press-release/2023/04/28/World-Bank-Group-Launches-Business-Ready-Project，last visited on May 9，2024.

经济体的国内法审查不单局限在"有没有",而是更加重视"好不好"。换言之,B-READY 体系重视的不只是法律条文本身,还包括法律规范在具体实践中的实施和执行以及对企业实际运营所可能产生的影响。基于此,B-READY 体系的评估指标内涵也更趋丰富、全面。例如,在"税务"指标项下,该体系显示出对绿色金融的重视,适当借鉴了联合国环境规划署、国际资本市场协会等国际组织的标准,顺应了全球经济向可持续发展的趋势;"公用事业服务"指标中除 DB 体系中的用电之外,增设了用水、用网等内容。

在形式层面,世界银行的数据收集渠道较之以往更加多元。一方面,关于世界银行操纵数据制发不客观的《营商环境报告》的阴影仍然笼罩于国际社会,世界银行亟须通过新型的项目评估体系来为自己正名。另一方面,B-READY 体系的设立宗旨不是要一蹴而就地在世界范围达成营商环境优化的现实成果,而是想要通过前述 10 方面的评估来促进主要经济体为全球营商环境的优化时刻做好准备。所以,除了传统的专家咨询之外,B-READY 体系还整合了企业调查数据,以期获得更贴近实际情况的评估结果,确保各类数据之间能够相互补充验证。

(三) 新评估体系下营商环境的内涵

B-READY 体系将营商环境定义为"一系列企业无法控制的条件,这些条件对企业在整个生命周期中的行为有重大影响",并将评估范围限定在微观经济层面的条件。[①]这是世界银行首次从官方角度对营商环境作出界定。根据前述官方定义,同时结合 B-READY 体系更新的一级评估指标,可以发现,这一概念涵盖影响企业活动的多个维度,囊括企业各个生命周期阶段面临的完整外部环境,大致可以总结为文化环境、市场环境与政务环境三大类因素。

---

① The Word Bank,"Business Ready Methodology Handbook",available at https://thedocs. worldbank.org/en/doc/357a611e3406288528cb1e05b3c7dfda-0540012023/original/B-READY-Methodology- Handbook.pdf,last visited on May 10,2024.

1. 文化环境

文化环境在影响一国营商环境的因素中占据着首要地位。鉴于各经济体之间历史文化背景不尽相同，各自的政治体制、经济发展水平等亦存在着明显的差异，这对一国的市场环境与政务环境的发展会产生直接影响。从营商环境的角度出发，文化环境可拆解为人文环境与法治环境两方面，前者包括一国本土的社会文化、劳动力素质、职业道德和社会治安等软性因素，间接影响着企业的运营效率和人才吸引能力；后者旨在通过营造良好的法治环境来保障企业的合法权益，降低交易成本和风险。

2. 市场环境

从广义上来说，该因素除了包括市场环境本身，还应包括外部融资环境，例如银行贷款、资本市场融资、创业投资等，因为企业获取资金的难易程度决定了其融资渠道的可获得性和成本，进而会对企业的长远发展产生影响。市场环境因素对一个企业的重要性不言而喻，涉及市场的开放程度、竞争态势、市场需求、供应链的成熟度以及行业准入门槛等诸多方面，有利于营造一个公平竞争、信息畅通、需求旺盛的市场环境。

3. 政务环境

尽管 B-READY 体系中并未直接涉及政务环境这一评估指标，但政务环境实际上与政府行政效率、政策稳定性与透明度息息相关，与政府对企业的服务和支持程度直接挂钩，故而世界银行在对经济体作出评估时也会将政务服务的质量与效率、政策的可预测性与一致性、行政审批流程等作为综合性考量因素纳入评估体系。

二、 B-READY 评估体系中的公共服务

在 B-READY 体系下，政府为立法的有效运行所提供的公共服务成了重要的二级营商环境评估指标，包括硬件基础设施与制度建设等软件基

础设施，超越了传统经济学领域关于公共服务的一般概念。[①]公证作为一种专业法律服务，面向全体社会大众，具有明确的公共利益属性，理应被B-READY 体系中的公共服务所囊括。

（一）公共服务的含义与地位

公共服务是世界银行 B-READY 体系中的二级评估指标，[②]是指政府为了企业能够遵守法律法规而为其提供便利，建立有利于企业发展的公共制度与基础设施。[③]一级评估指标的 10 项内容已经基本覆盖企业运行周期中的外部条件，二级评估指标的设置目的则是要对一级评估指标进行更为深入的评价。例如，以一级评估指标"企业准入"为例，在评估过程中还需从公共服务、法律框架、运行效率三大视角进行综合衡量。

例如，随着全球数字化技术的发展，B-READY 体系更加注重政府所能提供的数字化公共服务及其对于促进商业活动的影响。在"市场准入"领域，B-READY 体系会考虑企业在线注册、电子政务服务的可用性和效率、企业合规信息等内容，以此来评估政府通过数字化手段提供服务的能力。在"经营场所获取"领域，评估体系考察公共服务的质量，特别是那些影响企业选址和运营的服务，如基础设施的供给质量，以及相关信息的透明度，确保企业能基于充分信息作出决策。在"办理破产"等领域，评估还会考察破产程序中公共服务基础设施的质量，这反映了政府支持企业解决困境的能力和效率。可见，政府提供的公共服务在 B-READY 体系中居于基础性地位。

---

① 王佐发：《世界银行营商环境评估新指标下"府院联动"的理念提升与制度改革》，《中国政法大学学报》2023 年第 6 期。

② 除公共服务外，二级评估指标还包括法律框架与运行效率。鉴于本文的研究重点在于 B-READY 体系下公证业务如何推动营商环境优化，故仅对公共服务这一项二级指标进行论证，无涉法律框架与运行效率。

③ The Word Bank，"Concept Note Business Enabling Environment"，available at https://thedocs.worldbank.org/en/doc/2250b12dfe798507f7b42064378cc616-0540012022/original/BEE-Concept-Note-December-2022.pdf，last visited on May 10，2024.

（二）公证纳入 B-READY 评估体系中公共服务范围的必要性

衡量某项服务能否被纳入公共服务范畴的核心在于其中是否呈现出鲜明的公共利益属性。从外在表现形式来看，公证机构作为一种面向社会公众开放的法律服务机构，为企业和个人提供平等、专业的服务，彰显出公共服务的普遍性和公平性，故而公证服务理应归入公共服务的范围。

从公证服务的内在实质来看，预防纠纷、提高司法效率是公证服务的最主要功能，这既是公证服务对公共利益的一种贡献，又是其对社会整体秩序的维稳发挥重要作用的体现。公证机构通过对法律行为、法律文书等内容进行专业证明，使文件中承载的法律事实确定下来以确保这些法律文件的真实性与合法性，进而增强文书的可靠性和执行力。对于那些具有强制执行效力的法律文书，可以直接作为执行依据，从而有效避免或减少纠纷的发生，维护法律关系的稳定性和社会秩序。同时，根据法律规定，经过公证证明的法律行为、法律事实和文书在法院审理案件时具有高度的证据效力，可直接作为认定事实的依据，能够在一定程度上简化诉讼程序。另外，公证服务也能够对社会经济活动提供一定的支持，促进交易安全与便利。在商业活动中，公证服务能够增加交易的透明度和安全性、降低交易成本、提高效率，进而促进市场经济的健康发展。

此外，国际公证联盟作为当前全球具有较高影响力的国际性公证组织，致力于在全世界推广民法公证制度，以消除此前世界银行营商报告关于公证影响交易、增加成本的负面评价。国际公证联盟决定以编纂《国际公证法典》为契机以缓和以世界银行为代表的英美法系对以公证为代表的大陆法系的冲击。在 2023 年 11 月举办的国际公证联盟大会上，国际法官协会高度认可国际公证联盟在助力司法减负领域发挥的重要作用，并与国际公证联盟共同签署《关于促进良好司法治理和法院减负的协议》，这意味着全球公证人在非诉领域的职能发展将得到进一步提升,公证人亦将成为法院非诉事物的绝佳人选。[①]最终,在国际公证联盟与全球公证人的不竭努力之下,世界银行不仅修改了营商环境报告中对公证的负面表述,还首次承认公证对于保证交易安全发挥了积极的作用。申言之,国际公证联盟的成立宗旨在于协调、促进、发展各国公证事业,加强国际公证界的合作,确保更好地为民众和社会服务;而公证更是以维护法律秩序、促进社会公正、提升经济效率为宗旨的专业法律服务,具有明确的公共利益属性,应当被纳入 B-READY 评估体系公共服务的行列并在评估一国的营商环境水平时予以考察。

三、 公证助力营商环境优化的实践路径

立足于世界百年未有之大变局的演进过程,同时也基于经济全球化的大背景,推进涉外法治体系和能力建设已成为大势所趋,"涉外法治"一词也于 2020 年首次被写入中国共产党第 20 届全国代表大会报告,从中央层面对外宣示了我国意图通过法治力量构建公正、平等、民主的国际秩序的决心。随着我国的综合国力不断增强,有越来越多的中国企业选择走出国门,拓展海外市场业务。法治是最好的营商环境,更是企业行稳致远的坚实保障。近年来,公证作为定分止争、预防风险的前沿阵线,积极探索涉外与本土两种路径,为市场主体提供更加高效、便捷、专业的法律服务,从而助力营商环境的持续优化。

(一)涉外路径:为中国企业出海保驾护航

2023 年 11 月 7 日,《取消外国公文书认证要求的公约》(*Convention Abolishing the Requirement of Legalization for Foreign Public Documents*,简称《海牙取消认证公约》)正式对我国发生效力,这意味着我国与《海

---

① 《巴西·国际公证联盟大会侧记》,《中国公证》2023 年第 12 期。

牙取消认证公约》缔约国之间的跨境公文书流转将不必遵循过往的外交部门与使领馆的"双认证"程序，只需适用"一步到位"的附加证明书新模式。

与传统模式相比，现有的附加证明书制度在节约时间成本与促进跨国经贸往来上都取得显著成果。一方面，在原有的"双认证"框架下，一份跨国文书的正常流通需要经过文书出具国与文书使用国双方主管机关的双重程序，而附加证明书的签发只需以文书出具国的公证机构出具相应公证书为前提，随后即可进行附加证明。据外交部领事司认证处的统计，实践中，每份跨国文书的完成"双认证"的时间约需 20 个工作日，最长可达 45 个工作日，而一旦正式启用附加证明书制度，缔约国签发附加证明的平均时间仅为 1 个工作日。[①]背后的原因在于附加证明书制度的牵涉机关仅为文书出具国单方主体，毫无疑问在程序上会更加简化。另一方面，原有的"双认证"制度存在明显的地域限制，即：已经取得"双认证"的跨国文书仅能够在特定文书使用国适用，若当事人想要在第三国使用该文书，只能够根据第三国的要求再次进行"双认证"，其繁琐程度可见一斑。但是在附加证明书的语境下，一旦取得了文书出具国签发的附加证明书后，同一份文书就可以不受限制地在《海牙取消认证公约》缔约国使用。这一变化从实质层面削减了冗长、复杂的重复性程序，为当事人与行政机关都减轻了程序负担，对于推动跨国交往与国际商事贸易活动都大有裨益。

"一带一路"倡议已提出 10 来年。同时，中国公证人依托国际公证联盟等全球性平台亦不遗余力地帮助越来越多的本土企业走出国门。例如，习近平总书记在 2024 年新年贺词中提到的国产大型邮轮完成试航的成功案例背后就不乏来自上海的国际公证联盟中国委员的身影。[②]自 2003 年我国加入国际公证联盟以来，我国在国际公证联盟的影响不断增强，已经连续

---

① 外交部领事司认证处：《促进中国对外贸易的新工具——浅谈取消外国公文书认证要求的公约》，《中国对外贸易》2021 年第 4 期。

② 《国家主席习近平发表 2024 年新年贺词》，新华网，https://www.ccps.gov.cn/xtt/202312/t20231231_160677.shtml，2024-04-22。

五届担任国际公证联盟副主席国，为我国企业在国际经贸活动中提升话语权、增强商事交易透明度与可信度等都提供了基础支撑。

（二）本土路径：以新《公司法》为指引落实企业合规制度

营商环境是市场经济的培育之土，是市场主体的生命之氧，只有进一步优化营商环境，才能真正解放生产力、提高竞争力。[①]企业合规是优化营商环境的重要环节。在全球化的背景下，合规制度渐渐成为企业从本土市场迈向国际市场的基础。完备的企业合规制度不但能够提升我国经营环境的稳定性和诚信度，维护健康的市场竞争秩序，从而吸引更多外资流入我国市场，更有助于在国际市场中彰显我国企业的正面形象，增强投资者和消费者的信心，促进国内外市场的深度融合与互利共赢。所以，对各类企业来说，只有积极构建内部合规管理制度，才能确保企业自身得以在法治轨道上运行，这也是"法治是最好的营商环境"的最佳体现，也解释了我国《公司法》修订过程中为何要首次在基本法层面引进企业合规制度。

公证是公共法律服务的重要组成部分，是响应国家政策，打造市场化、法治化、国际化营商环境不可或缺的一环。作为优化营商环境的主力军，各类型企业对于维护正当权益、提高经济效益、排除不法侵害、防范法律风险等产生众多共性需要，催生企业公证业务需求量的增加。[②]企业公证服务主要集中在以下几类业务：

1. 涉外公证服务

为了满足跨国企业的业务经营需求，公证机构提供的涉外公证服务包括对公司文件、合同、授权书等进行公证，通常是由企业的法定代表人或被委托人在公证人的现场见证下在前述文书上签字或盖章，以确保该文书的签署是基于企业的真实意思表示。在公证书出具完毕后，有些还需经过

---

① 《优化营商环境助力高质量发展》，人民网，http://opinion.people.com.cn/n1/2020/1214/c1003-31964770.html，2024-04-22。

② 黄楚仪：《公证服务企业的类型化研讨》，《中国公证》2023年第9期。

认证程序后，方能在国外得到认可及执行。

2. 证据保全公证服务

证据保全是企业规避风险、维护自身合法权益的基本方式之一，旨在对可能因各种原因而灭失或未来难以获取的证据材料进行预先的收集、保存或固定，确保这些证据得以在后续的法律程序中保持真实性和证明力。这对于知识产权侵权案件具有举足轻重的关键作用，通过公证发挥的纠纷预防作用，可以最大程度上确保企业在后续举证环节中掌握主动权，提高证据在诉讼程序中的采信度。

3. 企业内部治理公证服务

企业内部管理架构的组织方式、权力行使和程序规范等牵一发而动全身，是企业运作机制的基石。公证作为客观、中立的第三方介入到企业内部管理与决策过程，既能提高企业内部的规范化、透明化程度，也有助于对外塑造良好的企业形象。例如，当企业内部成员不愿意配合内部决策机构作出的相关决议时，公证机构即可为企业办理召开会议通知的邮寄送达公证、股东会会议现场监督公证、股东会决议公证等，以预防潜在纠纷，保障企业的持续健康发展。[1]

可见，公证服务已经成为企业风险管理、权益保护、业务运营的重要工具，为企业的全生命周期保驾护航，确保企业能够在日益复杂的经济活动中获取相应的法律保障。

四、 B-READY 体系下公证的优化路径

世界银行 B-READY 体系与公证服务看似分属于不同的行业领域，但两者都共同致力于在紧密贴合现代经济社会发展的背景下，为广大市场主体打造良好的营商环境。鉴于公证机构在预防纠纷、减少诉讼、保障企业

---

① 廖小燕、范艺雯：《公证服务企业高质量发展路径探索与模式构建——以重庆公证行业实践为例》，《中国公证》2023 年第 9 期。

权益、提高交易效率等方面长期发挥着关键作用，通过提供独立、公正、客观、专业的法律服务，增强了商业交易的透明度、安全性和效率，从而助力营商环境的持续优化。

（一）推进法律科技运用

随着全球数字化技术的迭代发展，国际公证的信息化发展已经迈入高速发展的新阶段。在域外，巴西、加拿大、爱沙尼亚等国依托国际公证联盟 2021 年《在线公证指引》率先于国内建立了统一的在线公证平台。巴西公证人创设的平台不仅实现了统一的数据存储及安全保障，还能就房地产交易、离婚登记等主要业务数据进行实时分析。[①]在我国，自最高法院于 2022 年发布《关于规范和加强人工智能司法应用的意见》以来，前沿人工智能技术为司法工作提供全方位辅助的重要作用日益显现，法律科技的概念也应运而生。在这一背景下，上海市市政府顺势而为发布《关于推动法律科技应用和发展的工作方案》，明确加强智能化公共法律服务供给。《方案》对于公证行业的数字化转型作出清晰指引：深入落实公证行业中的区块链技术应用，以此加强数据汇集分析，进而对公证业务风险、职业合规性等进行预警提示。[②]司法行政部门则制定相应的推进计划，通过程序开发、课题调研、机制搭建等渠道灵活运用法律科技技术，更好地满足人民群众的法律咨询服务需求，实现精准普法、精准服务的目标导向。

（二）发挥公证调解的司法辅助作用

随着经济社会的快速发展，我国民商事纠纷数量呈指数级上升，最高法院于 2019 年开始在全国范围内大力推广多元纠纷解决机制，意图通过机制创新来回应民众实际需求。其中，引入各方社会力量参与纠纷化解是实

---

① 《巴西·国际公证联盟大会侧记》，《中国公证》2023 年第 12 期。
② 《一图读懂〈关于推动法律科技应用和发展的工作方案〉》，上海市司法局，https://sfj.sh.gov.cn/2020zcgzjd _ zcjd/20240102/201b9da22db54a5d843d75546743685e.html，2024-06-04。

现社会资源合理分配、从源头上解决矛盾的关键所在。长期以来，公证始终站在预防纠纷、防范风险的最前沿。按照大陆法系国家的学说和经验，公证是运用非讼程序解决矛盾纠纷、分担法院诉累的重要力量，以公证人员"非诉法官""司法助手"为代表的形象使公证调解这一司法辅助服务的优势日益凸显。[①]相较传统调解模式，公证机构拥有强公信力的中立角色定位，且公证员具备良好的专业法律素养，在家事、商事、金融、不动产等特定领域均掌握了丰富的实践经验，故而以公证员为主导的公证调解模式在纠纷处理中能够更好地为纠纷各方当事人所接受，从而增加信任基础，减少沟通障碍。[②]可以说，公证调解的兴起既有利于推动中国特色社会主义预防性法律制度的完善，又能加快实现和谐社会的价值目标。所以，公证的制度价值也在预防纠纷的同时向积极参与快速化解纠纷而演变。

（三）持续开展企业涉外业务

首先，在全球化背景下，公证服务对于跨境交易的法律文件认证、国际贸易合同公证等方面至关重要，公证机构可以为企业提供跨境贸易与国际诉讼、国际仲裁支持，包括提供证据收集和保全服务，保障企业在海外权益的有效维护。针对企业创新和品牌建设中的知识产权问题，公证机构可以提供从创意、研发到产品上市全链条的证据保全服务，包括但不限于版权、商标、专利等的申请前证据固定，有效预防和解决知识产权侵权争议，保护企业核心竞争力。

其次，公证机构可定期提供面向企业的法律咨询服务和法律知识培训，帮助企业提高自身法律意识、预防法律风险，尤其是在复杂的商业规则和不断变化的国内外法律环境中，增强企业的自我保护能力。例如，山

---

① 杨绍宏：《公证调解在公证参与多元解纷体系中的地位和价值》，《中国公证》2022 年第 2 期。

② 张瑜明：《公证调解的优势与短板》，《中国公证》2022 年第 2 期。

东省烟台市蓝海公证处的"暖心公证·护企同行"活动就是通过线上平台宣传服务企业案例，增强企业对公证服务的认知，同时提升公证服务的可及性和便捷性，营造良好的法治环境。①

第三，公证机构亦可全程参与企业信用信息的记录和验证，为构建企业信用体系提供法律支撑，有助于营造诚实守信的市场环境，降低交易风险，吸引投资。

第四，公证通过创新服务产品的锻造，也开始在助力企业商誉甚至产品和服务的销售上发挥加持作用。

通过上述路径，公证服务不仅能够直接提升商业活动的效率和安全性，还能够间接促进市场信任度和法治环境的改善，为构建法治化、国际化、便利化的营商环境贡献源源不断的公证力量。

五、 结语

世界银行最新公布的 B-READY 体系改进了原有 DB 评价体系的瑕疵，旨在以一种更加平衡和透明的方式来评估一国的商业和投资环境。公证服务看似与世界银行分属于不同业务领域，但其作为预防纠纷、减少诉讼、化解矛盾的公共法律服务，在降低交易风险、增强商事交易透明度、提高交易安全等方面发挥着重要作用。我国正在参照、对标 B-READY 体系，谋划修订我国相关营商环境考评体系。各级地方部门也在深入研究参考世界银行新指标，对标找差，着力改善区域营商环境。在涉外路径方面，《海牙取消认证公约》的生效简化程序、节约成本，对个人和企业都是重大利好；在本土路径方面，我国新《公司法》首次确立了企业合规制度，公证以自身客观、中立的特有属性已经成为企业风险管理、权益保护、业务运营的重要工具。为紧密贴合现代经济社会的发展趋势，在国际社会上

---

① 《"暖心公证 护企同行"——烟台市蓝海公证处锚定护企服务，打通公证服务"最后一公里"》，烟台市司法局，https://sfj.yantai.gov.cn/art/2023/7/9/art _ 17021 _ 2900835.html，2024-05-25。

承担相应责任。中国公证机构在未来仍可以从推进法律科技运用、发挥公证调解的司法辅助作用、持续开展企业涉外业务等方面来进一步创新公证服务，提高公证服务水平与效率，为全球的营商环境优化贡献独具一格的中国力量。

涉外法治人才培养视野下的法律英语教学难点解析及对策建议[*]

■ 陈文婧[**]

【摘要】法律英语是当前各个法学院几乎都开设的课程，法律英语能力的培养也是我国涉外法治人才培养事业中的重要一环。各种英文模拟法庭竞赛，如杰赛普国际法模拟法庭竞赛（Philip C. Jessup）、威廉·维斯国际商事仲裁模拟仲裁庭竞赛（Willem C. Vis Moot）以及国际刑事法院模拟法庭竞赛（ICCMCC）等，均要求参赛学生有过硬的法律英语口语表达、阅读理解以及文书写作能力，法律英语课程无疑是培养学生此类能力的重要途径。法律英语课程的设计并无统一模式和指引，开设课程的教师大多根据自身的探索和经验设计课程。本文着重讨论本人在华东政法大学进行法律英语教学实践活动中归纳的教学难点，并就此提出相关分析和建议。

【关键词】法律英语　英语词汇　法律场景　比较法

---

* 本文系 2024 年度华东政法大学校级课程建设项目"法律英语学术写作：技巧与实训"的阶段性成果。

** 陈文婧，华东政法大学国际法学院副研究员，硕士生导师，上海市高校青年东方学者。

一、 问题的提出：法律英语侧重学法律还是学英语

在涉外法治人才培养的大背景下，法律英语的教学成为一项重点。长期以来，华东政法大学十分重视法学专业学生法律英语能力的培养，多年来致力于培养"懂法律、懂外语"的复合型人才。但法律英语教学仍未有统一的模式和指引，教学内容和结构均由开设课程的教师根据自身经验设计大纲、选择教学资料并开展教学活动。我曾在 2023—2024 学年的第一、第二学期均为全校本科生开设"法律英语学术写作精讲（英汉双语）"课程，参与（包括旁听）课程的本科生总计 150 人次，根据课堂提问互动、课下答疑、批改过程考核作业以及期末考试等方式，深度了解法学本科生法律英语学习存在的主要问题及核心难点。笔者认为，法学本科生学习和运用法律英语的核心难点并不在于英语能力本身，而在于无法理解法律英语专有词汇在法律的语境下对应的具体场景。换言之，法学本科生学习和运用法律英语的难点并不在于英语能力这一层面的问题，而是对法律知识，尤其是对诸多法律英语词汇在外国法语境下所指向的场景和内容了解不足。因此，要切实提升法学生理解和运用法律英语的能力，培养专业能力过硬的涉外法治人才，需认清对法律英语教学的一些认识误区，并聚焦难点分析，提出相关对策建议。

二、 对法律英语学习的传统认识误区

经过交流了解发现，绝大多数法科学生学习法律英语的途径和学习日常英语在方法论上并无明显不同，均大致遵循"阅读—记忆生词/词组—反复阅读练习记忆"的路径。但此类学习日常英语的方法对学习法律英语却作用有限。法学本科生（大二及以上年级为主）反馈的最普遍问题是阅读英文文献以及案例等存在困难。具体来说，学生在阅读过程中对绝大多

数英语单词、词组、句式结构以及语法等不存在理解障碍，但英语词句组合在一起却不明其意，无法理解语句表达的准确意思。目前华政大二及以上学生的普遍英语基础水平已达较高标准，绝大多数学生的词汇量达到大学英语六级标准，甚至部分学生达到雅思 7 或 7.5 分以上水平，足够应付英语阅读，但却难以理解法律英语词汇在法律语境下指向的意思和场景。换言之，要顺利阅读理解法律英语文献，学生的障碍不在英语基础，而在于法律知识的匮乏，尤其是在外国法语境下法律知识的欠缺。

举例来说，法律英语文献中常见的"private enforcement"中文译为"私人执行"，在语言本身的翻译上并无任何生僻含义。但几乎所有学生都无法理解"私人执行"在法律中具体指向何种场景。又如，"standing to sue"中文译为"诉讼中的起诉资格"，绝大多数学生则无法理解"站起来去诉讼"指向的法律含义就是"起诉资格"。类似的例子不胜枚举。因此，经过教学实践的观察，我认为法律英语的教学模式与传统英语的教学模式应有所不同，在教学中应当强调法律场景的解释和描述，而非仅停留在对生词、生句的直接翻译和记忆上。

三、 法律英语教学的核心难点解析

如上文所述，法律英语教学的难点并非由学生的英语词汇量不足、基础薄弱等原因所致，而在于学生无法将法律英语词汇以及词组等对应到相关的法律场景里，无法理解法律英语词句背后的法律意涵。造成这种现象的原因有多种：如本科法学生对法律知识背景的积累存在不足；对外国法下的法律场景指向不熟悉；对比较法知识缺乏全面理解，简单以为同一个英文单词在中国法和外国法中指向同一意思；等等。下文将对上述几个核心难点逐个举例分析。

（一）学生对法律知识背景的积累存在不足

以法律英语文献中常见的两个词汇"private enforcement"和"public

enforcement"为例说明。上述两词，前者译为"私人执行"，后者则译为"公共执行"，是一对相对概念。在教学过程中，学生对此两个词汇的翻译均准确，但却无法理解"私人执行"和"公共执行"在法律语境下指代什么意思。我在法律英语教学课堂上，曾带学生研读和讨论过一篇刊载于国际权威期刊《美国比较法杂志》(*American Journal of Comparative Law*) 2013 年秋季刊上的文章 "Private Enforcement of Securities Law in China: A Ten-Year Retrospective and Empirical Assessment"。在教学互动过程中发现，学生可以完全精准翻译该文章标题、内容摘要、关键词以及文章各级标题结构，但完全无法理解"证券法的私人执行"在法律中是什么含义，进而导致对文章实质内容理解困难。

事实上，对"私人执行"和"公共执行"两个常见法律英语词汇的理解，其核心问题并不是语言，而是法律语境的指向。在诸多部门法中，如证券法、反垄断法以及公司法等，都常包含有"公共执行"和"私人执行"两种法律执行机制。通常来说，公共执行是指依靠公共机构实施法律，发现和处罚违法者，它的处罚方式多样化，可以施加民事、行政和刑事处罚。①私人执行则主要是指依靠私人主体实施法律，通过提起民事诉讼达到赔偿受害人和威慑潜在犯罪的目的。②而上文所指的"证券法私人执行"指的则是相对于作为公共机构的证监会对证券违法行为监督和处罚，证券投资者作为私人主体也可以就证券违法行为提起民事诉讼，进行民事索偿。③由此例可见，对"public enforcement"和"private enforcement"两个词的理解不仅是对英语词汇的直接翻译，更重要的是理解背后所指向的法律语境，方可对此精准理解。因此，法律英语教学实际上要求教师讲授分析的不仅是英语的知识，还要着重解释英语词汇背后所指向的法律场景，加深学生对法律场景的理解。教师应当引导学生从"知道语言本身的

---

① ② 徐文鸣：《美国"多层次"证券法公共执法制度的实证分析》，《经贸法律评论》2019 年第 5 期。

③ 李海龙：《证券虚假陈述民事赔偿诉讼前置程序研究——公共执行与私人执行关系变迁的考察视角》，《中国政法大学学报》2021 年第 2 期。

意思"到"理解法律场景"的加深转化。

（二）学生对外国法下的法律场景指向不熟悉

此类型的难点主要出现在阅读英文法律法规条文、英文案例的过程中，尤其是当相关法律英语概念在中国法中并没有相同或者相似的制度时，学生则无法理解该法律英语词汇的准确含义。

以律师收费制度为例，我国《律师服务收费管理办法》明确规定允许在一定条件下，律师可使用风险代理的收费方式，即在符合约定条件时，律师可以收取占风险代理合同标的额一定比率的金额作为律师费。[①]而在外文文献中，关于律师收费方式则常出现两个词组："conditional fee agreements"和"contingency fee arrangements"。根据字面意思翻译，学生在理解这两个词组时极易混淆，无法区分哪一个词才是我国法律语境下所指的风险代理制。根据字面翻译，"contingency fee arrangements"常被翻译为"胜诉酬金制"，而"conditional fee agreements"则常被译为"附条件收费制"。仅就两者的字面翻译，仍然无法理解这两个词组所指向的收费方式究竟是同一种方式，还是不同方式，以及哪一个词组指向的才是更接近于中国法语境下的风险代理制。

实际上，要准确理解"conditional fee agreements"和"contingency fee arrangements"的意思，则需要对英美法中关于律师收费制度有一定的了解，光凭翻译的字面意思无法获知其准确内容。长期以来，绝大多数英美法系国家（如英国、美国、新加坡等）都允许"conditional fee agreements"（附条件收费方式）的使用，即在此类收费协议下，如果案件完全或者部分胜诉，律师均可获得一笔约定金额的额外酬金。而"contingency fee arrangements"（胜诉酬金制）在本质上与附条件收费制有相似之处，即律师获得的报酬与诉讼结果挂钩——"无胜诉、无酬金"（no win, no fees）。但两者的区别在于，胜诉酬金制并非律师与当事人事先约定一笔固

---

① 《律师服务收费管理办法》第 10—13 条。

定金额的酬金，而是事先约定案件胜诉以后，律师可以获得的胜诉收益的比率。相较而言，在英美法系国家，各国对胜诉酬金制的态度比较保守，因为与胜诉收益挂钩的律师收费方式被认为更易于引发律师的道德风险。[1]直至2013年，英国才允许胜诉酬金制的使用，并立法对其使用的条件进行规范。[2]

因此，在厘清附条件收费制度和胜诉酬金制具体法律场景指向的基础上，学生才可以准确理解中国法语境下的风险代理制应该指的是英美法中的 contingency fee arrangements，而非 conditional fee agreements。上述例子可以说明，在法律英语的教学中，对具体法律概念内涵的解释应当成为教学的一个重点，同时也是学生是否可以精确理解和掌握法律英语词汇的关键所在。

（三）对比较法知识缺乏了解

在我国的立法发展过程中，法律移植扮演着重要的角色。我国诸多部门法中的概念、制度以及体系等均来源于外国法，尤其是英、美、德、日等国家的法律。因此，中国法中的许多法律概念和制度均有对应的英语词汇和它们在外国法中的"对应物"。但值得注意的是，移植来的制度在我国的实践中发生变化，产生"淮南为橘，淮北为枳"的现象。因此，在法律英语的学习中，尤其要注意比较相关概念在中国法和外国法中的异同，避免想当然地认为两者在制度运行上完全一致，导致理解偏差。

例如，我国《公司法》提及的董事忠实勤勉义务（duty of loyalty and duty of care），在平常的教学中，也常被约定俗成地称为董事信义义务（fiduciary duty）。学生在学习中，通常是把信义义务、忠实义务以及勤勉

---

[1]　Philip J. Havers, Take the Money and Run: Inherent Ethical Problems of the Contingency Fee and Loser Pays Systems, 14 Notre Dame Journal of Law, Ethics and Public Policy 621 (2014), p.623.

[2]　英国的胜诉酬金制的名称是 damages-based agreements（DBA），https://www.legislation.gov.uk/ukdsi/2013/9780111533444，2024-06-14。

义务这几个词与公司法中的董事责任联系在一起的。但是，在阅读英国法文献时，学生遇到 fiduciary duty 这个词，根据所熟悉的中国法中信义义务的含义和适用场景去理解英国法的文献，却无法理解文献内容。原因在于，信义义务在英国法中适用的语境不仅包括学生熟悉的公司法，还广泛存在于信托法、土地法、财产法、代理法以及寄托法等。在英国法的语境下，信义义务不专属于任何一个部门法，只要当事双方存在信义关系，则两者之间就产生信义义务。[①]上述例子说明，在法律英语教学中，要引导和提醒学生不要先入为主地用中国法中已经熟悉的概念和体系直接代入外文文献的理解中，因为法律传统和体系的不同，很可能会导致理解的偏差。

再以公司法中的公司分类为例说明上述问题。中国《公司法》总体上规定了两大类公司形式：有限责任公司和股份有限公司。根据法律的官方译本，有限责任公司通常被翻译为 "limited liability companies"（LLC），股份有限公司则被翻译为 "joint stock limited companies"（JSLC）。在阅读外文文献时，"limited liability companies" 也常见于英国法，在缺乏对英国法具体规则了解的情况下，绝大多数学生先入为主地认为此处所指的有限责任公司就等同于我国《公司法》语境下的有限责任公司，进而在阅读具体文献、案例以及撰写法律英语文书时极易产生错误。实际上，英国公司法项下公司类型的划分与中国法中公司类型的划分有本质不同。

不同于中国公司类型的"两分法"，英国的公司类型根据不同划分标准大致划分为四大类，分别是有限公司和无限公司、股份有限公司和担保有限公司、公众公司和私人公司以及社区利益公司。[②]实际上，有限责任公司这一固定概念在大陆法系国家比较常见，英美法系则没有有限责任公司这一法定公司种类，更多则是指代一种学理意义上的公司类型。[③]虽然其英

---

① David J. Seipp, Trust and Fiduciary Duty in the Early Common Law, 91 Boston University Law Review 1011 (2011), pp.1011—1012.

② 葛伟军：《英国公司法改革及其对我国的启示》，《财经法学》2022 年第 2 期。

③ 刘丹妮、雷兴虎：《有限责任公司的存与废——比较法视野下的有限责任公司制度改革》，《上海政法学院学报（法治论丛）》2021 年第 3 期。

文表述也为"limited liability companies"，但内涵特征与中国法下的有限责任公司则大相径庭。在英国法的语境里，有限责任公司（limited liability companies）包含股份有限公司（private company limited by shares）、担保有限公司（private company limited by guarantees）以及公众有限公司（public limited companies）三种具体类型，其范围和内涵要广于中国公司法所指的股份有限公司。在美国，有限责任公司（limited liability companies）指向的则是"合同公司"，是一种介于公司和合伙之间的商事组织，其采取的治理模式是以成员管理（member managed）为基础，同时兼容经理管理（manager managed）。①由此可见，虽然在外文文献中有限责任公司（limited liability companies）一词甚为常见，但其法律内涵在不同国家的法律体系和制度下千差万别。因此，在教学时，应当尤其注意引导学生厘清比较法下不同法律英语词汇的含义，避免先入为主代入中国法中相关概念的解读，造成错误理解。

四、 完善法律英语教学的对策建议

首先，法律英语课程的设计和教学与日常英语的教学以及用英语讲授法律专业课程均有本质不同。其次，法律英语的教学以及学生法律英语阅读和应用能力的培养也绝非单独一门法律英语课程可以完成。第三，法律英语的教学要围绕外国法以及外国法与中国法相关概念和制度的异同展开对比教学，提升学生对法律英语理解和使用的精准度。结合前述分析，对法律英语教学提出如下对策建议。

（一）法律英语的课程设计应当围绕体系结构展开

法律英语的学习应当建立在学生同时具有一定水平的英语基础和法律基础上设计展开。如上文所述，法律英语中较多词汇无法单从英语翻译理

---

① 刘斌：《公司类型的差序规制与重构要素》，《当代法学》2021年第2期。

解，还应当结合法律语境才可准确理解。因此，还未完成一定法律基础课程学习的学生很难在法律英语的学习中理解法律的语境，而仅能掌握特定单词的中英互译，无法达到法律英语的教学目的。

此外，鉴于法律英语的法律属性，理想的法律英语教学不应当大而化之地仅包含一门《法律英语》，而应该形成体系化课程设计。例如，系列课程可以包括《英美公司法》《英美合同法》《普通法基础》等。此外，系列课程的学习进度还应当结合学生法学核心主干课的学习进度，平行完成。例如，未学习过《中国合同法》相关课程的学生不宜进行《英美合同法》的学习，因为对相关概念和体系未有了解，很难达到预期学习效果。

（二）重视外国法和比较法知识的结合讲授

如上文的举例分析，由于法律英语中大量存在同一个英文词组在不同国家的法律体系下指向的具体概念内涵完全不同这一现象，外国法和比较法知识的结合讲授在法律英语的教学中就显得尤为重要。而这一做法则需要结合上一个对策建议展开，即设计进阶式的法律英语系列课程，并结合学生法学核心主干课的学习进度，穿插安排相关法律英语课程的学习。只有在这样系列式教学的安排下，比较法和外国法的知识才能有针对性地在教学中展开，帮助学生准确理解以及运用法律英语。此外，此类系列教学需要由相关领域比较法研究背景的教师开展。例如，讲授《英美合同法》的教师需要有比较合同法的基础知识，也应对中国合同法有一定程度的了解。

（三）法律和英语的科学结合

法律英语的教学有别于日常英语教学，需要有独立的教学体系和方法论。教师的教学重点应当是法律而非语言，尤其不应当把法律英语课上成中英文法律词汇翻译课。但我也不认为法律英语的教学完全脱离英语教学，而应当将法律和英语的教学比重和方式科学结合，以达到更好的教学效果。

具体而言，如果教师在法律英语的教学中无涉任何英语语言的知识点，而仅希望学生在学习法律知识的同时顺便熟悉和掌握英语知识，提升法律英语运用水平，这无疑是不现实的。法律英语的教学也应当有部分模块分配给英语知识。例如，转述动词（reporting verbs）是英语语言的知识点，如何精确使用不同转述动词在进行法律英语写作时非常重要，需要教师专门讲授。又如，英语中有大量"形似"的单词，学生在使用时极易混淆，对这些形似词的区分和辨析也属于英语语言的知识点，但也是教师应当关注的教学重点之一。简言之，在法律英语的教学中，应侧重法律场景的讲授，但在教学的过程中结合关注英语语义问题，两者科学搭配，才能达到理想的教学效果。

五、 结语

高等院校的法律英语教学实践在我国已有 20 余年的历史，但一直以来法律英语教学的定位、方法论等一直存在争议，未有定论。法律英语的教学应当区别于日常英语教学，应侧重具体法律场景的分析，并结合比较法的知识讲授。在教学过程中，科学结合一定比重的英语知识的讲授，以提升教学实效。

从真实外交到模拟谈判：论思政协同教育对国际新秩序的影响

■ 夏　草*

【摘要】本文分析了当下国际关系所面临的新挑战，以及这些挑战在全球化和科技发展背景下对国际秩序起到了日益复杂的影响，这让构建更具包容性的国际关系环境变得更为紧迫。加强与国际社会的文化交流和互鉴，通过实际行动展示人类命运共同体理念的实际效果，以增强国际社会的认同感非常重要。因此，非国家行为体中需要培养更多具有国际视野和专业能力的人才参与国际事务。通过推动全球教育和学术对话，为各国青年提供符合客观历史的基础知识，并掌握一定的法律、外交、国际政治、外交谈判技巧等领域的知识交流平台尤为重要。将全过程思政育人融入跨国模拟谈判教育和竞赛这一形式中就是较好的实践方式。通过在跨国学术交流和竞赛中强调外交思想和理念教育，能推动更多青年理解和认同外交谈判这种多赢思维，而非对抗思维理念的重要性，从而增强为构建更加包容的国际秩序的底层认同。

【关键词】国际新秩序　思政协同教育　公共外交　教育外交　模拟谈判

---

* 夏草，法学博士，华东政法大学国际法学院辅导员，讲师。

一、 国际关系与国际新秩序

随着经济全球化的迅速发展，世界格局多极化、国际关系民主化的趋势加强，当前世界正经历百年未有之大变局，国际秩序也处于第二次世界大战以来的最大调整期。在这种新趋势的引导下，国际秩序朝着良性的方向发展。但是，诸如地区冲突与战争等问题也构成新的安全挑战；与此同时，计算机、网络信息为主的科学技术不断发展，推动着整个世界在空间和时间维度发生了天翻地覆的变化。

（一）国际关系发展的新趋势

有学者结合了现实主义、建构主义、进攻性现实主义、霸权稳定及权力转移理论等多种理论框架，主张新时代国际关系复杂性发生的三个根本性变革分别是关于权力、霸权和领土性。

首先，权力不应再像过去那样作为国际关系的基本原则：主要权势大国今天已经无法通过一场场战争来巩固其地位，因为它们已经不再拥有昔日那种优势。[①]自希腊历史学家修昔底德以来，霸权概念就极受重视，直到在经典国际关系理论学说中被视作神圣。它描述一种权力地位，不仅凭借资源的格外丰富确立，而且还要汇集两项优势：一是被一群寻求自我保护的小国需要并拥护；二是享有能够维护国际体系稳定的公开声誉。这种世界两极格局建立在必须臣服于两大联盟阵营之上的保护与被保护的基础上，一旦这种威胁消失，追随和结盟就没有多大意义了。冷战后，随着去殖民化已经完成，全球化逐渐改变了世界的格局。战争、安全、国际合作的意义再也不同于以往。特别是冲突也不再是国家之间、常规军队之间，以严格的国家利益之名进行的对抗：此后，社会行为体、宗教、社群、犯罪网络等发挥着决定性作用。随着不同社会之间开始直接相互了解和接

---

① 1945 年以后核武器的出现，使得大国间战争的成本变得难以承受。

触，不同国家人民在经济、移民、宗教等之间的"社会间"交往变得比"国家间"交往更多且高效。从美国海军陆战队在索马里"重建希望"干涉行动的失败开始反映出大国和游击队之间看似"压倒性"的军事实力，其实并不能让所谓大国赢得战争。①

其次，权力的消解动摇了霸权的概念。随着柏林墙的倒塌和充满复杂性的全球化，"极"和"阵营"都消失了，随之消失的还有结盟与追随的游戏，而反霸权的行为比霸权本身还要醒目，因为霸权难以施展。霸权远远无法像过去那样发挥稳定性的作用，而是变成了混乱失序的根源。这种转变反映了国际政治权力来源的多元化，从单一的军事力量向包括经济、科技、文化等在内的综合性力量转变。②这种竞争模式的转变，要求国际社会重新审视和调整其对大国行为的理解和应对策略。也就是在这样的背景下，类似9·11恐怖袭击开启了"非对称性冲突"的时代，一个"人人为己的"时代开始出现，越来越多的中小国家开始为自主性的自我而战。甚至作为一些曾经是"被保护国"地位的效果，可以更多地利用大国冲突以最小的代价通过斡旋等方法获得对自己最有利的对价，这其实是后两极格局背景下开始逐渐萌发的理性。③越是被冷落而被边缘化的新兴国家，越是要极力规避和抗议已有的寡头统治，寻找新的、解构一切极化的合作形式。因此，建立一个公正、平等、合理的国际新秩序成为大多数国际组织的共同目标。④

第三，全球化也颠覆了领土性原则。这一原则在欧洲历史上、自16世纪和文艺复兴时代以来、曾一直被集体一致地视为现代国家建构的基础。当时这种新的政治权威形式要求按照领土划分职权，在领土范围内行使法

---

① 阿富汗、伊拉克、叙利亚、索马里、利比亚、中非共和国、马里……西方干涉者派出的、优势显著的军队从未能够真正终结这些冲突。
② 封永平：《国际政治权力的变迁》，《社会主义研究》2011年第6期。
③ ［法］伯特兰·巴迪：《世界不再只有"我们"：关于国际秩序的另类思考》，宗伟译，上海人民出版社2022年版，第67页。
④ 李景治：《冷战后世界格局的演变和国际秩序的重构》，《山西大学学报》（哲学社会科学版）2007年第3期。

律统治。但是随着市民社会从国家的约束下解放出来，开眼看世界就不能像以前那样局限于本土社会的有限视野，他们今天可以很快将自己置身于整个世界中思考，他们可以看到自己人生价值的上限，可以看到世界对自己处境的漠不关心。从此，基于越来越多社会个体的生存状况和需求表达会通过全球化的合作、互助、流动性，形成一种冲突爆发的根源。世界范围的地方与国家层级上的社会性冲突上升，身份认同或宗教要素的作用日益增长，社会挫败、不平等与不宽容的全球化。国际关系出现了"社会间关系"特点相对于"国家间关系"日益突出。此时，一种文化再也不能在管理世界的过程中无视其他文化，无视承载那些文化的行为，以及他们看待世界、思考问题与认知自我的方式。在不断增强的文化间交流的影响下，全球化不可避免地推动一种不断深入的文化融合，"文明的冲突"也会随之而来。①当然，文明冲突并非全球政治冲突的唯一或决定性因素。一些文化的差异不足以引起社会的动荡和战争，真正的动荡和战争更多的是由于世界固有矛盾以及不同民族、国家利益的冲突所引发的，而这最终归结到对全人类发展质量的利益冲突和均衡。

（二）当下国际关系的行为原理和内在机制

综上，现实主义理论强调国家之间的权力竞争和生存竞争，进攻性现实主义特别强调军事力量的作用和大国政治的悲剧。霸权稳定理论则分析了霸权国家如何通过建立和维持国际秩序来提供稳定，而权力转移理论则关注新兴大国与现有霸权国家之间的权力转移可能引发的冲突。领土性问题则涉及国际法、地缘政治、历史纠纷等多个维度。一直以来，任何一个国家都会把主权当作最高神话，相对而言国际法的重要性却只是维持必要限度的一种存在。但我们同时又追求建构一种国际秩序，要求国际制度都应该是行之有效的。

以上问题均需要回归到一个更为根本的理论问题来讨论，即各国为了

---

① 萨缪尔·亨廷顿：《文明的冲突与世界秩序的重建》，新华出版社 2009 年版。

相互竞争而处理国际关系的行为原理、实现形式和内在机制是什么？首先，政治的核心是权力，追求权力是各国竞争的首要动机，而追求权力实际上是为了本国的利益最大化。其次，核武器的出现，使得大国间战争的成本变大；同时实践中，全球化的发展使得大国的霸权实施的战争越来越无法获得实质上的胜利。第三，主权规范的深化，使武力兼并他国领土不再成为首选，而国家和区域间的利益交换却更能显示出相应的优势。因此，国家竞争的核心路径已经转变为利益交换而非武力胁迫。但是，各国的资源不同，利益交换在权力竞争的过程和结果近似于寡头垄断市场中寡头企业间的竞争过程和结果，于是随着全球化而产生的"非国家个体"开始感到不公和不均，越来越多的全球性威胁成为影响国际秩序中的冲突基础。①

上述国际关系发展新趋势的论证引出了将一种更为包容性的国际关系理论推广的必要性，并且应当把国际关系理论建立于整体的人性观念之上。毕竟，世界上主要的致命性威胁都是全球性的，比如气候、卫生，甚至技术或经济。它们赋予人性概念以双重内涵：人性具有团结的力量，体现在应对那些真正的共同挑战中；人性不以国籍或护照而定义，而是界定为共同的社会需求，以及由这些需求而产生的人类公共产品。今后，团结互助不再只是一种道德，而且还是实用的。归根结底，加农炮可以摧毁加农炮，但却不能征服社会，更无法掌控社会的碎片。②只有真正做到国家之间通过相互尊重、平等互利、合作共赢等方式，体现每一个个体的共同利益和愿望，才能真正称得上是"秩序"。

（三）中国对构建国际秩序的构想

其实，上述"每一个个体"的概念也可以理解为"各国人民"，结合

---

① 杨原：《大国无战争时代的大国权力竞争：行为原理与互动机制》，清华大学 2015 年博士学位论文。

② 〔法〕伯特兰·巴迪：《世界不再只有"我们"：关于国际秩序的另类思考》，宗伟译，上海人民出版社 2022 年版，第 109 页。

和平、合作、共赢等这些概念，刚好是中国对国际秩序的构想。在很多境外学者的眼中，中国的特殊性在于中国的对外政策一直采用的是隐退、审慎甚至沉默立场，除非政权与领土完整受到威胁，中国在安理会几乎不动用否决权。在他们看来，中国非常高效而充分地利用了全球化进程，凭借的是不被任何麻烦的政治自负干扰或限制的经济活力。区别于西方世界重视的所谓意识形态和敌友关系的执念，中国一直以来反复强调的是"双赢"的模式。①

首先，中国对国际秩序的构想强调和平。和平是国际秩序的基本原则，也是各国共同追求的目标。中国一直秉持和平共处五项原则，即互相尊重主权和领土完整、互不侵犯、互不干涉内政、平等互利、和平共处。这是国际秩序稳定发展的基础，也是中国基于主权和发展理念对国际秩序构想的底线。其次，中国对国际秩序的构想强调合作。合作是实现共同利益、促进共同发展的有效途径。中国倡导共建"一带一路"，通过加强基础设施建设、贸易投资、人文交流等方面的合作，促进各国间的互联互通和互利共赢。第三，中国对国际秩序的构想强调共赢。共赢是一种新型的国际关系理念，强调各国在合作中实现共同利益。中国还强调在政治、安全、文化等领域与各国开展合作，以实现各国共同发展和全球经济的可持续发展。

习近平总书记提出的文明观念，特别是关于文明交流互鉴的理念，是其治国理政思想的重要组成部分。党的十九大报告则把"推动构建人类命运共同体"作为新时代中国主要外交思想之一，对"人类命运共同体"的内涵作出明确阐述，即"持久和平、普遍安全、共同繁荣、开放包容、清洁美丽"。坚持推动构建人类命运共同体，是习近平新时代中国特色社会主义思想的重要组成部分。②习近平强调文明之间的交流互鉴对于促进人类文明进步和世界和平发展的重要性，这一观点被很多学者认为是直接回应

---

① ［法］伯特兰·巴迪：《世界不再只有"我们"：关于国际秩序的另类思考》，宗伟译，上海人民出版社2022年版，第99页。

② 何星亮：《文明交流互鉴与人类命运共同体建设》，《人民论坛》2019年第7期。

了亨廷顿的"文明冲突论"。后者认为不同文明之间存在根本性的冲突，这一理论被批评为忽视了文明之间的相互学习和融合的可能性。新时代文明观中平等、互鉴、对话、包容的理念，是在习近平新时代中国特色社会主义思想指导下，对人类文明交流互鉴的深刻理解和实践要求。这些理念不仅体现了对马克思主义人类交往理论的继承和发展，也融合了中华优秀传统文化和党的文明交往思想与经验，以及借鉴当代全球思想文化精华。[①]

中国无论在外交还是在国际实践或国内政策落实方面都言行一致地践行了构建人类命运共同体，推动全球治理体系改革的构想。

二、 推动建设国际新秩序的外交实践

历史上任何阶段的国际秩序形态往往都体现和反映了主要大国对国际关系理解的广度和深度。换句话说，一个大国虽然拥有组织秩序的能力，但是其对国际关系的领悟能力和理解程度影响到其外交实践和国际秩序形态。[②]国际关系学科在发展中始终受双重因素影响：一是学科诞生的背景；二是行为体和实践者不断参与其中的漫长发展史。威斯特伐利亚和约成为历史上第一个正式的、多边谈判的结果，显示出与过去的截然断裂，也预示了未来发展的方向。当时出现的新规范包含哪些内容呢？首先，主权原则，规定任何一个国家都不能被另一个"比自己更大、更小抑或相同"的国家所强迫，正如让·博丹当时作出的理论概括[③]。其次，领土性原则，其最重要的衍生品就是"边境"的概念和现实得到清晰、单一的定义，而且还出现了一种观念，认为政治只能存在于领土性管辖职能中，因为它勾勒出政治的现实存在。最后，正式的"国际谈判"原则开始得以确立。顺

---

① 黄茜茹：《习近平新时代文明交流互鉴观研究》，湖北省社会科学院 2022 年硕士学位论文。

② 苏长和：《从关系到共生——中国大国外交理论的文化和制度阐释》，《世界经济与政治》2016 年第 1 期。

③ Jean Bodin（Author），M. J. Tooley（Translator）. Six books of the commonwealth. Oxford: B. Blackwell，1967：24—50.

道提及一个有趣的现象，即国际谈判的艺术、技巧和法律已经开始发展起来，而国家还没有完成建构。国家与国家之间的外交体现了根据国家的立场、价值对外部世界和国际秩序的理解，这种理解进一步在实践中不断调整，并上升为原则来指导国家同外部世界的关系。

（一）外交谈判对国际秩序构建的重要贡献

1961 年《维也纳外交关系公约》是国际法中关于外交关系的基础性文件，它规定了国家之间建立、维持和终止外交关系的基本规则。这一公约强调了通过外交手段解决国际争端的重要性，并为外交活动提供了法律框架。外交谈判的重要性也体现在其能够通过对话和协商解决国际争端，维护世界和平与稳定。谈判还能够帮助各国在经济、政治、文化等多个领域实现共同发展和繁荣。①随着全球化和国际合作的加强，外交谈判在国际秩序构建中的重要性日益凸显。在全球化和国际合作的大背景下，各国之间的联系更加紧密，相互依赖也日益增强，因此外交谈判在维护国际秩序和促进国际合作方面发挥着至关重要的作用。

首先，外交谈判是解决国际冲突和争端的有效手段。外交谈判为各方提供一个平台，可以就潜在的冲突和危机进行讨论和协商，以避免或减少冲突的发生。在国际关系中，冲突和争端是无法避免的，而外交谈判则是一种和平解决争端的机制。通过外交谈判，各国可以平等地表达自己的利益和诉求，寻求解决问题的最佳方案，从而避免冲突升级和战争爆发。除了传统的双边外交谈判，多边会议和国际组织中的议会外交不仅反映了国际社会对于更加集体化、多元化解决问题的需求，也体现了在处理跨国问题时，单一国家力量可能无法达到的局限性。②

其次，外交谈判是推动国际合作的重要途径。促进国家间合作和互信是外交谈判对国际秩序构建的重要贡献之一。外交作为一种艺术，其核心

---

① 叶兴平：《试论谈判在各种和平解决国际争端方法中的地位》，《法学论坛》1996 年第 4 期。

② K. Thompson. "The New Diplomacy and the Quest for Peace." International Organization (1965). 394—409.

在于通过谈判和维护和平关系来调节国家间的互动，即使在没有全球政府的情况下也是如此。这种定义强调了外交在维护国际秩序中的基础作用，同时也指出了政治利益如何能促进通过外交合作解决冲突。在全球化和国际合作的背景下，各国之间的联系日益紧密，需要加强合作来应对各种挑战。外交谈判是推动国际合作的重要途径之一，通过外交谈判，各国可以就共同关心的问题进行协商和讨论，达成共识，推动国际合作。例如，在应对气候变化方面，各国政府通过多次外交谈判，最终达成了一份全球性的协议，推动了全球应对气候变化的努力。

第三，外交谈判还是维护国际法和国际关系准则的基础，还可以推动国际法的完善和发展。在国际秩序中，国际法和国际关系准则是非常重要的，它们为各国之间的交往提供了基本的法律和道德框架。而外交谈判则是维护这些法律和准则的重要手段之一。通过外交谈判，各国可以就国际法和准则的适用范围和解释进行协商和讨论，达成共识，维护国际秩序和稳定。例如《罗马规约》的谈判过程，展示了多边外交在形成国际法律文件中的重要作用。这些谈判不仅涉及如何确保法院的独立性和公正性，还体现了多边外交在解决复杂国际问题中的创新和发展。①

（二）外交谈判对国际秩序构建的实践

在国际社会中，外交谈判在解决国际冲突中的具体实践包含但不限于以下几个方面：是解决国际贸易争端的一个重要手段；是多变和平行动得以继续的必要渠道；促进更广泛的参与和协调是多边会议和国际组织议会外交的一个显著优势。例如，世界银行通过支持环境和社会可持续的经济发展来减轻贫困，这体现了多边机构在全球市场中为发展中国家提供机会的能力。②

---

① F. Benedetti, Karine Bonneau et al. "Concluding Remarks: Towarda New Multilateral Diplomacy." (2014).

② A. Kiss, G. Castro et al. "The role of multilateral institutions." Philosophical Transactions of the Royal Society of London. Series A: Mathematical, Physical and Engineering Sciences (2002). 1641—1652.

此外，金砖国家作为一个多边集团，试图重塑国际体系，显示了多边主义在塑造全球治理结构中的作用。①

中国在推动国际新秩序建设中采取了多种外交谈判策略和实践案例，这些策略和案例体现了中国对全球治理、安全与发展原则的坚持，以及其在国际舞台上的积极参与和影响力扩展。

首先，中国通过提出新的全球倡议和外交谈判来推动其外交政策的实施。2022年以来，中国开始一项国际动员活动，旨在推广中国的全球安全倡议（GSI）、全球发展倡议（GDI）和全球文明倡议（GCI）。这三项新倡议体现了中国对全球治理、安全与发展原则的坚持，改革全球治理体系，扩大中国在发展中国家中的国际影响力，并与美国以自由规则为基础的国际秩序竞争。②中国提出的"一带一路"倡议旨在通过加强亚洲、欧洲、非洲等地区之间的经济联系，推动全球贸易自由化和区域合作，促进全球经济增长和繁荣。在这一过程中，中国强调平等、互利、合作的原则，倡导共建共享，旨在为全球治理体系改革提供新的思路和方案。

其次，中国通过外交谈判增强对全球治理体系的改革。针对全球治理体系存在的诸多问题，如南北发展不平衡、贫富差距扩大、环境污染等，中国提出了一系列改革方案，如"南南合作""亚洲相互协作与信任措施会议"等，旨在推动全球治理体系的改革和完善。

第三，中国的外交谈判策略也体现在其对国际法和国际关系规范过程中的积极参与上。中国强调国际法的权威性和普遍性，认为国际法是维护国际秩序的重要手段。中国积极参与国际法制定，如参与《联合国海洋法公约》的制定和修改，为国际法的完善和发展作出了重要贡献。③

综上所述，通过外交谈判对中国推动国际新秩序具有重要的理论和实践意义。外交谈判对国际秩序的影响主要体现在推动全球经济增长、促进

---

① A. Dutta. "Multilateral Diplomacy: Role of Brics In Altering The Discourse of Global Governance." (2019). 1026—1031.

② I. Taylor. "China's New Diplomacy: Rationale, Strategies and Significance." (2014). 133.

③ G. Feng. "International Law's New Trend and China's Diplomatic Practice." (2004).

全球治理体系的改革和完善、强调国际法的权威性和普遍性等方面。然而，外交谈判的作用在某些方面也面临着一些挑战，如何应对国际政治经济风险、如何加强国际法的执行力度等。

（三）公共外交的兴起和发展对国际新秩序理解的影响

国际关系行为主体的多元化和国际政治竞争的复杂化为公共外交的兴起和发展提供了条件。[①]公共外交的发展及其在国际秩序中的作用是一个复杂而多维的话题，涉及国家与非国家行为体在全球化背景下的互动、影响以及挑战。随着全球化的加速，非政府组织（NGO）等非国家行为体在国际舞台上的活跃度日益增加，它们不仅成为政府外交的有益补充者，还在对外援助、塑造国家形象、传播价值观念以及制定国际规范等多个方面发挥着重要作用。这些非国家行为体通过开展对外宣传、参与国际会议、发挥桥梁作用等路径参与公共外交，从而影响公共决策并促进官民交流。非国家行为体在公共外交中的角色不仅限于信息提供者或沟通桥梁，它们还能作为"逆外交"的实践者，通过政治联盟或伙伴关系，以及跨国治理和倡议等方式，在国际政治中扮演权威和价值理念的主导者、灌输者和塑造者的角色。[②]公共外交已成为世界各主要国家战略的重要组成部分。公共外交被视为赢取世界理解、认同和支持的主要手段，同时也是塑造国家形象的战略部署。

全球公共外交的发展特点与趋势呈现如下几方面：

第一，在国家利益与国际利益之间建立集体联系成为公共外交实践的关键路径。建立关系一直是公共外交的基石。随着全球公共外交受众特点的变化，单线关系的建立已经无法满足公共外交的需求。在日益网络化的世界体系中，越来越多的非政府行为体和机构，如跨国企业和民间社会组织等也积极参与应对地方和全球挑战。在这一进程中，寻求不同群体之间

---

① 高飞：《公共外交的界定、形成条件及其作用》，《外交评论》（外交学院学报）2005 年第 3 期。

② 刘贞晔：《非政府组织及其非传统外交效应》，《国际观察》2012 年第 5 期。

的利益契合点，推动情感共振，提供利益关照，构建集体联系，成为新趋势。第二，扩展新的公共外交受众、拓展对话空间是全球公共外交的新动向。欧盟委员会于 2020 年发起"新欧洲包豪斯"（The New Europear Bauhaus，NEB）倡议，呼吁结合《欧洲绿色协议》建设可持续和有包容性的未来，希望使绿色协议成为一种文化的、以人为本的、积极且有形的体验。文化外交的本意其实为了契合更多受众人群。第三，"后真相"时代，打击虚假信息成为公共外交时代的首要挑战。网络时代，利用、操纵和传播虚假信息对公众的看法和行为产生不利影响，已经成为破坏全球信息空间稳定的主要力量。世界各国都通过国际法法律、规章制度规定的方法，打击虚假信息对公共外交的影响。①

不难发现，由非国家体主导的公共外交趋势与前文提及的国际新秩序趋势重合，而中国的外交立场又恰好与国际新秩序的发展理念一致。然而实践中，仍然存在一些大国对权力、霸权和意识形态存在执念，不愿意接受共生理念。在国际秩序转型的背景下，"非国家体"公共外交发挥了重要作用，不仅作为国际合作平台和全球伦理价值"供给者"，还是实现国际关系民主化和世界可持续发展的中坚力量。②通过文化、意识形态传播和国际合作等手段，国家可以有效地塑造和传播其价值观和理念，或者避免因为不了解、不理解导致的"污名化"，从而在国际舞台上发挥更大的影响力。

三、 思政协同教育对国际新秩序的影响

为了更好地参与国际事务，非国家行为体需要培养具有国际视野和专业能力的人才。人类命运共同体理念促进了全球公民意识和世界主义原则

---

① 王丽娜：《2023 年全球公共外交的实践、特点与趋势》，《公共外交季刊》2024 年第 1 期。

② 张殿军、陈金光：《非政府国际组织与世界文明新秩序的建构——兼论中国的外交战略选择》，《中共天津市委党校学报》2006 年第 2 期。

的发展。通过推动全球教育和学术对话，使得更多的人认识到跨国界承担道德责任的重要性。①跨国学术论坛等非政府组织的活动，通过聚集来自不同社会、文化和地理背景的行动者，共同探讨和应对全球化带来的挑战。②为了更好地匹配人才能力和人才培养目标，为各国青年提供符合客观历史的基础知识，并掌握一定的法律、外交、国际政治、外交谈判技巧等领域的知识服务平台尤为重要。

（一）教育交流成为新公共外交的一个层次

随着教育交流成为"新"公共外交的一个层次，在教育中提升文化软实力在国际上的影响力日益受到认可。例如，美国的富布赖特（Fulbright）项目，创设之初是基于富布赖特先生秉持的"教育交流是减少国际猜疑，鼓励相互理解，增进国际合作基础"的理念。③个体参与国际事务并影响国际秩序，除了需要熟练掌握各项知识技能外，还需要具备以下能力：

第一，科学判断和战略思维能力。在复杂多变的国际形势下，个体需要科学地把握国际大局，并进行战略性思考，以提高处理国际事务的能力。这包括对国际政治、经济、文化等领域的深入理解和分析能力。需要培养"世界眼光"，即从全球化角度审视问题。学习和应用博弈论，分析国际关系中的策略和博弈过程，可以帮助个体更好地理解国际问题，并逻辑化地进行外交决策；④加强理论学习和实践经验积累。战略思维的形成和完善依赖于理论根据、经验根据和现实根据的综合运用，以及采用未来思维等。

第二，国际交往本领。个体需要具备良好的国际交往能力，这不仅涉

---

① Cabrera L.（2023）. Advancing global citizenship and cosmopolitan is minanage of Globoskepticism: insights from the World Order Models Project. Globalizations，20（7），1102—1119.

② C. Grzybowski. "The World Social Forum: Reinventing Global Politics."（2006）. 7—13.

③ 张丽：《论教育外交——基于"一带一路"背景》，《世界教育信息》2018 年第 31 期。

④ 季超：《国际关系中的策略思维与外交决策》，《学术论坛》2013 年第 36 期。

及语言沟通技巧，还包括了解不同国家的文化、习俗和价值观，以及如何在国际舞台上有效地与他人交流和合作。了解和尊重不同文化背景下的价值观、习俗和交际方式是基础，包括对词汇、文化习俗、价值观念、思维模式等方面的深入理解。

第三，维护国家安全和主权的决心。在参与国际事务时，个体应坚决维护国家的安全和主权，这要求个体具有强烈的国家意识和责任感。习近平新时代中国特色社会主义思想中的总体国家安全观，强调了国家安全的全面性和预防性。通过建立国家安全领导体制、完善法治体系和加强宣传教育等措施，有效提升个人对国家安全的敏感性。

第四，国际法主体地位的认识。随着个人在国际社会中的作用日益重要，个体应认识到自己在一定条件下可以成为国际法上的主体。这意味着个体不仅享有权利，也要承担相应的责任。国际法主体地位的认识对于个人而言，不仅意味着其在国际舞台上拥有更多的话语权和行动能力，也伴随着更高的责任和义务。

第五，心理文化视角的理解。从心理—社会均衡的理论出发，个体应理解现代国际关系的起源及本质，特别是个人与近代国家之间的同构映射关系，以及个人人际关系特点如何反映在国际关系中。

第六，国际机制参与能力。个体应具备参与国际机制的能力，这不仅涉及对国际机制的了解，还包括如何在这些机制中发挥作用，促进国际合作与发展，维护国家利益。

第七，知识力整合与提升能力。在国际竞争中，个体应具备整合与提升知识力的能力，这包括促进人才全面发展，使国家在国际竞争中具有人才优势、创新优势和可持续发展优势。

（二）模拟谈判与合作共生外交理念的重合

为了落实个体参加高质量的教育外交，我们需要重视相关的教育。这包括但不限于国际关系教育、外交政策分析以及跨文化交流能力的培养。

例如，国际关系教育可以帮助各国人民正确理解和处理国际事务，促进不同文化之间的相互理解和尊重。此外，通过学术研究和人文社科教材，可以加深对国际政治经济新秩序的理解，为外交谈判提供理论支持和实践指导。[①]在这种前提下，模拟国际竞赛作为国际法背景下一种与教育外交有关的协作学习被越来越多的高校所认可。其中，相较于对抗性质的模拟法庭竞赛，与现实合作共生外交理念有更多重合价值的模拟谈判在公共外交方面的推动性作用显得尤为重要。

第一，合作共赢的核心价值观。模拟谈判作为一种教学和实践手段，强调的是通过模拟真实的谈判环境，让参与者在理解和应用谈判知识的过程中，达到合作共赢的目标。这与合作共生外交理念中的"互利共赢""共同繁荣"等核心价值观是一致的。[②]

第二，促进国际关系的和谐发展。本文所说的模拟谈判不局限于商务领域，更应该是类似模拟联合国、"一带一路"实务模拟谈判国际大赛之类的模拟真实国家外交谈判的比赛，这类比赛旨在提高学生的国际视野和跨文化交流能力。这种跨文化的交流和理解，与合作共生外交理念中强调的国际合作、文化交流和全球治理体系变革有着天然的联系。[③]

第三，解决国际冲突与危机。模拟谈判作为一种预演和准备工作，有助于参与者更好地理解和应对可能出现的国际冲突和危机情境。这与合作共生外交理念中提出的通过和平发展、命运与共来解决国际问题的思路是相契合的。[④]

第四，推动国际合作与全球治理。模拟谈判通过模拟真实的国际谈判场景，促进参与者对于国际合作和全球治理的深入理解和实践能力的提升。这与合作共生外交理念强调的构建人类命运共同体、推动全球治理体系变革的目标是一致的。

[①] 苏长和：《论国际关系教育》，《外交评论（外交学院）》2013年第30期。
[②] 侯喆：《人类命运共同体的思想基础和外交战略》，《理论界》2018年第Z1期。
[③] 郭树勇：《人类命运共同体面向的新型国际合作理论》，《世界经济与政治》2020年第47期。
[④] 谷晰：《"命运共同体"外交思想》，《内蒙古民族大学学报》（社会科学版）2015年第3期。

第五，培养负责任的大国形象。通过模拟谈判，不仅可以提升个人的谈判技巧，还可以培养具有国际视野和责任感的大国形象。这与合作共生外交理念提出的树立负责任大国形象，以及通过合作共赢的新型国际关系来引导世界和平与发展的目标是相符合的。

第六，增强国际化背景下的协作学习。模拟谈判必须是基于真实的来自不同地区和国家学生之间的一种协作学习。虽然作为一种英语类国际竞赛，模拟谈判有一定的对抗性质，但真实的国际交流平台提供的是不同地区和国家学生之间的思想和理念的碰撞、不同文化之间的冲突。只有在这种情况下，才能最大程度地增加学生对现实外交谈判的理解，培养学生的大局观和外交视野，真正产生公共外交的效应。

综上，模拟谈判与合作共生外交理念之间存在着重合，这种重合不仅体现在双方都强调合作共赢的核心价值观上，还体现于促进国际关系和谐发展、解决国际冲突与危机、推动国际合作与全球治理、塑造负责任的大国形象以及体验真实性的外交等多个层面。

（三）思政协同教育在国际模拟谈判竞赛中的必要性

随着全球化的深入发展，国际事务中的矛盾和冲突越来越多样化，单纯依靠传统的思想政治教育方法已难以应对新出现的问题。①模拟谈判作为一种创新的教育方法，不仅能够提高学生解决复杂问题的能力，还能够培养他们的团队合作精神和跨文化交流能力，这对于培养具有国际视野和合作共生意识的青年人至关重要，同时对于推动与时俱进的公共外交政策，从而对国际新秩序产生重要影响。

思政协同教育在国际模拟谈判竞赛中的必要性主要体现在以下几个方面：一是能够提升学生的实际操作能力和跨文化沟通能力；二是有助于培养学生的国际合作精神和共生意识；三是能够作为一种有效的思政教育工具，帮助学生更好地理解和应对复杂的国际关系问题。因此，将模拟谈

---

① 石杨：《谈判的策略与方法对思想政治教育的启示》，天津师范大学 2014 年硕士学位论文。

判与合作共生外交理念相结合，不仅能够丰富国际模拟谈判竞赛的内容和形式，还能够提高教育的实效性和深度，对于培养具有国际视野和合作精神的未来领导者具有重要意义，实现了思想政治教育与专业教育的深度融合。

思政协同教育面临的挑战包括重视思政课程而忽视专业课程、过分强调知识传授而轻视价值引领等问题。①但思政协同教育与模拟谈判类国际竞赛可以很好地解决这个问题。首先，国际性模拟谈判竞赛的性质就强调了学生之间、学生和教师之间相互支持和努力的重要性。在准赛的过程中，学生能够以独立研究为基础的批判性学习，将所获得的知识和技能应用于不断变化的专业环境，成功驾驭国内和国际的全球和跨文化背景以及有效和高效的运作以个人和团队的方式进行操作。更重要的是，模拟谈判竞赛为参与的学生提供了成为"直接实践者"的机会。实践中存在的问题，需要学生从批判性地研究和应用角度、多样化的研究方法、多学科的研究视角等寻找解决方案。这些经历能让学生有机会更好地理解特定实践领域，尤其是国际关系、公共外交以及国际秩序对个体和国家的意义。其次，在跨文化谈判能力的培养中，应注重"超越"与"跨越"间的平衡。前者关注的是获得一般的、整体意义上的文化意识以及反思的、宽容的态度，而后者则是对具体的目的语文化的理解和有关外交谈判能力的提高。这种平衡有助于形成一个全面、深入的跨文化外交谈判能力培养体系。最后，国际模拟谈判看起来是一个对学生综合专业素质检验的国际竞赛，实际上更是对学生外交意识和世界观、人生观、价值观的检验。尤其是在国际谈判这种以促进多边合作共赢为基础的比赛中，一方面，学生需要了解中国外交思想的全部内容，即：坚持以维护党中央权威为统领加强党对对外工作的集中统一领导；坚持以实现中华民族伟大复兴为使命推进中国特色大国外交；坚持以维护世界和平、促进共同发展为宗旨推动人类命运共同体；

① 张宏：《高校课程思政协同育人效应的困境、要素与路径》，《国家教育行政学院学报》2020年第10期。

坚持以中国特色社会主义为根本增强战略自信；坚持以共商共建共享为原则推动"一带一路"建设；坚持以相互尊重、合作共赢为基础走和平发展道路；坚持以深化外交布局为依托打造全球伙伴关系；坚持以公平正义为理念引领全球治理体系改革；坚持以国家核心利益为底线维护国家主权、安全、发展利益；坚持以对外工作优良传统和时代特征相结合为方向塑造中国外交独特风范。另一方面，学生要在具体模拟案例中找到各项可以实践上述外交政策的点进行逐一谈判。在此过程中，虽然促成谈判是重要的得分点，但是坚持国家安全，维护国家核心利益也是不可忽略的重要得分点。学生需要真正深刻理解合作共赢与让步妥协的真正意义。而这一点正是有可能在各类国际模拟辩论中最容易被忽略的地方。

若做到了以上几点，在思政协同教育视角下，与真实外交保持同步的具有影响力的国际模拟调解竞赛或在不久的将来因为其对国际上一批同龄青年的政治和外交理念的影响，而真正成为推动国际新秩序变革的有力推手之一。

图书在版编目(CIP)数据

国际争端解决机制前沿问题研究 / 李伟芳主编.
上海：上海人民出版社，2024. --（国际法与涉外法治
文库）. -- ISBN 978-7-208-19204-1

Ⅰ. D815

中国国家版本馆 CIP 数据核字第 2024P3Q197 号

责任编辑　罗俊华
封面设计　谢定莹

国际法与涉外法治文库

国际争端解决机制前沿问题研究
李伟芳　主编

出　　版　上海人&出版社
　　　　　（201101　上海市闵行区号景路 159 弄 C 座）
发　　行　上海人民出版社发行中心
印　　刷　上海商务联西印刷有限公司
开　　本　720×1000　1/16
印　　张　25.25
插　　页　2
字　　数　344,000
版　　次　2024 年 11 月第 1 版
印　　次　2024 年 11 月第 1 次印刷
ISBN 978 - 7 - 208 - 19204 - 1/D·4407
定　　价　98.00 元

国际法与涉外法治文库